普通高等教育"十一五"国家级规划教材

INTERNATIONAL
MARKETING

新概念教材:换代型系列

高等院校本科市场营销专业教材新系

中国高等院校市场学研究会组编

国际市场营销

刘苍劲 周全 黄宗阜 罗国民 主编

第六版

6th edition

东北财经大学出版社
Dongbei University of Finance & Economics Press

大连

图书在版编目（CIP）数据

国际市场营销 / 刘苍劲等主编 . —6版 . —大连：东北财经大学出版社，2025.3
（高等院校本科市场营销专业教材新系）
ISBN 978-7-5654-4760-0

Ⅰ.国…　Ⅱ.刘…　Ⅲ.国际营销-高等学校-教材　Ⅳ.F740.2

中国版本图书馆CIP数据核字（2022）第254331号

东北财经大学出版社出版
（大连市黑石礁尖山街217号　邮政编码　116025）
网　　址：http://www.dufep.cn
读者信箱：dufep@dufe.edu.cn
大连天骄彩色印刷有限公司印刷　东北财经大学出版社发行
幅面尺寸：185mm×260mm　　字数：506千字　　印张：23
2025年3月第6版　　　　　　2025年3月第1次印刷

责任编辑：石真珍　　　　　　　责任校对：一　心
封面设计：张智波　　　　　　　版式设计：原　皓

定价：58.00元

总　序

东兔西乌，岁月如流。呈现在读者面前的这套"高等院校本科市场营销专业教材新系"，从发轫到今天形成较成熟、完整的新体系，已整整走过了40多个春秋。在这近半个世纪的岁月中，我国社会经济在改革开放浪潮的席卷下，发生了极其深刻的变化，业已嬗变成社会主义市场经济。与这一进程基本同步的市场营销学及其系列课程的重新引进和建设，也从不完善到逐步完善，取得了有目共睹的骄人成绩。溯源徂流，这些成就的获得，与我国市场营销学界的勇于探索及创新是分不开的。

早在党的十一届三中全会前夕，我国市场营销学界一些原来从事部门经济教学的同道，就从当时我国传统计划经济体制的"紧箍"有所松动、改革开放的红日即将喷薄而出等迹象，见微知著，预期商品和市场的培育问题必将成为我国经济工作的主线，有必要改弦更张，重新引进适应我国商品、市场发展要求的市场营销学及其相关课程。1978年秋，南方的个别高校在制订新的教学计划时，遂将市场营销学、消费心理学、广告学首先列入商学专业的教学计划，并于1979年在校内外先后开设这些课程，受到在校学生及业务部门培训人员的广泛欢迎。

改革开放初期，企业开始自主经营、自负盈亏，市场问题日渐凸显，市场营销学已开始派上用场，受到广大工商企业经营管理人员的欢迎，各地开设市场营销学的院校也越来越多，业务部门开办的市场营销学培训班更如雨后春笋。这种喜人形势的出现，与广大市场营销学者的潜心探索和艰辛努力分不开。此时我们的营销学界从无到有，从不成熟到较成熟，很快编写出一批各有特色、繁简不一的市场营销学及某些相关课程的教材，为市场营销学在我国的启蒙和推广做出了初始的贡献。1984年全国高等财经院校市场学教学研究会（此为中国高等院校市场学研究会的前身）的成立及1991年中国市场学会的成立，更有组织地推动了市场营销学教学、科研工作的迅猛发展。20世纪90年代初，各地编写的市场营销学专著及教材达200余种，此时市场营销学在我国已基本普及。

随着改革开放的进一步深入，其攻坚战的拉开及商品、市场的大发展，如何与此相适应，使市场营销学在普及的基础上进一步提高，是我国广大营销学者面临的新课题。这包括两方面的具体任务：一是要从着重引进国外教材的"拿来"阶段上升到引进与总结相结合的新阶段，着重探讨和创建更贴近我国国情、对我国企业市场营销活动更具直接指导意义的市场营销学体系；二是要从以市场营销学单科教材或配以少数相关教材为主的"短腿"教材建设，推进到以市场营销学这一主导课程为基础，将各主要市场营销组合因素细化为探讨更深入、内容更专一而又相互紧密联系的系列课程教材建设。经过日益壮大的市场营销学界近10年的共同奋战，这两项任务在20世纪千年纪元结束之际已基本完成，不仅全国出版的市场营销学主教材已累计达300余种，各种新增的分支专业市场营销学教材大量涌现，而且质量和水平都大大提高。

　　然而，客观形势总是向前发展的，市场营销学的学科建设也永无止境。在新世纪，市场营销学的学科建设也给自身提出了新的要求和任务。21世纪是高新技术的时代，世界经济将经历空前深刻的变化。为迎接这种新的挑战，重要任务之一是要建设一支能适应新世纪科学技术和社会经济大发展环境的未来型企业家队伍。企业家必须重点掌握的市场营销学，在培养未来型企业家的系统工程中，具有举足轻重、功关大局的地位。因此，如何在原教材建设日锻月炼的基础上，以只争朝夕的精神，尽快编写出一套体系更完整、内容更先进、更适合培养未来型企业家的新教材，便成为我国市场营销学界的当务之急。

　　无独有偶，我国财经类出版社中最具实力和影响力之一的东北财经大学出版社（以下简称东财大出版社）也匠心独运，主动提出要与中国高等院校市场学研究会（以下简称研究会）联合组织编写出版"高等院校本科市场营销专业教材新系"（以下简称"新系"）的设想。这真是一拍即合。在东财大出版社的大力倡导、策划和支持下，研究会从全国各地组织了几十位市场营销学专家，对"新系"的种类构成，教材建设的任务、原则与途径进行了认真、深入和细致的研讨，确定编写相关主干课程的教材。

　　目前业已推出的这批"新系"教材的主要特点如下：

　　第一，首创"换代型"：在内容与形式上都有重大更新，符合全国教育工作会议和教育部关于高等院校教学改革与教材建设的最新精神。其内容更新不仅在于完全摆脱了过去部门经济学的"政策学"窠臼，还在于扬弃了改革开放后第一代市场营销学教材中残留的计划经济旧内容，总结和探讨了在当今市场经济和全球化大潮席卷下企业应树立的新营销观念和策略思想，以及应掌握的最新营销理论和技术。其形式更新主要围绕贯彻知识、能力、技术三位一体的教育原则，重塑教材的赋型机制。各门课程教材在结构、栏目、体例和写作风格上均有所突破，大量运用图表、案例、专栏等形式，强化了对学生的素质、知识、操作与创新能力的训练。

　　第二，中西合璧：结合我国市场营销的国情，大力借鉴发达国家最具代表性、最新版教材之所长。过去我国在引进和建设市场营销学系列课程中，曾有过两种做法或主张，即或者原原本本地"拿来"，或者完完全全地"中国化"。这两者都各有其特定的历史背景和局限性。20世纪70年代末到80年代初，由于我国各级学府久违市场营销学已达30余年，很多人对市场营销学尤其是现代市场营销学为何物知之甚少，并且我国也鲜有市场营销工作的实践和经验，因此强调先原原本本把外国教材引进来，再逐渐消化、融会贯通，可谓顺理成章。不过，这里有个引进版教材不完全适合中国国情的问题。到了90年代，市场营销学及其系列课程已在我国普及，广大工商企业已有大量的市场营销实践和不少成功经验，此时有的同道提出教材建设要搞本土化也是水到渠成。然而，这里也同样有个本土化如何与市场营销学的普遍原理相结合的问题。与上述两种做法或主张不同，"新系"一方面十分重视总结我国丰富的市场营销实践和经验，将其提升到理论高度；另一方面也充分借鉴了发达国家一些最具代表性和普遍适用性的市场营销学新理论、新技术，力求做到既博采中外所长，又独树一帜。

　　第三，作者阵容强大：众多资深营销学家联袂组成编委会，十余所著名高校管理院系的知名专家、教授领衔编撰。"新系"整个编撰队伍由来自我国各地不同高等学府的数十位知名专家、学者组成，他们中的大多数是我国一级学术社团——中国高等院校市场学研究会——的核心会员，此外还包括其他学术社团及国内部分高校的著名跨世纪学科带头人。"新系"中的各门课程教材，除各由不同学校及不同学术专长的多位学者共同承担编写任务外，其主要体系、内容、结构还经编写指导委员会及全体编写人员集体讨论，互提意见和建议，从而很好地发挥了集思广益、增强互补性的作用，使教材质量更上一层楼。

　　高尔基说过："科学的大胆的活动是没有止境的，也不应有止境。"巴甫洛夫也曾有类似的警世名言："科学需要一个人贡献出毕生的精力""科学要求每个人有极紧张的工作状态和伟大的热情"。"新系"的建设应该说也是一种科学的大胆的活动，同样不应有止境。我们现在奉献给读者的这套教材，其成就犹如我国著名作家姚雪垠所指出的那样，"都是整个过程里面一个段落的小结，它既是一次小结，同时也是新的开始"。我想，我们全体"新系"的作者都会汲取这些至理名言，以极大热情，通过不断修订，使"新系"的更新与国内外市场营销的学科新发展及实践新探索保持同步，为培养新世纪高素质市场营销专业人才而贡献力量！

何永祺

第六版前言

本书自入选普通高等教育"十一五"国家级规划教材以来，距今有 20 年了。在高等学校众多、专业教师数量成倍增加、出版市场繁荣的大背景下，任何学校和读者都有充分的理由在国内出版市场上选择质量较高、内容全面的教材。自本书第一版出版以来，东北财经大学出版社完全尊重编者的劳动，接受读者的选择，在同类书籍层出不穷、版本快速更新的高校教材市场，使该书累计印刷 19 次。东北财经大学出版社给编者颁发了"最佳畅销书奖"。该书在当当网等网上书店也获得了不少好评，至今在全国数万读者中，出版社和编者都没有收到不良的投诉和反映。这一方面说明东北财经大学出版社不愧为全国百佳图书出版单位，出版的教材质量高、要求严；另一方面说明编者当年对教材内容的把握和体系的选择经受住了读者的检验。面对复杂多变的国内、国际营销环境，如何在教材中指导读者，特别是帮助大学生建构什么样的知识体系和市场营销基本观念，是我们一直重点思考和探讨的问题。在第六版修订时，我们继续探讨和把握以上问题，并做了以下工作：

第一，保留原书共 10 章的基本知识体系和结构，对章节中少量定性不准确的观点做了修改和调整，使本书的知识和观念更加科学、更加完整。

第二，对教材中一些过时的知识点、陈旧的案例做了增删和调整，充分体现时代性和科学性。

第三，围绕立德树人根本任务，贯彻落实党的二十大、二十届三中全会精神，寓价值塑造于知识传授和能力培养之中，通过"价值引领""引例""小资料""小思考""观念应用""出海案例""案例分析"等栏目和练习帮助学生坚定"四个自信"、提升专业素养和拓宽国际视野，塑造正确的世界观、人生观、价值观。

第四，打造新形态教材，在每一章增加即测即评和拓展阅读资料，并以二维码的形式呈现，读者扫码即可答题和阅读，在帮助读者更好地理解各章理论知识的同时，增强教学互动性，激发读者的学习积极性。

笔者作为一个在高等学校从事教学工作 41 年的"教书匠"，虽然不是知名的"学者"，更不是"大家"，但从事市场营销特别是国际市场营销的教学与研究工作多年来，一直认认真真做事，先后前往美国、加拿大、俄罗斯、法国、德国、意大利、英国、摩纳哥、荷兰、比利时、瑞士、缅甸、印度、斯里兰卡、泰国等发达国家和发展中国家交流和学习，拜访过数十位国外大学的同行，收集了比较丰富的案例和教学资源，这么做的目标只有一个：希望本教材更具时代性和实用性，真正为高校培养市场营销专业人才服务。

本书第六版的编写与修订工作主要由刘苍劲教授、周全教授和黄宗卓老师共同完成。特别感谢周全教授和黄宗卓老师，他们给予笔者很多实际支持；特别感谢珠海科技学院、重庆工商大学、广东财经大学、重庆师范大学、西南政法大学的领导和同仁积极支持本书的出版和发行工作；特别感谢多年来为策划、出版本书辛勤工作的东北财经大学出版社的工作人员。

出版一本好的教材不容易，出版一本有 20 年生命力的好教材更是难上加难，感谢读者的支持、理解和包容，您提出的任何意见和建议，都是对编者的鼓励和教诲。我们将不负您的信任，虚心请教，一路前行。

刘苍劲

2024 年 12 月

党的二十大
报告关键词

目 录

第 1 章

国际市场营销导论

学习目标 ◎

知识目标：了解国际市场营销与国际市场营销学的基本概念，理解国际市场营销的重要性以及国际市场营销学的形成和发展过程。

技能目标：辨析国际营销和国内营销之间的区别，认识国际营销所面临的挑战和困境，把握国际市场营销观念与企业国际化程度之间的关系。

能力目标：能够根据企业的国际化程度和国际化战略目标，选择合适的国际市场营销观念，以及能够较好地分析企业的不同国际化程度所面临的挑战，选择合适的国际化战略。

价值引领 ◎

国际市场营销是国际贸易的重要手段，而国际贸易是世界经济全球化的重要方式和实现形式，国际市场营销同国际贸易、世界经济全球化高度一致。当前，受到世界经济逆全球化的严重冲击，以美国为代表的主要西方国家为了自身利益的需要，对世界经济全球化设置多重阻碍，脱钩和断链事件时有发生，国际市场营销面临很多不可控因素。

美国对中国的高科技企业进行打压和限制，随意将中国企业列入"实体清单"，在影响中美企业间正常经贸往来合作的同时，也破坏了市场规则和国际经贸秩序。美国这种滥用国家力量，无底线、无理打压中国企业，赤裸裸的科技霸权令人愤慨、不得人心，也终将"搬起石头砸自己的脚"。同时，这也警醒着我们，面对时不时抡起的制裁"大棒"，我们必须加快科技自强步伐。

引例 ◎   全球经济离不开中国的引擎动力

受乌克兰危机、美欧通胀高企和暴力加息的影响，全球经济面临衰退趋势。2022年11月19日，国际货币基金组织（IMF）总裁克里斯塔利娜·格奥尔基耶娃（Kristalina Georgieva）表示，除了乌克兰危机造成的严重破坏外，在过去一年里，贸易壁垒增加可能给全球经济造成1.4万亿美元的损失。该机构预测2023年的全球经济增长率将放缓至2.7%，发达经济体的总体增速下降至1.1%，远低于2022年的2.4%。

此外，世界银行第13任行长戴维·马尔帕斯（David Malpass）也表示，该机构已将2023年全球经济增长预期从6月预测的约3%下调至1.9%，全球经济正危险地逼近衰退。摩根士丹利也发布了一系列2023年经济展望报告，预计2023年发达经济体将"处于衰退或接近衰退"阶段，而新兴经济体将"温和复苏"，整体经济回暖则难以预测。

全球各大机构在示警全球经济的同时，对中国经济相对乐观。IMF预测，在全球大国（含发展中大国）中，中国或是极少数2023年的GDP增速高于2022年的大国。

中国经济的向好趋势从2022年的季度经济增长曲线即可看出。其中，一季度增长4.8%，二季度增长0.4%，三季度增长3.9%；前三季度我国经济增长3%，比上半年加快0.5个百分点。虽然离年初预期的增长率有一定差距，但全年经济增长有望超过4%；基于2022年较低的基础，2023年中国经济有望实现5%左右的经济增长。按照IMF对2023年全球经济增长的预测，中国经济在全球主要经济体中依然表现突出，在新兴经济体中也可圈可点。

虽然全球经济面临衰退趋势，但中国依然具有较强的发展韧性。一方面，中国是世界第二大经济体和第一大货物贸易体，即使经济增长降至中低速水平，也能激发出强劲的引擎动力。以2022年经济增长为例，4%对中国来说属于中低速增长，对美国、欧盟和日本等经济体而言则属于高速增长。另一方面，中国多年来已经形成带动全球经济增长的强大惯性力量。此前世界银行发布报告认为，从2013年到2021年，中国对世界经济增长的平均贡献率达到了38.6%，超过七国集团（G7）平均贡献率的总和25.7%。G7中贡献率最高的美国占比18.6%，其他6个国家加起来不足10%。

这种强大惯性力量不仅来自中国经济长期的高速增长，更是中国高水平开放和高质量发展的折射。一方面，中国稳固了全球货物贸易第一大国的地位，货物贸易占世界比重从2012年的10.4%提升到2021年的13.5%，已经成为140多个国家和地区的主要贸易伙伴；与149个国家、32个国际组织签署200多份共建"一带一路"合作文件；通达欧洲20多个国家的中欧班列运量持续增长，维护着国际产业链的稳定通畅；在经济全球化遭遇逆流的情况下，中国成功举办中国国际进口博览会等经贸盛会，汇天下之物产，促商贸之流通，聚发展之合力。

另一方面，西方主要经济体采取各种措施要求资本和制造业回流，但中国依然是全球外资的主要流向地。商务部数据显示，2022年1—9月，全国实际使用外资金额10 037.6亿元人民币，按可比口径同比增长15.6%，折合1 553亿美元，同比增长18.9%。此外，人民币的地位逐渐上升，被纳入国际货币基金组织特别提款权（SDR）货币篮子，人民币在全球贸易中的支付比例得到提高。中国资本市场也越来越全球化，对全球资本越来越具有吸引力。

有趣的是，在全球瞩目的卡塔尔世界杯赛场，来自中国的广告在绿茵场随处可见，这也验证着中国经济在全球的实力、动力和活力。随着疫情形势好转，通胀温和、年底风险控制和中央一揽子稳经济举措的发力，2022年中国经济不仅会有一个好的"总结"，2023年还会有更好的经济增长预期。

资料来源 宇文. 全球经济离不开中国的引擎动力［N］. 北京青年报，2022-11-23（A02）.

1.1 国际市场营销的概念

1.1.1 国际市场营销与国际市场营销学

尽管全球化浪潮受到了美国和西方部分国家"去全球化力量"的挑战，但全球化依然是一股不可阻挡的潮流，各国经济社会发展之间的相互联系、影响程度日益加深，国际市场营销正是立足于国内和全球"新常态"背景的营销活动，受到发展理念、增长方式、经济结构、技术创新等重要因素的影响。在"新常态"下，国际市场开拓工作面临机遇与挑战并存的格局。想要开拓国际市场，首先必须明确什么是国际市场营销。

国际市场营销（international marketing），简称国际营销，是将营销学的理论应用于国际市场方面而形成和发展起来的，其基本含义是企业在跨越国境或关境的基础上计划和实施交易，以满足个人和组织需要的交换过程，其主要特点是跨越国境或关境的交易。由此可以看出，国际市场营销的基本原理就是市场营销学的基本原理，即"通过交换而实现满足"。然而，由于国际市场营销是在境外的营销活动，国际市场营销者要面对不同的法律、文化和社会等因素，要面对全新的宏观环境和限制条件，这样就使其在许多方面表现出与境内营销的明显区别：

1）国际营销比境内营销面临更多不可控因素

这些因素包括：国际贸易体系，如关税、进口限制、禁运物品、各种经济联盟、双边或多边优惠协定等；经济环境，如工业结构、国民收入分配情况、人口等；政治法律环境，如国际市场购买者的态度、政治因素、金融政策、货币政策、政府运转效率、各种经济法规；社会文化环境，如生活习惯、审美观念等。这些因素在不同的国家和地区又会表现出许多不同的特点，所有这些环境因素必然会影响到国际市场的营销活动。

2）国际营销比境内营销面临更复杂的需求

由于国际市场的需求千差万别，国际营销的产品、价格、分销渠道和促销等在国际市场上也都有其不同的特点，所以，要取得国际营销的成功，就必须因地制宜，强调营销国家的特殊性。

3）国际营销比境内营销更需要统一的协调和控制

当一个企业在许多国家开展营销业务时，就需要进行统一的协调和控制。只有这样，才能更好地贯彻执行国际营销策略，实现整体效益。

4）国际营销的目标市场在境外

国际营销的产品（或服务）应该满足境外客户的需要，企业往往需要付出比在境内市场上更大的努力才能树立良好的信誉；它有比境内市场更远的运输距离和更为复杂的销售渠道；它的交换价值采用国际价值标准，而不是本国或本地区的价值标准；它的支付手段和结算方式也采用国际标准；它的竞争对手是国际性的，因而比本国或本地区的市场营销具有更大的风险等。

【小资料1-1】

境内营销和国际营销的区别

表1-1列出了境内营销和国际营销的区别。

表1-1　　　　　　　　　　　　境内营销和国际营销的区别

境内营销	国际营销
•研究数据是用一国语言写成的，并且通常很容易得到	•研究数据通常是用外语写成的，并且可能不易得到和进行翻译
•进行交易时只需使用一国货币	•多个国家（地区）参与交易，汇率波动大
•总部人员通常熟知本国或本地区的市场情况	•总部人员对境外市场的情况可能不熟悉
•在发布促销信息时只需考虑一国文化	•必须考虑多种文化间的差异
•只需在一国进行市场细分	•可能需要在许多不同的国家（地区）对同一类消费者进行市场细分
•沟通和控制是迅速的、直接的	•进行国际沟通和控制可能会很难
•商业法规清晰、明确	•境外法规可能不太明确
•开展业务时只需使用一种语言	•需要使用多种语言进行沟通
•商业风险通常可以被预测并找出	•环境可能不稳定，很难预测并找出商业风险
•规划和组织控制系统简单、直接	•国际贸易的复杂性通常会使采用复杂的、精细的规划及组织和控制系统变得十分必要
•可以在营销部门实行专业化分工、各司其职	•国际营销管理者需要具备较为全面的营销技能
•分销和信用控制很直接	•分销和信用控制可能十分复杂
•销售和运输文件模式化，并且通俗易懂	•鉴于不同的国家（地区）有不同的规矩，文件通常各式各样且很复杂
•分销渠道很容易被监控	•分销通常由中间商负责，所以很难控制
•很容易预测竞争对手的举动	•很难察觉竞争对手的举动，因此很难预测其行动
•可以根据本国或本地区市场的需要进行新产品开发	•在进行新产品开发时必须考虑所有市场

资料来源　BENNETT R，BLYTHE J. International Marketing[M]. London: Kogan Page, 2002.

国际营销的这种跨国或跨地区性，使其与国内营销相比，更加复杂、多变、不确定，因而更具风险性，由此也导致国际市场营销学在研究方法和研究对象方面产生了一些主要变化。概括来说，国际市场营销学的研究对象就是企业为实现其经营目标而组织的超越国境或关境的营销活动及其规律，它主要是研究在国际市场上将卖方的产品和劳务转移到消费者或用户手中的全过程。国际市场营销研究的主要内容是企业从事国际营销的基础理论，即国际营销环境、机会、战略、策略、方法、措施以及国际营销管理。

【小思考1-1】

企业在境内市场从事营销活动是否也需要扫描环境？它与国际营销环境的扫描有何区别？

答：需要。环境扫描所涉及的基本内容是一致的，包括政治、经济、文化、技术等一般环境分析，最大的区别在于国际营销环境的扫描要更复杂一些，不确定性更大，更加强调其针对性。

1.1.2　国际市场营销的任务

由于国际市场营销面临更为复杂多变的营销环境，因而其较之境内营销显得更为艰巨和复杂，其基本任务是让企业的决策者在综合分析境内外市场营销环境的基础上，捕捉营销机会，规避风险，制定进入国际市场的营销战略、策略，以实现企业的经营目标。国际营销所面临的这种复杂的任务是由其所面临的环境因素造成的。这些环境包括多种难度各异的因素。一是营销可控因素。产品、渠道、价格和促销就是营销的可控因素，企业要实现自己的经营目标，就必须以目标市场消费者的需求为中心，制订一个适应企业外部环境的营销方案，企业对外部环境认识得愈深刻，适应得愈好，效益就愈佳。二是境内不可控因素，包括政治力量、经济形势和竞争环境等。这些因素往往对企业在国际市场上的营销活动产生直接或间接的影响。有时政府的一项政治决策会给企业带来巨大的营销机会，而另一项决策也可能使原来谈妥的生意告吹。境内经济形势的好坏，也会影响企业在海外投资办厂的能力，以及国际市场购买力的强弱。竞争环境往往是企业实现营销目标的直接威胁。三是境外不可控因素，包括战争、政治力量、经济形势、社会文化环境、科技条件、竞争因素、地理环境、分销结构等。这些都是无法控制而且更为复杂的环境，但它又是企业为进入国际市场而制定营销规划的基础和依据。这种复杂的、多变的和难以预测的环境因素，决定了国际市场营销任务的艰巨性和复杂性。其主要任务有：

1）适应环境差距

这里所说的环境差距（environmental distance），是指国际市场营销环境与境内市场营销环境之间的差距或差异。它主要包括四个方面，简称CAGE差距，即文化差距（cultural distance）、行政差距（administrative distance）、地理差距（geographic distance）和经济差距（economic distance）。文化差距也叫文化差异（cultural difference），主要可以从霍夫斯泰德（Hofstede）的文化维度来分析不同地区的文化差异，此外它还包括语言差距、相联系的伦理和社会网络的差距以及宗教差距等。行政差距表现在历史上的殖民体系、共有的货币和政治体制、政府政策和体制的类似性或差异等方面。地理差距主要是由地理位置的差异引起的，包括地理位置是否遥远、是否有共同的边界、可否通水路、交通和电信连接以及气候条件如何等。经济差距包括消费者收入、收入分配以及在财物资源、人力资源、基础设施和信息知识等方面的成本与质量等的差距。

这里主要介绍一下文化差距。国际营销所面临的是不同文化背景下的各种消费群体。由于文化的差异性，同样一种产品可能面临多种不同的需求偏好，从而导致企业的营销决策需要根据不同消费者的特殊偏好做适当的调整，哪怕是标准化程度比较高的产品也不可能在世界范围内采用完全一样的营销组合。这就需要企业在国际营销活动中具备"全球本土化"（global localization）的能力。所谓全球本土化的能力，就是"全球化思考并且本土化行动"（think globally，behave locally）的能力，或者说是一种把标准化和非标准化整合起来在国际市场上开展营销活动的能力。就全球市场来看，不同地区的消费者对某一产品的需求不可能完全不同，也不可能完全一样。这种需求的特点应该是既有相同的地方，也有不相同的地方（这种差异的性质较之境内市场来讲具有很大的不同）。因此，企业的国际市场营销组合需要适应这种同中有异的需求特点，既不能用完全一样的营销组合，也不能用完全不同的营销组合来进行国际营销。

例如，可口可乐就把"全球化思考并且本土化行动"的能力当作公司竞争优势的一项来源。针对当地需求通过在促销、分销和客户服务方面的适应性调整，可口可乐获得了很高的品牌支持度。据日经BP社报道，可口可乐日本公司的"Yakan no Mugicha"（壶煮大麦茶）上市不到一年，累计出货量突破了3亿瓶（按650ml规格折算）。这款壶煮大麦茶于2021年4月推出。可口可乐首先对大麦茶进行了卖点的差异化——"壶煮"，旨在突出这是传统壶煮的正宗大麦茶的味道。在获得销量上的成功之后，可口可乐不仅为壶煮大麦茶换上新包装，还通过一系列TVC（television commercial，品牌广告片）投放、SNS（social networking service，社交网络服务）话题聚集讨论热度、线下落地多样化场景营销……着力搭建起与日本饮食文化的联系，并通过年轻化的沟通方式让这一传统品类更贴近新一代消费者。在极度内卷的日本饮料市场，壶煮大麦茶的成功又一次验证了可口可乐日本公司的品牌运营能力。

【小资料1-2】
2025年全球经济增速预计为3.2%

国际货币基金组织（IMF）2024年10月22日发布《世界经济展望》，指出全球通胀水平逐渐趋于稳定，主要经济体的通胀水平已接近此前定下的目标，这标志着全球范围内宏观经济政策取得显著成效。

同时，IMF也指出全球经济仍然面临一系列新的挑战，包括地区性冲突和贸易保护主义的上升。IMF提醒，世界经济正面临多重风险，各国政府需加强政策应对。此次报告中，IMF保持了在2024年4月对全球经济增速的判断，预计2025年的全球经济增速为3.2%。

1) 宏观政策的"三重转向"

IMF在这次报告中提出了宏观政策"三重转向"的概念,呼吁全球在货币、财政和结构性改革方面采取行动,以应对未来可能出现的经济风险。

在货币政策上,IMF预计发达经济体的央行将从紧缩转向中性立场,以支持经济活动,尤其是在就业市场趋缓的情况下。这一政策调整将减轻新兴经济体的金融压力,使其货币对美元升值,改善其整体的金融状况。

在财政政策上,IMF建议各国采取负责任的财政整顿措施,以避免公共债务失控风险。这种整顿需要谨慎操作,以免对经济活动产生过大的负面影响。IMF提到,通过多年的稳健调整,国家可以增强财政弹性,并给予货币政策更大的操作空间。

在结构性改革上,IMF指出在生产力增长缓慢和人口老龄化的背景下,各国应推进结构性改革,提高长期生产力。这些措施包括技术创新、资源优化配置和推动私人投资等,这将有助于应对未来可能出现的宏观经济失衡。

据IMF分析,全球经济增长乏力的主要原因包括全球多个关键地区经济增速放缓。IMF强调只有通过政策转向和结构改革,全球经济才能实现更强劲、可持续的增长。

2) 多家外资机构上调对中国经济的预期

《世界经济展望》对包括中国、美国和欧盟在内多个地区的前景进行了分析。

2024年12月初,IMF发布《亚太地区经济展望》时指出,中国2024年和2025年的经济增速预期分别为4.8%和4.5%。在相关政策背景下,多家外资机构纷纷上调了对中国经济的预期。

随着通胀压力开始缓解,IMF将美国经济增长率上调为2.8%,这个数字反映了美国经济状态趋于健康。同时,IMF警告,美国服务通胀上升的风险仍然存在,并主张美联储应采取谨慎的财政政策来平衡美国国债轨迹,也倡导以增长为中心的改革。

IMF下调了对欧洲大型经济体的经济预测,这表明与其他发达经济体相比,欧洲复苏速度较慢。欧洲中央银行(ECB)仍然专注于打击通货膨胀,但事实证明,通货膨胀在能源和服务等领域持续存在。IMF还鼓励欧洲进行结构改革,解决劳动力短缺和生产力增长问题。

针对亚太地区,IMF略上调增长预测至4.6%。由于地缘政治紧张局势、全球需求不确定性和金融市场波动,该地区的经济风险仍然存在,其转向服务业的结构调整可能有助于维持增长。

数字技术和人工智能在提高各部门生产力方面的变革潜力也受到关注。从长远来看,IMF预计数字化可以提高经济效率,特别是在金融、制造业和服务业等部门,但是,为了所有经济体的最大利益,确保公平获得这些技术至关重要。

资料来源　孙晓萌. IMF最新经济展望 今明两年全球经济增速预计为3.2%[J]. 中国经济周刊,2024(21):92-93.

拓展阅读
1-2

除了应当具备"全球化思考并且本土化行动"的能力之外,企业在应对交叉文化的国际营销活动中,还应该超越"自我参照标准"(self-reference criterion)的障碍。

自我参照标准，就是无意识地参照本国或本地区文化的价值观、经验和知识，以此作为决策的依据。一般来讲，在面对一系列事情的时候，我们总是根据生活中所积累的知识（这种知识是自身文化的历史产物），自发地做出反应。我们很少停下来对某个反应加以思考，我们只是做出反应。这样，在另一种文化环境中遇到问题的时候，我们往往是本能地做出反应，并根据自我参照标准，寻求解决问题的办法。然而，我们的反应是以与自身文化相关的意义、价值观、符号和行为为基础的，这些意义、价值观、符号和行为在外国文化中往往有不同的含义，因而这样的决策往往不能达到预期的效果。这种自我参照标准意识的存在，可能使国际营销者意识不到文化差异的存在，或者认识不到这些差异的重要性，结果要么意识不到行动的必要性，小看不同国家和地区之间的文化差异，要么我行我素，惹恼对方。

2）跨国的组织协调

国际市场营销需要应对的是不同国家和地区的市场，而在这些不同的市场中，各个企业的规模、目标市场的潜力以及当地的管理优势有所不同。企业需要产品和技术知识，市场营销、财务和运营等方面的专门知识，以及一些国家和地区知识。企业在获得这些知识的时候可能会形成相互冲突的情况。不同国家和地区的分公司在知识、技能以及潜力方面各不相同，但它们要为企业的总体战略目标服务，这就需要企业在进行国际市场营销活动的时候，对各个分公司进行平衡和整合，以最大限度地发挥企业的效率。这就使得企业必须根据所在行业的特点和本身的特征确定最佳的组织结构。一般来讲，随着企业国际化程度的加深，其组织结构也会发生相应的变化。大体有六种类型的组织结构可供选择，即国际部门前身的职能或部门结构、国际部门结构、区域管理中心、地域性结构、世界范围的产品部门结构以及矩阵结构等。

需要指出的是，企业国际营销的组织结构与其海外产品的多样化和海外业务规模之间存在一定的关系。约翰·斯托福（John Stopford）和小路易斯·韦尔斯（Louis Wells, Jr.）提出了一种关于组织结构、海外产品多样化（定义为企业在其主要产品生产线以外的销售量，以占总销售量的百分比表示）和海外业务规模之间的关系的假定。他们认为，当海外经营规模扩大时，企业将会新增一个区域事业部（分部，division），因此只要企业在海外的业务规模占据了总规模的50%以上，企业就很可能设立多个区域事业部（分部）。因此，从地理区域来看，企业国际业务的增长导致企业区域分部的增多。另外，产品的多样化也会影响企业组织结构的变化：随着海外产品多样化的增加，企业在世界范围内设立的产品事业部（分部）也会相应地增加。如果前面两者同时增加，即海外业务和海外产品多样化都增加，则企业在海外的营销组织结构倾向于采用矩阵式结构。如果这两者的比例都比较小，即企业产品多样化程度有限（低于10%），并且海外业务占企业总业务的比例也比较低（低于50%），则企业的海外营销组织倾向于采用国际事业部结构（如图1-1所示，企业国际营销组织的具体结构形式参见本书第10章）。

此外，对于全球品牌来讲，其组织结构又会有更高的要求。P. 汉金森（P. Hankinson）和G. 汉金森（G. Hankinson）认为，全球品牌的组织结构需要把重点放在世界范围内营销程序的整合以及（或者）"全球化"战略选择上，并且在企业文化

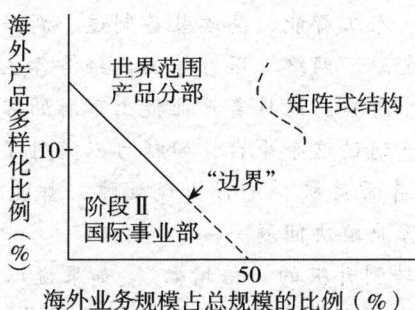

纵轴：海外产品多样化比例（％），标有 10；横轴：海外业务规模占总规模的比例（％），标有 50。图中包含"世界范围产品分部""矩阵式结构""'边界'""阶段 II 国际事业部"等标注。

图1-1 组织结构、海外产品多样化与海外业务规模（以占总规模的比例表示）之间的关系

资料来源 KEEGAN W J. 全球营销管理 [M]. 段志蓉，钱珺，译. 7版. 北京：清华大学出版社，2004：565.

中巩固和加强组织间和组织内部的合作。他们指出了支持全球品牌管理的8种新型组织结构：

①全球协调小组：注重实施，在建设团队文化的过程中，它是任务导向型的，为目标服务。

②战略计划小组：包含跨学科或者跨职能的品牌管理人员，他们的任务是在不失地方特色的基础上实施集中制定的政策和战略。

③主导国概念：不同的国家针对不同的品牌或者市场方向充当领导角色。如对于玛氏糖果（Mars Candy）公司来说，Snickers的主导国是德国，M&M's的主导国是荷兰，Twix的主导国是法国，Galaxy和Bounty的主导国则是英国。

④全球品牌经理：在品牌推广活动中资深的或担负高级职能的职位。

⑤星裂：新的产品和服务开发出来之后，一个创业型的组织就会从母公司中分裂出来，并且被鼓励成长为独立的子公司。

⑥聚合式组织：当需要个人的某种特殊技能的时候，个人可以在集团内部的不同企业工作。

⑦战略联盟、合资企业和兼并收购：这种结构形成了一种连续的、整体的并且是混合的、交互组织的关系。

⑧网状结构：虽然形式多种多样，但是每个结构的核心都是一样的，那就是不同的组织和个人针对同一个项目一起工作。

【观念应用1-1】
研祥：发力互联网助推全球营销

深圳经济特区建立40多年以来，以研祥智能科技股份有限公司（简称研祥）为代表的民营高科技企业在科技创新领域做出了巨大贡献，已经成为深圳经济高质量发展的重要引擎。据了解，研祥于1993年创立，是中国最大的工业互联网核心解决方案提供商，特种计算机行业位列中国第一、全球第二，多次跻身中国企业500强。研祥的业务涵盖工业互联网、新一代信息技术、人工智能、物联网、高端装备制造、新能源、大数据、节能环保等战略性新兴产业和重点领域，其系统产品目前已广泛应用于工业互联网、航空航天、人工智能、高端装备制造、新兴海洋产业、新能源、电子信息、智能交通、电信、金融、网络、医疗等国民经济各主要行业与领域。

研祥的公司展厅有一个屏幕，连接着产业链上下游的客户。这就是研祥自主研发的研祥工业互联网云平台。通过这个平台，研祥可以随时了解和跟踪客户对产品的使用情况，例如产品有没有异常关机、是否出现故障，都能在这个平台上实时显示数据，便于研祥更好地帮助客户解决问题。

工业互联网是制造业转型升级的"倍增器"。如果说以消费互联网为代表的互联网"上半场"已告一段落，那么工业互联网便是互联网的"下半场"。工信部数据显示，我国工业互联网产业规模逐年递增，截至2022年第一季度，工业互联网规模已超万亿元。

作为中国工业互联网核心解决方案头部提供商，研祥瞄准了工业互联网行业应用这一"新基建"。近年来，研祥在推动工业互联网行业应用建设方面取得众多成果。例如建设了国家特种计算机工程技术研究中心、国家工业控制网络和智能设备开发技术国家地方联合工程实验室、国家级企业技术中心等创新平台。此外，研祥在工业控制接入、边云协同建设、工业智能开发、数据挖掘和分析、产融结合方面，形成极具竞争实力的行业解决方案。

2021年，研祥获批组建了广东省工业边缘智能创新中心。工业边缘智能创新中心是全国首个省级工业边缘智能创新平台，专注于工业边缘智能领域前沿技术和共性关键技术的研发供给、转移扩散和商业化应用，将集合国内边缘智能领域重点企业、高校以及科研院所，构建一个从基础到应用及成果转化完整的边缘智能创新体系。

从"500块钱闯深圳"到"中国企业500强"，研祥的蝶变是深圳白手起家、干事创业的一个缩影；从华富路到科技园，研祥总部的变迁，是深圳产业转型、创新发展的一个印证。

"没有改革开放就没有深圳，没有深圳就没有研祥。"研祥董事局主席陈志列说，正是深圳给了他创新创业的想法和行动。毋庸置疑，深圳过去是、现在是、未来依然是一片激情燃烧、干事创业、创新创造的热土。在这片神奇的土地上，一粒种子会成长为参天大树，甚至会蔓延为整片森林。根植发轫于深圳，汲取养分于深圳，与这座极富改革开放创新基因的城市共同成长，才有了今天行业领军的研祥。

"不安于小成，然后足以成大器；不诱于小利，然后可以立远功。"研祥的成功，来源于对创新的追求、对质量的执着。研祥最初靠代理销售特种计算机起家，但很快意识到仅靠模仿、山寨的方式走不长远，唯一可行的道路就是自主创新。坚持"自主创新+自主品牌"战略，平均每年研发经费的投入占企业营业额的10%，持之以恒的自主研发和日积月累的技术进步，成为研祥的立身之本，也是研祥敢于跟西方大品牌叫板、在"高精尖"市场角逐的底气所在。

在大多终端产品中，大家看不到研祥，因为研祥将技术嵌入其他设备和系统里，在产品背后发挥着作用，是名副其实的"隐形冠军"。深圳有不少像华为、腾讯这样大家耳熟能详的王牌企业，也有一批像研祥这样的细分行业"隐形冠军"，还有大量创新奔涌、活力迸发的中小微企业。正是有了这样一种企业梯队、创新生态，才有深圳高质量发展的坚实基础。

永远激情燃烧，永远创新求进。一个人如果没有激情和干劲，就会陷于平庸和无聊；一个企业、一座城市如果没有激情和干劲，就会失去梦想与希望。当今深圳最大的竞争力是什么？干事创业创新的"白热化气氛"和"五星级环境"！永葆"闯"的精神、"创"的劲头、"干"的作风，广大深圳企业才会发展得越来越好，深圳这座城市才能创造新的更大奇迹。"深圳是全国高新技术产业发展的一面旗帜。我想，深圳也会成为全国高质量发展的一面旗帜。"陈志列如是说，我们对此也充满信心。

资料来源　闻坤，陈小慧，王新根. 研祥：扎根深圳29年成为特种计算机全国第一［N］. 深圳特区报，2022-06-13.

3）确定和管理企业的全球化决策

企业的国际市场营销，归根到底就是企业在全球化条件下如何进行自身全球化决策的问题。换句话说，就是在世界经济一体化背景下，企业如何进行自身的全球化介入问题。企业自身的全球化决策包括企业的战略全球化决策（制定并实施全球战略）、组织全球化决策（确定合适的国际性质的公司）、产品全球化决策（如何发展产品线以适应不同国家和地区的市场）以及品牌全球化决策（如何发展全球品牌）等。

（1）战略全球化决策。一般来讲，企业可以采用四种基本战略来迎接国际环境下的竞争，即国际战略（international strategy）、国别战略（multinational strategy）、全球战略（global strategy）和跨国战略（transnational strategy）等（如图 1-2 所示）。具体采取何种战略需要根据降低成本的程度和对当地市场的反应程度来确定。实施国际战略的企业积极地将来自核心能力的技能和产品转移到海外，也在一些国家和地区开展有限的定制化的营销活动，但缺乏广泛的当地反应能力，也不能获得经验曲线效应和规模经济效应。实施国别战略的企业将其产品组合、营销战略和企业战略定制化以适应特定国家和地区市场条件的需要。国别战略既不能在国家和地区之间转移技能和产品，也不能获得经验曲线效应和规模经济效应。实施全球战略的企业通过经验曲线和规模经济来使成本降低，但是缺乏当地反应能力。跨国战略则要求企业利用经验曲线和规模经济，在企业内部转移核心能力，以及关注本土化的压力。这些都需要企业将知识和信息从母公司流向子公司，从海外子公司流向本土，以及从一个海外子公司流向另一个海外子公司。这一过程也叫作全球学习（global learning）。

（2）组织全球化决策。企业的组织全球化决策就是企业如何选择适合自身的组织形式来应对全球化的管理。企业在全球化条件下的组织形式主要有：国内公司（domestic company）、国际公司（international company）、国别公司（multinational company）和全球公司（global company，或称跨国公司 transnational company）。国内公司指的是只关注本国或本地区市场而忽略海外市场机会的公司；国际公司则是在本国或本地区以外也进行业务活动和销售产品的公司，不过它们通常坚持认为在本国或本地区成功的产品是卓越的，因而在其他地方销售这类产品时不需要做变动也能卖得出去；国别公司则是那些为了成功，主要依赖于每一个当地子公司执行其独特的经营和营销战略的公司，这种公司通常只关注各个国家和地区市场的差异性，因而只强调

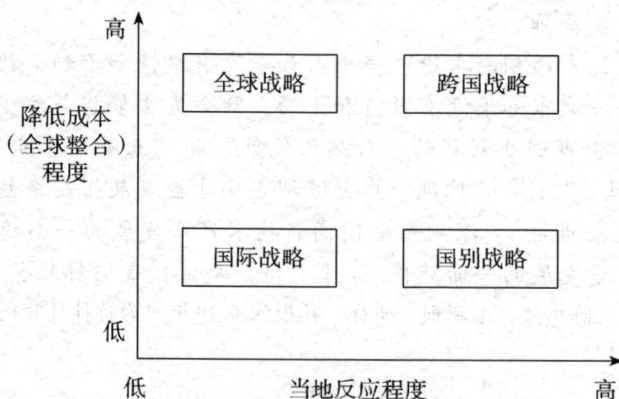

图1-2 企业全球化战略选择

资料来源 BARTLETT, GHOSHAL. Managing across borders: the transnational solution [M]. Boston: Harvard Business School Press, 1989.

地方化，而忽略标准化；全球公司或跨国公司则把整个世界看作一个潜在市场，努力推行整合的世界市场战略。

（3）产品全球化决策。企业产品决策的一个重要问题是，企业所推出的产品是否有能力推广到其他国家和地区市场。这就需要认识和了解企业的产品超越地域文化的能力。有的产品可以全世界通用，而有的产品只能在某个地方销售，因此，企业产品全球化决策要明确的问题就是是否需要推出具有地域扩张能力的产品，以及该产品的扩张能力究竟有多大。一般来讲，有四种产品策略可供选择，即当地产品（local product）、国家产品（national product）、国际产品（international product）和全球产品（global product）。当地产品是仅在某一部分境内市场销售的产品。国家产品是针对某一特定公司而言的，即该公司只在单一的国家和地区市场销售产品。有时全球公司为了迎合几个特殊的国家和地区市场的需要也会推出相应的国家产品。例如，可口可乐公司为日本市场专门生产了一种具有西洋参风味的非碳酸饮料。此外，为了与秘鲁的风味软饮料"Inca Cola"竞争，可口可乐公司还生产了一种名叫"Pasturina"的黄色碳酸风味饮料。国际产品是指在多个国家和地区组成的区域性市场上销售的产品。全球产品的市场则是全球市场，一个真正的全球产品能够销售到世界上任何一个地方，以及任何一种发展程度的国家和地区。

（4）品牌全球化决策。在今天激烈的国际竞争市场上，全球品牌应该是每个企业努力的方向，因为企业的产品往往是由于有了全球品牌的支持而进入海外市场的。因此，全球品牌对于企业的国际竞争具有至关重要的作用。一个全球品牌首先应该具有超越任何地域和任何文化的能力，在任何地区都能够被消费者接受。这是全球品牌所具有的独一无二的外部支持度。同时，从品牌本身的特点来看，全球品牌应该是在同一战略原则的指导下进行国际运作，具有同一名称和相似的形象，以及相似的市场定位——虽然由于不同国家和地区的市场环境存在差别，全球品牌在不同市场的营销组合会有所不同，但它在全球市场的定位应该是一致的。

拓展阅读
1-3

1.2 国际市场营销的理论基础

由于企业的国际市场营销活动是一个国际化的过程，即企业跨境活动的介入问题，所以国际市场营销的理论主要是以企业的国际化理论为基础的。就企业在国际化过程中的战略决策来看，企业的国际市场营销理论可以从三个方面进行分析，即企业的国际化进程理论、海外市场进入理论以及国际市场营销战略途径理论。

1.2.1 国际化进程理论

企业的国际化进程理论主要基于国际化阶段（stage of internationalization）理论和海外市场进入决策（foreign market entry decision）理论。国际化阶段理论主要包括产品生命周期模型（product life cycle model）理论和国际化进程模型（international process model）理论。产品生命周期模型由弗农（Vernon）于1966年提出，他把国家之间的国际贸易理论和个别公司的国际投资理论结合起来形成了该模型。其主要观点是重新安排生产活动的地理位置，认为产品的成熟化程度的提高使得海外业务扩张成为可能。国际化进程模型主要以约翰逊（Johanson）和瓦尔尼（Vahlne）为代表。Johanson和Vahlne在对瑞典四家企业的海外经营过程进行比较研究时发现，它们在实施海外经营战略的步骤上有惊人的相似之处：最初从偶然的、零星的产品出口开始与海外市场建立联系；随着出口的增加，母公司掌握了更多的海外市场信息和联系渠道，出口市场逐渐通过海外代理商而稳定下来；随着市场需求的增加和海外业务的扩大，母公司决定在海外建立自己的产品销售子公司；最后，在市场条件成熟后，母公司进行海外直接投资，建立海外生产基地。

Johanson和Vahlne认为上述四个阶段是一个"连续""渐进"的过程，它们分别表示一个企业对海外市场的涉入程度或由浅入深的国际化程度。企业国际化的渐进性主要体现在两个方面：一是企业市场范围逐步扩大的地理顺序，通常是本地市场→地区市场→全国市场→海外相邻市场→全球市场；二是企业跨国经营方式的演变，最常见的类型是纯境内经营→通过中间商间接出口→直接出口→设立海外销售分部→海外生产。美国密歇根大学的卡瓦斯基尔教授（Cavusgil，1980，1982）把企业经营国际化的过程分成五个阶段：①境内营销阶段，主要从事境内生产和销售；②前出口阶段，开始对国际市场感兴趣，有意识地收集信息，对国际市场进行调查，出现不规则的出口活动；③试验性涉入阶段，主要从事间接出口，开始小规模的国际营销活动；④积极投入阶段，以直接出口方式向其他国家出口产品；⑤实施国际战略阶段，以全球市场为坐标制定企业战略规划。瑞典学者福斯格伦（Forsgren，2002）提出了对企业国际化阶段理论进行挑战的四个命题：第一，"企业在海外市场的投资是以递增的速度进行的"，因为企业可以从别人那里获得经验和知识，也可以采取跟随战略，特别是在市场环境迅速变化的条件下，企业会采取多种形式的海外市场战略。第二，"企业有时在没有经验和知识的情况下也会进行海外投资"，如近年来发展的电子商务公司往往同时在几个海外市场投资，其原因可以用先行者优势解释，即旨在抢占市场。第三，"如果企业看到海外投资的风险比不投资的风险低时，那么即使在不具备经验和知识的情况下也进行投资"。第四,"市场知识的逐渐积累并不妨碍企业实施海外投资的激进战略"。对于巨型跨国公司而言,很难预测其国际化发展的速度和结构。换句话说,国际化阶段理论对大型跨国公司的解释力有限。

1.2.2　海外市场进入理论

海外市场进入理论主要研究企业如何成功地进入海外市场以及如何选择合适的进入方式、在合适的时间进入合适的国家。关于海外市场进入方式的理论,主要着重于对海外市场进入方式的影响因素的研究(见表1-2)。

表1-2　　　　　　　　　　研究海外市场进入方式的理论和模型

代表性著作的作者及出版时间	研究内容
Anderson & Gatignon,1986	交易成本理论
Caves & Mehra,1986	进入模式选择、进入时间和公司规模
Kogut & Singh, 1988; Erramilly & Rao, 1993	多国经验
Kim, Hwang & Burger, 1989; Agarwal & Ramaswampy, 1991; Kim & Hwang, 1992	折中理论(eclectic theory)
Hitt & Tyler,1991	战略选择/主观特点、外部控制/行业特点、理性规范模型(rational normative model)/目标标准三者之间的关系
Root,1994	海外市场进入决策程序:(1)评估产品和海外市场;(2)选择目标产品/市场;(3)设定目标;(4)选择进入方式;(5)制订市场计划——定价、促销、分销等;(6)着手进入运营;(7)进行目标市场活动
Root,1994;Chang,1998	东道国和母国的环境要素、目标国家(地区)生产要素、公司产品要素、公司资源/承诺要素(commitment factor)
Buckley & Casson,1998	影响因素:母国与目标市场国家(地区)的生产、研发、营销和分销活动
Davis,Desai & Francis,2000	同型性视角:两个同型性压力的来源——东道国体制环境和内部体制环境(母公司)
Shama,2000	业务活动的变量、进入年限、竞争水平和市场潜力
Taylor,Zou & Osland,2000	讨价还价能力理论

代表性著作的作者及出版时间	研究内容
Pan & Tse，2000	市场进入方式的层级模型
Chang & Rosenzweig，2001	海外投资经验的重要性
Francisco，2005	公司规模、所有权等特征对公司进入海外市场作用显著
Kim，2008	企业独特的价值主张及战略应与当地市场情况协调、匹配
Itzhak，William & Amir，2014	积极学习文化的动态能力对于企业成功进入海外市场是一个关键因素

资料来源　综合相关文献整理。

1.2.3　国际市场营销战略途径理论

关于国际市场营销战略的研究中，存在如何看待国别市场的问题，即就全球市场而言，到底是同质化的市场还是异质化的市场。全球竞争的加剧促使企业重新思考全球战略和市场的全球化问题。这一战略问题的突出表现就是标准化和本土化（适应化）之争。标准化的观点认为，尽管存在国家和文化差异，但全世界基本的人类需求还是存在的，因此企业在其国际战略中没必要具体考虑这些差异。在境内销售的产品只要在产品特征上稍做改动就可以在国际市场上销售。莱维特（Levitt，1983）以及叶、洛伊和吉野（Yip，Loewe & Yoshino，1988）认为这一做法有明显的规模经济优势。学者们还认为标准化可以维持母国形象、减少产品的变动成本（Buzzell，1986），也有助于处理和储存产品，加速产品运送（Buatsi，1986），节约管理成本（Buzzell，1986；Levitt，1983）。适应化的观点则认为人类的基本需求在任何地方都差不多，但文化和其他环境的差异极大地改变了不同国家消费者的购买行为。这一重大差异意味着标准化在许多条件下都是不合适的（Boddewyn，Soehl & Picard，1986；Douglas & Wind，1987；Kotler，1985；Sommers & Kernan，1967）。

1）标准化视角

标准化视角大概是在 20 世纪 60 年代出现的，在 80 年代受到重视。1983 年，西奥多·莱维特（Theodore Levitt）在《哈佛商业评论》上发表了题为《市场全球化》（The Globalization of Markets）的论文，提出为了在世界市场上赢得竞争力，企业应该把重点从生产为当地市场定制的产品转向生产高级的、功能丰富的、可靠的和价格低的全球标准化产品。该理念一经提出，立即得到很多响应。巴泽尔（Buzzell，1986）认为，产品标准化具有以下优势：①生产和购买的规模经济；②学习经验的更快积累；③降低产品的设计和修改成本。此外，布阿特西（Buatsi，1986）认为，产品标准化可以降低这样一些成本，例如，存货处理成本、备用的零配件的成本和维修成本，以及训练服务人员的成本。科塔贝（Kotabe，1990）则提出，在欧洲和日本，相对于产品适应化的企业而言，进行标准化生产的企业的产品和流程创新水平更高。阿加沃尔（Aggarwal，1987）认为，由于技术和文化模式的国际传递，世界经济快速变化，形成了生产和营销的全球化。他指出，这一现象不只是发生在创新性的技术行业，如消费电器、计算机、信息加工等，在一些传统行业诸如纺织、钢铁、农业设备制造和汽车制造等也是如此。

总的来看，标准化的观点认为通信和交通的巨大进步已经使世界趋向同质化，世界上不同国家的消费者对相同产品表现出相同的偏好和需求倾向，因此，生产大量高质量和低价格的产品成为在全球市场上获取竞争优势的主要源泉。具体而言，实施标准化战略所侧重的营销要素也不尽相同，既可以是生产标准化的产品，也可以是就价格、促销、渠道结构等因素实施标准化，还可以在营销计划等管理程序上实行全球统一标准。

2）适应化观点

莱维特的观点在营销界引起了关于标准化和适应化的争论。道格拉斯和温德（Douglas & Wind，1987）检验了标准化战略的前提条件，提出了该战略的三个主要缺陷：第一，世界市场的顾客需求和利益并没有趋向同质化，相反，特有的带有国别特点的市场非常普遍，并且有大量的证据表明在某一个国家内部也日益表现出顾客行为的多样化；第二，在许多情况下，顾客并不想为了低价格而牺牲产品特点和质量；第三，在某些行业规模经济也许并不重要，而在另外一些行业，由于弹性生产方式和自动化技术的应用，规模经济可以在产出水平较低的条件下达到，并且能在不提高产品成本的前提下生产高度适应化的产品。

关于国际市场适应问题的经验研究主要分为三个流派（见表1-3）。第一个流派探索标准化（适应化）是否正在发生并跨越不同市场，以及什么样的公司特征和环境要素会影响到适应程度（如表1-3左栏所示）。该流派是早期的代表经典权变范式的流派（Lawrence & Lorsch，1967；Hofer，1975；Venkatraman，1989）。此流派认为，公司特征包括公司规模、国际经验，环境要素包括市场之间的文化差距、市场竞争的性质以及产品生命周期的阶段。该流派的观点虽然有其可取之处，但未能以绩效为基础来测度变量。第二个流派（如表1-3中栏所示）与第一个流派刚好相反：没有考察公司特征和环境要素对适应程度的影响，仅仅考察公司绩效与适应程度的关系。这一流派的研究成果在实施上取决于适应时间的长短。在短期内很难发现适应程度与绩效有什么关系，但从中长期来看，它们之间有正相关关系。第三个流派开始于20世纪90年代（如表1-3右栏所示），部分原因是当时结构方程模型日益受到青睐。一些研究人员开始采用复杂的研究设计（同时包括环境要素、适应-标准化测量和绩效变量），并引入绩效变量来测度适应程度与环境之间的匹配问题，但匹配可以通过多种途径来建模，表1-3右栏列出了三种途径。

表1-3 三种建模的途径

第一个流派	第二个流派	第三个流派
研究以下因素的关系： •环境要素 •公司特征 •适应程度	研究以下因素的关系： •适应程度 •绩效	研究以下因素的关系： •环境要素 •公司特征 •适应程度 •绩效
Donnelly & Ryans，1969** Green，Cunningham & Cunningham，1975** Dunn，1976** Ronkainen，1983** Boddewyn，Soehl & Picard，1986** Buatsi，1986* Seifert & Ford，1989* Mueller，1991** Ozsomer，Bodur & Cavusgil，1991** Cavusgil，Zou & Naidu，1993* Du Preez et al.，1994** Baalbaki & Malholtra，1995** Dow，2001* Theodosiou & Katsikeas，2001**	发现有正相关关系： Tookey，1964* Cavusgil，1984* Cooper & Kleinschmidt，1985*# Gomez-Mejia，1988* Cavusgil & Kirpalani，1993* Leonidou，Katsikeas & Samiee，2002 发现没有关系： Koh & Robicheaux，1988* Roth & Morrison，1990** Thach & Axinn，1991* Roth，1992b** Samiee & Roth，1992**# Albaum & Tse，2001*	匹配作为中介： Cavusgil & Zou，1994* Shoham，1999* Ozsomer & Prussia，2000** Alashban et al.，2002** Zou & Cavusgil，2002** 匹配作为调节： Shoham & Albaum，1994* Shoham，1996* O'Donnell & Jeong，2000** Solberg，2002* 匹配作为截面离差： Roth，1992a**

* 研究有关出口企业的适应程度；

** 研究有关多国企业（含有出口和国际直接投资项目）的适应程度；

环境要素、公司特征、适应程度以及绩效都包括进来，但每一对关系都独立分析。

资料来源 DOW D. Adaptation and performance in foreign markets：evidence of systematic under-adaptation［J］. Journal of International Business Studies，2006，37（2）：212-226.

1.3 国际市场营销阶段和国际市场营销管理

1.3.1 出口营销阶段

企业在进行国际化运营过程中，必须根据自身能力和市场潜力来决定参与国际市场的程度。处于出口营销阶段的企业，其生产和经营的重心是服务于境内市场，其参与国际市场的程度仅限于在国际市场上销售产品。其在国际市场上销售产品的方式也有所不同，例如有的是间接出口，有的是直接出口，还有的是在海外组建销售子公司或销售队伍等，但其立足点还是本国或本地区市场，生产和经营主要都在母国进行。其利润主要依赖于母国市场的销售状况，国际市场的利润仅作为一种补充。

实施出口营销的企业通常都贯彻了"境内市场延伸观念"这一国际市场营销观念。国际市场营销观念，也可称为国际市场营销导向，是指导企业进行国际市场营销活动的管理哲学，比较传统的国际市场营销导向通常指的就是珀尔马特

（Perlmatutter）于1969年创立的**EPRG体系**。该体系将国际市场营销的管理导向分为四种，即民族中心主义（ethnocentrism）、多元中心主义（polycentrism）、区域中心主义（regiocentrism）以及地球中心主义（geocentrism）。在很多情况下，区域中心主义和地球中心主义被合并为一个导向，从而可以把国际市场营销观念简化为三个，即境内市场延伸观念、国别市场营销观念和全球市场营销观念。所谓境内市场延伸观念，是指企业把境内市场排在第一位，而把境外市场排在第二位，境外业务是境内业务的延伸。企业的主要动机是把境内生产的剩余产品以与境内相同的销售方式销往境外，以解决境内生产剩余问题。在EPRG体系中该观念被划归为民族中心主义。

1.3.2　国际市场营销阶段

处于此阶段的企业全面参与国际营销活动，在全球范围内寻求市场，有计划地将产品销往多个国家（地区）并且还在海外进行产品生产活动。企业将全球看作一系列国家（地区）市场，这些市场各具特色，因此需要为每个市场制定不同的营销策略。

实施国际市场营销的企业多采用国别市场营销观念，即企业意识到海外市场的重要性以及不同国别市场的差异性，因而一方面需要占领各国市场，争取在每个市场有立足之地；另一方面，由于存在国别市场的差异性，还需要对每个市场制订几乎独立的计划，才能取得成功。由于各子公司自行制订营销计划和目标，境内市场和海外市场都有单独的营销组合方案，彼此之间是相互独立的，所以没有考虑到不同国家（地区）市场之间的协调问题。在EPRG体系中，该观念属于多元中心主义。

1.3.3　全球营销阶段

在全球营销阶段，企业将整个世界看作一个整体市场，认为全球是一个具有同质偏好的市场，因而企业要为整个全球市场制定一套适用于各个国家（地区）的营销组合策略。实行全球营销的企业通常需要进行全球标准化生产，经营战略、组织机构、资金来源、生产和营销计划等都是从全球角度出发来制定实施的。

实施全球营销的企业奉行全球营销观念，即认为世界市场是一个具有同质化特征的整体市场，因此企业可以在全球范围内以近乎相同的营销组合来满足整个市场的需求和欲望。根据这一导向，企业力图在全世界范围内实施标准化，因此企业从全球角度制订营销计划和营销方案，尽可能地追求标准化，除非由于文化的独特性而不得不调整产品及其形象，否则企业不会予以调整。全球营销观念属于EPRG体系中的区域中心主义或地球中心主义。

【出海案例1-1】

美的集团加速全球化

在深耕中国市场的同时，美的集团立志成为海外市场新巨头。

2021年8月，美的集团提出明确目标：到2025年，海外销售收入要突破400亿美元，国际市占率达到10%，五大战略市场市占率则达到15%~20%，其中东南亚区域要做第一，北美则要进入前三。

在国内"出海"家电企业中，美的集团目前稳居第一。美的 2020 年年报显示，2 857 亿元的营业收入中，海外市场贡献 1 210.8 亿元，占比达 42.60%。这是美的集团海外营收连续第 4 年超过 1 000 亿元，连续第 5 年占比超过 40%。

同时，美的集团在互动平台表示，根据库卡 2021 年上半年财报数据，库卡中国业务订单同比增长超 40%，销售收入同比增长近 100%，在库卡所有业务中增速最快。

近年来，美的通过不断并购扩大海外布局，2012 年，美的将"全球经营"列入三大战略主轴，又在 2016 年发起"四大收购"，将东芝品牌等归入囊中。

此后，美的海外营收呈现快速增长态势。数据显示，2012 年，美的海外营收仅为 274.99 亿元，占比 19.75%；2016 年，这一数字增至 640.12 亿元，占比首次超过 40%；2017 年，美的海外营收首次突破千亿，达到 1 039.56 亿元，占比由此稳居 40% 以上。

当前，美的集团已经实现了全球 200 多个国家的业务覆盖，在全球拥有 200 多家子公司、28 个研发中心和 34 个主要生产基地，员工 15 万人，逐步形成"2+4+N"全球化研发网络，建立研发规模优势。

美的 2020 年年报显示，美的集团的家用空调和主要家电品类在中国市场的份额均在前三名。在国内已经站稳脚跟的美的集团，要进一步提升盈利能力，抓住海外市场来获得新的增长机会不容忽视。

2021 年 1 月，美的集团重新梳理了公司业务，并划分五大业务板块：智能家居事业群、机电事业群、暖通与楼宇事业部、机器人及自动化事业部、数字化创新业务。财报显示，2021 年一季度，美的集团实现营收 825.04 亿元，同比增长 42.22%；净利润 64.69 亿元，同比增长 34.45%。

中国家电产业已建立起配套体系和上下游供应链体系，建成一个完整的产业链。中国已成为全球最大的家电制造基地，整体产能在全球占比 60%～70%。尽管国际家电第一梯队仍被博世、西门子、LG 等品牌占据，但在成本、产能甚至创新技术等领域，中国企业日益增强挑战它们的实力。美的利用自身优势，一方面积极扩大 OEM 出口业务，另一方面发力输出自有品牌。

通过品牌出海，家电企业有望以产品优势、线上渠道降维优势、运营效率优势、并购整合能力在全球快速扩大品牌影响力。中国品牌若要在未来持续提升世界话语权，必须拿下高端市场，提升品牌影响力。

资料来源　赵洁. 美的集团计划五年内国际市占率达 10%　加速全球化　海外营收连续五年占比近半 [N]. 长江商报，2021-08-23（A11）.

本章小结 🖊

国际营销是企业跨越国境或关境的营销活动。国际营销与境内营销既有共同点又有区别。国际营销环境与境内营销环境存在诸多差异，企业选择国际营销的目标市场，同样要以市场细分为基础。企业应当善于根据本国或本地区及目标市场国家（地区）的政治经济情况以及自身的条件，采用适当方式进入国际市场，制定适当的营销组合策略。

主要概念和观念 🗂

☐ **主要概念**

国际营销　文化差异　全球公司　全球产品　全球品牌

☐ **主要观念**

国际市场营销观念　国际市场营销环境　国际市场营销阶段

基本训练 👥

☐ **知识题**

1.1　阅读理解

1) 什么是国际市场营销？国际营销与境内营销有何不同？

2) 开展国际市场营销的意义何在？

3) 企业在开展国际营销的过程中要考虑哪些环境因素？

4) 国际市场营销的主要任务是什么？

5) 国际市场营销观念包括哪些？如何理解国际市场营销观念、企业国际市场营销的组织形式和国际市场营销发展阶段之间的关系？

1.2　知识应用

1) 选择题

（1）国际市场营销的发展阶段包括（　　　）。

A.出口营销阶段　　　　　　　　　B.国际市场营销阶段

C.全球营销阶段　　　　　　　　　D.世界营销阶段

（2）地球中心主义对应的企业国际市场营销阶段是（　　　）。

A.国际市场营销阶段　　　　　　　B.出口营销阶段

C.全球营销阶段　　　　　　　　　D.国别营销阶段

（3）根据当地反应能力和降低成本压力，可以将企业的全球战略分为（　　　）。

A.国际战略　　　　　　　　　　　B.国别战略

C.全球战略　　　　　　　　　　　D.跨国战略

2) 判断题

（1）一个企业把产品销往许多国家，虽然其主要生产和经营基地在国内，但在每个国家销售的产品都是一样的，因此该企业是一个全球公司。（　　　）

（2）企业在多个国家进行营销活动，在许多国家设立子公司进行生产经营活动，同时这些子公司之间没有多少联系，这个企业处于出口营销阶段。（　　　）

（3）国际营销与国际贸易是对同一种社会经济活动的不同称呼。（　　　）

（4）企业发展的最好阶段就是全球化阶段。（　　　）

□ **技能题**

1.1　规则复习

1）企业国际市场营销的主要任务

企业国际市场营销的主要任务有：管理环境差距、协调跨国的组织、确定和管理企业的全球化决策。

2）企业国际市场营销战略

企业国际市场营销战略有：国际战略、国别战略、全球战略和跨国战略。

企业国际市场营销的两种基本的战略途径是：全球标准化战略和全球适应化战略。

1.2　操作练习

1）实务题

用两三个例子分析说明：

（1）中国企业在走向国际市场的过程中，选定的目标市场有何特点？企业采取了哪些营销策略？有何优缺点？

（2）在跨国公司大举进军中国之际，其进入中国市场的方式是怎样的？其在中国市场上使用的营销组合策略有何可借鉴之处？

2）综合题

假设你是国内某汽车企业的高层领导者，请你搜集国内、国际有关汽车行业的相关资料以及国际市场的状况，来规划企业国际化的战略选择。

□ **能力题**

案例分析

大疆无人机开拓国际市场营销的基本思路

当下，一提起无人机品牌，大多数人都会想到大疆创新（简称大疆）。创立于2006年的大疆，是全球无人飞行器控制系统及无人机解决方案的研发和生产商。经过多年的耕耘和沉淀后，大疆已经在全球积累了百万用户，客户遍布100多个国家。

不过，在参与到全球化竞争格局的过程中，大疆也曾面临着各种难题。

2017年，大疆正值走向海外的重要节点，大疆在北美和欧洲主要市场发力后，明显发现在其他次级市场的知名度不高；拥有13条产品线，产品矩阵复杂，买家群体分散；品牌海外销售额主要来自线下门店，运营成本较高，线上商店的流量和转化率低，线上销售额急需提升。

面临开拓海外市场的三重考验，大疆制定了基本方案和目标，即在开拓以欧美为重点的国际市场过程中，通过主流社交媒体渠道Facabook和Instagram的线上营销推广，实现线上商店转换率和ROI提升50%，提高线上渠道产品销售额，并在全球范围内提升大疆在无人机市场的品牌知名度和认知度。

在随后的推广中，大疆从上述三重考验出发，制定了有针对性的营销策略：

1）数据洞察，划分全球市场层级，定制区域化推广策略

基于产品与市场数据、Facebook平台数据、市场行业数据等洞察，大疆将目标市场划分为三个层级。

一级市场：以美国为代表的北美市场。该市场的显著特点是成熟度高，品牌知名

度高，大疆主要进行以购买转化为目的的推广。

二级市场：以英国、德国、法国为代表的欧洲市场。该市场已有用户的品牌知名度高，但市场主要集中在英国。大疆一方面增加德国、法国等市场的覆盖人群，另一方面加强定制化产品的推广，增加网站流量进而实现转化。

三级市场：以日本、韩国和中国香港地区为代表的亚洲市场以及大洋洲市场。三级市场还处于开拓阶段，大疆着重提高品牌在该市场上的知名度，覆盖尽可能多的受众，进而根据亚洲和大洋洲市场不同国家（地区）的受众特点制定产品及营销策略。

对各个市场有了明确的了解和定位后，大疆针对不同产品和产品用户群体，再次进行分析和定位。

譬如，针对不同用户群体，分别推出最具吸引力的产品优惠。

企业优惠：有员工福利、商务礼品、市场促销等采购服务需求的企业客户。

教育优惠：在校学生、教师对摄影团体活动有一定需求的个体。

会员计划：针对已购大疆产品的大疆粉丝和品牌忠诚者以及乐意继续获得有偿专业服务的客户投放广告。

DJI Care延保服务：广告投放给购买大疆产品的使用者。

或是针对不同产品，分析定位最具针对性的用户画像。

Mavic系列是大疆的明星产品，该系列产品的受众主要是家庭收入稳定、对高价摄影/科技器材有极大兴趣的使用者；Goggles飞行眼镜系列作为潜力系列，主要面向学生和年轻白领、对高科技有兴趣的使用者，例如无人飞机 VGo prol 机器人等；Refurbish系列大多是翻新产品，对大疆极为关注、频繁访问官网却尚未购买的使用者往往更关注这些产品；对摄影/极限运动/户外运动/自拍有极大兴趣的受众更青睐Spark系列的高性价比产品。最后，对于那些明星产品，大疆决定进行捆绑销售。

2）围绕转化目标：三阶段漏斗营销，层层推进

在执行中，大疆针对不同市场，通过搭配Facebook、Instagram等平台不同的广告产品，灵活运用漏斗营销，从"提高品牌知名度""增加网站访客""实现转化和投资回报率（ROI）极大化"三个阶段层层递进，实现预期营销目标（如图1-3所示）。

平台产品		推广目标
视频广告 画布广告 幻灯片广告 轮播广告	认知 AWARENESS	提高品牌知名度
品牌故事 精品栏广告	熟悉 FAMILIARITY	扩大覆盖人数 增加网站访客 提升点击率
链接广告 事件广告 A/B测试	购买 PURCHASE	使转化值最大化 季节性营销 通过新品发布打开新市场

图1-3　大疆的三阶段漏斗营销模型

（1）提高品牌知名度

为了提高品牌知名度，大疆抓住视频营销红利，在第三层级市场上采用视频（video）广告形式，吸引受众，讲述品牌故事。在这个步骤中，不仅可以重组素材将静态影片组合为动态投影片，还能快速打造沉浸式体验。幻灯片（slideshow）广告充分利用现有图片创建具有成本效益的轻量级视频广告，以极富吸引力的手法讲述品牌故事；幻灯片广告加载所使用的流量仅有视频广告的1/5，可以覆盖网速较慢的用户群。大疆还利用画布（canvas）全屏广告打造直切主题且加载快速的视觉体验，有效传播品牌故事。

而在推广品牌的过程中，大疆主要利用Instagram Story分享品牌故事、引导购买。据了解，Instagram Story自发布以来，全球每日活跃人数已超过2.5亿，平台的主力用户为千禧一代。于是，大疆利用该特点推广毕业生特惠专案，专门设计色彩活泼的视频抓住年轻人的眼球。

（2）增加网站访问量

在引流这一关键环节中，大疆主要使用Facebook精品栏（collection）广告实现网站引流，引导需求转化为销量。

众所周知，精品栏广告所提供的动态消息体验能增强用户的探索欲望和关注热情，这可以提升商品在移动端的被发现率，而当用户点击Facebook Collection时，系统会将他们引导至全屏广告，进而用全屏体验来提升其参与度以及培养兴趣和购买意向，最终将需求转化为销量。

除此之外，大疆利用线上活动引导受众参与线下活动，为线下门店引流，实现线上线下联动。比如，添加共同组织者，通过活动介绍合作伙伴，吸引更多人关注大疆，同时在活动页面分享图片、更新动态，持续吸引来宾关注活动页面。

（3）实现转化和ROI极大化

在漏斗的最终环节，大疆通过A/B测试完成最优转化测试。具体来看，主要通过Facebook拆分测试快速了解市场，在预算、排期等相同的条件下，对文案、图片、定位等变量进行测试，快速找到最优转化广告。在相同设置下，A方案获得优胜结果的概率为80%。

在这一过程中，大疆还根据不同地区的特性投放了多种素材。欧美用户偏爱简洁明了、重点突出的视觉效果，投放的素材大多突出产品本身，强调优惠信息；日韩用户偏爱品质较好、能体现产品性能的画面，素材则拥有不同环境适应性画面，活动场景也尽量和产品的高度融合……

3）高效执行：保持灵活，借势营销，推动转化

在这轮推广期间，大疆于2018年1月推出新品——便携无人机Mavic air，通过全球广告和直播的合理配合，打响了品牌知名度，帮助新机型迅速占领目标市场。

在全球直播中，北美洲、亚洲、欧洲、大洋洲地区的Facebook主页同步直播Mavic air新品发布会，用户对新品的关注度和热议度持续高涨，同时吸引了大量科技爱好者在线观看。值得注意的是，新品发布会的素材围绕高性能、便携的产品调性，使用多语言多货币版本素材，使产品形象更加深入人心。

为了融入电商全球化的背景，大疆还不断加入西方购物狂欢节日活动，加速出海脚步。比如，在大促拉开正式序幕前设置倒数帖子，将用户提前带入购物狂欢节奏；持续多版本素材对比测试，总结用户偏好点；创意素材+惊喜折扣，一切以转化购买为最终目标；预售和促销双重配合，在活动前期通过网站点击的方式将大量用户导入官网，后期正式促销期间实现转化的高峰。

最终，通过这三项营销策略，大疆在海外共实现广告触及人数 4 500 万，广告展示次数 1.7 亿，2018 年上半年环比实现 80% 的订单数增长，每笔订单转化成本下降20%，ROI 持续增长。

在这波长达一年的推广营销中，我们可以提炼出以下几个大疆抓住的关键点：

（1）对市场、产品和人群精准的定位分析。

（2）通过文本和创意吸睛：在快节奏的社交平台广告中，突出品牌、产品性能，在最短时间内抓住用户眼球。

（3）紧凑合理的活动节奏：新品发布、促销活动、特殊折扣结合。

（4）高效的广告投放和执行：不断提高广告创造和迭代能力，根据消费者洞察资料提炼产品核心诉求，落实到视觉创意和广告文案上，支持短时间内迅速完成多轮A/B 测试，持续优化广告素材。

资料来源　雨果跨境. 大疆无人机海外营销思路揭秘［EB/OL］.［2024-12-05］. https：//www.cifnews.com/article/133266.

问题：

1）运用国际营销的基本原理，总结分析大疆无人机开拓国际市场营销的基本思路。

2）大疆无人机开拓国际市场的做法对我国其他同行有什么启示？

国际市场营销环境分析

知识目标：了解划分经济环境的方法，分析目标市场经济环境的主要内容；了解划分目标市场政治环境的方法，分析国际政治环境的主要内容；了解划分目标市场法律环境的方法，分析国际法律环境的主要内容；了解划分目标市场文化环境的方法，分析国际文化环境的主要内容。

技能目标：知道在进行国际市场营销前应该进行营销环境分析，应该主要从国际市场营销相关的经济环境、政治环境、法律环境、文化环境进行分析；在技能上要掌握划分环境的方法，确定环境的主要内容，掌握进行环境分析的方式和技巧，并能有效地为进行国际市场营销提供决策依据。

能力目标：具有熟练分析国际市场营销环境、正确选择国际细分市场的能力，以及制定与进入环境相适应的国际市场营销战略的能力。

国际市场营销受环境的影响特别大，其中排第一位的是政治环境，而政治环境的极端阶段就是战争环境。战争严重破坏和影响了国际市场营销环境。2022年2月，俄乌冲突爆发，截至2025年2月冲突仍在持续。目前，以美国为首的西方国家宣布对俄罗斯的各种制裁达到了一万种以上，俄罗斯的企业、科技、经济、贸易、货币、教育、文化，甚至动物、体育运动等，都受到了西方国家的制裁，这是以美国为首的北约军事集团在冷战后违背承诺第五次东扩。

战争破坏了国际营销规则、市场规律、国际协议和所有的营销努力，给世界经济带来严重打击，国际市场营销所必备的政治环境被根本改变。政治决定了国际营销以政治和意识形态划线，以对战争双方的支持与反对划线。再好的国际营销，如果遇到战争环境，则所有的努力都将荡然无存、遭到毁灭性打击。

美国将中国的华为、大疆等高科技企业拉入贸易黑名单，以国家力量进行打压，中国的企业在进行国际市场营销时，一定要防范政治风险、法律风险。

引例 @　　　　　　　**美欧等对俄罗斯的制裁总量超过一万种**

2022年2月24日，俄罗斯对乌克兰发动特别军事行动，围绕乌克兰问题，美国、俄罗斯、欧盟又挑起了新一轮冲突，美国和欧盟对俄罗斯实行了最严厉的制裁。经济全球化、社会信息化、世界多极化深入发展，大国关系经历新一轮深刻调整。各主要大国根据全球战略环境深刻变化，着眼于增强综合国力和国际竞争力，纷纷推进对外战略调整，在政治上分化重组、经济上融合竞争、文化上交流交锋，形成既竞争制约又合作协调的大国关系态势。作为复杂大国关系的俄罗斯与美国、欧盟之间，在乌克兰等诸多国际问题上的博弈还在继续。美国政府挑起的全球贸易战仍在不断升级中。未来相当长一个时期内，世界仍将处于动荡不安的大国关系深刻调整与世界政治格局重构过程中。

1）美国宣布将对俄罗斯展开"毁灭性制裁"

拜登指责俄罗斯"选择了战争"，称俄罗斯必须为此承担全部责任。拜登宣布以美国为首的G7一致同意对俄罗斯采取"毁灭性的制裁"。这些制裁包括以下4个方面：

（1）限制俄罗斯用美元、日元和欧元进行国际交易的能力；

（2）封锁俄罗斯扩张军力的能力；

（3）设法限制俄罗斯在高新科技领域的竞争力；

（4）对俄罗斯银行持有的约1万亿美元的资产展开全面制裁，并冻结包括俄罗斯第二大银行即俄罗斯外贸银行（VTB）资产在内的全部在美资产。

2）欧盟决定对俄罗斯采取进一步制裁措施

当地时间2022年2月24日，欧盟27国领导人在布鲁塞尔召开特别峰会，对俄乌冲突局势进行磋商。各方一致同意对俄罗斯采取进一步的"重大"制裁措施。除了对俄罗斯进行严厉制裁外，欧盟还呼吁对白俄罗斯进行制裁，理由是后者准许俄罗斯军队在其境内进行活动。会上，欧盟27国领导人一致同意对俄罗斯实施第二轮制裁计划，对俄进行经济、能源和交通运输等领域的"重大"打击。

（1）经济方面，欧盟将制裁70%的俄罗斯金融市场和关键国有企业（包括军工企业）。欧盟委员会主席冯德莱恩表示："我们（欧盟）会削弱俄罗斯的经济基础和俄罗斯进行现代化的能力。除此之外，我们将会冻结俄罗斯在欧盟的财产，并禁止俄罗斯银行进入欧洲金融市场。正如在第一轮制裁中一样，我们与我们的伙伴和盟友——美国、英国、加拿大，以及日本、澳大利亚等国紧密联结。""这些制裁措施能够遏制俄罗斯的经济增长、增加借款成本、提升通货膨胀水平、加剧资产外流，并逐步腐蚀俄罗斯工业基础。"

（2）能源方面，欧盟将通过出口禁令阻止俄罗斯的炼油厂进行设备更新。冯德莱恩说："这是一个关键的经济领域，对于俄罗斯而言尤其利益可观。我们的出口禁令将会对石油产业造成影响，因为它使得俄罗斯无法改进其炼油厂。仅2019年一年，这些炼油厂就给俄罗斯带来了超过240亿欧元的出口收入。"

（3）交通运输方面，欧盟将禁止向俄罗斯的航空公司出口飞机和设备。冯德莱恩声称，这项举措将导致俄罗斯经济的一个重要领域遭受打击，并且影响俄罗斯国内的交通运输。俄罗斯有四分之三的商用飞机在欧盟、美国或加拿大境内生产，因此俄罗斯的航司十分依赖这一供应链。

（4）欧盟将在半导体和先进软件等关键技术领域对俄罗斯进行限制。冯德莱恩说："我们的做法会削弱俄罗斯在关键领域的技术实力，实际上，这是精英阶层获得大多数财产的领域。""这也会在将来导致俄罗斯在所有领域出现经济的显著下滑。"

（5）俄罗斯的外交官及其相关人员、商务人士将不再拥有进入欧盟国家的签证优先权。冯德莱恩还表示："这些事件标志着一个新时代的开始。普京正试着征服一个友好的欧洲国家。普京正试着用武力重画欧洲地图。他必须失败，也将会失败。"

3）日本政府宣布对俄采取所谓额外制裁措施

据日本共同社报道，2022年2月25日，日本首相岸田文雄宣布，日本政府因乌克兰局势，发动冻结俄金融机构资产等3项新的经济制裁措施。日本对俄的制裁除金融领域外，还包括通过冻结资产和停止发放签证等对俄个人及团体的制裁、对俄军事相关团体的出口管制和基于国际协议的管制清单品种及半导体等通用商品的出口管制。此外，日本还限制俄方军事相关实体的出口，限制根据国际协议制定的清单上的商品以及半导体和其他通用商品的出口。岸田称，此次措施能体现"国际社会的强烈团结"。他表态称，与能源产业相关的新一轮制裁措施会根据今后的状况妥善实施。

4）韩国参与对俄罗斯的制裁

韩联社2022年2月24日消息称，韩国总统府青瓦台与民沟通首秘朴洙贤24日在记者会上表示，韩国总统文在寅就俄乌冲突强调，韩国作为国际社会"负责任的一员"，支持国际社会通过经济制裁等方式"遏制武力进攻并和平解决问题"，韩国也将参与其中。朴洙贤表示，文在寅当天听取青瓦台国家安保室室长徐薰有关乌克兰局势的汇报后表述如上。文在寅还就俄罗斯"进攻乌克兰首都基辅"一事，表示遗憾。文在寅还称，"在任何情况下，绝不能将凭武力造成无辜平民受害的行为正当化"。

5）英国宣布新一轮针对俄罗斯的经济和金融制裁

2022年2月24日当天，英国首相约翰逊宣布新一轮针对俄罗斯的经济和金融制裁。约翰逊在议会下院说，这是"最大规模、最严厉的经济制裁"，内容包括将俄罗斯外贸银行在英资产全部冻结，冻结超过100个俄罗斯实体、个人等的资产，禁止俄罗斯国际航空公司航班在英国降落等。约翰逊说，英国致力于将俄罗斯银行"排除在英国金融体系之外，阻止它们获取英镑或通过英国结算"。他说，俄罗斯现阶段大约一半的贸易经由美元和英镑交易。为应对乌克兰局势恶化，英国22日宣布制裁5家俄罗斯银行和3名俄罗斯富商。约翰逊24日说，英国政府还打算针对白俄罗斯出台类似制裁措施。据俄罗斯卫星通讯社消息，英国首相约翰逊最新表示，愿意为乌克兰领导人提供庇护。英国外交大臣特拉斯声称，不摧毁俄罗斯经济，伦敦不会安心。

6）加拿大宣布新一轮针对俄罗斯的制裁

2022年2月24日，加拿大总理特鲁多宣布对俄罗斯实施新一轮制裁，制裁名单包括多位普京内阁成员，以及辅助军事组织和俄罗斯主要银行。同时，加拿大也宣布，取消并停止核发对俄罗斯出口许可证，并已安排安全通道，协助在乌克兰的侨民撤离。

加拿大是除俄罗斯及乌克兰以外，全球第三大乌克兰移民聚居地。加拿大多位政党领袖，呼吁特鲁多政府采取更严厉的制裁措施，包括将俄罗斯从国际结算系统剔除。

截至 2022 年 11 月底，美国、欧盟、日本、澳大利亚、韩国、新西兰等对俄罗斯的制裁总量超过了 1 万种。

资料来源　根据新华社、参考消息、澎湃政务、中制智库、环球时报等媒体的相关报道综合整理。

随着改革开放的深入，我国越来越多的企业到国际市场上与他国企业展开竞争，环境因素在国际市场营销中扮演的角色日益重要。然而，国际市场营销与境内市场营销面临的环境差异很大，各国的经济政策、政治环境等各不相同。企业在开展国际市场营销时都不可避免地会遇到。国际市场环境对企业来说是不可控的因素，它对企业的营销影响很大，甚至可以决定企业营销的成败。一般来说，单个企业往往不能改变国际市场环境，只能认识它、适应它，适应得越好，营销业绩就越好，效益就越好。中国企业在海外市场面临机遇与挑战并存的局面，而挑战中的风险就源于各种新的环境因素，只有针对这些因素具体问题具体分析，并加以应对，才能降低、化解风险，甚至变挑战为机遇，实现企业的国际市场营销目标。

本章将重点对影响国际市场营销的经济环境、政治环境、法律环境和文化环境进行探讨，希望企业能把握机会，规避风险，制定成功的市场营销策略，这也是企业进行国际市场营销环境分析的根本目的所在。

2.1　国际市场营销经济环境分析

2.1.1　划分经济环境的方法

当今世界的经济格局与以往大不相同，亚太地区经济发展迅速，中国–东盟自贸区等双多边自贸区的发展将弥补欧美国家进口下降带来的负面影响，亚洲继续支持、引领全球经济增长；同时，非洲经济正在崛起。然而，世界经济发展依然不平衡，世界各国的技术经济结构和国民收入水平差异较大，而这两者显著影响进出口商品的数量和价格、进出口商品的结构、国际收支和市场购买力。划分经济环境有两种主要方法：

1）按技术经济结构分类

（1）农业自给型经济。在这种经济类型的国家中，绝大部分国民以农业为生，经济、技术落后，生产力水平低，产品以自给为主，有余才用来交换，居民购买力弱，市场狭小，进口的数量也少。农业自给型经济主要指南亚、非洲、拉丁美洲的一些国家，这些国家购买力有限，虽然未来发展前景广阔，但现实贸易规模不大。

（2）原料输出型经济。在这种经济类型的国家中，由于某一种或某几种原料丰富、其他物资缺乏，大部分国民的收入靠输出原料获得，有的国家人均国民收入很高，因而也提高了其进口能力。例如，沙特阿拉伯、科威特以石油输出为主，智利以铜、锡输出为主。属于原料输出型经济的国家是推广石油开采、加工设备及零件，交通运输设备，储运工具，日用消费品，以及一般消费品的良好市场。

（3）工业化型经济。这是指处于工业化初期的发展中国家或建立了一定物质技术基础的新兴工业化国家。如新加坡、韩国、菲律宾、印度、埃及、巴西等，都属于这种类型。这类国家进出口两旺，对原材料、燃料、先进的技术设备、中高档消费品的需求较大。

（4）工业发达型经济。这是指已通过工业化建立了雄厚的基础、工业十分发达的国家，主要指日本、澳大利亚，以及北美、欧洲的国家等，它们购买力强，需求旺盛，市场容量大，消费水平高，是国际市场营销的最佳市场，但竞争也十分激烈。

按技术经济结构来分类有什么意义呢？由于各国的经济类型不同，工业化水平不同，所以其对原料、机械设备以及消费品的需求也不一样，这对于企业推销产品、确定和发展目标市场都有重要的意义。例如，原料输出国对原料开采机器、提炼设备、工具零件、卡车的需求大，是这类产品的优越市场；处于工业化进程中的国家需要大量机器设备，向其推销消费品则可能会受阻；工业发达的国家，凭借其优势把资源集中投放在高技术、资本密集型的工业部门，生产精密机械、电脑、宇航设备、核能产品等。德国就把生产资源导向最占优势的先进部门，如机械工业、化学工业和光学工业。发展中国家在这些应用尖端技术的高档产品方面一般缺乏足够的竞争力，但可根据各自的条件，发展相应的机电产品进入国际市场。

2）按国民收入水平分类

一般用来衡量一国购买力的经济指标是国民收入水平。国民收入水平高，购买力就强，反之则弱。国民收入水平的高低，不仅影响整个国家的购买或消费能力，而且影响其消费的结构。国民收入水平低的国家，对产品的要求是价廉物美、经济耐用；国民入水平高的国家，不仅对产品的质量、品种、款式、包装有较高的要求，还讲究方便、美观和舒适。

2.1.2　国际经济环境分析

1）国际市场消费者的收入状况与消费模式

据世界银行有关统计资料，1983 年，高收入发达国家的人均国内生产总值是低收入发展中国家的 43 倍，到 20 世纪 90 年代以后，这个比例扩大到 60 倍以上。用 2022 年的人均 GDP 做比较，位于首位的美国（为 76 348 美元）是居于另一极的刚果（金）（为 629 美元）的约 121 倍，可见贫富之悬殊。一国消费者收入的多少，直接影响其购买力的大小，从而决定了市场容量和消费者支出模式。例如，化妆品、体育器材、家用电器等在高收入国家有广阔的市场；而在贫穷国家，大多数人还停留在追求满足基本生活需要的消费模式。“恩格尔定律”揭示了收入水平对消费模式的影响：家庭收入越少，用于饮食的支出占家庭收入的比重（恩格尔系数）就越大；随着家庭收入的增加，用于饮食的支出占家庭收入的比重下降，而用于文化、娱乐等方面的支出所占比重上升。另外，联合国还根据恩格尔系数制定了一个划分贫富的标准：系数在 59% 以上的为贫困水平；系数在 50% 和 59% 之间的为温饱水平；系数在 40% 和 50% 之间的为小康水平；系数在 30% 和 40% 之间的为富裕水平；系数在 30% 以下的为最富裕水平。因此，企业在进行国际市场营销时可以根据目标国的恩格尔系数和人均收入水平分析其对商品的需求结构，以便选择最合适的目标市场。

用人均收入分析一国的市场规模和需求结构，还应注意该国的贫富差距，如法国的人均国内生产总值虽然很高，但其贫富悬殊。印度人均收入水平比较低，尽管大多数人生活贫困，却也有相当一部分收入很高的富裕户。认识到这种分配不平衡的现象，可以帮助我们消除某种错觉，比如认为凡是收入水平低的国家就很少有对高档产品的需求，而收入水平高的国家就没有价廉、低档产品市场。所以，我们既要看到一般情况下的规律，又要看到在一定条件下的变异。例如，瑞典的人均国内生产总值高于法国，但该国的贫富差别不大，因此该国的奢侈品市场规模并不比法国大。可见，不能简单地按一个国家的人均收入水平推断该国对某种商品的需求，还要看到其收入平衡状况。

2）国际经济组织的影响

世界贸易组织、联合国贸易和发展会议等国际经济组织的宗旨、原则和目标，自由贸易区、关税同盟、共同市场、经济同盟、完全经济一体化等区域经济一体化安排，对国际市场营销都有较大的影响。特别是世界贸易组织，自诞生以来，它的内容及活动所涉及的范围不断扩大。首先，它对第二次世界大战后国际贸易的发展起到一定的促进作用。经过历次的多国贸易谈判，关税税率大幅下降。其次，世界贸易组织形成了一套国际贸易政策和措施的规章，在一定程度上为该组织成员制定和修改对外贸易政策和措施以及从事对外贸易活动提供了依据。世界贸易组织规定了有关国际贸易政策的基本原则，如非歧视性待遇原则，关税减让原则，禁止采用进口数量限制原则，禁止倾销和限制出口补贴的原则，以及磋商、解决争端原则等。最后，世界贸易组织暂时缓和了成员之间在国际贸易中的某些矛盾。总之，企业应充分了解世界贸易组织的内容、原则和宗旨，以便促进自身在国际市场上的营销。

按贸易壁垒取消的程度，经济一体化可分为自由贸易区、关税同盟、共同市场、经济同盟、完全经济一体化等形式。自由贸易区表明了各成员之间废除了关税与数量限制，其商品可自由移动，但每个成员仍保持对非成员的贸易壁垒，如欧洲自由贸易联盟与拉丁美洲一体化协会等。关税同盟除了包括自由贸易区的基本内容外，还包括成员之间建立的统一的关税率，目的在于使成员的商品在统一关税以内的市场上处于有利地位，排除非同盟国商品的竞争，如东非共同体。共同市场是指除关税同盟的内容以外，各成员间的生产要素可自由移动，如南方共同市场。从事国际市场营销的企业要了解各种经济一体化形式对国际市场营销的影响和作用，否则不利于企业占领国际市场。

【小资料2-1】

联合国贸易和发展会议与世界经济

联合国贸易和发展会议（United Nations Conference on Trade and Development，UNCTAD），简称贸发会议，成立于1964年，是联合国大会常设机构之一，是审议有关国家贸易与经济发展问题的国际经济组织，目前有194个成员。贸发会议每4年举行一届大会，大会是贸发会议的最高权力机构。中国于1972年参加贸发会议，是贸发会议、贸发理事会以及所属各主要委员会的成员。

2021年6月11日，联合国大会宣布丽贝卡·格林斯潘成为新任秘书长，她也是该机构首位女性秘书长。

第二次世界大战以后，众多发展中国家在政治上获得独立后努力发展民族经济，但由于旧国际经济秩序的严重阻碍，发展中国家经济遭受极大损害：初级产品出口停滞，贸易条件恶化，国际收支逆差不断扩大。20世纪60年代初，发展中国家对于自己在世界贸易中的地位深表关注。它们呼吁召开一次全面的大会探讨发展中国家在世界贸易中所面临的处境，并要求通过采取国际联合行动来解决发展中国家所面临的问题。

1962年12月8日，联合国大会批准召开贸易与发展问题大会。1964年3月，第一届联合国贸易和发展大会在日内瓦应运而生。鉴于需要解决的问题的复杂性和持久性，第19届联合国大会在首届贸发会议的建议下于1964年12月30日通过第1995号决议，确定联合国贸易和发展会议与联合国大会为常设机构，总部设在瑞士日内瓦。贸发会议已经举行了12届，除日内瓦以外，全部在发展中国家的城市举行。

贸发会议的宗旨是促进国际贸易，特别是加速发展中国家的经济和贸易发展，制定国际贸易和有关经济发展问题的原则和政策；推动发展中国家和发达国家在国际经济、贸易领域的重要问题谈判的进展；检查和协调联合国系统其他机构在国际贸易和经济发展方面的各项活动；采取行动以便通过多边贸易协定；协调各国政府和区域经济集团的贸易和发展战略。贸发会议的主要目标是帮助发展中国家增强国家能力，最大限度地获取贸易和投资机会，加速发展进程，并协助它们应对全球化带来的挑战和在公平的基础上融入世界经济。贸发会议通过研究和政策分析、政府间审议、技术合作以及与非政府机构企业部门的合作实现其目标。其当前的工作领域涉及贸易、资金、技术、企业、可持续发展，以及南南合作和最不发达国家等问题。

贸发会议自成立以来，在促进发展中国家的经贸发展、推动南北对话和南南合作方面发挥了重要作用，曾主持谈判达成了一些重要的国际公约和协议，如《各国经济权利和义务宪章》、《班轮公会行动守则公约》、普遍优惠制、《商品综合方案》等，在20世纪70年代和80年代初联合国系统内改革旧的国际经济关系和建立新的国际经济秩序和热潮中曾发挥着核心作用。

近年来，随着国际政治经济形势的急剧变化，特别是在发达国家对发展合作态度日趋消极、发展中国家利益要求不同而导致谈判能力下降的情况下，贸发会议的谈判职能逐渐削弱，但在帮助发展中国家制定经济发展战略和贸易、投资、金融政策，加强它们参与多边经济贸易事务的能力方面，仍然发挥着独特而重要的作用，被誉为"发展中国家的良心"和"南方知识库"。如今，贸发会议仍然是备受广大发展中国家信赖与重视的国际多边经贸组织，仍不失为牵制发达国家谋取经济私利和维护广大发展中国家正当利益的重要论坛。

2022年10月，贸发会议发布《2022年贸易与发展报告》，预测2022年全球经济将增长2.5%，2023年将放缓至2.2%。报告指出，发达经济体的货币财政政策可能导致全球经济衰退和增长长期停滞。发达经济体的快速加息和财政紧缩，以及新冠肺炎疫情和俄乌冲突叠加导致的危机，已使全球经济增长放缓，预计出现软着陆的可能性很小。报告表示，所有地区都受到了经济增长放缓的冲击，但发展中国家受到的影响格外明显，其平均经济增长速度预计将降至3%以下，这一速度不足以实现可持续发展，并将进一步挤压公共和私人财政空间，破坏就业前景。美国大幅加息将使发展中国家的收入大幅减少，2022年约有90个发展中国家的货币对美元贬值，其中超过三分之一的国家货币贬值超过10%。

资料来源　联合国贸易和发展会议官网（https://unctad.org）.

2.1.3　国别经济环境分析

1）人口环境

（1）人口规模及人口增长率。人口是构成需求的基本要素。食品、服装、日用品等生活必需品的需求和各国人口的特性息息相关，因此按人口数量可大略推算出市场的规模。中国有14亿多人口，是一个大市场；新加坡人口绝对数量少，只有500多万，所以市场较小。目前，世界各国的人口规模差异很大，全世界的人口有一半以上集中在11个有上亿人口的国家，而有40多个国家的人口则少于100万。世界各主要地区的人口分布也不平衡，亚洲地区人口约占世界人口的一半，而欧洲地区的人口最密集。世界不同国家（地区）的人口分布状况对产品需求、促销方式、分销渠道都产生了不同的影响。比如，美国人口最稠密的地区是大西洋沿岸、五大湖区和加利福尼亚沿海地区，这些地区也是美国大城市的所在地，这些地区对汽车的需求量明显高于其他地区。

人口增长率与市场也有关系。若一个国家人口数量不少，但不增长，那么从长远来看，那个市场也不是一个增长的市场。人口增长快的地区，对食品、服装和住房的需求增长也快。日本企业从20世纪80年代开始就把这些潜在的市场作为今后推销产品的方向。联合国发布的《世界人口展望2022》报告预计，到2030年全球人口将增长至85亿左右，2050年达到97亿，21世纪80年代达到约104亿的峰值，并保持这个水平到2100年。到2050年，全球新增人口中超过一半将集中在刚果（金）、埃及、埃塞俄比亚、印度、尼日利亚、巴基斯坦、菲律宾和坦桑尼亚8个国家。印度预计最早于2023年成为第一人口大国，并在2050年达到17亿人口。

（2）人口年龄结构。年龄是构成特定商品市场的重要因素。从事市场营销工作的人，可根据人口年龄结构细分出许多不同的消费市场，如婴儿物资供应市场、儿童物资供应市场、青年物资供应市场、成人物资供应市场、老年人物资供应市场等，各种市场均有不同的需求以及不同的购买动机和习惯。联合国数据显示，2019年全球平均预期寿命为72.8岁，比1990年多9岁；到2050年，预计平均预期寿命达到77.2岁。65岁以上人口占总人口比例，2022年为10%，到2050年将升至16%。全球平均预期寿命继续增加，叠加生育率下降的影响，将导致人口老龄化加剧，老年人护理需求增加，进而影响劳动力市场和国家养老金体系。因此，不能忽视老年人市场。

（3）家庭结构。一个国家（地区），其家庭单位的多少、家庭成员的平均数量和

拓展阅读
2-1

结构，对市场需求及购买方式的影响很大。近 20 年来，西方发达国家和一些发展中国家的家庭成员数量持续减少，每个家庭的平均人数在 4 人以下。家庭的这种发展状况刺激了家电等家庭用品的增加，同时要求住宅市场和租赁市场有相应的发展。在某些发展中国家，稳定的大家庭较多，家庭人口一般都在二三十人或十几人。由于许多产品（如家用电器）是以家庭为单位，以家庭规模为标准进行购买和消费的，所以一个与发达国家人口数量相近而具有大家庭特征的发展中国家，商品的需求量与购买量会小于发达国家，或者购买数量并不少，只是购买次数相应减少。

此外在很多国家，非家庭住户（如单身住户、大学生等集体住户）也在迅速增加。他们对商品的需求也呈现出不同的特点，这必须引起国际市场营销人员的足够重视。

2）人口与国民收入对国际市场营销的影响

（1）国内生产总值。国内生产总值是衡量一个国家经济实力与购买力的重要指标，从国内生产总值的增长幅度，可了解一个国家的经济发展状况和速度。工业品的推销与国内生产总值有关，消费品的推销与这个指标的关系就没有那么显著。

（2）人均收入。按人口计算的平均收入，在一定程度上反映一个国家人民生活水平的高低，也在一定程度上反映商品需求的构成。

（3）个人可支配收入。个人应得收入中减去应由个人负担的直接税费以后的余额。个人可支配收入常被用来衡量一国生活水平的变化情况。

（4）个人可自由支配收入。在个人可支配收入中，扣除个人或家庭衣、食、住、行的基本开支后，剩下来的就是个人可自由支配收入。这笔钱既可储蓄，又可用来购买电视机、电冰箱、大型家具等。非生活必需品的推销与个人可自由支配收入的大小有很大关系。

（5）家庭收入。家庭收入与家庭人口的多少、就业人数和就业者收入的多寡有关系。家庭收入高的，购买力就强一些；收入低的，购买力就弱一些。

国际市场营销还要同时考虑人口和收入这两个因素，其中以哪个因素为主要衡量标准，要视不同的商品而定。有些商品的市场规模与人口数量关系密切，如食品、鞋类等；另一些商品的市场规模以人均收入水平为主去衡量更合适，如小型汽车、高档服装、家用电器等。可见，如果企业经营那些受收入水平影响不大而与人口数量直接相关的商品，去开拓人口多的国家市场为宜。对于那些深受收入水平制约的商品，如高档小汽车，哪怕到一个人均收入很高、人口较少的小国如新加坡去开拓市场，也可能比到一个人均收入水平很低、人口较多的国家效果更好。例如，比利时与印度两国的特点正好说明这种关系，2021 年比利时的人均国内生产总值（5.12 万美元）约是印度（2 256.6 美元）的 23 倍，而印度的人口（14.08 亿）却是比利时（1 159.3 万）的 121 倍之多。据统计，比利时千人汽车保有量（424 辆）是印度（36 辆）的 11.8 倍。

人口和收入两个因素要结合起来看，才能了解市场规模的大小。截至 2023 年 2 月，美国约有 3.33 亿人口，收入水平又高，是世界上市场规模最大的国家之一。有些发展中国家的人口虽多，但市场规模较小，因为其国民收入较低。人口、收入与市场规模的关系见表2-1。

表2-1　　　　　　　　　　**人口、收入与市场规模的关系**

国家人口多少	国民收入高低	市场规模大小
人口多	收入低	小
人口少	收入高	小
人口多	收入高	大
人口少	收入低	更小

3）东道国贸易环境和贸易政策对国际市场营销的影响

国际贸易是在不同国家（地区）之间进行的，多数国家（地区）都对自己的对外贸易实行管制，但管制程度和实施情况并不相同。不同国家（地区）都有自己的商业政策，这些政策主要是为了保护本国和本地区经济的发展。因此，从事国际市场营销的企业应了解进口国的相关政策，以便对企业的营销策略做出相应的调整，力求使自己出口的商品能获得最有利的待遇。以出口手表为例，某些进口国可以按计时器征收较低的关税，也可以按装饰品征收较高的关税。同样的道理，中国贵州生产的蜡染服装可按艺术品或者普通服装征收不同的关税。企业当然不愿意按高额关税出口商品，便设法修订自己的产品营销策略，以适应低额关税的要求，或者设法最大限度地降低进口国关税对出口产品的影响，例如采取出口零部件到海外去组装的办法，因为一般来说零部件比制成品的关税要低。进口国为促进就业和提高加工值，往往对零部件的进口采取优惠税率。此外，从事国际市场营销的企业还必须了解进口国的非关税壁垒措施。只有研究了阻碍贸易发展的经济环境因素，才能把握开拓国际市场营销的有利机会。

东道国的货币政策对国际市场营销和经济发展也会带来影响，特别是东道国货币价值的稳定性、汇率及外汇管制对国际市场营销的商品种类、计价方式、支付方式及使用的币种等影响更明显。一国币值是否稳定，直接影响外国资本的投入，因为如果币值经常波动，会给投资者带来很大的风险。如果一国的汇率很低，则该国必须为进口支付更多的本国或本地区货币，这对一些依赖进口原料来生产零部件的国家会造成很大的困难；反之，如果货币升值，则通常也对出口国不利，因为这将使它的商品在进口国市场上的价格上升，从而直接影响商品在国际市场上的竞争力。例如，1997年始于泰国的东南亚金融危机爆发后，泰国、马来西亚、韩国、印度尼西亚等国的货币政策对经济的影响就特别大。再如，2007年3月爆发的美国次贷危机波及了很多国家（地区）。为应对危机，各国政府在不同的阶段采取了不同的干预措施，包括货币政策。因此，企业必须掌握东道国的货币政策，把握时机，全面均衡货币政策对国际市场营销所产生的影响。

拓展阅读
2-2

2.2 国际市场营销政治环境分析

2.2.1　影响国际市场营销的主要政治因素

考虑政治环境时，首先要考虑的是一个国家或者地区的社会性质和政治体制。它是社会主义国家，还是资本主义国家；它是发达国家，还是发展中国家；这个国家的政体是多党制，还是一党制；政府是民主政府，还是专制政府。不同的政党制、不同的政治形态就有不同的政治主张和政策。

其次要考虑重大政治事件。近一个时期，单边主义加强、保护主义抬头、大国博弈加剧、发展与安全问题突出等还在继续发展，国际政治经济生态并未好转，都将波及很多国际公司。另外，从我国来看：如果没有1972年中日邦交正常化，就不可能有中日年贸易额较快的增长。据商务部统计，2021年中日贸易总额为3 714亿美元，同比增长17.1%。其中，中国对日出口1 658.5亿美元，同比增长16.3%；中国自日进口2 055.5亿美元，同比增长17.7%。目前，日本为中国第五大贸易伙伴。而中美贸易争端则一直不断，2003—2005年，由美国单方面挑起的一系列贸易摩擦给中美贸易关系蒙上了浓重的阴影。2018年，特朗普政府不顾中方劝阻，执意发动贸易战，掀起了又一轮的中美贸易摩擦。中美贸易摩擦作为中美经贸关系的一部分随中美政治关系的发展和国际局势的变幻而发生变化。近年来，中国和俄罗斯两国关系不断改善，贸易额随之增加。2021年，中俄贸易额达到1 468.87亿美元，连续第四年创历史最高纪录，金融合作逐渐成为中俄合作的重要领域。因此，企业在进入海外市场之前，应该首先考虑目标市场的社会性质、政治体制，以及有无重大事件的影响。特别需要指出的是，西方国家的政府有两党制或多党制，如英国有保守党和工党，一党在朝，一党在野，两党政策就有不同之处。研究这些国家的性质、体制、政策的目的是更好地了解它们所颁布的贸易法令、条例规章、税制税率的精神实质，估量一下进入这个市场的可能性和前景。在这方面，日本人是十分注意的。例如，1979年1月1日我国放宽对家用电器等耐用品进口的限制，日本电视机厂商就打了一场很有计划的商战："日立"在很短时间内组织了一批适应中国线路的电视机上市，其他如"乐声""声宝""东芝"等品牌也很快顺应市场趋势，设立中国线路电视机生产线，打开了产品销路，并击败了西欧的竞争对手。日本的汽车制造商了解到我国很多城市都限制载重两吨及以上的货车进入主城区，及时设计出一种载重为1.75吨的货车，打进了我国市场。

最后要考虑所在国的政治稳定性，不仅要考虑目前的政治气氛，还要考虑将来的稳定程度。罢工、动乱、战争等都会对进出口贸易带来直接的影响。重视政治稳定性的目的是预防可能出现的政治风险。1981年两伊战争初期我国企业还继续向交战方出口以致造成很大损失，希望这样的事情不再重演。国际上这方面的教训很多。1965年，印度尼西亚发生军事政变，威名赫赫的苏加诺被赶下台。印度尼西亚的经济政策发生重大变化，一些与印度尼西亚有贸易往来的国家（地区）遭受了巨大的损失，唯独日本在印度尼西亚政变前半个月，通过其发达的政治经济情报网络得知了这条绝密的消息，采取了紧急措施。因此，政变发生后，日本在印度尼西亚遭受的经济损失最小。再如，伊朗前国王巴列维喜欢看跑马，中国香港商人在德黑兰兴建了一座大型跑马场。可当跑马场即将竣工时，巴列维政权被推翻，巴列维本人流亡国外。新政权禁止跑马活动，中国香港商人的投资化为乌有。印度尼西亚在1997年东南亚金融危机爆发后，国内政局动荡，骚乱不断，流血事件经常发生，许多在印度尼西亚的外资企业都不可避免地受到影响，不少企业被焚毁，损失惨重。因此，国际市场营销人员必须具有敏锐的政治眼光和较强的洞察力，审时度势，以规避政治风险，减少经济损失，同时适时抓住机遇。

当前全球不同国家的政治关系和热点地区的政治形势时刻发生着变化，作为传统霸权国的美国与作为新兴大国的中国是建立21世纪全球秩序的决定性因素，美国政府应该调整再平衡战略，改善中美关系。在全球治理的某些方面，中国是体系维护者；在其他某些领域，中国又在寻求改变现状，建立非西方的机制；在传统大国阵营中，欧盟国家与日本的影响已不复从前；俄罗斯与北约的关系因乌克兰危机而日益恶化，加剧了中亚地区架构失效的风险。这些政治因素都对企业的国际市场营销产生深刻影响，而东道国政府的态度、政治风险及其防范是关键问题。

【观念应用2-1】
俄乌冲突对世界经济的十大影响

2022年以来，俄乌冲突对世界经济的影响巨大，一系列问题接踵而来。例如，天然气和石油能源都出现不同程度的供给短缺，价格大幅上涨。另外，对金融市场、制造产业等，也产生了一系列不容忽视的影响。

1）全球能源价格上涨

俄罗斯是全球第二大原油出口国，也是欧洲最大的天然气供应国，俄乌冲突持续推高了全球能源价格。2022年2月24日冲突爆发，25日WTI原油价格指数从91.59美元/桶起飙升，3月8日从123.7美元/桶的高点回落。3月16日下降到95.04美元/桶后回升，3月22日的价格是111.76美元/桶。另外，天然气价格也在不断上涨，欧洲多个国家深陷"断气"危机。

2）全球稀有金属及原材料价格上涨

俄罗斯是镍、铜、铁、钛、钯、铂、铝等关键战略矿产的主要生产国和出口国，控制着全球约10%的铜储量。另外，乌克兰和俄罗斯也是氖气的重要生产和出口国。俄乌冲突发生后，市场剧烈震荡。截至2022年3月28日，伦敦金属交易所（LME）镍、铝、铜的价格较2021年底分别上涨75.3%、28.3%、4.9%，并且影响了全球多个产业的生产成本。

3）对全球金融市场的冲击

俄乌冲突对世界经济的影响还在于金融市场的动荡。俄乌开战后，英国、德国、中国、美国的股票指数都出现急剧下跌。中国在美国上市的中概股市值一度蒸发1万多亿美元。另外，西方对俄石油禁运和对俄央行外汇储备冻结后，也直接引起了俄罗斯股市暴跌、卢布贬值、资本外逃、政府外债面临违约风险等一系列问题，迫使俄央行史无前例地将利率从9.5%提升到20%。

4）国际金融体系开始改变

西方国家对俄实施空前的制裁，暴露了世界经济体系过度依赖美元和美国金融系统的弊端，促使了多个国家寻求外汇储备、结算货币和支付体系的多元化，加速"去美元化"进程，进而动摇现行国际金融体系基础。俄罗斯已与"不友好国家"直接以卢布结算，印度央行与俄罗斯央行探索建立"卢比–卢布"贸易支付机制，沙特阿拉伯也与中国磋商，讨论出口到中国的部分石油以人民币计价。这些都加快了多国与美元和美欧金融体系的脱钩，势必削弱美元在全球石油市场中的主导地位。

5）影响中欧贸易和共建"一带一路"

俄乌冲突对中国经济也产生了一定程度的影响。最直接的损失就是中国在乌克兰的投资项目，还影响中欧贸易和共建"一带一路"。复旦大学丁纯教授表示，俄乌冲突对中欧贸易的影响主要在于黑海沿线贸易，中长期影响则为地缘政治风险，不过中欧贸易运输以海运为主、空运为辅，铁路运输占比较低，影响在可控范围内。这是俄乌冲突对世界经济的影响无法忽视的一点。

6）SWIFT公信力受到严重质疑

SWIFT（环球银行金融电信协会）是当前全球最重要的跨境支付清算通信系统，长期以来保持中立。然而在俄乌冲突期间，SWIFT宣布制裁俄罗斯。这使其公信力遭受极大质疑，间接加快了全球非SWIFT支付结算系统发展，并形成双边或小多边的支付结算格局。现阶段，已有20多个国家建成了自主金融清算系统。

7）改变全球资本流向和资产配置结构

俄乌冲突以来，西方国家对俄罗斯的金融制裁力度不断加大。一系列金融制裁可能会深刻改变全球资本流向与资产配置结构，如导致全球债权债务结构更加分散化、国际资本加速从华尔街向其他国际金融中心转移等。在这一局势下，全球跨境资本流动在传统以美元、欧元为主体的基础上，会形成多元化货币循环，对外金融资产会流向更值得信赖的地区或回流至境内。

8）影响部分国家化肥供应

俄罗斯是全球最大化肥出口国，俄出口化肥因为制裁受阻，导致全球化肥价格大涨。另外，英国商品研究所（CRU）的数据显示，氨、氮、硝酸盐、磷酸盐、钾盐和硫酸盐等构成化肥市场的原材料，其价格截至2022年3月已累计上涨30%，超过了2008年食品和能源危机时的涨幅。化肥和主要农产品的成本飙升，可能在全球引起连锁反应，例如农业产量大幅降低并引发全球粮食危机。

9）全球粮食供应出现短缺

俄乌冲突对世界经济的影响，必然会给粮食供应带来重大风险。这主要体现在两大方面：一是粮食产能降低。俄罗斯和乌克兰是世界最大和第五大小麦出口国。冲突爆发后，乌克兰的小麦无法收割，而冲突时刚播种的玉米和向日葵无法施肥。二是贸易流通受阻，加剧粮食通胀。受到战争和制裁的双重影响，俄乌粮食出口严重受阻，导致全球粮价上涨。对一些长期依赖俄乌粮食供应的国家来说，这无疑是大难临头。

10) 全球多个产业链供应短缺

俄乌冲突对世界经济格局的影响，还体现在相关产业链上，主要表现为原材料断供、零部件短缺、物流堵塞等。受影响的包括汽车产业、芯片产业、服装产业等。据不完全统计，在乌克兰至少已有38家汽车工厂被临时关闭，导致奔驰、大众、宝马等多家知名汽车制造商宣布减产或停产。俄乌还是生产半导体芯片不可缺少的金属钯和特种气体的关键来源国，战争加剧了全球"芯荒"危机。

资料来源　根据百度百科、中国社科院世界经济与政治研究所、人民网、经济日报、全球化智库（CCG）等公布的权威资料综合整理.

2.2.2　东道国政府的态度对国际市场营销的影响

世界各国对国际贸易和国际投资的态度差异很大，有些国家欢迎，有些国家反对。如墨西哥、中国、新加坡等，一直对外国投资予以鼓励，新加坡的外国投资占其工业总投资的80%，有外国公司3 000多家，这些公司在政府确定的优先部门，如航空、药品、生物技术等，享有税收优惠。中国在确定了改革开放的基本国策后，对外资企业进入中国持欢迎态度，并且对某些产业重点加以扶持。印度则要求外商遵守进口限额，对外商支付不可兑换货币，规定外资企业管理人员中印度雇员数必须占较高比例，由于在这些问题上存在争执，IBM公司和可口可乐公司都曾撤离印度。

有些发展中国家对外资企业存有某种恐惧感，它们害怕外资企业会吞并本国或本地区企业，害怕外资企业的经营方法带有太多的外国色彩，会影响本国或本地区传统文化。这些恐惧感在西方被称为政治敏感性。具体来说，政治敏感性是指在国际市场营销中东道国根据商品的性质和用途的不同而采取不同的政治性保护，如关税、限额、竞争限制等。

一般而言，一种商品的政治敏感性越强，则在东道国销售的障碍和困难就越大。比如高档消费品和文化娱乐用品是中国控制极严的进口商品，因而也是一种政治敏感性较强的商品。这些商品在中国市场的销售将受到较大的影响，特别是海外的影视产品进入中国前要经过严格的审查和批准。

2.2.3　政治风险对国际市场营销的影响

在国际市场营销活动中，不仅要考虑东道国当前的政治气氛，而且要关注将来的稳定程度对营销可能带来的影响。日本大企业由于业务范围遍及全球，故非常注意这方面的情报搜集，比如在伊拉克入侵科威特之前，它们就已获取了这方面的情报，并及时通报驻科威特和伊拉克的公司转移资金和人员，从而最大限度地减少了经济损失。

政体改变、社会动荡与混乱、政府颁布新法令以及武装冲突与战争等，都会导致东道国政治气氛的改变。常见的政治风险有：

1) 国有化

所谓国有化，就是政府将外国人投资的企业收归国有，包括给予补偿和不给予补偿两种。在历史上所在国政府采取这种措施的事例颇多。例如：墨西哥政府于1937年接管外资铁路业，1938年又没收其境内的外国石油工业；1952年伊朗政府将英国石油公司收归国有；危地马拉1953年没收外国企业拥有的香蕉园；1962年巴西政府接收美国国讯电信公司及另一家电力公司在当地的投资事业；1969年秘鲁政府没收美国标准石油公司在该国的资产；到20世纪80年代，在加纳还发生了中国香港企业投资的纺织厂遭到国有化的事。

这些国家为何将外资企业国有化？主要原因可能是它们认为该产业与本国国防有关，或与经济发展及国家财政需要有关，也可能认为该产业代表一种对本国主权的侵犯等。因此，投资于公共事业、矿业、大规模农业、石油井等的国际性企业，应特别注意东道国的政治动向，尤其应注意发展中国家的外资企业国有化运动，因为这些国家可能认为：与国家发展目标、国家利益有关的产业，让外商控制虽然可以提高效率，但不如自己掌握更加安全。

2）外汇管制

一些国家由于国际收支发生赤字或外汇短缺，常常对外汇的供需及利用加以管制：一切贸易和非贸易的外汇收入必须按官价结售给中央银行，一切贸易和非贸易外汇支出，必须事先经过外汇管制机关批准。它们对国外投资者所能汇出的利润或资本数额也有所限制。1961年，大部分国际货币基金组织的会员国表示承担《国际货币基金组织协定》第8条所规定的义务，即避免外汇限制而实行货币自由兑换。但时至今日，绝大多数国家仍在不同程度上实行外汇管制，即使名义上完全取消了外汇管制的国家，仍时常对居民的非贸易收支或非居民的资本项目收支实行间接的限制。在实际运作中，出口商总是希望所得利润能以有价值的货币支付，最好是以本国的或第三国的"硬通货"支付，而有些国家由于种种原因，常常实行有利于本国的外汇管制，这就给出口商带来了一定的风险。如有的国家明确规定，出口商所得的全部或部分利润的50%用于再投资，而不能汇回国内。另外，进口国实行差别汇率或汇率发生变动，也会使出口商的利润遭到损失。因此，企业在进行国际市场营销之前，必须了解进口国外汇管制的各项措施，注意该国是否实行差别汇率制以及汇率是否会发生变动，以规避外汇管制带来的风险。

3）进口限制

进口限制就是在法律上和行政上限制进口的各种措施，如进口许可证制，进口配额，复杂的海关手续，过严的卫生、安全、技术质量标准，特定的包装装潢条例等，名目繁多，不胜枚举。归纳起来，这些非关税壁垒主要可分为两类：一类是限制进口数量的各种措施；另一类是限制外国产品在本国或本地区市场上销售的各种措施。

东道国对原料、机器和零部件的进口有选择地实行限制，可以迫使设在本国的外国公司多购买本国产品，从而为本国工业开辟市场，这也是一种颇为常用的策略。如巴西政府就曾采用这一方法，规定进口商品若想取得进口许可证，就必须在进口之前的360天内交纳进口抵押款。这项规定的直接结果是使进口成本至少提高50%。虽然这样做可以扶植本国工业的发展，但往往削弱或者中断了成熟工业部门的正常生产。

当国内无足够可靠货源时，问题变得更为尖锐。此外，一些发达国家为了限制其他国家商品过多地进入本国，经常采用修改商品卫生检疫、包装要求等手段。例如，西欧某国曾突然修改某商品外包装要求，对我国刚到岸的某商品拒绝商检和验收，使我国企业遭受了巨大损失。

当前，我国商品在国际市场上所遇到的非关税壁垒主要是配额限制和大量的技术标准、卫生检疫、商品包装和标签规定等措施。这些措施规定复杂，要求严，变化快。企业只能改善经营管理去适应它，以实现自己的目标。如加拿大、美国曾先后对我国出口纺织品实行配额，但配额只限数量，未限质量，我们就应努力提高产品质量，多出高档次、高单价产品，少出低档产品，逐步做到从"以量取胜"转向"以质取胜"。

4）租税控制

征收关税，实行关税壁垒，这是常用的租税控制手段，此外还有东道国对某种进口产品课以新税以控制其进口的做法。例如，自1982年起斯里兰卡对进口自行车由免税改为征税35%，导致我国的自行车在斯里兰卡由畅销变为滞销，但其对车辆的零件进口仍实行免税，如我国企业改善供货方式，化整为零，以零件出口，就地组装，仍可保持原价销售，不至于丢失市场。

5）价格控制

一个国家在面临或正在发生通货膨胀危机时，往往对重要物资、重要产品实行价格管制。这样，产品销售就会碰到很大的困难。在国际上通行的做法是对外国某种商品进行反倾销调查，用反倾销的相关法律和法规来保护本国的某种商品的优势或平等地位。我国的棉纺织品、机电产品、家用电器、鞋类在美国、西欧国家曾先后多次遭到反倾销调查，我国企业受到重罚，遭受重大损失。我国也曾对外国的纸浆、木材等进行反倾销调查，对国内市场上的本国产品给予了及时的保护。

6）劳工问题

在许多国家，政府立法对本国公民在外资企业工作加以特殊规定，当工人与企业发生矛盾时，政府支持工会对抗外资企业，有的禁止外资企业临时解雇员工，有的要求与投资者分享利润，有的则要求企业提供某项额外服务。例如，法国人深信社会必须充分就业，若失业人数稍微增加，尤其是因外资企业解雇而造成短暂失业，即认为是国家危机。美国通用汽车在法国的分厂，曾欲解雇当地员工，被法国工业部长斥责为不负责任，并认为此举乃是对"社会契约"的悖逆。墨西哥的限制更为严格，该国不但不准外资企业临时解雇当地员工，更有一个由政府代表、工人及资方组成的国家委员会为本地工人撑腰，制定法令使工人有权分享外资企业的利润。在美国，对外资企业工人的劳动时间有严格的规定，如果外资企业要延长劳动时间，必须征得工人的同意，还要报当地劳工组织备案并接受监督。

2.2.4　国际市场营销企业对政治风险的防范

国际市场营销企业一般无法在短时间内改变东道国的政治环境，但在决定进入东道国开展市场营销时，可采取适当的措施来取得东道国政府的信任和支持，以减少国际市场营销的政治风险，同时也能慢慢地影响东道国对外资企业的态度和政策。

1）联合投资

国际市场营销企业要兼顾自身和东道国的利益，把东道国经济发展的需要与企业自身的营销目标结合为一体。实力雄厚的企业，可通过赞助等形式，消除东道国的敌意和无根据的惧怕心理，主动与当地政府或代理商、合作商协调，取得对方的理解与信任，合作的最好形式就是联合投资。

联合投资有三种方式：一是与当地合伙人建立合资企业；二是与其他多国公司联合投资；三是联合几家银行对投资项目提供资金。与当地合伙人共同建立合资企业，可以消除东道国对外国投资者的疑惧和不满。与其他多国公司联合投资，可以增强公司向东道国讨价还价的力量。联合几家银行对投资项目提供资金的优点是一旦遭受政治风险，银行就会从自身利益出发，与东道国政府进行交涉，特别是政府在银行有贷款时，这种交涉会更有效。

2）资金渗透和争取东道国机构与公民的投资

资金渗透的主要形式是在东道国证券市场上发行公司股票，从东道国的有关机构和当地公民那里吸收一部分资金。外国企业在东道国投资，东道国有关机构和公民反过来又向外国企业投资，外资企业在东道国的发展就得到了东道国政府、机构和公民实质上的关心。如果企业发展得好，政府可以从企业收到税金，投资入股的公民可以分到红利；相反，如果企业效益不好甚至亏损，政府无法收税，投资的本国机构和公民也要遭受损失。因此，企业通过在东道国资金渗透的形式，可以缓解东道国的不信任情绪，用实际的利益因素将政府、企业、公民联结在一起，从而在东道国站稳脚跟，稳定发展，提高知名度。发达国家的企业在进入中国市场时，普遍采用这种形式，从而减少了政治风险。

3）将国际市场营销的控制因素置于东道国之外

将营销控制因素置于东道国之外的策略有两种：①把关键部件和主要原材料的提供渠道放在母国或第三国。这样，一旦东道国没收或接管该企业便无法继续生产。如很多国内合资品牌的小轿车，其自动变速箱等关键部件和主要原材料的提供渠道都放在外方的母国。②把分销控制权置于东道国之外。这样，一旦东道国征用，该企业就会失去进入国际市场的机会。特别是冶炼工业，多国公司在东道国只投资铁矿、铜矿等的开采，而将冶炼放在母国或第三国。例如，中国的宝武钢铁集团，其炼钢用的铁矿石主要来自澳大利亚和巴西，冶炼则在国内进行。

4）与东道国的企业形成相互依存关系

例如，美国西尔斯公司在拉丁美洲开拓业务的过程中就贯彻了这一方针，即在其经销的产品中，至少有20%的产品是当地厂商制造的。现在，西尔斯公司经销的产品中，当地厂商制造的产品已占90%，大约1 000家当地厂商向西尔斯公司供货，它们的生存与发展完全依赖西尔斯公司。

5）资产担保

许多发达国家都有为本国公司担保海外政治风险的政府或私人担保机构，例如美国海外私人投资公司（The Oversea's Private Investment Corporation）。世界银行在1988

年正式成立了"多边投资担保机构"（Multilateral Investment Guarantee Agency）。这些担保机构为开拓海外业务的公司担保一般保险公司不愿承保的由政治风险所造成的资产损失。例如，2011年上半年，由于利比亚国内政治局势极度不稳，反对派和政府军持续冲突，虽然中国派出飞机和商船接回数万人，但中国在利比亚投资建设的工程和项目损毁严重，其中有三分之一的工程和项目因参加了多边投资担保和相关保险，损失被分担，而三分之二的工程和项目没有或者不足额参加担保与保险，损失惨重，很难索赔。

【出海案例2-1】
45亿美元的惨痛教训

乌克兰媒体2022年11月7日报道称，乌克兰武装部队最高统帅部于日前做出决定，将包括乌克兰马达西奇股份公司在内的5家企业进行强制国有化，并移交乌克兰国防部管理。马达西奇公司是乌克兰著名的发动机生产商，2017年至2019年期间，中国投资者与乌克兰政府经过长期严肃谈判，正式签署一系列合作协议。马达西奇公司被强制国有化，将给中国公司造成重大经济损失。9日，北京天骄航空产业投资有限公司在其微信公众号发布了马达西奇公司的中国投资者代表的声明，表示将维护自身权利。

据《基辅邮报》7日报道，乌克兰总统泽连斯基当日在社交媒体上表示，上述国有化决定是乌克兰必须采取的步骤，是根据现行法律进行的，将有助于满足乌克兰国防部门的迫切需求。

马达西奇公司位于扎波罗热，主营研发、生产、修理和维护飞机、直升机、巡航导弹的发动机，全球120个国家的飞机和直升机都在使用该公司产品。2014年前，该公司生产的发动机有相当一部分用于向俄罗斯出口。俄乌关系恶化后，乌克兰政府中断向俄出口有关产品。由于失去俄罗斯市场后面临破产，马达西奇公司总裁博古斯拉耶夫于2017年起与中企进行谈判，以出售企业股份换取大规模投资，但有关交易受到美方干扰。2021年3月，泽连斯基签署国有化法令，基辅最高法院下令没收马达西奇公司所有股份，将其全部转交乌克兰犯罪资产管理局。同年11月，中国投资者向海牙常设仲裁法院提起诉讼，要求乌克兰补偿数十亿美元损失。

乌克兰方面7日再次提及将马达西奇公司国有化，但对如何处理中企对马达西奇的投资没有做出任何说明。中国投资者代表在声明中称，2014年以来，中国投资者通过正常商业途径合法投资并持有马达西奇多数股权，享有法定权利、受法律严格保护，是该公司的重大利益攸关方。中国投资者将继续采取多种方式与各方保持积极沟通，绝不放弃以法律武器保护自身权利的斗争，同时将采取一切合法方式，持续、坚决、毫无保留地保护我们自身的全部正当权利。

为维护自身合法权利，根据《中华人民共和国政府和乌克兰政府关于促进和相互保护投资的协定》，中国投资者们于2021年在海牙国际仲裁法院发起了国际投资仲裁，索赔金额超过45亿美元；对此乌克兰政府亦确认应诉。2021年11月，中方向仲裁庭正式提交了全部诉讼材料。2022年2月底，应乌克兰国家申请，海牙仲裁法院同意因特殊原因暂缓仲裁程序，待时局稳定即重启。

资料来源　[1]李晓骁，柳直. 马达西奇被国有化，中企强调维权［N］. 环球时报，2022-11-10（03）. ［2］李焕宇. 中企回应乌克兰宣布国有化马达西奇要闻［N］. 国防时报，2022-11-14（02）.

2.3 国际市场营销法律环境分析

2.3.1 国际法和国际贸易管理对国际市场营销的影响

国际市场营销法律环境是指主权国颁布的各种经济法规法令，如商标法、广告法、投资法、专利法、竞争法、商检法、环保法、海关税收法及保护消费者的种种法令等，当然也包括各国之间缔结的贸易条约、协定和国际贸易法规等。它们对国际市场营销都有不可低估的影响。

到目前为止，国际上还没有相当于各国立法机构的国际立法机构，同样也没有实施国际法的国际性执行机构。虽然在海牙设立了国际法庭，但其功能仍然有限。国家之间的争议主要通过谈判、协商、调停的方式来解决。国家通过签订或参加国际条约、声明，承认某些国际法准则，以及按照国际法和国际惯例进行交往和活动，这就形成了国际法。国际法是各国间具有法律效力的条约、公约和协定。而这些条约和公约可能仅限于两国间的双边关系，也可能涉及许多国家之间的多边关系。无论是多边的或双边的国际条约，只有某一国家依据法定程序参加并接受，才对该国有法律上的约束力。国际市场营销者在进行决策的过程中，必须考虑许多国际性的条约和公约。

（1）调整国际货物买卖关系的公约。主要有：1964年《关于国际货物买卖合同成立统一法公约》、1974年《国际货物买卖时效期限公约》和1980年《联合国国际货物销售合同公约》。这些公约对国际货物买卖做了极为详尽的规定，如买卖双方都是公约的参加国企业，它们的买卖活动就要受到公约的制约，它们相互之间的货物买卖关系就会有章可循，有法可依，一旦发生争议，就可根据公约很快地解决。

（2）调整国际海上货物运输关系的公约。主要有：1924年《统一提单的若干法律规定的国际公约》（《海牙规则》）、1968年《修改统一提单若干法律规定的国际公约议定书》（《维斯比规则》）和1978年《联合国海上货物运输公约》（《汉堡规则》）。

（3）调整国际航空运输关系的公约。主要有：1929年《统一国际航空运输某些规则的公约》（《华沙公约》）、1955年《修订1929年10月12日在华沙签订的统一国际航空运输某些规则的公约的议定书》（《海牙议定书》）等。

（4）调整国际铁路运输关系的公约。主要有：1951年《国际铁路货物联运协定》（《国际货协》）、1970年《国际铁路货物运输公约》（《国际货约》或《伯尔尼公约》）。

（5）关于国际货物多式联合运输的公约。主要有1980年《联合国国际货物多式联运公约》。

（6）调整国际货币信贷关系的公约。主要有：1944年《国际货币基金协定》（曾于 1969 年和 1976 年两次进行修订）和 1944 年《国际复兴开发银行协定》（1965 年修订）。

（7）调整国际票据关系的公约。主要有：1930 年《关于统一汇票和本票法的日内瓦公约》、1931 年《关于统一支票法的日内瓦公约》。

（8）关于知识产权的公约。主要有：1883 年《保护工业产权巴黎公约》、1891 年《商标国际注册马德里协定》、1967 年《成立世界知识产权组织公约》、1970 年《国际专利合作条约》、1973 年《商标注册条约》。

（9）关于国际商事仲裁的公约。主要有：1958 年《承认及执行外国仲裁裁决公约》、1976 年《联合国国际贸易法委员会仲裁规则》（最新版为 2010 年修订版）。

（10）世界贸易组织（WTO）协定。

【小资料 2-2】
联合国协定和公约

联合国成立了许多独立自主的实体和代理机构，以促进世界合作与繁荣，它们是：

•世界卫生组织（WHO）。该组织的宗旨是使全世界人民获得尽可能高水平的健康。其主要职能包括：促进流行病和地方病的防治；提供和改进公共卫生、疾病医疗和有关事项的教学与训练；推动确定生物制品的国际标准。

•国际民用航空组织（ICAO）。该组织的宗旨和目的在于发展国际航行的原则和技术，促进国际航空运输的规划和发展，保证国际民航安全、正常、有效和有序地发展。

•国际电信联盟（ITU）。该组织主管信息通信技术事务，负责分配和管理全球无线电频谱与卫星轨道资源，制定全球电信标准，向发展中国家提供电信援助，促进全球电信发展。

•万国邮政联盟（UPU）。该组织的宗旨是促进、组织和改善国际邮政业务，并向成员提供可能的邮政技术援助。

•国际劳工组织（ILO）。该组织的宗旨是促进充分就业和提高生活水平，促进劳资双方合作，扩大社会保障措施，保护工人生活与健康。主要活动是从事国际劳工立法、制定公约和建议书，提供援助和技术合作。

•世界银行（WB）。该组织的宗旨是向成员提供贷款和投资，推进国际贸易均衡发展。作为世界上提供发展援助最多的机构之一，世界银行支持发展中国家政府建造学校和医院、供水供电、防病治病和保护环境的各项努力。

•国际货币基金组织（IMF）。该组织的使命是为陷入严重经济困境的国家提供协助。对于严重财政赤字的国家，基金可能提出资金援助，甚至协助管理国家财政。受援助国需要进行改革。

•世界知识产权组织（WIPO）。该组织的宗旨是：通过国家之间的合作，必要时通过与其他国际组织的协作，促进全世界对知识产权的保护；确保各知识产权联盟之间的行政合作。

•联合国教育、科学及文化组织（UNESCO）。该组织旨在通过教育、科学和文化促进各国合作，对世界和平和安全做出贡献。

•联合国粮食及农业组织（FAO）。该组织的宗旨是提高人民的营养水平和生活标准，改进农产品的生产和分配，改善农村和农民的经济状况，促进世界经济的发展并保证人类免于饥饿。

•国际农业发展基金（IFAD）。该组织的宗旨是筹集资金，以优惠条件提供给发展中的成员国，用于发展粮食生产，改善人民营养水平，逐步消除农村贫困。

•国际海事组织（IMO）。该组织的作用是创建一个监管公平和有效的航运业框架，普遍采用实施，包括船舶设计、施工、设备、人员配备、操作和处理等方面，确保这些方面的安全、环保、节能。

•联合国工业发展组织（UNIDO）。该组织的宗旨是通过开展技术援助和工业合作促进发展中国家和经济转型国家的经济发展和工业化进程。

•世界旅游组织（UNWTO）。该组织的宗旨是促进和发展旅游事业，使之有利于经济发展、国家间的相互了解、和平与繁荣。

•世界气象组织（WMO）。该组织旨在帮助各成员提供范围广泛的气象水文服务和应对当前面临和即将面临的问题，并从中受益。

国际贸易惯例也是形成统一的国际商法的一个重要渊源。国际贸易惯例是指有确定的内容，在国际上反复使用的贸易惯例。成文的国际贸易统一惯例是由某些国际组织或某些国家的商业团体根据长期形成的商业习惯制定的。这种统一惯例虽然不是法律，不具有普遍的约束力，但在国际商业活动中，各国法律一般都允许双方当事人有选择使用国际贸易惯例的自由。一旦当事人在合同中采用了某项惯例，该惯例对双方当事人就具有约束力。

目前，在国际商业活动中通行的或者有较大影响力的国际贸易惯例有：在国际货物买卖中，如国际法协会 1932 年制定的《华沙–牛津通则》和国际商会 1936 年制定、后经多次修订的《贸易术语解释国际通则》[①]，统一解释了国际货物买卖惯例，在国际上被广泛采用；在国际货物买卖的支付中，如国际商会 1958 年草拟、1967 年公布的《商业单据托收统一规则》（1978 年修订，改名为《托收统一规则》）和 1930 年拟订、1933 年公布并于 1951 年修订的《商业跟单信用证统一惯例》[②]，对国际托收及跟单信用证等付款方式中有关各方的权利和义务做了明确、统一的规定。它们在得到有关的银行承认后，对当事人各方有约束作用。

格式合同和标准条款是国际组织和专业公司规定的、供当事人签订合同时使用的合同或条款。其中，载明双方当事人权利和义务关系的内容，一般都参照国际上通行的办法制定。格式合同和标准条款则是在长期交易过程中形成的，并在国际货物买

———————————

① 1999 年 7 月公布《2000 年国际贸易术语解释通则》（简称 Incoterms 2000 或 2000 年通则），于 2000 年 1 月 1 日起生效；2010 年 9 月 27 日正式推出《2010 年国际贸易术语解释通则》（Incoterms 2010），与 Incoterms 2000 并用；2019 年 9 月 10 日公布《2020 年国际贸易术语解释通则》（Incoterms 2020），于 2020 年 1 月 1 日正式实施。
② 1962 年修订，改名为《跟单信用证统一惯例》，后又分别在 1974 年、1978 年、1983 年、1993 年进行了多次修订。现行的是 2007 年版本，从 2007 年 7 月起，《跟单信用证统一惯例（2007 年修订本）》第 600 号出版物开始执行，简称为 UCP600。

卖、运输及保险中广泛使用。

还有许多国际性组织对国际市场营销有准法律性质的影响，如国际标准化组织（International Standardization Organization，ISO）。大部分工业化国家均加入了该组织。截至2020年8月，ISO拥有165个成员，已发展一套国际标准制度。如果每个国家都有不同的标准和规格，那将成为国际贸易和国际专业化的主要阻碍。

2.3.2 东道国的法律环境对国际市场营销的影响

各个国家都运用法律来约束在本国从事经济活动的外国企业。有些法律对外国物品和企业带有歧视性，有些法律是为了促进本国与其他国家之间的互惠交换，有些国家为了吸引外国投资，如中国在改革开放初期，也会制定对外资企业进入本国投资极为有利的法律。法律本身就是一个国家政治目的和经济目的的集中体现，国际市场营销企业进入外国市场时，除要遵守东道国的宪法、民法、刑法等基本法律外，还要重点遵守与贸易和营销有关的法律法规，对该国的关税、反倾销、进出口许可证、外国投资管制、法律激励措施和限制性贸易等法律法规更不可忽视。

1）关税

关税是一国政府通过海关对进出口产品征收的一种赋税。向出口产品征收的关税称为出口税。对进口产品征收的关税称为进口税。向出口产品征收关税是为了限制产品的海外销售以保证国内有充分的供给。特别地，向出口产品征收关税也是政府增加财政收入、稳定国内物价、提高或稳定出口商品国际价格、防止生产技术和工艺遭泄露的一种办法。为了扩大出口，各国一般不征收出口税，反而会以出口补贴或出口退税来鼓励出口。

2）反倾销法

倾销是指垄断组织在控制境内市场的条件下，以低于国际市场平均售价，甚至低于商品生产成本的价格在境外市场抛售商品的行为。倾销的目的往往是占领某一境外市场或摧毁当地竞争企业。

东道国政府为了保护本国产业，通常会制定反倾销法律。1976年，美国财政部发现28家外国汽车制造商中有23家一直在美国倾销汽车，就要求这些外国制造商提高它们的汽车价格。大众汽车公司随后把它的汽车价格平均提高了2.5%。在发展中国家，巴西通过了针对美国和日本进口产品的反倾销法。韩国、中国、印度和尼日利亚等国家也有类似的法律法规。

3）进出口许可证

许多国家都有相关法律条款明文规定，进口商和出口商在进行跨国贸易前先取得许可证。发放出口许可证的目的是追踪、统计出口活动。发放出口许可证也有利于确保某类物品不出口，或者至少不向某些国家出口。

加强进口许可证发放是为了控制不必要的物品进口。有了这种限制就可把节约下来的外汇用于其他重要物品如药品、化学品和机器的进口。例如，印度对进口汽车和其他耐用消费品的许可证的发放要求很严格。

4）外国投资管制

有关外国投资的法律和管制条例的一个主要作用是限制跨国公司的势力，实现对本国经济目标能做出最大贡献的外国投资格局。涉及外国投资管制的法律有几个广泛的领域，包括：

（1）外国投资的选择、决策过程，涉及对接收的控制、对某些部门外国投资的禁止或限制和对激励措施的增补；

（2）通过当地在所有权和管理上的参与对所有权进行管制，涉及对管理的控制、对就业的控制和对外籍雇员的配额限制；

（3）通过确定当地可税收入以阻止逃避双重征税的财务方面的税收和管制，涉及对资本和利润汇回的控制，利润再投资的激励措施，当地和外国资金筹措的管制。

5）法律激励措施

吸引外国投资的法律激励措施是大多数发展中国家的一项重要政策。虽然外国企业很少能独享这些优惠，但是在某些国家，外国私人投资者事实上是这些激励的唯一的或主要的受益者。这是因为，一方面当地资本和企业没有能力进行激励措施所鼓励的那类投资；另一方面激励措施的对象可能只限于少数当地企业、合资企业或外资企业。

按照对投资管制的分析，优惠待遇一般是机械地给予所有能够满足有关法律条件的企业，或者给予对东道国经济有特殊贡献或特殊绩效的企业，如出口产品扩大和多样化、对落后地区的开发、现代技术的转换、促进东道国的应用研究等。另外，也经常按照特殊准则给予优惠待遇。

对已建成企业给予的优惠一般是若干年的所得税豁免期。某些国家在遇到重要税收收入不足的情况时，不得不缩短免税的期限。外资企业在发展中国家可获得的其他财政激励包括豁免进口生产所需的基本设备和材料的进口税，以及获得当地政府提供的小额税收优惠等。

6）限制性贸易法

除了税收激励方面的法律，许多国家还采用各种措施来限制进口或激励出口。通常，这方面的措施被归为国际贸易中的非关税壁垒。非关税壁垒主要有以下几种类型：

（1）政府参与贸易：补贴、抵销关税、政府采购和国家贸易。

（2）海关和登记手续：估价、分类、单证、健康和安全管理条例。

（3）标准：产品标准、包装要求、标签和标记要求。

（4）特别限制：配额、汇兑控制、进口限制、许可证。

（5）进口收费：预先进口存款、进口信贷限制、特种关税、可变税率。

（6）其他措施：如自愿出口限制，这是两个贸易国之间的一种默契，是为了把某一特定产品的出口限制在一个特定水平。例如，日美之间一致同意限制日本汽车向美国出口。再如有序市场协定，这是贸易伙伴国之间的特种协定，是通过互相磋商来限制贸易的。

7）税收条约

税收条约是各国之间为了防止公司和个人收入被双重征税而做出的安排。税收条约给友好国家的个人和公司提供了公平的待遇，有助于促进互利的经济活动。通常，在税收条约下，主要商务发生国有权获得税收收入的大部分，税收收入的小部分由其他国家获得。例如，假定一位巴基斯坦出口商在美国有一家企业，因为美国和巴基斯坦之间订有税收条约，所以按照美国内部纳税人服务条例，这位巴基斯坦商人的收入中，只有他在美国经营的所得部分是可税收入，在美国完税后，他在巴基斯坦只需再纳极少一部分税。

8）网络法规

近年来，互联网对人们的生活方式和消费行为的影响日益增大，国外关于网络的法律法规也不断完善，企业在目标市场国家（地区）开展营销活动时应高度重视。以美国为例，由美加学者创立的"开放网络倡议"研究发现，"虽然技术性过滤手段使用不多，但美国对网络世界的管理非常严格"。在20世纪90年代互联网兴起之初，美国就开始了第一波立规建制行动。当时，主要针对网上色情内容泛滥对未成年人的影响，美国国会通过了《通信内容端正法案》。时至今日，就"在多大程度上限制言论自由""如何以最佳方式保护未成年人""如何打击网络违法活动"等问题，民众、互联网服务商与立法者之间的辩论仍在激烈进行。可以说，美国的网络世界与政府管理从一开始就如影随形。作为互联网的创始国，美国也是最早对互联网内容进行约束和管理的国家。仅在1996年到2001年互联网飞速发展期，美国就通过了《禁止电子盗窃法》《反域名抢注消费者保护法》《数位千年版权法》《互联网税务自由法》《儿童在线保护法》《美国商标电子盗窃保护法》《儿童互联网保护法》《全球及国内商务电子签名法》《统一电脑信息传送法》等一大批法律法规。数十年来，美国国会及政府各部门已通过100多项与网络相关的法律法规，数量高居世界之首，主要涉及未成年人保护、国家安全、知识产权保护、计算机与网络安全等四大领域，涵盖了包括域名抢注、垃圾邮件等在内的所有细节。与此同时，美国也成为互联网内容管控技术的先驱，世界各国封堵信息使用的过滤软件大多数由美国公司开发。

2.3.3　裁判和仲裁

国际市场营销的情况复杂多变，商业争端在所难免。一旦发生纠纷，该如何解决呢？国际上有三种主要方式：友好协商、仲裁和诉讼。可依据法律来解决的方法也有三种：以合同规定的裁决方法为准；以订立合同所在地的法律为准；以合同履行地的法律为准。由于通过法律诉讼方式解决争端，一是不利于双方今后贸易的开展，二是诉讼时间长、所耗费用高，所以一般在合同中都签订仲裁条款，以排除法院的管辖权。也就是说，一旦发生诉讼，双方不能诉诸法律，只能友好协商或仲裁。

国际上较有名望的仲裁机构有：

（1）国际商会国际仲裁院；

（2）国际投资争端解决中心；

（3）美洲国家商事仲裁委员会；

（4）新加坡国际仲裁中心；

（5）瑞典斯德哥尔摩商会仲裁院；

（6）伦敦国际仲裁院；

（7）美国仲裁协会；

（8）瑞士苏黎世商会仲裁院；

（9）日本商事仲裁协会；

（10）中国香港国际仲裁中心；

（11）中国国际经济贸易仲裁委员会。

在仲裁程序方面，各个仲裁机构大致相同。首先劝导争议双方和解，协商不成，就会采取仲裁方式。

解决国际商事争端往往依据一些较有影响力的国际贸易条约，如1883年《保护工业产权巴黎公约》、1892年《商标国际注册马德里协定》、1980年《联合国国际货物销售合同公约》等。一个好的营销人员必须了解这些国际公约，才能在国际市场上做到游刃有余。

2.4 国际市场营销文化环境分析

2.4.1 价值观念对国际市场营销的影响

价值观念是人们在社会生活中对各种事物的态度和看法，如人们的生活准则和处世态度等。企业的文化环境是通过影响消费者的生活方式和行为模式，进而影响消费者对企业产品的态度，从而对企业的国际市场营销发生影响的（如图2-1所示）。价值观念不同，人们的购买动机和购买行为就有很大差异。例如，许多西方人追求个人生活的最大自由，注重现实生活的感官享受，及时享乐，痛快花钱；而许多东方人则讲究节俭、朴素，对未来的考虑往往超过对现实生活的考虑。在收入相等的情况下，东方国家的储蓄率高于西方发达国家。从行为科学来看，每个国家的消费者对财富的观念不同，有的尽力争取，有的却鄙视。因此，产品广告的内容就不同。在美国要强调财富，把产品和财富的价值连在一起，以引起消费者的购买欲望，这与对财富的态度有关。对一件新产品，各国消费者的接受态度也不相同。美国人好奇，以新奇取胜，认为新东西有价值，对宣传广告有信任感，总想试一试；德国人比较保守；法国人则不轻易相信广告上的东西。因此，在开拓国际市场时也要注意人们不同的价值观念。

阶层观念和财富观念是许多国家普遍存在的一种社会观念，美国营销学家就将美国消费者分为上、中、下三等，每等又分为上下两层。各阶层追求的商品不同，兴趣喜好各异，上层社会顾客购买商品，追求唯我独有，而不计较价格，中下层顾客则不是这样，因而商业区和商店均分等级，各有各的顾客群体，招徕方法也各有侧重。在美国等西方国家，人们普遍持有追求财富的观念，以拥有财富为荣。随着财富观念而来的是对于商品的评价标准问题。许多商品之所以能够以高价出售，原因并不单纯在于商品的使用价值高，而在于它标志着一定的财富地位。比如高档小轿车、首饰、古

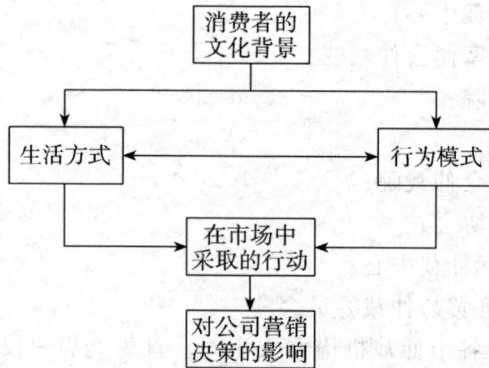

图2-1 文化对营销决策的影响

董以及高档日用品，往往因其价高而受到有钱人的青睐，因为价格昂贵的商品已成为财富的具体象征，顾客追求的是心理的满足。显然，企业在国际市场营销中应该重视这种财富观念的影响。在印度这样的国家，自古以来就存在世袭的阶级制度，即种姓制度。在一些地区，各种姓之间界限森严，不能通婚，不能交往，不同阶层的人消费行为明显不同。在这样的社会里，国际市场营销企业自然需要重视阶层差异，区别对待。

【小资料2-3】

送礼物的方式很重要

互赠礼物是国际商业交往中的常事，但在不同的国家（地区），文化有差异，送礼的方式也不同，以下是一些建议：

欧洲：

避免红色玫瑰和白色的花、偶数、数字13。不要把花包在纸里。

不要在礼物上花费太多，以免给人造成贿赂的印象并产生风险。

美国：

太夸张的礼物会带来大问题。

阿拉伯国家：

第一次见某人时不要送礼物，礼物可能被认为是贿赂。

双方关系还不熟络时要在其他人面前递交礼物给对方。

俄罗斯：

总的说来，俄罗斯人喜欢送礼物和收礼物，所以可以多送礼物。给孩子送点东西是个好主意。

被邀请到俄罗斯人家里去时，可以带巧克力或酒作为礼物，但别带伏特加酒。

送束花是不错的选择，但花朵数要是奇数，偶数仅用于葬礼。

日本：

除非对方要求，一般不要当面打开礼物，也不要期望日本人当面打开你送的礼物。

避免将丝带或蝴蝶结作为礼物包装的一部分，蝴蝶结被认为没有吸引力而丝带的颜色有不同含义。

总是用双手递交礼物。

资料来源 凯特奥拉，吉利，格雷厄姆. 国际营销［M］. 崔新健，改编. 14版. 北京：中国人民大学出版社，2009：88.

2.4.2 风俗习惯对国际市场营销的影响

风俗习惯是人们在一定的社会物质生产条件下长期形成的风尚、礼节、习俗、惯例和行为规范的总和。它主要体现在人们的饮食、服饰、居住、婚丧、节日、道德伦理、心理、行为方式和生活习惯等方面。中国有句古话："入境而问禁，入国而问俗，入门而问讳。"要进入国际市场，首先必须了解目标市场的风俗习惯。比如，在不同国家（地区），人们的时间观念往往不同。与美国人约会，必须按时赴约，否则，他们会觉得受到了侮辱；非洲人认为时间是有伸缩性的，严格地限定时间就会引起他们猜疑。对于做生意的态度，美国大企业一般习惯于速战速决；日本大企业则习惯于由领导层集体决策，重大业务要由领导层讨论决定，时间就拖得比较长。有一位美国营销学家，根据多年的业务经验，针对各国的推销方法总结出一些规律。他说："与东方人做生意，应该多加解释，少做争论，以免伤面子；对法国客户要强力推销，反复强调自己产品和服务的特色，解释价格的合理性，并一再登门拜访或函电联系；对英国客户要有礼貌地慢慢地开展说服工作；对瑞士客户应特别重视函电的质量，考究文字修辞……"这说明在国际市场营销活动中必须对不同对象加以不同对待，才能事半功倍。

在国际市场营销中还要特别注意当地的消费习惯和禁忌。1973年美国堪萨斯公司在中国香港推销受美国人欢迎、法国人称道的烤鸡，一下子开了几十家烤鸡店，并大做广告，满以为中国香港的消费者一定能接受，可没几天，全部蚀本关门。这是什么缘故呢？关键点就是美国老板忘了中国烹调艺术之精美与讲究，中国做鸡肉的本领是世界上最闻名的，广东的霸王鸡、浙江的醉鸡、四川的棒棒鸡、江苏的叫花鸡等，中国香港都有，都比美国的烤鸡好吃，因此美国人失败了；而汉堡包在中国香港推销却取得了成功，因为中国没有一种与之类似的产品，肉夹馍不是一回事。所以，文化因素对推销产品来说是很重要的，要分析每个市场的文化结构，成功与分析预测的准确性是密切相关的。

设计产品包装的图案和颜色时也要注意不同国家的习惯。例如，在罗马尼亚，三角形和环形的图案会吸引消费者；在柏林，方形比圆形吃香；六角形的包装不能向中东出口；与猪有关的图案对伊斯兰国家都不适宜；非洲一些国家厌恶狗和猫头鹰的形象，认为这些动物会引来妖魔；有的国家认为红色是吉祥之兆，有的国家则认为红色是妖魔或者死亡的代表。

2.4.3 民族宗教文化对国际市场营销的影响

1）民族文化对国际市场营销的影响

每个国家（地区）都是民族的融合体。全世界现有2 000多个民族，每个民族的宗教信仰、爱好、禁忌和生活习俗等都有其独特之处。比如，阿拉伯人忌饮酒，禁食猪肉，不吃外形丑恶和不洁之物，喜欢吃牛羊肉；朝鲜人喜欢吃狗肉。丝绸锦缎是南亚和东南亚地区许多民族不可缺少的生活用品，但各民族对这类产品的要求有所不同，尼泊尔人喜欢几何图案的金边绸、彩库锦；普什图人、柬埔寨人爱好颜色艳丽、花型别致的克利缎；而旁遮普人、爪哇人、缅族人则更倾向于条形花纹和较为淡雅的绣花缎。图腾崇拜是世界上很多民族普遍存在的现象，民族成员通常认为图腾对象与自己的民族有亲缘关系，不准破坏，不准亵渎和侮辱。图腾对象既有动物、植物，也有自然现象，如梅花、月亮、闪电等。对于图腾对象，企业应当尊重，并利用民族崇拜心理，在广告、商标、牌号、式样、装潢等方面不失时机加以强调，但千万不可冒犯。与图腾崇拜相对的，是禁忌和避讳。如孔雀，在亚洲人看来，不仅是一种俊鸟，还是一种吉祥之鸟，可欧洲人认为孔雀是"淫鸟"，因此"孔雀"商标不会受到欧洲人的青睐。

　　2）宗教文化对国际市场营销的影响

　　宗教组织和宗教团体都有各自的教规和戒律，影响着宗教信徒们的生活方式、价值观念和行为准则，甚至日常生活中的每一个细节。从国际市场营销的角度来看，宗教不仅是一种信仰，更重要的是它还反映了相关消费群体（教徒）的生活理想、消费愿望和追求的目标。企业制定国际市场营销策略时一定要考虑到宗教因素。

　　（1）国际市场营销必须适应目标市场上宗教信徒的生活习俗和兴趣爱好，以利用和创造市场机会。如日本精工株式会社为适应伊斯兰教教徒的需求，发明了一种新式的"穆斯林"手表。这种手表能把世界各地140个城市的时间自动地转换成伊斯兰教圣地麦加的时间，还能每天鸣叫五次，提醒手表佩戴者按时祈祷，并确保他们在世界的任何角落都能面朝圣地。这种手表一问世就受到了伊斯兰教教徒的欢迎。

　　（2）宗教节假日是销售商品的最好时机。各种宗教的节假日差别很大，复活节、圣诞节是基督教的重要节日，星期天则是一种典型的宗教假日，而伊斯兰教的聚礼日是星期五。对企业来说，宗教节假日是销售商品的良好时机。如在每年的圣诞节，商品需求量大大增加。伴随一个重要节假日的，往往是一个销售旺季，但节假日一过，有关产品就会滞销，甚至根本没有市场。

　　（3）一个国家（地区）发生教派斗争，会给国际市场营销带来诸多困难。比如，在一些西方国家，天主教和新教各有自己的政党、报刊和社会倾向。企业要占领这样的市场，就不得不根据产品特点，迎合不同教派的要求，分别在其报刊上做广告或进行其他的商业宣传。

　　从以上的分析可知，中国企业要进行国际市场营销，就必须了解和熟悉东道国的宗教信仰，因为宗教信仰影响东道国人们的生活态度、价值观念、购买动机、消费倾向等，从而对市场营销产生直接的或间接的影响。如果企业不重视这些影响因素，将会坐失良机，甚至触犯禁忌，造成失误。例如，我国某公司曾向科威特出口700箱北京鸭，因不注意该国宗教习惯，又不严肃对待合同规定，未按伊斯兰教的屠宰方法办理，致使货物被拒绝进口，在政治上、经济上均遭受损失。

【观念应用2-2】

国际营销要尊重宗教文化

1）宗教文化对消费者行为具有重要影响

宗教文化不仅影响人的个体生活习惯、生活态度、思想行为等，还影响人的群体习俗，对人的消费行为极具影响力。企业进入某一目标市场，了解当地风俗习惯，尊重其宗教信仰并适当加以利用，是营销取得成功的关键。在进行国际营销时，企业一定要避免犯忌，以免造成麻烦和损失；企业也可利用东道国宗教习俗产生的特殊需求，创造绝好的营销机会和市场。

相同的营销方案，在不同的宗教区域，有着不同的营销效果。不同的国家、地区在语言、宗教等文化方面存在差异，这就要求企业在制定营销策略时，根据东道主国家（地区）的文化相应地做出调整。

中国家用电器知名品牌海尔，曾经使用的产品标志是一个棕色皮肤的男孩和一个白色皮肤的男孩，这一标志在欧洲深受中年女顾客的欢迎，她们觉得标志中的男孩很像基督教中的天使形象。在中东，这两个小孩就不能出现在包装上，因为当地伊斯兰教风俗不允许赤裸身体。

2）触犯当地宗教文化，将直接导致营销活动的失败

触犯目标市场当地的宗教文化，将为企业营销活动带来灾难性后果。以下就是两个因为亵渎当地宗教文化导致企业国际营销失败的经典案例。

在国际营销史上，曾发生过日本人使用猪肉提取成分生产味精而触怒印度尼西亚穆斯林的事件。印度尼西亚近90%的人口是穆斯林，根据伊斯兰教教义，他们不能食用猪肉及含猪肉成分的食品。味精是印度尼西亚人普遍食用的调味品，日本"味之素"公司宣称他们所生产的味精适合穆斯林食用，主销印度尼西亚等国。而该公司在生产过程中却偷偷用猪油代替牛肉提炼酵素酶，以节约成本。最终"纸包不住火"，真相被披露，事件震惊了印度尼西亚全国，引起民愤，印度尼西亚穆斯林指控这家日本公司犯有欺诈罪，把它告上了法庭。事后这家日本公司只好将3 000吨含有猪肉提取成分的味精回收，并公开向印度尼西亚顾客道歉，经济和形象蒙受了巨大损失。

日本索尼收录机因电视广告问题也曾在泰国遭遇灭顶之灾。本来，索尼公司制作了精美的电视广告，要在泰国雄心勃勃地推广产品，但广告内容有违于泰国宗教信仰，弄巧成拙，反遭巨亏。在索尼公司的广告画面上，佛祖释迦牟尼开始法相庄严，闭目凝神，潜心修炼，纹丝不动。然而，当佛祖套上索尼收录机的耳机之后，竟然喜笑颜开，在佛堂上眉飞色舞、手舞足蹈，佛祖之威严和宗教之虔诚荡然无存。泰国是"佛教之国"，这则广告亵渎了佛祖，触犯了泰国国教，激起了泰国人的愤慨。最终，泰国政府强令索尼公司立即停播此广告，同时规定，一年里任何公众媒体不得刊登有关索尼的信息，索尼公司因此遭受了巨大的损失。

资料来源 李大成. 试论国际营销要尊重宗教文化［J］. 网友世界，2012（10）：72-73.

2.4.4 教育水平对国际市场营销的影响

教育水平的高低直接影响读和写的能力。消费者受教育程度越高，对图书、旅游等的需求量就越大。此外，受教育程度高的人，谋求改善生活的欲望及能力都较强，易于理解和学会使用最新的设备和仪器，对种种宣传媒体（如文字、图画等）容易了解，宣传效果较好，而受教育程度低的人则正好相反。

（1）从拓展海外市场的角度来看，如果营销目标国的教育水平低，企业就要派较多的人员到该国发展业务，不能过分倚重该国的人才。

（2）如果营销目标国的教育水平高，则营销方案、广告要有一定的文化品位，知识含量应尽量符合营销目标国人们的文化欣赏习惯和审美要求；相反，对教育水平较低的营销目标国，其广告等营销手段要尽可能清楚、明白、形象化而不至于造成歧义性理解。

（3）教育水平较高的国家，其书刊、影视剧、工艺品等文化产品的市场也较大，可以重点对其市场需求进行考察调研，加大对该地区推广文化产品的力度。

2.4.5 地理条件对国际市场营销的影响

各种地理因素，如气候、地形、自然资源都会对市场营销活动产生直接或间接的影响。出口产品要考虑当地气候。为什么日本汽车最初能在中国香港和东南亚市场打败英国汽车？原因之一就是日本汽车公司在进入当地市场时，考虑到当地气候炎热，在汽车上装了冷气设备，而英国汽车公司就没有考虑到这一点。各国的地理条件不同，有的是平原，有的是山区，企业还应该考虑产品是否适合当地的运输条件。在美国、西欧国家，运输条件好，公路平坦，产品的损坏率很低；而在一些欠发达国家，运输条件差，若产品包装不好，损坏率就高。

自然资源的差异也会影响一个国家的经济实力和购买力。如在盛产石油的国家，科威特、沙特阿拉伯等，居民的生活水平、商品购买力和结构等无不受石油生产的影响。

有些国家，本身并无丰富的自然资源，但由于所在的地理位置和交通状况具有优势，通过进口原料、加工再输出，也可实现经济的快速发展，如早年的英国，20世纪七八十年代的日本和新加坡。

综上所述，国际营销环境错综复杂，变化多端，企业往往无法控制，但只要我们认识到适应国际市场营销环境的必要性，下功夫进行调查研究，就可能提高企业的适应性。适者销，违者滞，总是如此。

2.4.6 科技水平对国际市场营销的影响

科学技术的不断进步对市场营销造成的影响是多方面的。科技的发展不仅与企业的生存息息相关，还改变了企业所面临的经济、社会和文化环境。电气化、自动化设备提高了企业的生产率，缩短了劳动时间，延长了消费者的闲暇时间。电子计算机、智能手机等产品形成了许多新的工业和新的市场，也改变了人们的生活内容和购买行为。但是，由于各国科技发展水平各不相同，我们对出口的工业品不能进行一样的设计，而是要适应不同市场的需求。尽管我国现在的科技水平与发达的工业国家相比还有不小的差距，但我们有不少产品已达到国际先进水平。例如，日本、美国、加拿大的一些工厂使用的是上海机床厂生产的磨床，我国生产的电子管已进入国际市场。因此，只要我们善于扬长避短，提高产品适应能力，抓住时机，还是大有生意可做的。至于向技术水平低的国家出口的工业产品，在设计时，则一定要适合当地的技术水平。我国的轻纺工业设备在泰国、巴基斯坦颇受欢迎，就是因为技术水平比较适合它们的需要。企业如果不注意东道国的科技环境，往往会失去做生意的机会。

拓展阅读
2-3

本章小结 ✎

　　国际市场营销与境内市场营销相比面临着差异很大的环境因素。影响国际市场营销的环境因素主要有经济环境、政治环境、法律环境和文化环境。

　　国际经济环境分析的重点是对国际市场消费者的收入状况与消费模式以及国际经济组织的影响进行分析；国别经济环境分析的重点是对相关国家人口环境、人口年龄结构、家庭结构、国内生产总值、人均收入、个人可支配收入、个人可自由支配收入、家庭收入、贸易环境和贸易政策对国际市场营销的影响进行分析；政治环境分析的重点是对影响国际市场营销的主要政治因素、东道国政府的态度、政治风险与防范等进行分析；法律环境分析的重点是对国际法和国际贸易惯例对国际市场营销的影响、东道国的法律环境、裁判和仲裁等因素进行分析；文化环境分析的重点是对价值观念、风俗习惯、民族宗教文化、教育水平、地理条件、科技水平等因素进行分析。本章的结论是，国际市场营销环境错综复杂，变化多端，企业应充分认识到适应国际市场营销环境的必要性，下功夫进行调查研究，制订切实可行的国际营销方案。

主要概念和观念 ☐

☐ **主要概念**
　　经济环境　政治环境　法律环境　文化环境

☐ **主要观念**
　　经济环境分析　政治环境分析　法律环境分析　文化环境分析

基本训练 ✎

☐ **知识题**
　　2.1　阅读理解
　　1）什么是国际市场营销经济环境？
　　2）什么是国际市场营销政治环境？
　　3）什么是国际市场营销法律环境？

4）什么是国际市场营销文化环境？

2.2 知识应用

1）选择题

（1）企业进行国际市场营销时重点要进行（　　　）分析。

A.经济环境　　　　　　　　　　　B.政治环境

C.法律环境　　　　　　　　　　　D.文化环境

（2）按技术经济结构分类，划分经济环境的方法包括（　　　）。

A.农业自给型经济　　　　　　　　B.原料输出型经济

C.工业化型经济　　　　　　　　　D.工业发达型经济

（3）按人口环境进行分类，划分经济环境主要依据以下三种因素：（　　　）。

A.人口教育水平　　　　　　　　B.人口规模及人口增长率

C.人口年龄结构　　　　　　　　D.家庭结构

（4）影响国际市场营销的主要政治因素有：（　　　）。

A.社会性质　　　　　　　　　　B.政治体制

C.政治稳定性　　　　　　　　　D.政党

（5）影响国际市场营销的主要文化因素有：（　　　）。

A.价值观念　　　　　　　　　　B.风俗习惯

C.民族宗教文化　　　　　　　　D.教育水平

2）判断题

（1）一个企业进入国际市场开始营销时，应该首先进行市场的经济环境、政治环境、法律环境、文化环境分析，提出有强烈针对性的营销战略。　　　　　　　　（　　　）

（2）在进行经济环境分析时，企业只要考虑当地市场消费者的经济收入就可以，其他的并不重要。　　　　　　　　　　　　　　　　　　　　　　　　　　（　　　）

（3）在进行政治环境分析时，企业只要同当地政府官员搞好关系，就可以进入当地市场进行营销。　　　　　　　　　　　　　　　　　　　　　　　　　　（　　　）

（4）在进行文化环境分析时，企业应该放弃母国文化在产品上的反映，只要适应当地文化特点就能够进入当地市场进行营销。　　　　　　　　　　　　　（　　　）

□ 技能题

2.1 规则复习

1）企业进行国际市场营销时，应该进行国际市场营销经济环境分析、政治环境分析、法律环境分析和文化环境分析。

2）企业进行经济环境分析时，应该明确划分经济环境的方法，重点从国际市场消费者的收入状况与消费模式、国际经济组织的影响、人口环境、东道国贸易政策进行分析。

3）企业进行政治环境分析时，应该明确划分政治环境的方法，重点从影响国际市场营销的主要政治因素、东道国政府的态度、政治风险等方面进行分析。

4）企业进行法律环境分析时，应该明确划分法律环境的方法，重点从影响国际市场营销的国际法和国际贸易惯例、东道国的法律环境、协商和仲裁机制等方面进行分析。

5）企业进行文化环境分析时，应该明确划分文化环境的方法，重点从价值观念、风俗习惯、民族教育文化、教育水平等方面进行分析。

2.2　操作练习

1）实务题

中国的啤酒企业在进入越南市场时，应该重点进行哪几个方面的环境分析？

2）综合题

中国重庆某制药企业，同中东某个国家的医药公司签订协议，对方进口中国的止咳糖浆 1 000 箱。该产品质量优良，按时交货，但对方公司最后拒绝履行营销协议，并提出赔偿。中方企业的错误主要在于用某女电影演员的照片作为药品外包装图案。请你根据所学的与营销环境分析相关的知识，说明中方为什么会遭受全部损失。

□ 能力题

案例分析

美国将大疆等8家中国企业拉入"黑名单"

美东时间 2021 年 12 月 16 日，美国财政部外国资产控制办公室（OFAC）发布新闻稿称，将 8 家中国科技公司列入"中国军工复合体企业"（NS-CMIC）清单，禁止美国投资者持有这些企业的股份。

这 8 家企业分别为云从科技有限公司（简称云从科技）、曙光信息产业股份有限公司、立昂技术股份有限公司（简称立昂技术）、旷视科技有限公司（简称旷视科技）、东方网力科技股份有限公司、深圳市大疆创新科技有限公司、厦门市美亚柏科信息股份有限公司和依图科技有限公司（简称依图科技）。针对美国制裁，12 月 17 日，旷视科技、云从科技、依图科技、立昂技术等公司均表示强烈反对，相关指控毫无事实根据。

此前，上述多家企业已被加入"实体清单"，美国公司在没有获得政府许可的情况下不能向这些中企出口美国的技术或产品。此次被列入"中国军工复合体企业"清单，美国投资者将被限制投资这些企业的公开交易的证券和衍生证券。目前美国财政部的中国军工企业"黑名单"上已有约 60 家中国企业。

此次制裁，正值旷视科技、云从科技冲击科创板的最后关头。与此同时，针对美方屡次使用"实体清单"无端打压中国企业，中国外交部发言人赵立坚 12 月 15 日在例行记者会上强调，中方一贯反对美方泛化国家安全概念、无理打压中国企业的行径。"中方将密切关注事态发展，一如既往坚决捍卫中国企业的正当、合法权益。"

赵立坚表示，中方对有关报道提到的情况表示严重关切。经济全球化是客观现实和历史潮流。中方始终认为，科技成果应该造福全人类，而不应成为限制、遏制其他国家发展的手段。美方个别政客泛化国家安全概念，将科技和经贸问题政治化、工具化、意识形态化。这违背市场经济和公平竞争原则，只会威胁、损害全球产业链供应链安全，破坏国际贸易规则，是典型的损人不利己的政治操弄。

赵立坚同时指出，美方应同国际社会一道，维护开放、公平、公正、非歧视的科技发展和国际营商环境。我们奉劝美方一些人，摒弃冷战思维和意识形态偏见，停止滥用国家力量无理打压中国特定领域和企业的做法，停止违背市场经济原则和国际贸易规则的行径。中方将一如既往坚决捍卫中国企业的合法正当权益。

资料来源　程鹏．又下黑手！美国将大疆等8家中国企业拉入"黑名单"［EB/OL］．（2021-12-17）［2024-12-02］．http：//www.nbd.com.cn/articles/2021-12-17/2046399.html.

问题：

1）对大疆等中国科技企业在国际市场营销中面临的环境因素进行分析。

2）这对于中国企业开发国际市场有何启示？企业该如何应对？

第 3 章

国际市场分析

学习目标 ◉

通过本章学习，你应该达到以下目标：

知识目标：理解国际市场分析的意义；了解当前国际市场的基本特点；认识国际市场细分的含义及作用；了解国际市场细分的标准和步骤；认识目标市场的选择与其营销策略的使用及影响因素；理解国际产品市场定位。

技能目标：掌握国际市场细分的标准；能够进行适当的目标市场营销决策及定位决策。

能力目标：具有熟练分析国际市场特点、用合适的标准细分市场以及正确选择国际营销目标市场的能力，并能给国际市场上的产品树立独特的定位。

价值引领 ◉

随着经济全球化的加深，国际市场上的竞争趋于常态化和激烈化，中国的企业要走向国际市场，必须深刻认识竞争的本质和内容，用最优质的产品和服务去赢得竞争。

国际市场细分要求我们全方位了解和研究目标市场国家（地区）的经济、政治、社会、文化、民族、宗教、价值观念，以及消费者的收入水平、生活习惯、消费态度等各个方面，与中国的现状客观地进行比较，从中发现并发挥中国的比较优势。

这一过程能够帮助青年学生增强民族自尊心和自豪感，坚定"四个自信"，为建设新时代中国特色社会主义现代化国家而自觉地踔厉奋发、勇毅前行。

引例 @　　大疆农业无人机全面升级　　在全球销量突破 20 万台

2022 年 11 月，大疆农业正式发布 T50、T25 农业无人飞机以及 Mavic3 多光谱版无人飞机。两款全新农业无人飞机全面升级，针对大田喷洒、肥料播撒、果树喷洒等应用场景进行多项优化，配合 Mavic3 多光谱版无人飞机将农业生产管理中的作业效率、效果、智能化、稳定性、安全性等提升至新高度。

飞防作业需要极致的效率和效果来及时应对病虫害。性能上，大疆此次推出的 T50 无人机采用共轴双旋翼设计，配备 54 寸桨叶以及大功率电调，强劲动力带来喷洒

40千克载重，实测大田作业320亩/小时。同时，75升大容量一次装满一袋肥，1小时播撒1.5吨肥。喷洒方面，与前代相比，T50播撒流量最大提升100%，2喷头达16升/分钟，4喷头达24升/分钟，满足旱田、果树等大水量作业需求。此外，T50还具备双雷达双视觉，保障飞行安全，航测飞防一体，支持最大50°仿地，升级四天线图传，9分钟即可完成极速闪充等。

农业机械化、智慧化已经成为农业发展的趋势。近年来，随着农业无人飞机普及率的提升，越来越多零碎地块农户选择购买农业无人飞机进行农事作业以提升效率。与有大面积果园的果农不同，他们更倾向于便携性的农业无人机。此次大疆推出的农业无人机T25，拥有更小的机身以及重量，除具备T50功能外，还配备自主航测功能，通过生成高清地图与航线，智能识别地块与障碍物边界，一键起飞，全自动作业，极大提高中小地块作业效率。

除了两款农业无人飞机以外，大疆此次发布的还有Mavic3多光谱版无人飞机。Mavic3能高效收集作物指向性信息，帮助果农更深入地了解作物生长状态，继而配合大疆智慧农业平台以及农业无人飞机进行作物生长分析，还具有异常状态捕捉以及变量施肥用药等用途。

经过10多年的深耕，大疆农业的足迹如今已遍布100多个国家（地区）。截至2022年9月，大疆农业无人机全球累计销量突破20万台，累计作业面积突破30亿亩次，惠及数亿农业从业者。

资料来源　佚名. 大疆农业无人机全面升级　在全球销量突破20万台 [EB/OL]. （2022-11-27）[2024-12-02]. https://finance.eastmoney.com/a/202211272571842320.html.

3.1 国际市场分析概述

3.1.1 国际市场分析的意义

众多的购买者形成了市场，他们的需要和欲望各不相同，购买习惯和行为、经济状况等因素也不一样。国际市场亦称世界市场，是指本国或本地区以外的各个国家市场和地区市场纵横交错地交织在一起形成的市场整体。国际市场是国际商品经济发展的产物，是随着国际分工和国际商品交换的发展而发展的，是各国（地区）进行商品、劳务、技术和资本交换的场所。由于国家（地区）与国家（地区）之间在政治、经济、社会、文化、民族、宗教、价值观念等方面存在差异，以及消费者的收入水平、生活习惯、消费态度等各不相同，所以国际市场比境内市场复杂得多，境外消费者的需求和欲望比境内消费者的更加多样化，其对产品的要求更趋向于高级化、优质化、多功能化、电子自动化。同时，随着世界经济的发展和科学技术的进步，国际市场的贸易方式和内容也发生了很大变化。从单一的以物易物、以物换汇的贸易方式，向多元化（包括投资、合作、补偿贸易、来料加工等）、复合型（指工贸结合、技贸结合、租赁贸易等）贸易方式发展。

目前，国际市场上除了商品贸易市场外，还有金融市场、技术市场、信息市场、人才市场，这些市场有的很活跃，有的正在兴起。它们的形成和发展与国际上存在的四项巨大资源分不开：一是世界上有巨额的银行存款和游资；二是世界上有数百万项成熟的先进技术和专利，并以每年递增的速度发展（不包括尖端高级技术）；三是每天有数十亿信息单位的信息量向世界发送，并以每年递增的速度在发展；四是世界上有各类教授、专家（包括退休的）数百万人。这些都是世界人民共同的财富，谁都可以利用，关键在于会不会用，有没有本领用，能否有效地用，先用还是迟用。美国、日本和西欧各国尽管经济实力已经很强，但仍然注意充分利用这些财富。

因此，我国的任何部门、任何企业要进入国际市场，并要实现自己的目标，都必须认真分析和研究国际市场，深入了解国际市场的特点，了解国际市场环境和消费者的需求，以便正确地制定市场战略和策略，充分利用国际市场和国际资源，充分利用一切可以利用的因素和条件，取天下之长补我之短，以五洲的力量来兴我之邦。

【小思考 3-1】

国际市场分析有何意义？

答：对国际市场进行分析，有助于把握更加多样化的消费者需求，把握变化的贸易方式、国际市场的变化特点等，以便于我国企业正确地制定市场战略与策略，充分利用资源，在国际市场上取得成功。

3.1.2　当前国际市场的基本特点

1）国际市场容量迅速扩大

第二次世界大战以后，国际市场容量迅速扩大。世界出口值从 1950 年的 603 亿美元增加到 1980 年的约 2 万亿美元，增长了 32 倍多。在这 30 年中世界出口值平均年增长率为 12.3%。如果剔除价格因素，按世界出口量计算，年平均增长率为 6.7%。这个增长速度是相当快的。自 20 世纪 70 年代起，特别是 20 世纪 80 年代的前三年，由于资本主义经济进入"滞胀"阶段，国际贸易增长率急剧下降，国际市场容量随之处于不稳定状态。世界出口值在 1981 年停滞不前，1982 年有所下降，1983 年开始好转，1984 年明显回升。进入 21 世纪，国际市场容量继续扩大。WTO 发布的数据表明，2018 年世界商品进出口总额为 39.342 万亿美元，2022 年扩大至 50.52 万亿美元，其中，商品出口总金额约为 24.90 万亿美元，同比上涨 11.44%，进口商品总金额约为 25.62 万亿美元，同比增幅达到 13.26%。

第二次世界大战后国际市场容量迅速扩大的主要原因是：①科学技术革命推动生产力的发展，从而要求扩大国际市场容量；②国际市场是以国际分工和国际交换为前提的，第二次世界大战后国际分工不断扩大和深化，因此国际市场容量也随着国际分工的扩大和加深而不断扩大；③交通运输工具不断革新，效率不断提高，通信工具日益现代化，使国际市场容量扩大成为可能；④资本的国际化促进了生产的国际化，使国际贸易中交换的商品种类增多，数量不断加大。

2）国际市场构成复杂

国际市场范围广阔，构成复杂，处在不同发展阶段的国家（地区）都被卷入了国际商品流通之中。由于国际市场分布在不同的国家（地区），这些国家（地区）因地理位置、生产力发展水平、自然资源状况、人口状况、经济结构、文化教育水平、风俗习惯、宗教信仰、消费水平、消费结构、社会制度以及货币政策等的不同，使国际市场营销活动更加复杂。在这个市场上，有发达国家，也有发展中国家。联合国贸易和发展会议发布的《2022年统计手册》显示，2021年，发展中国家与发达国家之间的贸易额（8万亿美元）超过了发展中国家之间的贸易额（5.4万亿美元），发达国家之间的贸易额为8.5万亿美元，略高于发展中国家与发达国家之间的贸易额。许多发展中国家的出口多样性仍然不足。西亚和北非国家的出口产品种类最为单一，其次是大洋洲和撒哈拉以南非洲国家。全球46个最不发达国家的实际国内生产总值增速仅为2%，不到全球平均水平5.7%的一半。

第二次世界大战后，由于政治、经济方面的原因，一些区域性的经济集团和共同市场纷纷建立起来，如欧洲共同体、欧洲自由贸易联盟、经济互助委员会、东南亚国家联盟、西非国家经济共同体、中美洲共同市场、加勒比共同体和共同市场、安第斯共同体、石油输出国组织等。它们虽是国际市场的组成部分，但它们与国际市场的其他组成部分有很大的区别，而它们相互之间也有很大的差异。有的共同体在扩大其内部贸易的同时，还力求扩大其势力范围，争夺国际市场。这些组织的活动对国际市场的影响应该引起重视。

国际市场是由各种不同的具体商品市场构成的，它们之间存在很大的区别，无论贸易条件、交易做法还是价格水平等都不同，尤其值得注意的是，有的商品市场垄断性很强，贸易是由资本主义国家大垄断集团与其在海外的子公司之间进行的，这是一种封闭式市场；另一些商品市场垄断程度不高，贸易是通过公司之间的长期合同和协议进行的；还有一些商品市场属于"自由市场"型，通过短期合同和商品交易所进行交易。

3）国际市场垄断性加强

主要资本主义国家之间争夺销售市场和投资范围的斗争加剧，促使垄断组织走上生产和销售国际化的道路。尽管国际市场的垄断程度低于资本主义国家的国内市场，但垄断在进一步发展，跨国公司的作用越来越大。美国149家最大的加工工业公司控制了美国制成品出口总量的1/3，英国35家最大的公司的出口量占国家出口总量的1/4。跨国公司在海外广泛建立生产与销售分支机构或子公司，同时也合并其他国家的垄断资本，这是现代大垄断组织经常采用的扩张策略。美国跨国公司国际商用机器（IBM）公司试图垄断扩张，曾占据了世界电子计算机市场的大部分份额。INCO集团把世界铝市场的很大部分都掌握在自己手里。1970年，跨国公司在资本主义世界各国国内和海外市场上的总销售额占当年世界生产总值的1/3，其也控制了世界贸易的1/3。跨国公司对主要产品的生产和销售，在全世界范围内加以控制，使经营更加集中。在跨国公司领导层中有个流行的论点，即"竞争力来自集中统一"。在国际市场上参与竞争的多半是力量很强的大型企业，力量越强，竞争就越激烈。

当今国际市场上既存在私人垄断，也存在国家垄断，两者是交错在一起的。国家垄断资本主义对商品和货币的调节范围和作用已扩展到国际市场，力求为商品输出和资本输出创造有利的条件。国家垄断资本主义的加强，反映了生产社会化进一步发展的要求。20世纪末以来，新一代超巨型跨国公司特别是超巨型跨国金融公司的大发展和对外扩张，促进资本主义由国家垄断时期进入了国际金融垄断时期。在这一进程中，自苏联解体、东欧剧变之后，又发生了两起国际性的重大事变：一是2008年爆发的国际金融危机；二是2020年爆发的世界性新冠肺炎疫情。大肆推行新自由主义导致资本主义近30年的无序和持续扩张发展，造成严重的生产过剩，必然结果是2008年爆发金融危机，新自由主义破产。与此形成鲜明对照的是，中国特色社会主义成功战胜了世界金融危机，并在抗击新冠肺炎疫情的斗争中取得了决定性胜利，彰显了社会主义制度的优越性，这意味着社会主义从低谷驶出，向上、向前发展，高歌猛进。①

4）国际市场竞争激烈

国际市场是自发地在国家之间的激烈竞争中发展起来的。各国贸易的结构和方向是其商品在国际市场竞争能力的变化影响下形成的。科学技术的迅速发展迫使所有主要资本主义国家改变工业部门的结构和进出口商品的结构，优先发展知识技术密集的工业部门，大力发展知识技术要求高、原料和能源消耗少、产值高、利润多的产品。这就使国际市场上的竞争进一步加剧。为了适应市场的需要，现在各国在商品的质量、性能、花式、品种、包装和售后服务等方面的表现得十分突出。如小汽车，不但式样不断变化，而且向小型、节油和减少环境污染的方向发展。这就使得在国际市场上价格竞争的手段减少了，非价格竞争的手段大大增加了。

资本主义经济发展的不平衡，加剧了国际市场的竞争。第二次世界大战结束后不久，美国在国际市场上处于霸主地位，后来日本、西欧国家的经济发展比美国快，实力对比发生了明显的变化，美国对外贸易的地位日益减弱，日本和联邦德国的对外贸易地位不断上升。这使得资本主义方面的三个经济中心——美国、日本、西欧之间的竞争越演越烈，经常爆发"关税战""钢铁战""汽车战"。

资本主义国家为了维护资产阶级的利益，积极参与国际市场的争夺，实行奖出限入的政策和建立区域性的经济集团，这不仅使竞争提高到一个新的水平，而且从长远看也会进一步加剧竞争。信息化、人工智能、机器人、互联网、大数据、云计算、物联网、5G技术、区块链等前沿技术驱动下的科技风潮，推动资本主义生产方式向数字化、智能化方向发展，生产关系趋向松散化、多元化、复杂化，形成以技术创新为手段的获取超额利润的新方式。资本主义以技术创新作为资本积累和扩张的新手段，极大地促进了国际金融垄断资本的聚集和集中发展，极大地强化了国际金融垄断资本对全球一切产业的渗透、融合和控制，推动金融垄断资本越发全球化。②

【出海案例3-1】

中国汽车重回德国市场

2022年10月，比亚迪和德国租赁公司SIXT签署合作协议，在6年的合同期限内，比亚迪为SIXT提供10万辆汽车。

---

① 王伟光. 国际金融垄断资本主义是垄断资本主义的最新发展，是新型帝国主义［J］. 社会科学战线，2022（8）：8-34.
② 王伟光. 国际金融垄断资本主义是垄断资本主义的最新发展，是新型帝国主义［J］. 社会科学战线，2022（8）：8-34.

2022年1—8月的汽车出口数据显示（见表3-1），出口到德国的中国汽车超过8 400辆（上汽集团5 948辆，吉利集团2 425辆），虽然比德国卖到中国的车少得多，但这是一个里程碑：曾经的学生要来老师的地盘抢生意了。

表3-1　　　　　　　　　2022年1—8月国有品牌汽车出口数据　　　　　　　单位：辆

1—8月出口国家	上汽集团	奇瑞集团	长城汽车	吉利集团	长安集团	江淮集团	北汽集团	东风集团	比亚迪	一汽集团	江铃集团	华晨集团
智利	14 668	20 819	10 018	2 438	15 203	9 480	4 585	5 756		229	3 359	2 114
沙特阿拉伯	16 822		9 744	12 854	21 227							
俄罗斯		15 467	17 170	11 802	3 002		9	1 096		1 413		6
澳大利亚	30 599		13 321	62								
墨西哥	28 696				3 033	9 789	335			168		
英国	32 225											
埃及	9 380	14 416	1 246	892	1 225		202		3 125		124	170
印度	31 910											
泰国	21 663			7 154			69		56			
巴西		23 791				836	45		46		1	1
南非		2 582	15 016				69			1 833		
菲律宾	8 010	1 668		6 199				1 809				
哥伦比亚			197		570	2 513	3 863	1 180		1 716	176	1 272
德国	5 948			2 425								
以色列	3 924			3 750		104		447			64	
法国	5 276			1 782								
瑞典	5 349			1 379						26		
阿拉伯联合酋长国	3 914	13	547	43	1 834							
新西兰	3 449		1 922	18	1		181	3	468			
意大利	3 540		38	2 137								
西班牙	3 540			1 579		6		475	22			35
挪威	2 869		3		1		37		1 508	1 149		
哈萨克斯坦	14	1 970	552				2 066			71		
荷兰	1 026			2 986			1			4		
乌拉圭	3	1 020	324	337	205	607	170	265	256		65	256
印度尼西亚	659							1 750			136	

续表

1—8月出口国家	上汽集团	奇瑞集团	长城汽车	吉利集团	长安集团	江淮集团	北汽集团	东风集团	比亚迪	一汽集团	江铃集团	华晨集团
缅甸	84	906		131	133			206		68		11
阿根廷		736	94		83	78	328	180		24	14	13
比利时	605			854		3	36					
丹麦	1 349								6			
巴基斯坦						778	429					
新加坡	238		2				17	128	757			
科威特	664			350								
乌克兰	140	435	267			32		30		84		
土耳其	663							226				
马来西亚					410	2	157	70			19	6
奥地利	596					9						
爱尔兰	489											
阿曼	96			379								
日本	42			166								
美国				133								
保加利亚			124									
捷克	39							59				
芬兰	84											
瑞士	28				10	31						
罗马尼亚	39					1		5	20			
斯洛伐克								59				
卢森堡	29			11	1	2		2		1		
斯洛文尼亚	17							4		1		
希腊	11			4					1			
波兰								3				
总计	238 725	83 823	77 734	52 726	46 925	26 407	12 238	11 981	8 017	5 314	5 213	2 356

这并非中国汽车第一次来到德国市场，早在2005年，江铃陆风就曾经来过一次。当时仅售1.5万欧元的陆风X8以极其优异的性价比征服了一部分消费者，车展期间就销售了300多辆。

然而，德国著名民间组织德国汽车俱乐部（ADAC）随后发表了关于江铃陆风汽车碰撞报告。在该报告中陆风发生碰撞后整个车体全部散架，中控台直接冲击前排人员，车内假人全部死亡，ADAC给出0分，这是ADAC20年来首次给出0分的评价。

陆风很快退出了德国市场，之后双环、华晨等国产汽车在2007年继续尝试冲击德国市场，最终均黯然退场。一方面，当年国产车的品质确实不过关；另一方面，西方发达国家长期形成的隐性贸易壁垒非常难以突破。

如何实现突破？比亚迪携7.2万欧元（约50万元人民币）的汉和唐给出了答案。

历数过去，德国汽车堪当国人心中的"神车"，并且一直占据着中国汽车制造业的半壁江山，但曾傲视全球的德国汽车在2022年遭遇了毁灭性打击，6月大众销量下滑了1/4，标致暴跌34%，新车注册量更是整体下滑18%。与之形成鲜明对比的，是我国国产新能源汽车的逆势崛起。根据贸易数据，2022年前9个月我国新能源汽车出口38.9万辆，同比增长超过100%。比亚迪的攻势也异常迅猛，2022年前8个月累计销售97.88万辆，增长267.31%，汽车销往全球50多个国家（地区）。

资料来源　[1]诗与星空. 比亚迪10万辆订单！中国汽车重回德国市场［EB/OL］.（2022-10-09）［2024-12-02］. https://baijiahao.baidu.com/s? id=1746211373887008056&wfr=spider&for=pc.

　　　　　［2］帅真财经. 10万辆！比亚迪占领德国市场，外媒：一记响亮的耳光［EB/OL］.（2022-10-14）［2024-12-02］. https://baijiahao.baidu.com/s? id=1746656221599835026&wfr=spider&for=pc.

5）商品结构有明显改变

在国际商品周转中，工业制成品所占的比重超过初级产品所占的比重，这是近几十年来国际贸易发展的一个特点。

产生这种变化的主要原因是：①世界资本主义生产结构的变化，引起国际贸易结构的相应变化。②国际分工的深化和扩大。发达资本主义国家之间的分工由工业部门之间扩大到工业部门内部；发达资本主义国家和发展中国家由第二次世界大战前的工业国与农业国的分工过渡到资本密集型产业与劳动密集型产业的分工，国际贸易中的中间产品大大增加。③在第二次世界大战后第三次科技革命的影响下，出现了许多新产品和合成原料，形成了电子设备、家用电器设备、原子能电站、航天技术、原子能原料、塑料和天然气等庞大的国际市场。据估计，新产品出口额占世界出口总额的1/3以上。④初级产品的价格长期偏低，工业制成品的价格相对偏高。

商品结构的变化还表现在：在初级产品的贸易中，燃料的比重急剧上升，在工业制成品的贸易中，机械产品增长最快；技术贸易发展迅速，这是第二次世界大战后国际市场上出现的新现象。为了争时间、抢速度，提高竞争能力，引进先进技术已成为第二次世界大战后日本、德国等发达国家和一些新兴的发展中国家经济增长的重要原因。

【观念应用3-1】

"十四五"外贸开局良好

2021年，我国外贸交出了一份亮眼成绩单。海关总署2022年1月14日发布的数据显示，2021年，我国货物贸易进出口总值39.1万亿元，比2020年增长21.4%。其中，出口21.73万亿元，增长21.2%；进口17.37万亿元，增长21.5%。与2019年相比，我国货物贸易进出口、出口、进口分别增长23.9%、26.1%、21.2%。

"总的来看，'十四五'对外贸易实现了良好开局。"海关总署新闻发言人表示，2022年外贸面临的不确定、不稳定、不均衡因素增多，但也要看到，我国经济韧性强、长期向好的基本面不会改变，将继续为稳外贸提供有力支撑。

以美元计价，2021年我国年度进出口规模达到了6.05万亿美元，首次突破6万亿美元关口，达到了历史高点。"2013年，我国外贸首次达到4万亿美元。时隔8年之后，我国外贸在1年之内连续跨过5万亿美元、6万亿美元两大台阶，仅2021年1.4万亿美元的外贸增量，就相当于2005年全年的规模。"该发言人认为，主要有三方面因素支撑了我国外贸的快速增长。

一是我国经济发展和疫情防控保持全球领先地位。2021年，我国经济继续保持恢复态势，构建新发展格局迈出新步伐，高质量发展取得新成效，主要经济指标保持了较快增长，特别是国内生产和消费需求为外贸稳增长提供了强有力支撑。据海关统计，2021年我国中间产品进口和出口分别增长24.9%和28.6%，消费品进口增长9.9%。

二是全球经济保持复苏态势。2021年，全球经济整体呈现复苏态势，世界银行、国际货币基金组织均预测世界经济增长5%以上，世界贸易组织预测全球货物贸易量增长10.8%。2021年，我国对欧盟、非洲出口增速均超过20%，对拉丁美洲出口增速超过40%。其中，笔记本电脑、平板电脑、家用电器等宅经济相关产品和医药材及药品等出口继续保持较快增长，有力支持了全球抗疫。

三是稳增长政策措施效果持续显现。2021年以来，我国出台了一系列稳主体、稳市场和保障外贸产业链供应链稳定畅通的政策措施，比如保持流动性合理充裕，延续并完善部分减税降费政策，实施新的结构性减税，加大对中小微企业、制造业企业的融资支持，加快发展外贸新业态新模式，进一步深化跨境贸易便利化改革，推进自由贸易试验区贸易投资便利化改革创新等。这些政策效果持续释放，助力外贸企业纾困解难，激发了市场主体活力，成为外贸稳增长的重要支撑。

2021年我国外贸在质量提升方面也有了新进展，外贸市场份额、新业态发展、进出口结构等方面都取得积极进展，外贸转型升级成效明显。

2021年前三季度，我国出口国际市场份额为14.9%，比2012年提升3.8个百分点，这一增量刚好与2000年我国出口国际市场份额相当。

跨境电商、市场采购等新业态新模式是外贸发展的有生力量，也是国际贸易发展的重要趋势。2021年，我国跨境电商出口同比增长24.5%，市场采购出口增长32.1%，我国促进外贸新业态新模式的政策效应持续显现。

数据显示，2021年我国有进出口实绩的外贸企业数量达56.7万家，增加3.6万家。其中，民营企业对外贸增长的贡献度达58.2%。在贸易方式上，2021年我国一般贸易进出口占比超六成，同比提升1.6个百分点；在区域布局方面，中西部地区进出口6.93万亿元，增长22.8%，比同期外贸整体增速高出1.4个百分点。综合保税区、自贸试验区、海南自由贸易港等开放平台表现亮眼。

值得一提的是，2021年我国对共建"一带一路"国家进出口11.6万亿元，增长23.6%，较同期我国外贸整体增速高出2.2个百分点。

2021年底召开的国务院常务会议提出，进一步扩大开放，针对困难挑战推出应对举措，做好跨周期调节，助企纾困特别是扶持中小微企业，努力保订单、稳预期，促进外贸平稳发展。

国务院办公厅印发的《关于做好跨周期调节进一步稳外贸的意见》，从加强财税金融政策支持、进一步鼓励外贸新业态发展等方面推出15条举措，强调做好跨周期调节，助企纾困特别是扶持中小微外贸企业，努力保订单、稳预期。

据悉，多重跨周期调节稳外贸政策已排上日程，这些政策举措将进一步聚焦市场主体关切，聚力高水平对外开放，助力进出口贸易保持稳中向好态势。

资料来源 顾阳.2021年进出口规模首次突破6万亿美元 "十四五"外贸开局良好[EB/OL].（2022-01-15）[2024-12-02]. http://www.gov.cn/xinwen/2022-01/15/content_5668288.htm.

6）新兴市场充满机遇

世界正把目光聚焦在新兴市场上。在过去的20年里，新兴经济的自由化、增长和全球化使得这些方兴未艾的经济体成为利益、机会和焦虑的源头。对于普通家庭来说，新兴市场意味着物美价廉的日常用品；对于焦头烂额的电脑用户来说，新兴市场常常能提供外包的技术支持；对于跨国公司的高管们来说，新兴市场意味着在发达国家经济萧条和金融危机中的增长动力，以及强大的新生企业竞争对手的主场。在2009年前后，中国、印度、巴西等新兴市场经济国家呈现出强劲的经济增长态势，而发达国家却在金融危机中苦苦挣扎。对于深陷危机的公司来说，这些新兴市场提供了资金和增长的"救命稻草"；对于新兴企业和成熟的公司来说，新兴市场正在成为创新的测试场和孵化器；对于新兴市场中的企业家、商业领袖和市民来说，这个新发现的全球立足点是他们自豪的源泉。

近年来，全球经济环境的动荡为亚洲和其他新兴市场带来沉重打击，但令人意外的是，不少新兴市场的"抗击"能力比预想的要好，越来越多的投资者和商家开始发现这些新兴市场的价值前景。国际货币基金组织预测，新兴市场和发展中经济体2022年的增速将比全球平均水平快28%，2023年将是全球平均水平的两倍多。原因在于：第一，近年来，新兴市场和发展中经济体执行了较好的宏观审慎管理制度，它们谨慎管理债务风险敞口，建立外汇储备，减少区域贸易壁垒，建立了一个相互支持的体系。第二，经过多年的发展，新兴市场已经变身为全球重要的消费市场：消费力在过去12年中几乎增长了两倍，达到约34万亿美元——约占全球消费力的47%。这些国家不再单纯依赖发达经济体，因此受到的经济波动影响也比原来小得多。①

3.2 国际市场细分

3.2.1 国际市场细分的含义与作用

市场细分是根据消费者对产品的需求欲望、购买行为与购买习惯的差异，把整体市场划分为两个或更多的消费者群体，从而确定企业目标市场的活动过程。国际市场细分是市场细分概念在国际营销中的应用。所谓国际市场细分，是指企业按照一定的细分标准，把整个国际市场细分为若干个需求不同的子市场，任何一个子市场中的消费者都具有相同或相似的需求特征，企业可以从这些子市场中选择一个或多个作为其国际目标市场。

国际市场细分理论的提出是以市场上存在的两个客观条件为依据的。其一是消费者需求的差异性。国际市场上消费者在需求、爱好、欲望等方面存在差异性，因此市场细分就是把不同需求、不同爱好、不同欲望的消费者群归入不同的市场细分部分，构成不同的细分市场。市场细分实际上是细分消费者的需求。例如鞋类市场，根据消费者的性别可分为男鞋市场、女鞋市场，在男鞋市场或女鞋市场上，由于消费者有不同的需求和爱好，因而又可将市场分为皮鞋市场、胶鞋市场、布鞋市场和塑料鞋市场等。几年前我国的布鞋曾风行欧美，这是顺应消费者图舒适的潮流而新开发的目标市场。

其二是消费者需求的类似性。消费者在需求方面存在差异，并不是每人各属一种类型，而是有相当多的消费者在对某种商品的需求上存在相似性或一致性。这种类似性是由人们的居住环境、民族传统等因素决定的。每个由有类似需求的消费者组成的群体就成为一个具有一定个性特点的细分市场。

国际市场细分可以使企业认识市场，在进行市场营销决策时，明白自己的产品该往何处去。因为任何一个企业都不可能以自己的力量满足整个海外市场潜在消费者的所有需求，所以企业只能通过了解市场，明确满足哪个国家哪个部分人的需求，有针对性地生产满足这部分人需求的产品，也就是为自己的产品选定一个或几个目标市场。市场细分是企业选择目标市场的基础。

国际市场细分的概念虽然简单，但对企业的作用是很明显的：

1）有利于发掘国际市场机会

企业根据国际市场细分的原理，可认识到每一个细分市场的购买潜量、消费者满足程度和市场竞争状况，通过分析比较，可以发现有利的市场机会。

2）有利于制订营销方案

根据细分市场的特点，分别采取有效的营销因素组合。例如，泳衣市场分为运动员比赛穿的泳衣和一般游乐穿的泳衣两个细分市场，在制定营销策略时，两者将有很大的不同。在产品设计上，比赛穿的，以实用、简单、轻便为主；游乐用的，款式繁多，且要配合年龄、体型。在销售渠道上，比赛用的，其经销商比较集中，可能限于

① 塔希拉玛尼. 日媒：新兴市场拥有更好的投资前景［EB/OL］. 王佳琳，译. （2022-10-29）［2024-12-02］. https://baijiahao.baidu.com/s? id=1747975186003235795&wfr=spider&for=pc.

体育用品商店；游乐用的，各种商店包括百货公司、服装店都有出售。在广告媒介上，比赛用的，以体育杂志为主；游乐用的，可能使用各种媒介，包括报纸、电视等。在定价上，比赛用的，可能价格普遍较高，因为市场小，竞争少，同时顾客也不那么重视价格；游乐用的，价格相差幅度可能极大，有极低廉的，也有十分昂贵的。

3）有利于发挥营销效力

国际市场细分可使企业的营销预算集中用于选定的目标市场，从而发挥最大的市场推销效果。这实际上是缩短战线，集中兵力打歼灭战的战略思想的运用。

4）有利于开发新产品

开发新产品是企业生存和成长的关键。不断研究国际细分市场的情况，企业就可以及时发现和掌握消费者需求的变化状况，有针对性地开发新产品，以满足消费者不断变化的需求。

3.2.2　国际市场细分的标准

国际市场细分具有两个层次的含义，即宏观细分与微观细分。根据各国的地理环境、文化、经济、人口、消费者的性格和购买行为等的异同，就可以对庞大的市场进行细分。市场细分前必须进行认真的调查，系统、全面地掌握资料，并且做好资料的筛选工作，去粗取精，去伪存真，力求资料准确度高，方可作为国际市场细分的依据。

1）宏观细分

宏观细分是要决定在世界市场上应选择哪个国家（地区）作为拟进入的市场。这就需要根据一定的标准将整个世界市场划分为若干子市场，每一个子市场具有基本相同的营销环境，企业可以选择某一组或某几个国家作为目标市场。国际市场宏观细分的标准有地理标准、经济标准、文化标准和组合标准。

【小资料 3-1】

全球区域市场

世界市场十分复杂，各个国家（地区）在经济、文化、资源等方面均有自己的特点。虽然近些年来，随着经济全球化、文化交流程度的加深，各国（地区）之间的区分在某些方面并不十分明显，但总体而言，按照地理条件划分仍是国际市场细分中的一个重要方法。同时，界定区域性市场更有助于体现同类国家（地区）内部的共性和不同国家（地区）之间的差异，为国际营销活动奠定基础。

根据地理标准、经济标准和文化标准的组合应用，可将全球市场分割为七大区域，分别为：西欧、东欧和中欧市场，北美市场，拉丁美洲市场，亚太市场，大洋洲市场，中东市场，非洲市场。每个区域市场内部都在地理位置、经济发展条件和文化方面有较大的相似性，而在不同的区域市场之间则有较大差别。

2）微观细分

微观细分类似于境内市场细分，即当企业决定进入某一海外市场后，它会发现当地市场顾客需求仍有差异，需进一步细分成若干市场，以期选择其中一个或几个子市场为目标市场。对消费品市场进行细分有地理环境、人口状况、心理等标准，对工业品市场进行细分有地理环境、用户性质、用户规模和用户要求四大标准。

（1）消费品市场细分的标准（见表3-2）。

表3-2　　　　　　　　　　　**市场细分的标准及方法**

细分标准	典型细分方法
①地理细分	
·洲	亚洲、欧洲、美洲、大洋洲
·国家（地区）	日本、美国、澳大利亚、摩洛哥、中国香港地区
·城市大小	5 000人以下；5 000～19 999人；20 000～49 999人；50 000～99 999人；100 000～249 999人；250 000～499 999人；500 000～999 999人；1 000 000～3 999 999人；4 000 000人或以上
·密度	市区、市郊、郊区
②人口细分	
·年龄	6岁以下；6～11岁；12～17岁；18～34岁；35～49岁；50～64岁；65岁及以上
·性别	男；女
·家庭大小	1～2人；3～4人；5～6人；7～9人；9人以上
·家庭生命周期	年轻单身；年轻已婚，未有儿女；年轻已婚，儿女在6岁以下；年轻已婚，儿女在6岁以上；年长已婚，未有儿女；年长已婚，儿女在18岁以下；年长单身；其他
·收入（一年）	3万元以下；3万～4.99万元；5万～6.99万元；7万～8.99万元；9万～10.99万元；11万元及以上
·职业	专业性、技术性；经理；老板；文员、推销员、工匠、管工；操作员；农民；退休者、学生；家庭主妇；失业者
·教育	小学程度以下；小学程度；初中程度；高中程度；大学程度及以上
·宗教	天主教；基督教；佛教；犹太教；伊斯兰教
·种族	白色人种；黑色人种；黄色人种
·国籍	中国人；美国人；英国人……
③心理细分	
·生活方式	时髦的人；追求社会地位的人；朴素的人
·性格	随和；孤独；爱交际；专横；有野心的；贪心的；懦弱的；内向或外向的；保守或激进的
·用者状况	不用者；曾用者（现在不用）；有潜质的用者（未用者）；初用者；常用者
·着眼点	经济；方便；地位
·对品牌的忠诚程度	没有；中等；强烈；极度
·有心购买程度	根本不知道（有这种商标）；知道；详细了解；有兴趣；想购买；打算购买
·对各营销因素的敏感程度	品质；价钱；服务；广告；推销拓展

①地理细分。按地理环境细分市场是根据消费者生活的地理位置划分市场。这是一种传统的细分方法。在地理细分中，市场被分为大小不同的区域，如国家、省、州等。不同的区域市场，它的需求、潜量、购买力水平、竞争强度是有差异的。企业应有针对性地提供不同的产品，运用不同的营销因素组合。

②人口细分。按人口细分市场就是根据人口统计表中与消费者相关的项目划分市场。在市场细分中，人口特色是一个最常用的标准，因为消费者的需求和用量与人口特色关系密切，同时人口特色的变量比其他标准的变量更容易度量。

【小资料3-2】

某家具厂市场细分计划

某家具厂经过调查研究了解到某市场的家具销售与家长年龄、家庭人数、收入水平关系较大。家具厂就可根据这三个变量把该家具市场细分为36个细分市场（如图3-1所示）。每个家庭必属于36个细分市场中的一个。

通过对市场进行分析之后，家具厂就可以对每一个细分市场进行潜在利润研究，这包括估算每个细分市场的家庭数量、平均购买率以及竞争程度，经过综合分析就可以估计各个细分市场的价值。

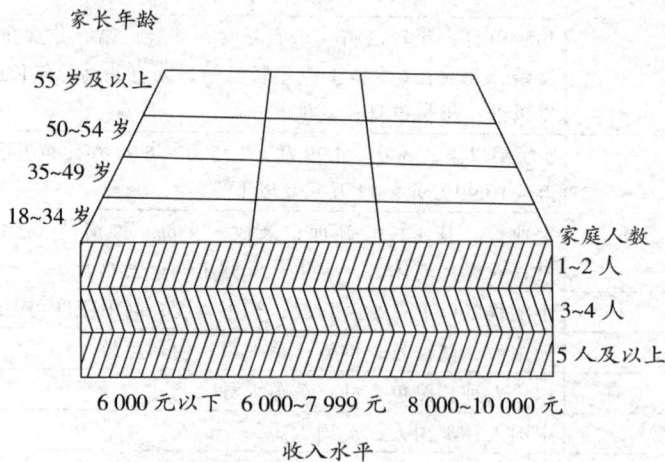

图3-1　依据三个变量进行的市场细分

值得注意的就是年龄这个因素。典型细分法是以实际年龄作为标准的。例如，当前"银发产业"正是由于老龄化社会的到来而兴起的。有大量老年消费者，他们的年龄决定了他们具有一定的需求特征，而且现在的老年人很多是"又有钱又有闲"，从而在保健、娱乐、通信、休闲、旅游等方面有着特别的要求，这就形成一系列的市场细分变量，为开发老年消费者市场提供了依据。事实上，心理上的年龄也很重要。例如，美国福特汽车公司设计了一款适合年轻人的跑车——野马，结果中年人、老年人都购买，于是福特公司就明白这种车的目标市场并非年纪轻的人，而是那些心理上的年轻人。可见，对心理年龄也要加以考虑。

③心理细分。按心理细分就是根据各国消费者的消费心理划分市场。心理细分标准包括生活方式、性格、用者状况、着眼点、对品牌的忠诚程度、有心购买程度、对各营销因素的敏感程度等。在同一类人口特征中，如同年龄、同性别、同收入，不同的个体往往有不同的心理状态，有的可能差异很大，会影响购买者的行为。

A.生活方式。这里讲的生活方式主要指个人或团体的工作、消费、娱乐的习惯模式。人们所追求的生活方式不同，对产品的爱好和要求就有差别。企业经营者要针对有不同生活方式的群体，选定产品的目标市场，设计专门产品，如对女装的设计，有所谓"朴素的女人""时髦的女人""男性化的女人"等。

B.性格。根据目标市场的性格（自我形象）设计品牌性格（品牌形象），以争取有某一种性格的顾客。例如，20世纪50年代后期美国福特和雪佛兰车按不同的个性来促销，当时福特车的购买者被看作独立、易冲动、男性化、留心改变与具有自信的群体；而雪佛兰车的拥有者则被视为保守、节俭、关心特权、较不男性化、避免极端的群体。

C.用者状况。许多市场可以按该商品的不用者、曾用者（现在不用）、有潜质的用者（未用者）、初用者、常用者进行细分。像有高度市场占有率的公司，就特别注意吸引那些有潜质的用者，以便使他们成为初用者，进而成为常用者。

D.着眼点。由于购买者的购买动机不同，着眼点也有异。买牙膏可能有不同的目的，如防止蛀牙，洁白牙齿，气味好，价钱低。企业可选择一种或数种着眼点，制造具备这些特点的产品，来满足某一部分或某几部分购买者所追求的利益。

E.对品牌的忠诚程度。购买者对某种品牌的产品产生偏好，甚至忠于此产品。忠诚程度可由零发展成绝对忠诚。企业通过分析，找到强烈或绝对忠诚者的特点，从而设计适当的营销方案去争取有同样特点的顾客。

F.有心购买程度。有心购买程度也就是购买者准备购买的状况。任何时候，不同的人对于购买某一商品的准备程度是各有不同的。对于一个潜在市场，有些人根本不知道这个产品或商标，有些人知道，有些人有过详细的了解，另一些人则产生兴趣，有些人产生欲望，还有些人打算购买。企业在制订营销方案时就要注意这些情况。对不知道这个产品的人，要广泛介绍，增加广告量，广告的内容要简洁；对知道这个产品的人，广告内容应强调从这个产品中得到的利益；对打算购买的人，企业要准备好足够的销售地点、产品数量和服务。一般来说，企业的营销方案必须跟随购买对象准备购买程度的变化进行调整。

企业在分析和选择细分市场时运用上述任何一种标准不仅要力求恰当，而且往往需要将几种标准组合在一起进行综合分析。例如，在意大利（宏观地理细分），中国高档抽纱的购买者，主要是家庭收入高（人口细分）、居住在城市（地理细分）、注重名誉地位（心理细分）、爱交际（心理细分）的中年（人口细分）妇女（人口细分）。

【观念应用3-2】
从精英阶层到中下阶层：美国街区的市场细分

利用来自美国人口普查数据的各种人口和社会经济变量，GitLab公司的PRIZM系统把26万多个美国街区市场分成62个群体。

你现在35岁，外套上的价签表明你是一位成功人士。你开着沃尔沃汽车，熟知商店摆放橄榄油的位置，购买现磨咖啡，参加潜水旅行。你住在城市之外，独自享受郊区的幸福生活。你很特殊，不属于人口类别中的某一类。错了，其实你是PRIZM的"儿童与死胡同"群体的最好例子……你只要消费，就不能逃过GitLab公司的眼睛。

"儿童与死胡同"群体是指迁往郊区的人，其他的PRIZM群体包括"精英阶层""财富与智慧""年轻学者""中下阶层""美国之梦""灰色力量"。这些群体是根据教育、收入、职业、家庭生活周期、住房、种族和都市化程度划分而来的。例如，"精英阶层"街区的住户多为活跃的、受过大学教育的成功经理人和专业人士，包括一些美国最富有的街区，特点是家庭人数少、居民很相似、家庭导向，并且多数是独门独院。相反，"中下阶层"群体居住的蓝领街区，主要分布在东北部、西南部、大湖区和美国山麓工业区。"美国之梦"群体反映了移民美国的新浪潮。"年轻学者"群体是指20世纪60年代出生的X一代。其他群体也都反映了各种特点的独特组合。

企业把这些按地理划分的PRIZM群体与关于产品和服务的使用、媒体使用以及生活方式的其他信息结合起来，就能更好地了解特定的市场区域。例如，"中下阶层"群体主要是指中下阶层的蓝领消费者，他们使用链锯和鼻烟，购买罐头食品、脱水汤菜和软饮料粉。"拉美人"群体偏爱品质优良的衣服、无过滤嘴香烟和唇彩。这个群体的人非常看重品牌和质量，反而是品牌忠诚者，他们有很强的家庭导向。这样的地理人口细分为市场细分、精确估计需求、选择目标市场和形成促销创意提供了强大的工具。例如，联合利华公司的海伦-科蒂斯分部为营销其"丝华芙"（Suave）品牌洗发水，使用PRIZM来识别职业女性较为集中的街区。广告创意是"丝华芙"物美价廉，能让她们的头发"看起来非常棒"，职业女性对它的反应最好。巴诺书店把店面建在"财富与智慧"消费者较为集中的地方，因为他们买书比较多。

一家大型消费品公司使用类似的系统——GitLab公司的"分组升级"（Cluster Plus），结合尼尔森的电视评级和西蒙市场研究机构的数据，对一种蛋糕和饼干烘制配料进行更为有效的市场营销。公司首先要识别出符合条件的群体，即经常自己烘制食品的消费者。根据西蒙的数据，排名最高的群体是"很少搬家的农村家庭"，在这个群体中，39%的人经常自己烘制食品，这一比例比全国平均17%的比例高出很多。把排名前10的群体合并在一起，南部和中西部的年岁较大的、农村的和蓝领的消费者，成为最有潜力的顾客群体。

随后，根据尼尔森评级，公司考察了10个典型群体看电视的习惯。结果是自己烘制食品的人观看许多收视率很高的节目，也喜欢看一些不太受欢迎的节目。这家消费品公司只在自己烘制食品的人较为集中地收看节目时播放广告，不考虑观众总数的多少，从而提高了有效性。这样，"分组升级"—"西蒙"—"尼尔森"的链接，就使公司的电视广告产生了根本变化，其目标受众更为明确。

（2）工业品市场细分的标准。

工业品市场即生产资料市场，其细分标准中有些与消费品市场相同，但其受个人心理因素影响较小。根据工业品市场本身的特点，一般可按下列标准对其进行细分：

①按用户性质细分。一种工业品往往可用于多种行业，例如电机，几乎所有生产行业及某些商业部门都需要，但是各个行业如工厂用的、渔船用的和其他行业用的，对该产品又都有其特殊的要求。按用户性质细分，可使产品更符合目标市场用户的需求。

②按用户规模细分。以用户的资产和购买量的大小作为细分市场的标准。大户少，但购买量大；小户多，但购买量小。工业品市场的购买量集中在少数大企业，一般可采取直接销售和提供直接服务；对购买量小的众多用户，应采取间接销售途径，且要选择恰当的分销策略。

③按用户要求细分。按用户的要求一般可分为质量型、经济型和方便型三种。军用品买主最重视产品质量，要求产品质量绝对可靠，价格不是考虑的主要因素。工业品买主对质量有不同的要求，其往往还要求卖主提供更多的服务。商业用户除注意质量外，还重视价格和交货期。

④按用户的地理位置细分。每个国家（地区），通常都根据自然资源、气候情况、交通条件和历史传统，形成若干工业地区。这使工业品市场比消费品市场更为集中。按用户的地理位置细分市场的目的，是把目光放在用户集中的地区，这样就可以节省销售成本，节约运输费用。

【小思考3-2】

工业品市场细分标准与消费品市场细分标准有何不同？

答：工业品市场细分标准一般包括用户性质、用户规模、用户要求和用户地理位置。

3.2.3 国际市场细分的步骤

国际市场细分的步骤没有一个通用的标准，一般可归纳为下面几个基本步骤：

（1）决定粗略市场。针对产品所要进入的市场，运用已有的资料分析产品的属性、市场现有品牌数目和各品牌之间的消长情况；分析消费者的行为、对产品的偏好、使用方式和购买频率等；再配合企业的目标，了解市场的特性及其背后支配的因素。

（2）对影响消费者行为的各种因素进行深入研究，以取得更翔实的资料，进一步做细分和比较。

（3）发掘目标群体，选定目标市场。通过市场细分企业可以衡量每一个细分市场的经济性及其对企业的价值，继而针对目标市场制定可行的营销策略。

拓展阅读
3-1

【观念应用3-3】

佳洁士（Crest）牙膏细分市场的步骤

第一步：分析牙齿清洁剂的粗略市场。对于牙齿清洁剂来说，"凡是有牙齿的人都是它的市场",这是最粗略的市场。但"有牙齿的人"对牙齿清洁剂的需要和偏好各有不同,有的需要牙膏(如图3-2中的E项),有的需要牙粉(如图3-2中的D项),有的喜欢细盐,有的喜欢漱口水、牙签、口香糖等。

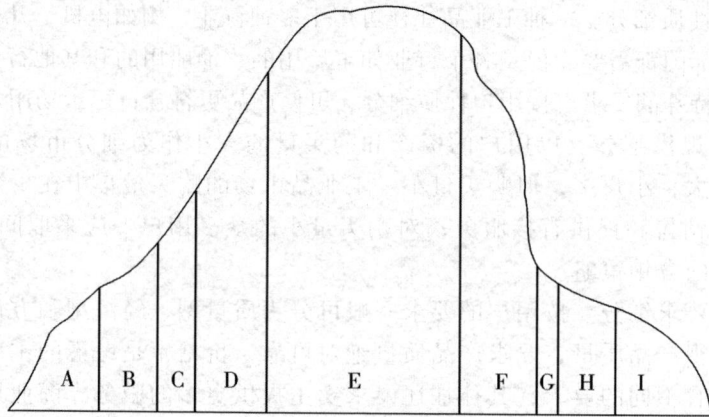

图3-2 牙齿清洁剂市场细分

第二步:在"有牙齿并需要牙膏"的细分市场中,依据消费者心目中对牙膏的利益诉求,再加以细分。经分析,图3-2中的E项可再分为A、B、C三个细分市场,如图3-3所示。

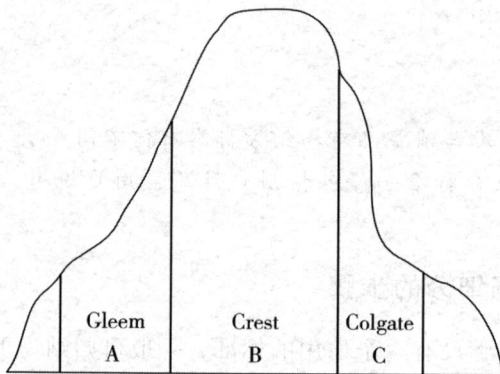

图3-3 牙膏市场细分

①"细分市场A"代表需要牙膏是为了卫生与保护牙齿,如以品牌表示,则以格利姆(Gleem)牌牙膏为典型。

②"细分市场C"代表需要牙膏是为了清新口气,在社交时受人欢迎,如以品牌表示,则以高露洁(Colgate)牌为典型。

③"细分市场B"是佳洁士感兴趣的,因为这个细分市场需要牙膏是为了减少蛀牙。

第三步:对"细分市场B"在使用程度上进行细分。再经分析,图3-4中B部分是"高度使用者",A与C部分是"边际使用者",即A部分目前虽然为了减少蛀牙而使用佳洁士牙膏,但已逐渐转向为长期保护牙齿而使用格利姆牙膏,C部分也已逐渐转向为避免口臭而使用高露洁牙膏。

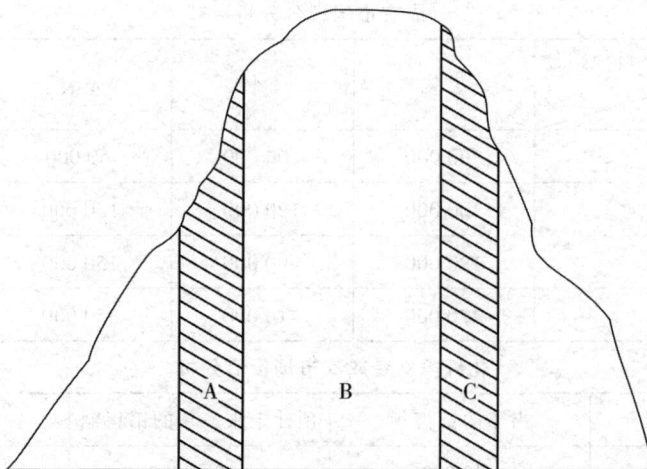

图3-4　选定细分市场

经过以上三步对牙膏市场细分之后，便可衡量出每一个细分市场的价值，继而适当运用公司资源拟定相应的市场策略。

拓展阅读
3-2

3.3 国际目标市场与产品定位

3.3.1 国际目标市场

国际市场细分的目的是实行目标市场销售。在国际市场细分的基础上，企业根据自身的人、财、物、产、供、销的条件，即根据本企业的相对优势选定自己的目标市场。国际市场细分和选择国际目标市场既有联系，又有区别。国际市场细分是按不同的消费者群划分的；选择国际目标市场则是企业确定某一个或某几个细分市场作为市场营销对象的决策，企业选择目标市场必须从经营价值角度对细分市场进行评价，以决定取舍。

1）评价细分市场，选择目标市场

评价细分市场，主要是评估它的经济价值。评价的标准是企业能在哪个市场上获得更多的未来收益。企业通过对各个细分市场的优势进行比较，从而选择最佳的目标市场。下面介绍一种比较有效的评价方法。

假设一家经营成衣的企业要选择目标市场。第一，它运用消费对象与成衣用料种类两个变量来细分市场。按消费对象划分，成衣产品包括男装、女装、童装3类；按成衣用料种类划分，成衣产品包括毛呢、化纤、全棉3类。因此，该企业面对的成衣市场可划分为9个细分市场，每个细分市场当年的销售实绩见表3-3。

第二，该企业从表3-3中抽出其中一个具体的细分市场进行分析，以判断其盈利能力。以化纤类女装为例，分别估计整个行业和本企业在该细分市场的销售额和下一年预计的销售额，再分别算出两者的年销售增长率和本企业在该细分市场所占的市场份额及其增长率（见表3-4）。

表3-3　　　　　　　　　　　　　　**成衣市场细分分析**　　　　　　　　　　单位：元

按成衣用料种类分 / 按消费对象分	男装	女装	童装	销售总额
毛呢	200 000	200 000	50 000	450 000
化纤	100 000	120 000	150 000	370 000
全棉	120 000	90 000	150 000	360 000
合计	420 000	410 000	350 000	1 180 000

表3-4　　　　　　　　　　**化纤类女装成衣市场价值分析**　　　　　　　金额单位：元

项目	当年的销售额	预计未来一年的销售额	年增长率
行业销售额	800 000	850 000	6%
企业销售额	120 000	138 000	15%
企业所占市场份额	15%	16%	7%

从表3-4可以看出该企业当年化纤类女装的销售额为120 000元，占行业销售额的15%，预计该市场的行业销售额下一年增长6%，而企业打算将其销售额提高15%。

第三，企业为实现上述销售预测，必须制订综合营销方案，见表3-5。

表3-5　　　　　　　　　　**化纤类女装成衣市场销售策略**　　　　　　　单位：元

推广手段 / 销售渠道	广告宣传	人员推销	公共关系	展销会
生产者				
批发商		10 000		
零售商		30 000		40 000

如表3-5所示，该企业采用"生产者—批发商—零售商"的销售渠道，并计划花10 000元从事对批发商的人员推销工作，花30 000元从事对零售商的人员推销活动，花10 000元举办以零售商为对象的展销会。

企业通过对每一个细分市场进行分析，能够有条理地、系统地看到每一个细分市场的情况和机会，然后把各细分市场的盈利潜力与企业的目标做比较，就可以评估出每一个细分市场的价值；再根据细分市场要有足够的需求量、企业有能力满足这个市场的需求、竞争者较少以及企业具有竞争优势等情况，选出企业的目标市场。

【观念应用3-4】

选择目标市场的三个步骤

市场细分是确定目标市场的基础。在市场细分的基础上，企业无论采取什么策略，也无论选择几个细分市场，所确定、选择的目标市场都必须具有最大潜力，能为自己带来最大利润。因此，在选择目标市场时，应该遵循以下三个原则：

　　第一，所选择的目标市场必须足够大或者正在扩大，以保证企业获得足够的经济效益。这是因为消费者的数量是企业利润的来源之一。美国的 Lee 牌牛仔裤始终把目标市场对准占人口比例较大的那部分在"婴儿潮"出生的消费者群体，从而成功地提高了品牌的市场占有率。在 20 世纪 60 和 70 年代，Lee 牌牛仔裤以 15～24 岁的小青年为目标市场。这个年龄段的人正是在"婴儿潮"出生的，在总人口中占有相当大的比例。到 80 年代初，昔日的小青年一代已经步入中青年阶段，而新一代小青年的人口数量远远少于昔日小青年。为了提高市场占有率，在 80 年代末，Lee 牌牛仔裤又将其目标对准 25～44 岁这个年龄段的消费者群体——仍是"婴儿潮"一代。为适应这一目标市场的变化，Lee 牌牛仔裤对原有产品略加改进，使适合中青年消费者的体形。结果，90 年代初，该品牌牛仔裤在中青年市场上的份额上升了 20%，销售量增长了 17%。

　　第二，所选择的目标市场是竞争对手尚未满足的，因而可以率先占领该市场。日本本田公司在进入美国汽车市场时，就遵循这一原则成功地选择了自己的目标市场。同奔驰、奥迪等高级轿车相比，本田汽车的销售价格较低，但技术含量不低，足以从竞争对手口中"争食"。然而，本田公司没有这样做。根据本田公司当时的预测，20 世纪 80 年代末 90 年代初，随着两人收入家庭的增多，年轻消费者可随意支配的收入将越来越多，购买高级轿车的年轻人也将越来越多。与其同数家公司争夺一个已被瓜分的市场，即一部分早就富裕起来并拥有高级轿车的中老年消费者市场，不如开辟一个尚未受到竞争对手重视因而可完全属于自己的市场，即刚刚和将要富裕起来的中青年消费者市场。

　　第三，所选择的目标消费者最有可能对本品牌提供的好处做出肯定反应。即使所选择的目标市场很大，但如果该市场的消费者对你的品牌不感兴趣，你也无法获利。例如，在 20 世纪 70 年代中期，德国宝马汽车在美国市场上将目标对准当时的高级轿车市场，但经过调查发现，该细分市场的消费者不但不喜欢甚至还嘲笑宝马汽车，说宝马汽车就像一个大箱子，车窗不能自动升降，也没有真皮座椅，同其他车简直无法媲美。显然，这个市场对宝马汽车的高超性能并无兴趣。于是，宝马公司决定将目标转向收入水平较高、有活力、注重驾驶感受的年轻人，向他们重点宣传宝马汽车的高超性能，因为他们更关心汽车的性能，更喜欢能够体现不同于父辈个性和价值观的汽车。结果，到 1978 年，宝马汽车的销售量达到了 3 万多辆，到 1986 年，已接近 10 万辆。然而，到 90 年代初，美国经济走向萧条，原来的目标消费者已经成熟，不再需要通过购买高价产品来表现自我，加上日本高级轿车以其物美价廉的优势打入美国市场，宝马汽车面临新的挑战。经过市场调查发现，消费者之所以喜欢宝马汽车，是因为它能给驾驶人一种与众不同的驾驶体验。消费者感到安全、自信，因为他们不仅可以操控汽车，还可以从宝马汽车身上得到如何提高驾驶技术的反馈。于是，宝马汽车又将目标对准下列三种人：认为驾驶技术高超的人应该驾驶好车的消费者；为了家庭成员的安全希望提高驾驶技术的消费者；希望以高超的驾驶技术体现个人成就的消费者。到 1992 年，尽管美国汽车市场陷入了萧条，宝马汽车的销量却比 1991 年提高了 27%。

　　资料来源　王新玲. 目标市场选择三部曲［EB/OL］.（2003-07-28）［2024-11-02］. http://http://www.emkt.com.cn/article/10/1060.html.

2）国际目标市场营销策略

国际目标市场的营销策略有下列三种：

（1）无差异性国际市场策略。企业仅推出一种产品，力图吸引国际目标市场上所有的购买者，这种策略被称为无差异性国际市场策略。这种策略强调推销对象的共性，漠视个性，把市场作为一个整体目标，不进行细分，如图3-5所示。

图3-5　无差异性国际市场策略

例如，美国的可口可乐公司，初期因拥有世界范围的专利，只生产一种外形包装、一种味道的汽水，甚至连广告词也只有一种。又如，我国的解放牌汽车，曾在很长时间内以一种类型、一种颜色、一个价格行销全国。

只要企业认为所有消费者对自己的产品有共同的需求，市场需要没有差异性，就可采取无差异性市场策略。这种策略的优点是有利于大规模生产，降低生产成本，节省储存、运输、广告及市场推广费用；缺点是忽视了个别市场的需要，不能满足不同消费者的需求，同时市场竞争也很激烈。

（2）差异性国际市场策略。企业推出各种产品，分别满足国际目标市场上各类消费者的需求，这种策略被称为差异性国际市场策略。近年来，越来越多的企业针对各个细分市场的特点，设计不同的产品，运用不同的营销手段，以满足不同消费者群体的需求，如图3-6所示。

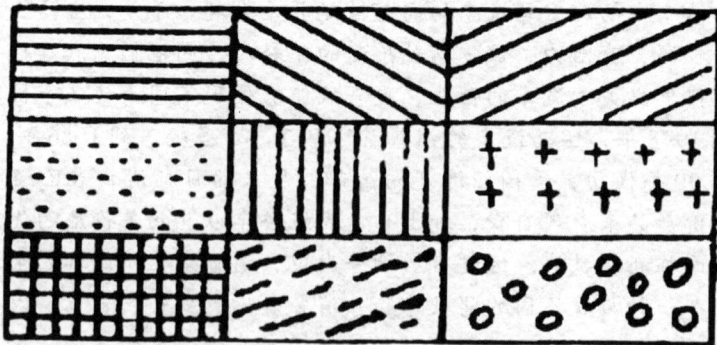

图3-6　差异性国际市场策略

例如，现在的可口可乐公司，生产几种不同味道的汽水，包装有大小之分，而且罐装、瓶装都有。

差异性国际市场策略的优点是能满足不同市场的需求，增加总销售量。缺点是各种费用会随之增加，生产成本加大，储存、运输、广告和市场推广费用都会增加。

（3）密集性国际市场策略。企业集中所有努力向一个国际目标市场或少数几个国际目标市场推销其产品，其余市场则都放弃掉，这种策略被称为密集性国际市场策略。无差异性国际市场策略与差异性国际市场策略都是以整个市场为目标的，而密集性国际市场策略只选择一个或少数几个市场为其经营目标，如图3-7所示。

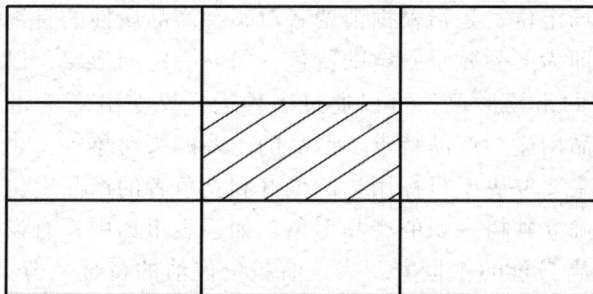

图3-7 密集性国际市场策略

例如，德国大众汽车公司实行密集性市场策略，其推出的小型"甲壳虫"车，以省油、经济、引擎优良而闻名，在世界小汽车市场上占有率很高。又如，美国嘉宝食品公司专门生产婴儿食品，对其他的食品市场则选择放弃。

这种策略的优点主要是：可以充分利用有限的资源，使生产专门化，节省市场营销费用，增加盈利，还可以提高产品和企业的知名度，迅速扩大市场。其缺点是过分专门化的风险比较大，如果目标市场情况发生变化，市场突然出现强有力的竞争对手，价格猛跌，购买者的兴趣转移，企业就会陷入困境。因此，应该尽量采取产品多元化的方针。

3）国际市场策略的选择

怎样选择上述国际市场策略，要视企业的各种因素和条件而定。现分别说明如下：

（1）企业的规模与实力。如果企业的资源有限，财力、物力不足，则最好采取密集性国际市场策略。如果企业资源雄厚，实力充足，则宜采取差异性国际市场策略。

（2）产品的差异性。根据产品的特性而采取不同的国际市场策略。差异性较小的产品，如米、盐等，宜采取无差异性国际市场策略。差异性大的产品，如照相机、家用电器等，宜采用差异性国际市场策略或密集性国际市场策略。

（3）市场的类似性。若顾客的需求、偏好及其他特点十分接近，亦即市场类似程度较高，可采取无差异性国际市场策略；反之，若市场差异程度高，则宜采取差异性国际市场策略或密集性国际市场策略。

（4）产品生命周期。当产品处在介绍期、成长期时，通常应该采用无差异性国际市场策略，以摸清潜在顾客的需求和探测市场需求。当产品进入成熟期或衰退期时，则需要采取差异性国际市场策略，以开拓新市场，或采取密集性国际市场策略，以延长产品生命周期。

（5）竞争者的市场策略。企业在选择国际市场策略时，也应根据竞争对手采取何种策略而定。如果企业强有力的竞争者采用无差异性国际市场策略，那么该企业采用差异性国际市场策略可能更好。重要的是要视竞争各方的情况和条件而定，不能一概而论。

3.3.2 国际产品市场定位

国际产品的市场定位，是指根据消费者对某种产品属性的重视程度，给产品确定一定的市场地位，即为产品赋予一定的特色，树立一定的形象，以满足消费者的某种需求和偏好。产品的市场形象，可以通过多种途径反映出来，如产品价格、产品质量、产品档次、产品用途、产品特点、产品的主要购买对象等。企业选定的特色或市场形象是否恰当，主要取决于目标用户的偏好和竞争者的产品定位方式。竞争者之间往往互有侧重，以确立独树一帜的产品形象。如手表市场中，有设计屡屡引领潮流的"卡地亚"，有代表高身价的"世家"表，有投资保值的黄金"劳力士"，有注重外形设计及价值形象的"欧米茄"，还有技术手段日新月异而款式多样的"精工"表，以及物超所值、质好耐用的"星辰"表，每种产品都各有其突出的形象。

国际产品市场定位的方法有很多，大体介绍如下：

1）国际产品产地定位

某些产品的质量和特点与产地有密切的关系，如香味醇正的"哥伦比亚咖啡豆"、晶莹剔透的"泰国香米"、享誉全球的"青岛啤酒"等。在品名中突出产品的产地，消费者一看便知产品的原产地。原产地盛产此种优质原料，出来的产品自然也就品质不凡，可以起到吸引购买者的作用。

2）国际产品类别定位

首先，产品类别定位要充分考虑商品的属性，如食品类与化工类不能混淆，要让消费者得到准确的信息而不是模棱两可或是错误的信息。比如，玩具枪就只能定位为儿童玩具，而不能定位为仿真手枪。其次，产品定位要充分注意同一产品不同种类之间的差别。比如"七喜"碳酸饮料推出时，就曾为如何定位大伤脑筋，因为当时软饮料市场已被"可口可乐"和"百事可乐"两大饮料瓜分殆尽。如何树立一种与众不同的形象呢？于是"七喜"以人们惧怕咖啡因的心态作为切入点，宣传它是一种不含咖啡因的饮料，产品定位十分成功，抢得了一定的市场份额。

3）国际产品特点定位

有些同类产品质量相当，各自的表达方式也很接近，如果要突出其与众不同的特点，就要动脑筋创造一种理由，让顾客选择你的产品。西班牙是世界旅游胜地，"阳光、海水、沙滩"是最丰富的旅游资源，因而其宣传口号是"阳光普照西班牙"，并用著名画家米罗的抽象画《太阳》作为旅游标志，使世界各国的游客，一见到"太阳"就想到西班牙。夏威夷也是著名的度假海岛，如果它也推出"阳光、海水、沙滩"的宣传口号，必然让游客难以选择，于是它别出心裁地提出"夏威夷是微笑的群岛"的广告口号，同时还印刷大量的招贴画，画面的背景是灿烂的阳光、连绵的沙滩、湛蓝的海水，而占据画面主要位置的是一位美丽、天真、笑容满面、颈戴花环的夏威夷少女。如此形象，不能不令人神往。

4）国际产品用途定位

不同的产品有不同的用途，相同的产品也会有不同的用途。比如，茶叶在很多饮用者眼中只是在淡而无味的白开水中添些清香味，但中国香港一茶叶公司相继推出"保健茶""减肥茶"等系列，使许多不喜欢喝茶的年轻人纷纷加入饮茶者之列，产品销路极佳。可见，从产品用途出发，开拓新用途，必然会令消费者耳目一新。

【小资料3-3】

美国某化妆品公司产品实验

美国一家化妆品公司曾经推出一种名叫"嫩春"的面霜，可以防治"青春痘"，并能使皮层组织冷缩。该面霜上市后，调查人员通过市场调查发现，80%的购买者是20岁左右的年轻女子，而其余20%是35岁到50岁的中老年妇女。为什么后者也喜欢这种面霜呢？原来，"嫩春"可以使面部皮层组织冷缩，她们便认为能减少皱纹。针对这一情况，公司果断采取放弃原先20%中老年妇女市场的销售策略，而强调"嫩春"面霜治疗"青春痘"的功效，以全力抓住年轻的女性消费者。这一措施使该面霜销路大畅，营业额迅速增加。美国纽约智威汤逊广告公司的董事长在谈到这件事时评价说："这是产品定位与广告目标相结合最成功的一例。"

5）国际产品使用时间定位

有一些商品如果不考虑消费者在什么时间使用它，往往会影响销路。因此，很多化妆品公司都把护肤霜分为日霜、晚霜等。一家中日合资的一次性卫生筷厂，因产品供过于求，一直未能打开销路。后来有人出谋划策，在筷子上刻上星期，星期一到星期日七双一包装，此举大获成功，不但在国内宾馆饭店登堂，还漂洋过海出口日本。可见，标新立异也可以以时间为突破口。

6）国际产品档次定位

每一类产品有高、中、低三档之分，厂商可以根据市场特点和产品性能，做出不同的产品定位。比如，派克笔是美国资历最老的品牌，在美国一直被认为是地位的象征，但派克笔一度想扩大产品线，把产品打入中、低档市场，于是推出中、低档价格的派克笔，不想此举大大损坏了派克笔的"贵族"形象，导致名声一落千丈。最后派克笔厂不得不重新回到高档笔市场上来，推出"派克金笔，总统用的笔"的口号，才使派克笔的声誉和销售又回到正轨上来。可见，产品档次定位也是颇具艺术性的。

【出海案例3-2】

中国礼品如何赢得国际市场

第125届广交会二期主要展出日用消费品、礼品、家居装饰品类产品。记者走访发现，设计独特、创意新颖，特别是融入了中国元素的礼品，受到许多国际采购商的青睐，企业不愁出口订单。

一些出口企业表示，面对当前复杂多变的国际经济形势，传统的劳动密集型企业想要继续生存下去，创新必不可少，同时要结合企业自身的实际情况进行转型升级，如此才能脱颖而出。

创新的同时注重文化底蕴

对于礼品行业来说，创造力往往就是一个企业的生命力。厦门市雅美工艺实业有限公司总经理高晓琳对记者表示，产品的研发设计投入占公司营业额的20%左右，"我们研发的产品包括高端陶瓷礼品、金属摆件等，属于艺术类的家居装饰品，产品附加值相对较高"。高晓琳介绍称，产品研发需要很多方面的投入，如开展市场调研、材料选取等。

1997年成立的大连达伦特工艺品有限公司主要生产蜡烛、工艺品、家居产品等，产品主要出口到一些有蜡烛和香氛消费文化的欧美国家、中东国家等。该公司市场总监蔡薇拿起一款新产品向记者展示说："今年我们的产品更多地融入了中国元素，比如在蜡烛器皿的选料上采用了特色鲜明的辽宁手工玻璃、广东陶瓷等材料，同时进行了国际化的时尚设计，将中国特色资源和公司设计创新的优势结合到一起。"

找准定位进行转型升级

在世界经济不景气的当下，如何实现自身发展是不少企业都在思考的问题，尤其是对于礼品、手工艺品这类劳动密集型产品而言，各种成本的上升使企业必须想方设法突出重围。

蔡薇告诉记者，起初达伦特生产基础款蜡烛，但在欧盟反倾销的重压下，公司不得不寻求新的出路。该公司分别于2007年和2009年在泰国和波兰建立了自己的工厂，并且经历了工业化、国际化以及管理升级的过程，如今已是一家具有22年历史的全球化公司。

"经过5年的探索，我们成功转型升级为以香氛产品为主的制造型企业。"蔡薇称，"过去10年里，公司出口额年均增幅基本保持在10%，预计未来还会继续增长。"

近年来市场发生了很大变化，企业从低价竞争进入到比拼设计创新、工艺创新的新阶段，开始经营高附加值、品质化的产品。

资料来源　毕若林. 中国礼品如何赢得国际市场［N］. 国际商报，2019-04-26（03）.

【小思考3-3】

试分别列举国际产品市场定位成功与失败的例子。

答：成功的如王老吉的"不上火"定位等，失败的如雅芳的UP2U等。

拓展阅读
3-3

本章小结

国际市场分析具有重要意义，同时，国际市场具有市场容量迅速扩大、构成复杂、垄断性加强、竞争激烈以及商品结构有明显改变等特点。国际市场细分的标准主要分为两大类：一类是宏观细分标准，包括地理标准、经济标准、文化标准和组合标准；另一类是微观细分标准，包括地理、人口、心理等标准。国际市场细分的步骤包括决定粗略市场，进行细分和比较，以及发掘目标群体、选定目标市场。国际目标市场营销策略包括无差异性国际市场策略、差异性国际市场策略、密集性国际市场策略，在选择市场策略时要考虑企业规模与实力、市场类似性、产品差异性、产品生命周期以及竞争者市场策略。国际产品市场定位方法包括产地定位、类别定位、特点定位、用途定位、使用时间定位以及档次定位。

主要概念和观念

□ **主要概念**

国际市场 国际市场细分 宏观细分 微观细分 国际目标市场 国际产品市场定位

□ **主要观念**

国际市场细分决策 国际目标市场选择及营销决策 国际产品定位决策

基本训练

□ **知识题**

3.1 阅读理解

1）什么是国际市场？进行国际市场分析有何重要意义？

2）国际市场与境内市场相比有何特点？

3）什么是国际市场细分？有何作用？如何进行细分？

4）如何选择国际目标市场？可以使用哪几种营销策略？

5）国际产品市场定位有哪些类型？

3.2 知识应用

1）选择题

（1）国际市场与境内市场相比（   ）。

A.市场容量更大 　　　　　　　　B.竞争更激烈

C.更复杂 　　　　　　　　　　　D.垄断性加强

（2）国际市场细分的两大标准包括（   ）。

A.地理因素 　　　　　　　　　　B.宏观因素

C.文化因素 　　　　　　　　　　D.微观因素

（3）国际市场营销策略包括（   ）。

A.无差异性营销策略 　　　　　　B.差异性营销策略

C.密集性营销策略 　　　　　　　D.标准营销策略

（4）进行国际市场营销策略选择时要考虑（   ）。

A.市场类似性 　　　　　　　　　B.产品差异性

C.企业规模 　　　　　　　　　　D.竞争者的策略

（5）国际产品市场定位的方法包括（   ）。

A.产品特色定位 　　　　　　　　B.模糊定位

C.产品档次定位 　　　　　　　　D.产品特点定位

2）判断题

（1）国际市场比境内市场更复杂、更难把握。　　　　　　　　（　　）

（2）国际市场宏观细分标准包括文化标准、地理标准、经济标准、人口标准以及组合标准。　　　　　　　　　　　　　　　　　　　　　　　　　（　　）

（3）宝洁公司在全球市场上使用的是密集性营销策略。　　　　（　　）

（4）国际产品的市场定位是指产品在国际市场上的位置。　　　（　　）

□ 技能题

3.1　规则复习

1）国际市场细分的标准

国际市场细分的标准主要分为两大类：一类是宏观细分标准，包括地理标准、经济标准、文化标准和组合标准；另一类是微观细分标准，对消费品市场进行细分有地理环境、人口状况、心理等标准，对工业品市场进行细分有地理环境、用户性质、用户规模和用户要求四大标准。

2）目标市场营销策略

目标市场营销策略包括无差异性市场策略、差异性市场策略、密集性市场策略，在选择市场策略时要考虑企业规模实力、市场类似性、产品差异性、产品生命周期以及竞争者市场策略。

3）国际产品市场定位决策

国际产品市场定位包括产地定位、类别定位、特点定位、用途定位、使用时间定位以及档次定位。

3.2　操作练习

1）实务题

用两三个例子分析说明：

（1）我国企业如何进行国际市场的细分与产品定位？对比分析成功与失败的例子，找出其成功与失败的原因。

（2）跨国企业是如何细分国际市场的？在各个目标市场上的产品定位是否一致？有何优缺点？

2）综合题

如果你是国内某服装企业的负责人，有意进军国际市场，应如何进行国际市场分析与细分？如何选择目标市场和进行产品定位？搜集国内服装企业相关资料以及国际市场的状况进行说明。

□ 能力题

案例分析

福耀玻璃全球市占率逆市提升

2020—2022年，受新冠疫情、汽车芯片短缺、逆全球化、地缘政治冲突等因素的影响，全球车市产销整体处于震荡的下行周期。根据世界汽车制造商协会（OICA）的数据，受新冠疫情影响，2020年全球汽车产量为7 762万辆，比2019年减少15%，2021年汽车产量略有恢复，达到8 014万辆，但受芯片短缺影响，比2019年下滑

12%。2022年上半年欧美两大车市受俄乌冲突、经济通胀、供应链瓶颈等因素影响，汽车消费表现低迷，出现不同程度下滑。欧洲汽车制造商协会（ACEA）的数据显示，2022年上半年，欧盟新车销量同比下降14%，而美国乘用车销量仅为684.1万，同比下滑18%。

福耀玻璃在震荡的全球车市中真正做到了稳健经营，而且得益于海外业务的持续扩张，福耀汽车玻璃市占率不断提升。2021年，福耀汽车玻璃营收同比增长近20%，超越旭硝子成为世界第一，同时汽车玻璃出货量恢复至疫情前水平，其中福耀美国公司营收达39亿元，同比增长19.7%，海外业务快速恢复。2022年上半年，福耀汽车玻璃营收达117亿元，同比增长13%，主要是天幕玻璃、调光玻璃、HUD显示玻璃等高附加值玻璃放量以及海外业务的逆势增长所致，其中福耀美国公司营收达22.3亿元，同比增长16%。

过去10年是福耀玻璃海外扩张的10年，其战略路线是就近配套和浮法玻璃-汽车玻璃产业链协同，同时注重研产一体化布局。全球汽车产销市场以中国、北美、欧洲三大地区为主，汽车玻璃因运输成本较高往往集中于整车生产基地附近。在产业链协同方面，浮法原片是汽车玻璃生产最重要的原材料，在国内，福耀在10余个省（自治区、直辖市）共建设了12个汽车玻璃生产基地，其中4处同时建设浮法玻璃生产基地，便于原材料供给。在北美，福耀于2014年收购美国PPG公司Mt. Zion工厂的两条浮法玻璃生产线，并将其升级改造为汽车优质浮法玻璃生产线，其俄亥俄州汽车玻璃生产基地于2016年投产，形成了北美浮法玻璃-汽车玻璃产业链协同。在欧洲，福耀以俄罗斯作为汽车玻璃工厂的桥头堡，其卡卢加州汽车玻璃工厂于2013年投产。随着福耀玻璃在欧洲市占率的提高，在欧洲建设浮法玻璃-汽车玻璃协同生产基地将提上日程。在研产结合方面，福耀在中国、美国、德国共设有7处研发中心，基本覆盖了主要市场，研产一体化的布局有利于及时捕捉不同区域市场机遇，因地制宜。

福耀专注于汽车玻璃，其汽车玻璃业务收入占比稳定维持在90%以上，汽车玻璃盈利能力远高于旭硝子、板硝子等竞争对手。同时，福耀注重研发，研发投入维持在行业高位，2021年研发费用达9.97亿元，再创新高。福耀的高研发投入使得其创新能力不断增强，不断改善和推出各类功能化、智能化的玻璃，竞争优势不断增强。这也是福耀汽车玻璃业务跃居全球第一并继续保持稳健增长的底气所在。

在舒适、美观、隐私、技术等因素的驱动下，全景天幕进入消费者视野。福耀敏锐捕捉市场机遇，积极布局全景天幕赛道，利用研发优势，快速突破全景天幕成型、安全和防晒三大痛点，以国际领先的技术主导市场。蔚来EC6、零跑S01、长安UNIT、吉利星瑞、吉利CON、几何C等6款量产车型，以及特斯拉、极氪、广汽AION系列等新能源主流品牌，均搭载了福耀天幕玻璃。目前福耀天幕玻璃营收正在快速增长。

伴随着技术进步和消费升级，2022年天幕玻璃行业迎来细分赛道，针对隐私性、美感和节能环保的诉求，分别衍生出光感天幕、氛围灯天幕和太阳能天幕。其中，光感天幕的推广速度最快，渗透率最高。福耀积极布局光感天幕，已供货于多款主流车型，如岚图FREE、极氪001、广汽AION S Plus等。福耀智能调光玻璃集成技术成熟，可以实现大规模量产，包括一键调光产品和较为复杂的渐变调光玻璃产品。在研发方面，2021年6月，福耀与京东方签署战略合作协议，双方将结合各自产业资源和技术优势，在汽车调光玻璃和车窗显示等领域进行战略合作，加速福耀玻璃智能化布局。福耀成功将镀膜隔热、智能调光、LOW-E隔热三大技术集成于超大玻璃天幕上，推出"福耀智能全景天幕"，在实现超大视野享受与极佳采光效果的同时，还能调节光线透过，防晒隔热，减少车辆空调使用能耗，并具备隐私保护的效果，为智能座舱的发展做出了贡献。

对于安全驾驶的需求催生了抬头显示（Head-Up Display，HUD）玻璃。相比于普通前挡风玻璃，HUD玻璃内部的PVB膜被设计成楔形状，利用光学反射原理，将驾驶速度、导航信息等投影至驾驶员正前方，有效减少驾驶员的低头频率和反应时间。支撑HUD市场增长的是背后技术的快速迭代。目前，HUD玻璃正在从高配向低配下探，从选配到标配，从合资品牌到自主品牌，渗透率不断提升。福耀已为红旗EHS9、长城WEY、摩卡等提供AR-HUD显示玻璃。随着哈弗、大众ID等代表车型逐渐应用W-HUD或AR-HUD，未来5年福耀HUD玻璃预期会迎来较大增长。

汽车网联化是未来发展趋势，福耀积极布局智能玻璃天线。随着新一代通信技术的发展，人、车、路、服务平台等各方建立的车联网已经渗透到交通运输的方方面面。汽车玻璃具有透明、大面积、无信号屏蔽等特性，成为车辆进行数据传输的重要载体和窗口。2020年，福耀独家首次推出"前装RFID解决方案"和"前装ETC解决方案"，让车辆在快速移动的同时，与外界进行稳定、高质量的通信交互，为参与智慧交通提供技术支持。2020年7月，福耀与北斗智联签订战略合作协议，双方将共同致力于北斗全球卫星导航系统（GNSS）高精度定位与通信多模智能天线、汽车玻璃融合的解决方案创新开发与产品化，推动汽车智能网联化相关技术的商业应用。2022年1月，福耀前装ETC解决方案通过中汽研公告认证测试，正式进入可量产阶段，未来将成为福耀开拓新市场的增长点。

在美观、轻量化、高硬度、可回收等优势的驱动下，预计汽车铝饰条产业将会迎来蓬勃发展。福耀于2015年进入汽车铝饰条业务，在国内先后收购三锋饰件、成立通辽精铝，在国外以FYSAM为主导布局全球铝饰条产业。铝饰条业务强化了汽车玻璃的模块化集成能力，能与汽车玻璃形成协同效应，福耀的综合竞争力将进一步增强。在产能方面，随着国内6条生产线布局以及国外"2+1"工厂整合落地，预计未来福耀铝饰条业务将会大规模放量。

资料来源 李恒光，史久杰. 福耀玻璃研究报告：全球市占率逆市提升，高附加值汽玻加速兑现［EB/OL］.（2022-09-27）［2024-11-02］. https://www.glacn.cn/news/show.php？itemid=16835.

问题：

1）福耀玻璃的市场细分使用了哪几种细分标准？形成了哪些细分市场？

2）福耀玻璃应如何选择目标市场？

3）你认为福耀玻璃的目标市场营销策略运用得如何？还有哪些需要改进的地方？

4）就某外国汽车玻璃品牌对汽车玻璃的需求与要求进行网上调研和比较。

第 **4** 章

国际市场营销调研

学习目标 ○

通过本章学习，你应该达到以下目标：

知识目标：掌握国际市场营销调研的概念和分类；理解国际市场营销调研与境内市场营销调研的区别；了解国际市场营销决策中的信息需求；了解国际市场营销调研过程；了解国际二手数据的收集。

技能目标：学会国际环境下营销调研问题的确定；掌握国际环境下营销调研的设计，具体包括原始资料的收集方法设计、测量方法开发、问卷设计和抽样设计。

能力目标：培养针对国际企业所面临的特定营销决策问题为其设计相应营销调研方案的能力。

价值引领 ○

国际市场营销调研对于企业认识和把握国际市场环境有着重要的作用和意义。近年来，外部环境更趋复杂、严峻和不确定，美国霸权主义挑起贸易战并遏制中国高科技产业发展，世界经济持续增长动力不足，俄乌冲突引起地区动荡，全球疫情使境外企业人员流动受阻、汇率变动，企业面临政治、经济、安全等各类风险。在这种情况下，我国企业在开拓国际市场时必须充分进行国际市场调查与分析，收集海外目标市场的一手数据和二手数据，为制订和实施市场营销计划提供可靠支撑。

国际市场营销调研也能帮助企业识别和抓住市场机会。尽管全球市场面临挑战，但正如党中央指出的那样，时代的主题仍然是和平与发展，经济的走势仍然是全球化与合作。国际格局发展态势对我国总体有利，世界各国经济不同程度复苏，共建"一带一路"不断深化，多边双边互利共赢始终是主旋律。全球新兴领域如绿色经济、数字经济等方兴未艾，我国企业在国际市场上配置资源的能力不断增强。企业运用市场调研工具和方法，能有效地发现和掌握不同国家市场的机会。

引例 @　　　　　　　　**缺少市场调研，国际营销失策**

芭比娃娃在全球有着极高的知名度。为了实现全球化增长，美泰公司将芭比娃娃重新包装，对娃娃的外表添加更具民族特色的修饰，比如给芭比娃娃穿上体现各国文化特色的服饰，这一营销策略让美泰公司在许多国家的市场上获得了成功，让芭比娃娃赢得了当地小女孩的喜爱。然而，这样的策略却没能俘获印度年轻女性消费者的心。美泰公司此后不再积极地在印度推广芭比娃娃，而是主要销售中性产品，比如桌游。美泰公司的全球营销计划中哪一部分没能赢得印度小女孩的心？为什么印度家庭拒绝把芭比娃娃当作适合女儿的玩具？简单地说，芭比娃娃在印度的失败是因为对玩具的修饰忽视了印度的文化规范。1991年，印度实施对外贸易政策改革，推行经济自由化，给了美泰公司在印度建立零售帝国的机会。然而，仅有便利的贸易政策并不能保证在海外取得商业成功。进入外国市场的跨国公司还必须遵守当地的文化规范，芭比娃娃穿着暴露且长着一副典型的欧美女孩面孔，即使穿着印度服饰也没有达到受印度普通大众欢迎的程度。尽管印度的贸易改革有利于芭比娃娃进入印度市场销售，但体现在印度"不成文法律"中的文化规范不允许美泰公司将芭比娃娃的性别和种族中心主义价值观向印度女性儿童出售。芭比娃娃未能在印度流行，说明了一个重要的教训：如果跨国公司在市场调研时忽视了东道国的文化意识形态，则会产生不利的后果。

资料来源　李威，王大超. 国际市场营销学［M］. 4版. 北京：机械工业出版社，2020.

任何企业要想成功地开展国际市场营销，都必须首先通过国际市场调研了解当地的市场背景和消费者的需求，否则必将导致营销策略的偏差和市场销售的失败。引例以及其他大量的例子都充分说明了这一点。

4.1 国际市场营销调研概述

4.1.1 国际市场营销调研的概念和分类

美国市场营销协会把市场营销调研定义为"通过信息把组织及其市场连接起来的职能"。这些信息用于界定和定义市场营销机会及问题，组织、改进和评估营销活动，控制市场营销绩效，改进人们对营销过程的理解。营销调研详细提供解决这些问题所需要的信息，设计收集信息的方法，管理并实施数据采集过程，分析结果，最后沟通所得信息并理解其意义。以上美国市场营销协会的定义深刻地揭示了市场营销调研的本质及所涉及的基本活动。国际市场营销调研同样具有上述本质并涉及上述基本活动，但由于在海外进行市场营销调研时将面临不同的环境和更加复杂的营销决策问题，因此国际市场营销调研比境内市场营销调研更加复杂、困难，呈现其特殊的一面。本章将在市场营销调研的一般原理和过程框架下详细讨论国际市场营销调研所面临的特殊问题，这里首先明确国际市场营销调研的概念。国际市场营销调研是指从事国际市场营销活动的企业，针对企业所面临的国际市场营销决策问题，结合企业营销战略规划，采用科学的方法，系统地收集、整理、分析国际市场信息，为营销管理者制定、评估和改进国际市场营销决策提供依据。

国际市场营销调研包括单一国家（地区）调研和更细致、更复杂的多国（地区）调研，具体可分为以下四种类型：

1）单一国家（地区）调研

在国际市场营销中，企业在许多情况下会产生这样的需要，即在单个境外市场上实施调研活动以促进营销策略的制定和落实。典型地，当一个以本国或本地区为基础的营销人员想要知道在国内市场环境下发挥较好作用的市场营销策略在另一国（地区）市场是否也适用时，这个需要就产生了。如果该目标国（地区）市场具有某些特性，需要对营销组合策略进行调整以更好地满足当地消费者的需求，那么调研就有助于这种策略的确定。

【出海案例4-1】

传音手机在非洲的成功营销

传音手机之所以在非洲市场取得成功，是因为充分考虑了非洲消费者的需求，直击消费"痛点"，专注做起了专属于非洲市场的"定制产品"。

第一，推出多卡多待手机，成功打开非洲市场。传音手机刚进入非洲的时候，非洲市场只有单卡手机，因为非洲通信运营商众多，跨网通信的资费高昂，当地人一般都拥有多张电话卡，但消费能力有限，只能负担起一部手机。他们需要用哪个通信商的网络时，通常在同一部手机上换上对应的电话卡。传音看准双卡双待手机在非洲市场上的空白，推出了 Tecno T780 手机，这是非洲第一款双卡双待手机。毫不意外，此款手机随后风靡尼日利亚，为传音打开了非洲市场。2008 年传音推出了史上第一款四卡四待的"高精尖"手机 4Runner，极大满足了非洲消费者的需求。

第二，开发适合黑人的拍照功能。当前全球主流手机的拍照功能都是基于肤色较淡的人种设定的，黑色人种用手机自拍时，很多时候都无法对焦拍出清晰的照片。为此，传音大量搜集并研究了上万张非洲人的照片，针对非洲人的肤色开发出"四像合成"成像技术，用牙齿和眼睛来定位脸部，在此基础上加强曝光，将每张自拍照的亮度提升 30%，从而能够在暗光环境中识别出深肤色用户的脸庞，拍出一张清晰且高质量的照片，解决了非洲用户在拍照方面的难题。在此基础上，传音手机还特别为黑色皮肤推出了美颜和滤镜功能，吸引了众多的非洲消费者。

第三，超长手机续航。在非洲多个国家，政府为了在高峰时段储存电力，时常限电关闸，导致人们常常数小时无法给手机充电。在有些地区，人们甚至要到 30 千米外的地方付费给手机充电。针对非洲地区经常断电、给手机充电存在刚需的情况，传音推出了有超长续航（一个月）电池的手机，为非洲用户节省了时间和费用，深受非洲人喜爱。

第四，推出各种能够迎合非洲消费者的手机功能。根据非洲人能歌善舞的特点，传音在一些产品上提供了大音量的扬声器；非洲气候干燥，很多地方灰尘很大，传音推出了防灰尘的显示屏；传音手机还支持阿姆哈拉语、豪萨语和斯瓦希里语等多种非洲本地语言，通过当地语言设置，进一步优化用户体验。

资料来源 赵青松，李宜逊. 传音手机开拓非洲市场的成功经验及其借鉴 [J]. 江苏商论，2020（01）：20-23.

传音在非洲市场的成功营销正是通过实施单一国家（地区）调研并据此采取有针对性的营销策略而实现的。

2）独立的多国（地区）调研

这是国际市场营销调研中最普遍的一种形式。独立的多国（地区）调研指跨国公司的分支机构或办事处在多个国家（地区）针对同一种产品独立地实施类似的调研活动。例如，某跨国公司的各分支机构在所在国家（地区）各自独立地对由总公司开发的一种新产品进行市场测试，或各自独立地调查公司的某一国际品牌在当地市场的认知度。独立的多国（地区）调研的主要缺点是：①经常会导致重复（如调查问卷等），所以效率较低；②由于研究是分别进行的，在不同国家（地区）的结果之间进行比较就可能存在问题。

尽管存在这些缺点，但这种独立的多国（地区）调研仍然颇受欢迎，在大的跨国公司中也是如此。设立国际市场营销调研的负责人或协调人有助于在分支机构的运作中形成紧凑的调研计划。同时，负责人或协调人的存在还能够确保市场调研经费被合理地支配使用。此外，如果负责人或协调人能够创造或鼓励形成一种调研文化和所涉及国家（地区）的同事能够共享的调研指南，那么所得到的调研结果在相当大的程度上也会具有可比性。

3）连续的多国（地区）调研

连续的多国（地区）调研指在几个国家（地区）连续地进行调研。当跨国企业的产品在不同国家（地区）间进行循环推广时，采用这种方法最合适。连续调研的优点在于，在进行调研的前一两个市场中得到的经验和教训可以在后续其他国家（地区）进行调研时吸取。这一过程通常在以下方面是有价值的：

（1）明确所涉及的调查对象的限制。

（2）确保在较早进行调研的国家（地区）中出现的操作性问题，在其他国家（地区）能够较容易地避免。

（3）确保在较早进行的调研中一些重要的发现能够对后面的调研重点产生影响。

（4）在较长时期内分摊调研的成本。

4）同时进行的多国（地区）调研

同时进行的多国（地区）调研是指在许多国家（地区）同时进行的调研活动，是国际市场营销调研活动中最复杂的一种形式。开展调研的工作人员的能力将在同时进行的多国（地区）调研中面临最强的考验，并且调研所产生的可比性问题也最为突出。本章后面的讨论将以这种国际调研形式为主，因为其他形式的国际调研活动所遇到的问题在这种形式中也会遇到。

4.1.2　国际市场营销调研与境内市场营销调研的区别

从市场调研的基本原理、过程及所需要的技术和方法来看，国际市场营销调研与境内市场营销调研并无本质上的区别。二者的不同主要在于：国际市场营销调研要涉及由于政治、法律、经济、社会和文化方面的差异而产生的影响国际市场营销调研设计的差异性问题，以及由这些差异性问题导致的对不同国家（地区）调研结果的比较问题。

1）影响国际市场营销调研设计的差异性问题

国（地区）与国（地区）之间存在环境差异从而导致可能影响国际市场营销调研设计的差异性问题主要有以下五种：

（1）概念差异性。概念差异性指不同国家（地区）或文化背景的消费者对同一对象或刺激物可能会产生不同的理解，甚至根本无法理解，因为某一国家（地区）可能根本不存在这一刺激物。例如，20世纪60年代当西方国家已普遍接受现代营销观念时，我国绝大部分消费者可能还从未听说过"营销"一词。

（2）功能差异性。功能差异性指某一既定的概念或行为在不同国家（地区）有不同的目的或功用。例如，同样是采购食品，在美国被认为是琐事，人们尽可能以高效率的方式完成，而在许多国家（地区），如法国，则可能是日常社交活动的一部分。

（3）类别差异性。类别差异性指不同国家（地区）对事物有不同归类。例如，直到2011年俄罗斯才把啤酒归为酒精饮料，在此之前，任何酒精含量低于10%的饮料在俄罗斯都被视为软饮料。又如，甜点在西餐中是正餐的一部分，而在中餐中则不是。

（4）语言差异性。不同国家（地区）使用的语言不一样，这可能导致对测量工具进行翻译时出现偏差。例如，在日语中，"床"有地板的意思，而"床屋"指的是理发店，与汉语中的词义不同。

（5）度量单位差异性。不同国家（地区）在度量货币、重量、距离等的时候，习惯采用的单位体系不同。例如，有的国家习惯用磅或吨表示重量，而有的国家则习惯用千克。

正是由于存在以上五种差异性问题，企业在进行国际市场营销调研设计时必须根据调研目标国的社会和文化环境进行调整。这种调整可能涉及许多方面，如原始资料收集方法的选择、量表开发、问卷设计和抽样设计等。否则，企业可能收集不到所需要的信息，从而达不到调研目的，甚至得出错误的结论。

【小资料 4-1】

提出正确的问题

市场市场营销调研领域的国际知名学术期刊 *Journal of Marketing Research*（《市场营销研究杂志》）曾发表一项研究成果，该研究表明不同文化背景的人在处理同一问题时，具有不同的响应形式。响应形式是指受访者根据某些标准对调查问卷中的题项做出系统回应的倾向。常见的响应形式如下：

①默许：无论内容如何，都会采取赞同题项的态度倾向。

②不默许：无论内容如何，都会采取不赞同题项的态度倾向。

③过激反应：无论内容如何，认同最严重应答类别的态度倾向。

④应答范围：围绕平均反应采用窄或宽范围应答分类的态度倾向。

⑤中点：无论内容如何，都使用中等类别的态度倾向。

⑥非有条件：粗心、随意或无目的地作答的态度倾向。

不同的受访者对同一问题采取何种响应形式，往往取决于他的文化背景。例如，在面对关于产品的问题调查时，亚洲人通常非常有礼貌，倾向于避免针对产品做出否定表态。对此，研究人员往往需要采用"是或否"这样的偶数度量式问题来获得客观回答，同时还需考虑是否使用奇数度量式的问题，从而使受访者选择中性的回答，以便更有可能得出真实的观点。

再如，人们通常会对语言逻辑很敏感。英语语言人口使用"是"和"否"的方式与非英语语言人口有所不同。英语语言人口作肯定回答时会用"是"，作否定回答时会用"否"；在非英语语言人口中，"是"和"否"与一个人所提问题的语气是肯定还是否定相关。"你不喜欢它吗？"不喜欢该物品的美国人或英国人一般会说"不"，但非英语语言人口则有可能会说"是的"来表明对此问题的赞同。对于非英语语言人口而言，"是的，我不喜欢它"的表述是完全符合逻辑的。因此，以简单、肯定的语句表述问题是不错的想法，要尽量避免使用带有否定语气的问题。

资料来源　翁克维斯特，萧. 国际营销学［M］. 邵建红，王凯，译. 5版. 北京：清华大学出版社，2013：249-250.

2）调研结果的比较问题

在国际市场营销中，企业经常会面临如下决策问题：哪个国家（地区）的机会最好？怎样在各个国家（地区）之间分配营销预算？产品、包装或广告在不同国家（地区）应有多大程度的不同……要回答这些问题，就必须对所涉及国家（地区）之间的市场状况进行有效的比较，而这正是多国（地区）调研的主要目标之一，即依据调研得到的数据进行比较，发现不同国家（地区）之间客观存在的相同之处和差异之处。

如果在多国（地区）调研中，我们采用标准完全一致的调查方法（境内或单一国家（地区）的市场营销调研正是如此），对调查质量加以严格控制，那么从理论上讲，多国（地区）调研的结果就应该反映不同国家（地区）之间真实存在的相同和差异之处。但是，我们在前面已经提到，国际市场营销调研是在不同文化背景下开展的，调查方法必须适应调研所在国（地区）的文化，也就是说，在通常情况下多国（地区）调研应在不同国家（地区）分别采用不同的调查方法。这就产生了数据的可比性问题。要使多国（地区）调研结果能够反映不同国家（地区）之间真实存在的差异，就必须实现数据的可比性。

由此可见，在国际市场营销调研中，存在调查方法的适应性要求和数据的可比性要求之间的矛盾。解决这一矛盾的方法是为不同国家（地区）的数据收集过程的各个方面建立等价性。也就是说，为适应当地文化，调查方法可以不一致，但必须是等价的。这种等价性需要包括四个方面，分别是结构等价、测量等价、抽样等价和分析等价。关于等价性的问题，将在本章第二节相关内容中分别加以讨论。

拓展阅读
4-1

【观念应用4-1】

数据的可比性

文化对跨国研究的一个重要的影响在于不同国家（地区）的人们回答调查问题和

使用问卷量表的方式不同。在一个严格控制的实验中，顾客调研公司（Customer Research Inc.，CRI）探索了不同类型量表在新产品研究中的使用情况。结果发现，应答者对同一调查量表的使用在国（地区）与国（地区）之间有着极大的差异。例如，菲律宾和意大利的应答者在购买意愿量表中选择"最可能"选项的概率是中国香港地区和日本的应答者的3倍以上。

这些差异很明显是由文化造成的，而不是经济水平。日本和美国这两个发达国家的人们在这些测量之中表现出的差异极为明显。企业对这些差异必须做出解释并在进行跨国研究时予以考虑。在CRI一项跨越18个国家（地区）的实验中，我们发现应答者在购买意愿量表中选择"最可能"选项的指数（平均=100）存在差异。

购买意愿指数举例：

菲律宾	215
意大利	177
美国	123
英国	92
瑞典	54
中国香港	46
日本	46

不过，文化差异在量表使用上产生的影响更加复杂：不同量表在不同国家（地区）的使用都存在巨大的差异。我们可以通过比较下面的例子和前面关于购买意愿的例子来说明。与使用购买意愿量表相比，意大利在使用独特性量表时较为保守一些，而英国则激进得多。

独特性指数举例（平均=100）

菲律宾	179
意大利	100
美国	163
英国	154
瑞典	96
中国香港	58
日本	38

这说明在调整国（地区）与国（地区）之间的差异时没有一个单一的简单方法。它要求调研者具备跨国调研的经验，而且对每一份量表如何在每个国家（地区）使用有透彻的理解。

资料来源 布朗，苏特，丘吉尔，等. 营销调研基础 [M]. 景奉杰，杨艳，译. 8版. 北京：中国人民大学出版社，2019.

4.1.3 国际市场营销决策中的信息需求

在国际市场营销中，企业面临的决策可以粗略地分为两大类：战略性决策和策略性决策。这两类决策在信息的需求和获取方法上有很大差异。战略性决策通常与目标国际市场选择、国际市场进入方式、国际市场扩张战略，以及是采用全球标准化的营销组合战略还是根据当地情况加以修改的本土化战略等有关。策略性决策关注的是微观层次的实施问题，即企业应在各国（地区）市场和各个产品市场上采取什么样的营销组合策略。例如，在某个特定文化中哪类广告文案最有效。

【小资料 4-2】

亚马逊：通过市场调研和分析来维持竞争优势

"分析"可以理解为是从数据（包括市场调研数据）中提取有用信息的算法。亚马逊是通过在内部流程中使用数据分析技术而维持优势的典型企业。2006 年亚马逊推出 Amazon Web Services（AWS），为其他公司提供专业云计算服务。

亚马逊创始人兼首席执行官杰夫·贝佐斯是工程师出身，这可能解释了为什么亚马逊会是一家率先使用调查法和实验法进行不断创新的数据驱动型公司。分析人员显然获得了首席执行官的特别支持，而且贝佐斯带头创建了亚马逊的商业模式。他的战略是通过实验、数据收集和分析来持续支持创新。可以说，亚马逊的算法和数据分析能力是其最重要的战略资产，它的货仓和供应商都因此获益。例如，AWS 能提供一个叫作亚马逊移动应用程序（App）分析的算法集合。App 开发商使用这一算法集合可以测量 App 的使用、收益、用户保留等数据，从而做出有利于提高 App 的参与度和盈利的决策。

资料来源　霍伦森. 国际市场营销学［M］. 8 版·英文版. 北京：清华大学出版社，2021.

1）战略性决策中的信息需求

（1）国际目标市场选择决策中的信息需求。

当企业考虑国际化经营时，首先要面临的决策是进入哪些国际市场。这就需要对各国（地区）市场的基本情况进行评价。进行评价需要的信息主要包括：

①市场潜力：目前的市场规模和将来的发展趋势。

②市场竞争情况：竞争对手有哪些，分别来自哪个国家（地区）；竞争者各自的营销策略、优势、劣势；竞争者的市场份额。

③目标市场所在国家（地区）的营销环境：政治环境、经济环境、法律环境和人文环境等。

一般来说，企业通过境内外的公开资料能够获得以上信息。各国（地区）政府部门和国际机构的统计资料越来越多，各种贸易协会、商业委员会、金融公司、媒体和咨询机构等公开出版的市场调查报告，涉及的范围也越来越广泛，许多商业组织联合起来定期提供市场分析报告。它们能够发挥的作用越来越大。

【出海案例 4-2】

在新兴市场下沉，UC 出海 10 年谱写 VMate 新章

2009 年到 2019 年，UC 见证了印度移动互联网的普及，也从浏览器工具演进到内容消费平台，满足本地用户不断迭代的需求。在"copy from China"的出海模式下，

UC 在印度孵化出 VMate，成为中国互联网企业海外创新的典型案例。定位为印度"快手"的 VMate，初始的创意与团队均来源于深耕印度市场的 UC 国际业务。

作为国内第一代移动互联网创业公司，UC 的浏览器提供快速、省流的浏览工具，帮助大量国内用户第一次实现了手机上网，同时也意外收获了海外用户。"当时发现有不少印度用户在使用 UC 浏览器。"一位 UC 老员工回忆，印度程序员自发为 UC 浏览器做了本地化版本。2009 年，UC 正式启动全球化战略，出海第一年就从海外市场获得了 3 000 万的下载量，以及 1 000 万的用户。随后，UC 在德里和孟买设置办公室开始进行本地化运营。海外发展首先面临的是吸引本地人才的难关。面对印度大量科技人才的外流，UC 采用招聘和培养"高潜"人才在实战中成长的策略，并且制定了一套更符合印度国情的激励和晋升制度。如今，UC 印度本地员工占比达80%。随着智能手机在印度的快速普及，UC 先后在客户端内开设了板球、音乐、电影等专区，满足用户内容消费需求的升级。2016 年 6 月，UC 将浏览器升级为内容聚合平台，运用大数据实现信息的精准推送，让印度用户体验到从"人找信息"到"信息找人"的转变。靠着深入的本地化运营，UC 浏览器在印度的市场占有率长期领先于谷歌 Chrome，仅印度市场月活用户数就达到了 1.3 亿。Sensor Tower 数据显示，UC 浏览器跻身 2018 年度苹果和谷歌两大应用商店的合计全球下载量 TOP 10，超过 YouTube、Snapchat 等。UC Browser、UC News、9Apps 和 UC Ads 等构成的产品矩阵，让 UC 在印度成为继 Facebook、Google 之后的第三大生态型互联网应用平台。"印度语言的复杂程度超出想象，这也是我们决定布局短视频的原因。短视频画面的表达和传递，成了不同邦的用户之间完成互动的最佳形式。"阿里巴巴创新业务事业群主管创新项目投资的邓兆俊介绍。切中本地用户的需求和痛点，VMate 在 2019 年 5 月获得了阿里巴巴集团的亿级美元投资，升级成为阿里巴巴创新业务事业群的独立事业部。

资料来源　曾响铃. 在新兴市场下沉，UC 出海十年的 VMate 新章 [EB/OL]. (2019-12-13) [2024-11-02]. https://m.thepaper.cn/baijiahao_5228648.

（2）国际市场进入方式决策中的信息需求。

①出口。在走向国际化的初始阶段，企业一般都是间接出口，即通过境内的外贸公司和类似机构经销或代销的方式走向国际市场。在这一阶段，企业自身几乎不需要进行国际市场调研。当然，这种做法将导致企业不能直接了解国际市场，难以把握国际市场的需求动态。直接出口则是企业自行承担一切出口业务。无论是直接向海外机构用户提供产品，还是通过海外代理商出口，都要求企业了解与海外用户或代理商的接触渠道，进而了解海外用户。从实践上看，参加各种类型的国际贸易展览会、运用互联网，是发现潜在海外购买者和分销商的常用方法。如果企业想在海外建立自己的销售机构，就必须对目标顾客的需求、竞争对手的情况和营销环境有全面的了解。

②特许经营。如果企业打算以特许经营方式进入国际市场，那么要通过调研找到最合适的被特许者，而且要在实施特许之前确定市场规模是否会快速扩大。在确定市场规模将会快速扩大的情况下，企业应考虑采用合资公司或全资子公司的方式进入国

际市场。

③合资公司。创立合资公司的目的在于利用当地合作伙伴的某些优势，如当地的自然资源、销售渠道、市场知识等方面的优势。因此，在决定以合资方式进入国际市场以前，企业同样需要开展调研、对潜在合作伙伴进行评估以确认双方优势互补的程度。

④全资子公司。如果以全资子公司的方式进入国际市场，那么企业需要通过调研确定营销战略标准化的程度和根据东道国（地区）的环境对战略进行调整的程度。

在世界范围内推销产品或服务的最经济有效的方法就是在每个国家（地区）实施同样的战略。然而，不同国家（地区）市场的特性要求企业根据当地环境对营销战略进行调整。国际市场营销调研面临的一个挑战就是确定所实施的战略的标准化程度。影响标准化程度的因素有以下四大类：

第一，市场特征。这包括一个市场的物理特征，如气候、产品使用条件和人口规模等，还有当地的收入水平、汇率波动以及生产成本等。

第二，行业条件。这包括市场成熟程度、竞争程度、技术水平、替代品价格的变化以及生产成本等。

第三，市场营销制度。这包括分销体系的建立、建立卖场的可行性、广告宣传机构以及大众媒体渠道的存在或缺乏等。

第四，法律限制。企业必须遵守当地的法律法规。关税和其他税费使企业有必要对产品价格进行调整。对于广告宣传的限制也会影响促销计划。这些都会影响标准化程度。

2）市场营销组合策略决策中的信息需求

（1）产品决策中的信息需求。一家在海外经营的公司在决定增加、放弃或者更新哪些产品线时，需要很多信息来提供决策依据。考虑下面这个例子。一家大型造纸公司生产一种昂贵的书写纸以及其他类型的纸张产品。该公司在拉丁美洲大约占有30%的市场份额，产品需求多年保持不变。为简化产品线，这家公司开展了市场营销调研，想弄清楚拉美国家的办公环境是否发生了变化从而使昂贵纸张的用量变少，然后再决定是否放弃那条产品线。

随着产品在其生命周期内的演进，管理者也可能对单个产品进行市场营销调研，因为对不同阶段的产品要制订不同的市场营销计划。识别产品所处生命周期的阶段，以便选择适当的市场营销计划，是非常重要的。在确定一种产品在不同国家（地区）的生命周期方面，市场营销调研能体现出真正的价值。

（2）促销决策中的信息需求。促销调查是为了解广告和人员销售情况而专门设计的。这种调查也有助于选择合适的广告文本和最佳的媒体。例如，一家在欧洲经营邮票的贸易公司用两种方式回购顾客收集的邮票：一种是用商品交换；另一种是提供旅行的机会。近年来，该公司发现越来越多的顾客更喜欢海外旅行的方式。对这家公司来说，商品交换的方式更加有利可图。所以，该公司考虑开展一次广告活动，以吸引顾客用他们的邮票来交换商品。显然，针对这次活动将带来什么样的效果，必须进行事前调查。

促销调查也应用于人员销售，它有助于解决一系列销售方面的问题，例如，应雇用多少销售人员，应支付给他们多少工资，如何形成销售区域，应把多少时间用在保留老客户或开发新客户上等。

（3）分销决策中的信息需求。分销调查由渠道调查和地点调查构成。渠道调查提供关于渠道的可获得性和相对优势的信息。例如，一家供水设备制造企业，通过制造商代理在加拿大市场上分销它的水泵，但这家公司渐渐对制造商代理感到不满意，希望使用自己的销售人员。于是，它请了一家市场营销调查公司来研究这样的变化会对销售产生什么影响。

地点调查关注的是关于仓库、库存和运输等的决策。例如，为了在德国市场上销售产品，企业是拥有自己的仓库还是租用当地的公共仓库？进行这类决策时要求进行相应的市场营销调查。

（4）价格决策中的信息需求。企业为产品定价时必须掌握有关信息，如消费者的支付能力、经销商的反应，以及价格对需求的影响等。针对消费者对产品性价比的感知开展市场调查，也有助于企业做出适当的价格决策。

【小资料4-3】
欧睿国际：2025年全球消费者趋势

在全球经济逐步复苏的大背景下，消费者行为正以前所未有的速度发生变化。欧睿国际（Euromonitor International）发布的《2025年全球消费者趋势报告》揭示了未来五大趋势。

1）续命计划

消费者变得越来越惜命，更加注重养生和长寿。为了让未来的自己更加健康长寿，他们正在改变自己的行为习惯。因此，除了被动应对疾病，人们更加倾向于融合预防性的保健方法。维生素和营养补剂就是一个例子，这个品类近年来全球零售额稳步增长，预计到2025年将达到1 399亿美元。人们在积极寻找有确切疗效的产品，借此来监测、减轻或缓解生命各个阶段的病症。从身体变化到营养补充领域，产品和服务需要针对性地解决具体问题。除传统保健品类外，诸多其他领域也存在增长机会。品牌需要通过不断的创新来满足消费者的需求，帮助他们在每个生命阶段都保持最佳健康状态。

2）战略羊毛党

长期的经济不确定性造就了消费新常态。消费者原先为缓解经济压力而暂时收紧钱包，如今已成为长期习惯，消费决策变得有战略性。2024年只有18%的消费者表示他们经常冲动购物。人们会根据自己的优先事项（包括当前需求和未来需求）来权衡购买物品的价值。近四分之三的消费者担心2024年日用品的价格会上涨。然而，50%的人愿意花钱来节省时间。质量、便利性和价格都是影响他们做决定的因素。近年来，在多个消费品领域，自有品牌的零售额增幅都超过了其他品类。然而，性价比高的产品并不一定总是消费者的首选。以美妆和个人护理产品为例，高端产品的零售额超过了大众产品。企业须推出带有明显附加值的产品和服务，才能在市场上保持领先地位。

3）理性绿色消费

消费者对可持续消费的态度变得更为务实，不再总是将产品的绿色属性作为唯一的购买动机，而是视为重要的补充优势。例如，通过负责任的消费行为来兼顾健康和环保。多年来，人们对可持续产品宣称的信任从未动摇，但经济承受能力仍然是影响购买决策的首要障碍。可持续替代产品不仅不能逊色于传统产品，还要传递生态认证之外的产品价值，或增加其他加分项来刺激消费。尽管如此，可持续产品开发的步伐并没有放慢。在 25 个国家的 11 个快消品行业中，带有可持续宣称的在线 SKU 数量从 2022 年第二季度的 400 万个增加到 2024 年第二季度的 500 万。2020 年至 2023 年，带有可持续宣称的产品零售额呈上升趋势。这反映了此类宣称仍然有较强的吸引力，并影响着消费者的喜好。品牌要为合适的产品挑选合适的宣称，并提供给合适的受众，这样才能说服消费者选购可持续产品。

4）去繁从简

在当下信息量爆炸的年代，消费者被淹没在大量的消息和无穷的产品选项中。因此，人们希望能花更少的时间从海量的商品中淘到自己需要的东西。依据欧睿国际 Passport 创新数据库，从 2024 年 1 月至 8 月，在 32 个国家的 54 个快消品品类中，线上新推出的品牌高达 23 000 多个。这并不意味着消费者希望购物选择减少；相反，这凸显了更直接的宣传和顺畅搜索的重要性。品牌方可以通过给包装贴上更清晰的标签、提升产品推荐个性化程度或简化购物流程来实现。

5）AI 悖论

过去几年，生成式人工智能被推上了神坛。在 AI 的热度之下，新的应用不断涌现。例如，用来改善客户体验的新型 AI 聊天机器人。依据欧睿 2024 年的"消费者之声：数字消费者调查"，约四分之一的消费者表示，在购物过程中使用生成式人工智能的最大优势是得到高相关度的产品推荐。随着 AI 的应用越发普遍，质疑之声逐渐增多，消费者认为 AI 输出的内容结果不尽如人意。但是，人们并没有放弃 AI，而是更为客观地看待这一技术，他们了解它的局限性，也承认它的潜力。很多公司迅速启动生成式人工智能的技术应用。比如，零售商推出更智能的虚拟助手，电子产品或家电制造商推出智能设备。不过，随着研发工作的推进，企业在使用生成式人工智能时要注意社会责任和保持透明度，以维持和消费者之间的信任。

资料来源　欧睿国际. 2025 年全球消费者趋势［R/OL］. [2024-12-12]. https://www.fxbaogao. com/view?id=4601460#page=1.

【小思考4-1】

国际市场营销调研与境内市场营销调研的主要区别在哪里？

答：国际市场营销调研与境内市场营销调研的主要区别在于：国际市场营销调研是在不同文化背景下开展的，这就要求根据调研所在国（地区）的情况对具体的调查方法进行调整，但这会导致调研结果的比较问题。

4.2 国际环境下的市场调研过程

国际市场营销调研过程如图4-1所示。

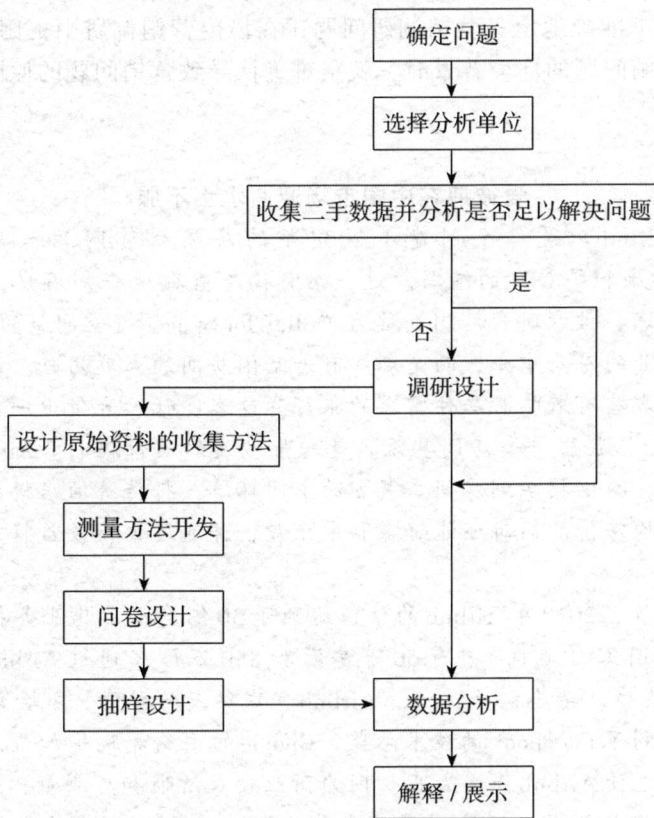

图4-1　国际市场营销调研过程

资料来源　李威，王大超. 国际市场营销学 [M]. 4版. 北京：机械工业出版社，2020.

4.2.1　确定问题

确定营销调研问题是市场营销调研过程的第一步，也是至关重要的一步。不能准确地定义调研问题将可能使今后的调研工作变得毫无价值，甚至引导企业做出错误的营销决策。在确定营销调研问题之前，首先应明确企业所面临的营销决策问题。营销决策问题是行动导向的，它要回答的是企业该怎么做，例如是否应该推出某一新产品。营销调研问题则是信息导向的，它关注的是为回答营销决策问题需要收集哪些信息，从而避免决策风险，例如，为回答前述决策问题就需要了解消费者对该新产品的偏好和购买意向。

决策问题是提出调研问题的前提，因为调研的目的就在于为营销决策提供信息依据；反之，回答了调研问题就应该能够回答决策问题。当然，这要求调研问题的提出建立在一定的理论和客观现实基础之上（参见图4-2）。

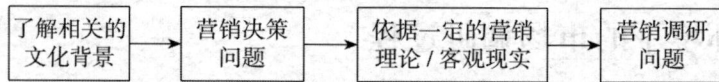

图4-2 营销决策问题与营销调研问题的关系

在国际环境下准确地定义营销调研问题比在境内营销调研中更困难。这是因为，在不理解产生营销问题的环境背景时，就很难确认导致营销问题的原因。

【观念应用4-2】

爱彼迎在中国市场遭遇水土不服

爱彼迎（Airbnb）是一个创建于2008年的房屋租赁网站，是"Air Bed and Breakfast"（气垫床和早餐）的缩写。这一名称简单直白地告知用户，在这里能够找到和提供什么内容，被《时代》周刊称为"eBay for Space"（空间版的eBay）。它的目标用户并不是专业的房产中介，而是那些有着空闲房间的家庭用户。注册登记后，家庭用户可以选择那些有着临时居住需求的旅行背包客，让后者付出一定的费用（通常比住酒店要便宜），获得一个房间甚至只是一张沙发的居住权利。Airbnb利用房间提供方的轻资产化，减少接触到房间需求方的中间环节，将传统酒店模式中的冗余成本削减，在降低平均房价的同时还能够赚取中介费，并通过规模效益将中介费累积成巨额利润。

经过三轮融资，2012年Airbnb的估值达到了30亿美元，其业务拓展到了包括中国在内的192个国家（地区），有50万房源和850万访客通过Airbnb达成了目的。2012年年底，《连线》杂志认为，一旦Airbnb完成第三轮融资，就会计划上市，这家公司也接连吸引到了Facebook的技术总监、Google的主厨等跳槽加盟，这种"硅谷风向标"式的意义也使Airbnb声名大振。因为商业模式清晰和可测量，Airbnb的收入结构始终保持着稳定的增长，平台对每笔交易收取6%～12%的佣金。2012年，Airbnb的收入达到了2亿美元左右。到2015年年底，Airbnb拥有了1 600多名员工（他们管理着全球190多个国家（地区）的100多万个房间），并成为2016年里约奥运会的合作方。奥运会官方订票页面载有Airbnb的预订链接。

《经济学人》的一篇文章曾描绘过未来分享经济盛行的情景：一位女士提着花费100美金/次租来的高档手提包走回家。她的儿子正在吹奏租金为55美元/月的萨克斯，女儿推着租金为18美元/天的自行车。同样，这场"经济与资源配置变革"也在悄然改变着中国。2016年5月，在"分享经济供需调查：多少中国人愿意共享房和车？"中，对于不愿意出租闲置车/房的人而言，"不喜欢陌生人使用自己的东西"是首要顾虑（42%）：人们对于出租闲置公寓/房间的积极性远高于租车，分别为82.4%和17.6%。调研还发现了一个有意思的现象：从分享经济经历维度来看，人们对于出租闲置房间和闲置车的倾向有明显的差别。一方面，有意愿出租空闲公寓/房间的人远高于有意愿出租闲置车的；另一方面，有分享经济参与经验的人比没有经验的人更愿意出租车，而不愿意出租房。同时，超过一半的人在意租借者的国籍，更愿意接待本国人的比例（37%）远高于愿意接待外国人的比例（9.5%）。这显然与Airbnb"让陌生人住在家里"的主张相背。尽管 Airbnb 由宽带资本及红杉中国护航进入中国市场，却依然不可避免地遭遇了水土不服。2022 年 5 月 24 日，Airbnb 宣布退出中国大陆，于 7 月 30 日起暂停支持中国境内游房源、体验及相关预订。

资料来源　鲁瑾. 爱彼迎出走了［J］. 国企管理，2022（14）：69.

在国际市场营销调研中，如果企业不考虑相关的环境因素，则会导致对问题定义过窄。以软饮料消费为例，在印度，只有少部分家庭饮用软饮料，而且只在招待客人和一些特定的场合才饮用，而在美国，几乎每个家庭都消费软饮料，而且它适用于任何用餐场合。这样，针对提高某种软饮料品牌的市场份额这一营销决策问题，在美国和印度将被转化为不同的营销调研问题。在美国，相应的营销调研问题是与如何增加现有消费者对软饮料的消费有关的信息。在印度，相应的营销调研问题应该是与如何让更多的消费者消费软饮料以及如何让他们更加频繁地消费软饮料有关的信息。上例表明，一个有美国文化背景的调研人员在印度实施调研时如果参照自己的文化价值观而不考虑调研所在国（地区）的环境背景，就可能导致对问题定义过窄。

实际上，一些学者已经找出了在国际环境下开展市场营销调研遭到失败的主要原因。他们发现，调研人员在界定国际环境下的调研问题时往往采用"自我参照标准"，即假设在调研人员母国市场上普遍存在的环境变量和文化变量等同样适用于外国市场。自我参照标准限制了调研人员客观地界定问题本质的能力。它可能使调研人员无法认识到文化的差异以及这些差异的重要意义。在定义国际环境下的营销调研问题时，为消除自我参照标准的影响，可采取以下四个步骤：

①根据境内的环境和文化因素定义营销调研问题。

②根据境外的环境和文化因素定义营销调研问题。

③剔除自我参照标准对问题的影响，并仔细检查它是如何将问题复杂化的。

④剔除自我参照标准的影响后，重新定义营销调研问题，并按境外市场状况来描述。

4.2.2 选择分析单位

国际市场营销调研可以在四个层次上进行：

1）全球层次

如果一家跨国公司的目标顾客遍及世界各地，就可能需要进行全球层次的市场营销调研。为了完成 Aptiva 个人计算机的设计，IBM 公司曾在世界范围内实施调研，考虑了 40 个国家（地区）的目标客户，针对一些影响因素进行了研究。可口可乐公司在全球范围内进行了广告促销，因而其调研也需要在世界范围内进行。

2）地区层次

如果公司把目标集中于客观环境相似的一组国家（如欧盟各国、北美自由贸易区成员国），就可能需要进行这一层次的调研。

3）国家层次

不同国家的消费者存在显著差异。例如，不同的欧洲国家对酒的消费就有很大不同。法国人喜欢葡萄酒，德国人喜欢啤酒，西班牙人喜欢开胃酒。在英国一般是饭后饮用波尔多红葡萄酒，而在葡萄牙一般是在饭前饮用波尔多红葡萄酒。企业在实施市场营销调研时，必须考虑这种消费方式存在的差异。在这种情况下，有必要把国家作为调研的单位来实施调研。

4）境内子群体层次

如果企业把处于不同国家（地区）但具有相似品位和偏好的细分市场作为目标市场时，就需要把市场营销调研的分析单位细分到境内子群体层次。

4.2.3 收集国际二手数据

1）二手数据在国际市场营销调研中的作用

一般而言，二手数据有以下几方面的作用：①作为新想法的有价值的来源。②有助于界定营销调研问题并形成假设。③有助于收集原始数据。④对以往开展类似调研时所采用的方法和技术进行检查和回顾，有助于制订新的调研计划。⑤有助于界定人群，在收集原始数据时选择样本。

在国际市场营销调研中，二手数据在三种情况下特别有用：

（1）选出那些需要进行深入调查的国家（地区）或市场。调研人员可以系统地使用二手数据仔细评估不同国家（地区）的市场潜力、风险和经营成本。常用的方法有两种：第一种方法是将国家（地区）按两个维度进行分类。这两个维度分别是人口统计特征和经济的变动程度，以及该国（地区）内部的稳定和团结程度。第二种方法是计算不同国家（地区）的若干个要素指标。例如，市场增长率、市场集中度和市场规模等。

（2）初步估计某一个或某些国家（地区）的需求潜力。在决定了要对哪些国家（地区）或市场进行深入调查之后，下一个步骤就是明确地评估这些国家（地区）或市场的需求。在考虑初始市场进入决策时，由于进入新市场可能带来的高昂成本和不确定性，这一步骤显得尤其重要。企业须对需求潜力做出初步估计，并预测未来的市场趋势。

在国际环境下进行需求估计时，可采用四种数据分析方法。第一种方法是提前-滞后期分析，即使用一国（地区）的年度时间序列数据来预测其他国家（地区）的同类数据。这也是最简单的一种方法。第二种方法是采用代用指标。例如，婴儿出生数量就可以作为一个代用指标，用于预测纸尿裤的需求潜力。第三种方法要依赖于横截面数据，即来自不同国家（地区）的数据。这种方法假设，如果一国（地区）某一商品或服务的消费量与某个经济指标有直接关联，那么在其他国家（地区）这种关系也一定成立，并以此为依据预测其他国家（地区）的需求。第四种方法也是最复杂的方法，就是建立计量经济学预测模型，即先运用可能影响多个国家（地区）某一特定产品市场的各个因素的横截面数据和时间序列数据估计出模型的某些参数，再用这些模型预测市场需求。

（3）监测市场环境的变化。这要求对一些重要指标进行监测。其中，有两类指标是必须监测的：一国（地区）及其经济、社会的一般健康状况和发展指标，以及某一具体国家（地区）或产品市场的指标。

2）国际二手数据的来源

国际二手数据的来源有多种，参见图4-3。

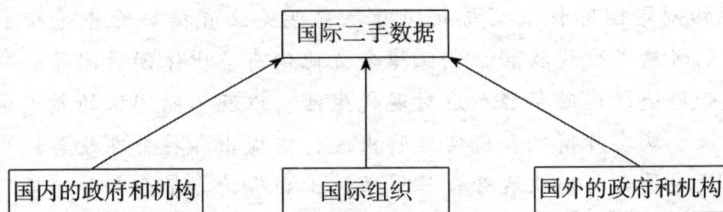

图4-3　国际二手数据的来源

（1）国家（地区）内的政府和机构。这些机构包括官方和非官方的，大多能够提供颇有价值的二手国际数据。例如，由商务部主持编纂的《中国商务年鉴》，是一部全面记述中国商务事业发展情况的大型实用性工具书和史料性参考书，能提供我国对外贸易、对外经济合作的信息资料和统计数据。《国际商报》是我国对外经济贸易方面的综合性报纸。它及时报道中外经济动态，披露国际市场行情，展望世界经济趋势。再如，由中国世界经济学会和中国社会科学院世界经济与政治研究所共同主办的杂志《世界经济》，每月刊发有关国别经济、调研报告等方面的学术论文。《国际贸易》杂志是由商务部主管、中国商务出版社主办的国际经济贸易专业期刊，其开设的栏目主要有中国经贸、国际商务、区域合作、外资、金融、服务贸易、法律、资料等。

（2）国际组织。能够提供关于国际市场信息的国际组织包括联合国、经济合作与发展组织、国际货币基金组织、世界贸易组织、国际商业学会等。这些重要的国际组织的简介及官方网站地址参见小资料4-4。

【小资料4-4】

提供全球市场信息的重要国际组织

1）联合国

联合国（United Nations，UN）是一个国际性组织，于1945年成立，现有会员国193个。联合国的宗旨和工作以《联合国宪章》中规定的机构目标和原则为出发点。

联合国的行动使命包括：维护国际和平与安全、保护人权、提供人道主义援助、促进可持续发展、维护国际法等。

官方网站主页：https：//www.un.org

中文网站主页：https：//www.un.org/zh

2）经济合作与发展组织

经济合作与发展组织（Organization for Economic Co-operation and Development），简称经合组织（OECD），是由36个市场经济国家组成的政府间国际经济组织，旨在共同应对全球化带来的经济、社会和政府治理等方面的挑战，并把握全球化带来的机遇。

经济合作与发展组织的使命：推动改善世界经济与社会民生的政策。OECD提供了一个平台，政府可以借此平台展开合作、分享经验并寻求共同问题的解决方案。它与政府合作，探究经济、社会和环境变化的推动力量。它衡量生产力以及全球贸易和投资流。它分析并比较数据以预测未来趋势。从农业和税收到化学制品安全性，它对范围广泛的事物制定国际标准。与此同时，它也关注直接影响普通人生活的各种问题。比如，他们缴纳多少税收和社会保障金，他们有多少休闲时间等。它比较不同国家的学校制度如何使该国的年轻人应对现代生活，以及不同国家的养老金制度如何照顾该国的老年人。从实际情况和现实经验出发，它提出各种旨在改善民生的政策。它通过工商业咨询委员会与企业展开合作，通过工会咨询委员会与劳工展开合作。它与其他民间团体也有积极的接触。贯穿其工作的主线，是对以民主制度为依托的市场经济的承诺和对广大人民幸福的关注。同时，它也致力于遏制恐怖分子、逃税人、不法商人以及有损于公平和开放社会的其他不良群体。

官方网站主页：https：//www.oecd.org

中文网站主页：https：//www.oecdchina.org

3）国际货币基金组织

国际货币基金组织（International Monetary Fund，IMF），是政府间国际金融组织，总部设在美国首都华盛顿。

国际货币基金组织的主要宗旨是确保国际货币体系即各国（及其公民）相互交易所依赖的汇率体系及国际支付体系的稳定。

官方网站主页：https：//www.imf.org

中文网站主页：https：//www.imf.org/zh/home

4）世界贸易组织

世界贸易组织（World Trade Organization，WTO），简称世贸组织，是政府间国际经济贸易组织。世界贸易组织与国际货币基金组织、国际复兴开发银行合称为世界经济体制的"三大支柱"。世界贸易组织具有法人资格，在法律上与联合国等国际组织处于平等地位，其前身为关税及贸易总协定。

宗旨：促进经济和贸易发展，提高生活水平，保证充分就业，稳定而大幅度地增加实际收入和有效需求，按照可持续发展的目的，最优化世界贸易资源，保护和维护环境；以不同经济发展水平下各自需要的方式，加强采取各种相应的措施，积极努力确保发展中国家尤其是最不发达国家在国际贸易增长中的份额与其经济发展需要相适应。

官方网站主页：https：//www.wto.org

5）国际商业学会

国际商业学会（Academy of International Business，AIB），是由国际商务领域的领先学者和专家组成的协会。

宗旨：通过学术界、商业界和从事国际商业教育的政府机构之间的相互交流促进国际商业界的教育，提高业务水平，增长有关国际商业活动的知识；鼓励支持学术研究，推动政府、商业和学术机构间的合作。

官方网站主页：https：//www.aib.world

资料来源　综合中国社会科学网的相关资料整理。

（3）海外的政府和机构。西方发达国家（地区）的信息系统比较成熟，积累的二手数据非常丰富。通过互联网，我们可以方便地访问这些国家（地区）权威的统计数据网站。这些网站往往具有数据准确、更新频率快、覆盖范围广以及用户界面友好等优点。例如，美国统计局专注于美国的人口统计和经济数据。其数据更新频繁、涵盖广泛，包括人口普查、住房调查和经济指标等。欧盟统计局提供关于欧盟成员国的统计数据，其数据集中于经济、人口、健康和社会保障等领域，对于理解欧洲的经济和社会发展至关重要。

3）国际二手数据的优点和缺点

（1）国际二手数据的优点。

①国际二手数据的最大优点在于节约时间和成本。收集国际二手数据的过程非常简单，调研人员只需在图书馆或互联网上花一些时间寻找有关的数据来源。从成本上看，哪怕是从其他机构购买数据，也要比在海外收集原始数据便宜得多。

②在为收集原始数据而投入大量的时间和金钱之前，调研人员依据二手数据可以初步判断该项目是不是可行，或者资金够不够用。

③通过原始数据不可能了解一个国家（地区）或消费者在历史上的行为信息，二手数据是获得这类信息的唯一途径。

④在某些情况下，二手数据比原始数据更准确。例如，如果一家公司想得到关于竞争对手的销售额和利润指标的信息，那么从政府部门或相关机构的统计资料中收集这些数据，比从竞争对手那里收集要更容易，得到的数据也可能更准确。

（2）国际二手数据的缺点。

①缺乏可得性。有些国家没有通过正规途径收集数据的机构，因此就连获得商品和服务的批发和零售价格这样的基本数据都可能很困难。

②缺乏准确性。即便可以得到二手数据，其准确程度也不会达到决策所需的程度。一些统计数字可能太乐观了，没有反映实际情况。一些企业可能虚假报告销售收入和成本等数据，以逃避税收。在有些情况下，错误可能是由记录疏忽造成的。不论数据来源是什么，调研人员都有必要对从海外收集到的二手数据持谨慎态度。

③缺乏可比性。由于不同国家的统计口径、税收制度、测量单位等方面存在差异，商业统计数据也存在国别差异，因此跨国比较这些统计数据就毫无意义。例如，各国开展人口普查的频率不同，美国每十年收集一次人口普查数据，而在玻利维亚每两次人口普查之间要相隔25年。因此，大多数人口普查数据都是用增长率的估计值计算出来的，而增长率估计值可能是不准确和不可比的。又如，在德国，购买电视机时发生的成本可以归入娱乐开支，而在美国则计入家电开支里。

4.2.4　国际市场营销调研设计——设计原始资料的收集方法

原始资料的收集方法主要有四种，分别是访谈法、观察法、实验法和定性调研法。限于篇幅，本书只讨论在国际市场营销调研中应用最为普遍的访谈法和定性调研法。

1）访谈法

在进行描述性研究时，一般采用访谈法。在访谈前，一般要准备一份问卷。最常用的访谈法有三种，分别是个人访谈、电话访谈和邮寄调查。

（1）个人访谈。个人访谈具体包括入户访谈、街上拦截访谈和主管人员访谈等方法。

入户访谈指在受访者家中进行访谈。其优点是：被访者可在放松的状态下回答提问，信息质量高；在访谈时可当面解释。其缺点是：访谈成本高，不易监测访谈过程。入户访谈是深度访谈和入户产品测试的可行方法。

街上拦截访谈指在商场入口等客流量大的地方进行访谈。当经费有限时，调研人员可以采用这种方法。例如，访谈员守在商场入口，以随机的方式接近购物者。访谈可当场进行，也可以把受访者邀请到商场中特定的场所接受访谈。该方法的优点是：调查成本较低，因为访谈员不会产生额外的交通费用；在既定的时间内能够联系到大量受访者。其缺点是，来自商场的样本对总体人群的代表性可能较低。

主管人员访谈是入户访谈的工业版。商界人士在办公室接受关于产品或服务等的访谈。这种方法的成本比较高。访谈员的首要任务是确定能够对调查提供有价值的信息的主管人员，接下来是预约以会见并访谈该主管。预约等待的时间可能很长，最后一刻被取消的情况也经常发生。访谈员必须经验丰富，因为访谈话题比较专业和复杂。

在国际市场营销调研中，个人访谈法特别适合在不发达国家使用，因为这些国家的文化和基础设施限制了电话访谈和邮寄调查等方式的使用，而且其用工成本也比较低。相反，由于用工成本高，这种方法在美国和加拿大这样的国家没有被广泛使用。另外，在一些国家，由于文化的原因，获取被访者的合作并不容易。例如，在中东地区，访谈员大多是男性，因此对家庭主妇的访谈只能在其丈夫在家的时候进行。研究表明，不仅性别、种族等因素对受访者的回答质量会产生重要影响，而且可能存在访谈员偏见。

【小资料4-5】

性别对调研问答意愿的影响

在收集国际市场原始资料的过程中，难免会遇到调查对象不愿意或无法回答问题的情况。其根源在于不同国家（地区）之间的文化差异。男女的社会地位、基于性别的个体调查的合适程度以及其他与性别有关的问题都会影响人们回答问题的意愿。

在一些国家，丈夫挣钱并支配钱的用途，因此在调查消费者对某种商品的偏好与需求时必须把丈夫作为调查对象。然而，当他们被询问剃须习惯或个人衣着方面的品牌偏好时，他们会认为这有失尊严，如果调查人员是女性，情况则会更糟。遇到这种情况时，邀请当地著名人士和专业人员参与调研是比较好的选择。

资料来源　阳林，李青，赖磊. 国际市场营销［M］. 北京：中国轻工业出版社，2018.

（2）电话访谈。进行电话访谈的过程和当面访谈类似，但选择样本的过程有所不同。调研人员可以采用随机拨号程序或从事先指定的清单中选取号码。在发达国家，从电话目录中选取号码是传统的做法。

电话访谈的成本比个人访谈低，也可以在较短的时间内完成，比较适合研究要求的样本量较大的情况。如果访谈员第一次联系不到受访者，可以晚些时候再把电话打过去。在通信网络发达的国家，访谈员有可能联系到所有满足目标对象要求的被访者。通信费用的下降使访谈员可以获得广泛分布的样本。随着技术的进步，访谈员能直接将回答录入计算机，简化了数据准备的工作，从而可以进一步降低成本。但是，进行电话访谈时，必须控制好时间，因为绝大多数受访者不会配合长时间访谈。另外，电话访谈不支持使用视觉辅助工具。在不发达国家，电话拥有率低和通信条件差会限制电话调查的覆盖面。此外，由于不同国家的文化差异，人们对电话访谈的接受程度不同，因此在一些国家电话访谈的拒答率比较高。

在工业领域的国际市场营销调研中，使用电话访谈比较有效。随着电话的普及和国际通话费用的下降，涉及多个国家的调查也可以从某一个中央地点着手进行。这样就不需要在每个国家分别对调研项目进行协商、组织和质量控制等，从而能够显著地缩短调研时间，降低调研成本。有人发现，用这种方法得到的调查结果比较稳定。访谈员在调研过程当中可以对问卷进行变换和修改，访谈也可以延时或终止。另外，这种方法要求访谈员能够流利地使用对方的语言进行沟通。

在消费者调研中，电话访谈是否可行取决于该国的私人电话拥有量是多少以及具体的目标人群是谁。在一些欠发达国家，电话的普及率较低，因此电话访谈不是理想的调查方法。在一些国家，电话访谈没有得到广泛应用，是因为人们对它抱有怀疑的态度。在英国和法国，大城市里的电话答复率非常低。

（3）邮寄调查。这是将问卷寄给潜在的受访者，他们完成问卷之后再寄回来的一种调查方法。在邮寄调查中，调研人员不仅需要确定被调查者，还要得到他们的地址。邮寄名单可以从多种来源获得，如电话目录、会员花名册、出版物订阅表以及其他商业来源。在寄出调查问卷之前，调研人员需要考虑的方面包括问卷的长度、内容、版面、颜色和格式，给受访者写地址的方式，介绍信的内容，传达给受访者的动机，回寄信封的样式和邮寄要求等。这些决策对回复率、收集的信息的质量以及实施邮寄调查的成本有重要影响。调研人员可以采用事先通知的方法对受访者进行筛选。

和电话访谈一样，在很多市场上，邮寄调查是否有效要依赖于所调查的具体产品是什么，即是工业品还是消费品，以及调查本身的性质。邮寄调查通常可以有效地用于工业领域的国际市场营销调研中，邮寄名单或具体行业的名录可从一些公司购买到。

在消费者调查中，特别是在发展中国家，采用邮寄调查方法会出现一些问题。例如，难以获得全面且有效的邮寄名单。另外，在有些国家，邮寄调查的有效性受到文盲率、答复意愿、邮政服务等的限制。因此，在消费者调研中，邮寄调查只适用于识字率较高、邮寄名单易于获得的工业化国家。

2）定性调研法

收集原始数据的方法可以是定性的，也可以是定量的。表4-1列出了定性研究与定量研究的区别。在通常情况下，当一个新的营销研究问题出现时，调研人员由于对该问题缺乏了解，因而在进行结构化定量研究前需要进行定性研究。有时定性研究是为了解释定量研究得到的结果。

表4-1　　　　　　　　　　　　定量研究与定性研究的比较

对比维度	定量研究	定性研究
目标	量化数据，并将从样本中获得的结果概括到总体中	对潜在动因的初步定性理解
研究类型	描述性或/和随机性	探索性
研究设计的灵活性	低（由标准化的、结构化的问卷所致：单向沟通）	高（由个人访谈中访谈者在谈话中改变问题所致；双向沟通）
样本大小	大	小
受访者的选择	可代表总体的样本	对研究问题有一定见解的人（关键信息提供者）
单个受访者提供的信息量	小	大
数据分析	统计汇总	主观的、解释性的
复制相同结果的能力	高	低
对访谈者的要求	不需要特殊能力	需要特殊能力（对访谈者和受访者之间互动的理解）
研究所花费的时间	设计阶段：多（研究的问题必须正确）分析阶段：多（问题的答案可以编码）	设计阶段：少（访谈前不需要"确定"的问题）分析阶段：多（大量的"软"数据）

资料来源　凯特奥拉，吉利，格雷厄姆. 国际营销［M］. 崔新健，改编. 16版. 北京：中国人民大学出版社，2013：178-179.

定性研究之所以被广泛采用，除上述原因外，还有一个原因是：利用完全结构化的或正式的方法不一定能从调查对象那里获取有效的数据。首先，人们可能不愿意或者无法回答某些问题，尤其是不愿意如实地回答那些涉及他们的隐私、令他们尴尬或者不悦的敏感问题，如你最近买过精神类药物吗？其次，人们也许不能准确地回答那些触动他们潜意识的问题。潜意识层次中的价值观、情感欲望、行为动机被外在世界的理性化与自我保护所掩饰。例如，一个人可以通过购买昂贵的跑车来克服自卑感。然而，如果问他为什么要买这辆跑车，他也许会回答"我认为值得买"或者"我需要给我的客户留下深刻的印象"。在这种情况下，调研人员最好是通过定性研究来获取有用的信息。

定性研究法主要有三种，分别是专题组座谈、深度访谈和影射法。

（1）专题组座谈。专题组座谈主要是从适当的目标市场中抽取一群人，在主持人的引导下，通过听取他们谈论研究人员所感兴趣的话题来收集信息。这一方法的价值在于自由的小组讨论经常可以带来意想不到的收获。在国际市场营销调研中，采用专题组座谈要求主持人不仅要接受专业的培训，还应该熟悉受访者的语言和文化背景，以及受访者所在国家流行的社会互动模式。在专题组座谈中，发言人的语言内容和非语言线索如语调、语速、音调、手势、坐姿的变化等，都能传达信息。另外，在不同国家调研时，专题组的规模应有所不同。

（2）深度访谈。与专题组座谈不同的是，深度访谈是一对一进行的非结构化的、直接的人员访谈，由专业的访谈员与单个的调查对象进行深入的面谈，从而挖掘关于某一主题的行为动机、信仰、态度以及感受等。在不同的文化背景下，人们对专家组座谈的接受程度不同，如果人们在小组里总是很犹豫地讨论他们的感受，或者认为公开反对别人的观点是不礼貌的，这时就不适合采用专家组座谈，而应该采用深度访谈，同时，对得到的数据应该在相应的文化背景下进行解释。

（3）影射法。专题组座谈与深度访谈是直接方法，研究的真正目的对调查对象不加掩饰或者本来就很明显。影射法却试图掩饰研究的目的。影射法是非结构化的，以间接方式进行提问，鼓励调查对象反映他们对于所关心的主题的动机、信仰、态度或者感受。影射法要求调查对象解释别人的行为而不是描述自己的行为。在解释别人的行为时，调查对象间接地反映了在此情景下他们自己的动机、信仰、态度或者感受。影射法的基础是临床心理学，其研究表明，情境越模糊，就越能影射出调查对象的感情、需要、动机、态度以及价值观。在心理学中，这种方法包括联想法、完成法、构筑法以及表达法。

联想法、完成法以及表达法都涉及语言的暗示，运用构筑法则要采用非语言的刺激。无论使用语言刺激还是非语言刺激，在国际市场营销调研中应用影射法时，应该确认跨文化的等价意义，但是，如果研究对象所处的社会文化环境相差很大，将很难做到这一点。在这种情况下，采用语言暗示的方法，如字词联想法，会更容易些。

在国际市场营销调研的最初阶段，定性研究能够帮助调研人员加深对问题的理解，通过提出相关的研究问题、假设、模型以及影响研究设计的特征来确定问题的研究框架，进而揭示海外市场与本国市场的差异。

定性研究的局限性在国际背景下依然存在，甚至会更严重。例如，在海外可能很难找到训练有素的主持人和访谈员；在完成编码、分析以及解释的过程中又面临其他的困难。

拓展阅读
4-2

【小资料4-6】

中国的下一代体育消费者

　　市场调研公司尼尔森发布的《中国：下一代体育消费者》研究报告显示，中国30岁以下的人群中有36%会参加体育运动，而篮球是他们最喜欢的体育运动。另外，电影、音乐、时尚、电子竞技和名人明星是当今城市30岁以下人群中最受欢迎的活动和兴趣话题。在30岁以上人群中有将近四分之一（24%）对排球感兴趣，其次是乒乓球（15%）和体操（4%）。

在所有的NBA球队中，休斯顿火箭队最受中国球迷喜爱，火箭队的球迷总数占到了中国NBA球迷的14%。芝加哥公牛队（10%）、洛杉矶湖人队（9%）、克利夫兰骑士队（6%）和金州勇士队（6%）分列二至五位。

中国对足球感兴趣的人群数量达到1.87亿，其中有1.31亿对欧洲五大足球联赛感兴趣。30岁以下人群最感兴趣的足球俱乐部是广州恒大，其次为巴塞罗那和皇家马德里；30岁以上人群最感兴趣的足球俱乐部为上海申花，其次为AC米兰和国际米兰。

另外，中国人对赞助的态度存在明显的代际分裂。一般来说，年轻人认为赞助会让品牌更具吸引力。在有选择的情况下，他们更有可能选择赞助商的产品，而且通常会比年长群体更易接受整体赞助的概念。

电子竞技在中国的迅猛发展同样不可否认。有28%的电竞粉丝是从两年前开始关注电竞的，大多数粉丝会持续关注两到三年。《王者荣耀》是最受中国粉丝关注的电竞游戏，有60%的粉丝关注，其次是《英雄联盟》（58%）、《魔兽世界》（49%）。

最后，尼尔森得出结论：中国30岁以下人群的兴趣范围更为广泛，他们更有可能对国际品牌感兴趣，也更愿意接受体育商业化；那些注重通过社交媒体进行沟通、能从全局打造中国粉丝基础的人，将会在市场中脱颖而出。

资料来源　尼尔森体育．中国：下一代体育消费者［R/OL］．（2018-07-06）［2024-11-02］．https：//www.nielsen.com/zh/insights/2018/china-the-next-generation-of-sports-consumers.

4.2.5　国际市场营销调研设计——测量方法开发

根据现代营销理念，成功营销的前提之一是设法了解消费者对产品、品牌和企业的态度，并据此制定相应的营销对策。态度包括三个层次的含义：一是对某事物的了解和认识；二是在对事物认识的基础上产生的偏好；三是在对事物认识和偏好的基础上产生的对未来行为的预期和意向。国际市场营销调研设计的任务之一就是开发用于了解消费者对境内外产品的态度的测量方法。

1）测量、量表和尺度的类型

测量是指根据一定的规则为事物的特性分配数字或其他符号。测量的目的在于使我们对事物特性的量化描述成为可能。值得注意的是，我们所测量的并不是事物本身，而是它的一些特性。例如，我们不测量一张桌子，而是测量它的长度、宽度；我们也不测量消费者，而是测量他们的感受、态度、偏好或其他相关特性。

量表是测量所用的工具，就像一把尺子。量表依据一定的数字或符号分配规则设计而成。为使测量有意义，即通过测量能反映事物之间存在的客观差异，对分配规则有两个具体要求：①在数字和被测特性之间必须是一一对应关系。例如，同样的美元数字被分配给有同样收入的家庭。②数字或符号分配规则应标准化并统一应用，不能随事物或时间的变化而变化。

尺度指测量中对事物特性的量化程度，它由数字或符号的分配规则决定。在市场营销调研中有四种基本的尺度类型：按对事物特性的量化程度排序，分别是定类尺度、定序尺度、定距尺度和定比尺度。

（1）定类尺度。在定类尺度下，数字只用作对事物进行识别和归类的标志。例如，在对某学校学生性别比例的调查中，用1和2两个数字分别代表男生和女生就构成了一个定类尺度。在市场营销调研中，定类尺度通常被用来识别调查对象、品牌、态度、商店以及其他事物。一个定类尺度中的数字不能反映事物特性的数量。例如，某个学生的学号数字大并不代表该学生比其他学生优秀。用定类尺度测量得到的数据在统计处理时只能计算以频率计数为基础的统计量，包括百分比、众数、卡方统计量和二项检验。对定类数据进行排序或计算平均值均毫无意义。

（2）定序尺度。在定序尺度下，数字表明了事物拥有某一特性的相对程度，但不能表明多了多少或少了多少。定序尺度的普通实例包括质量排序、联赛中各队的排名、社会经济阶层以及职业地位等。在市场营销调研中，定序尺度被用来测量相对的态度、观点、感受和偏好。对定序尺度数据除允许做计数操作外，还允许计算基于百分位点的统计量，如百分位数、四分位数、中位数等。

（3）定距尺度。在定距尺度中，尺度上相等的数字距离代表了被测特性的相等值。定距尺度包含了定序尺度的所有信息，并且它还能够比较物体之间差别的大小。任意两个尺度之间的差值与同一定距尺度的其他任意两个相邻尺度之间的差值相等。日常生活中的一个普通实例就是温度尺度。在市场营销调研中，用评价量表获得的态度数据通常被看作定距数据。对定距数据可以使用的统计量，除了所有适用于定类尺度和定比尺度的统计量之外，还包括算术平均数、标准差、简单相关系数以及市场营销调研中经常使用的其他统计量。但是，某些特殊的统计量，例如几何平均数、调和平均数以及变异系数等，对定距尺度数据没有意义。

（4）定比尺度。定比尺度拥有定类、定序和定距尺度的所有性质，此外，它还有一个绝对的零点。因此，在定比尺度中我们可以对物体进行鉴别或分类，对物体排序并且比较它们的间距或差别，计算尺度值的比值也是有意义的。定比尺度的普通实例包括身高、体重、年龄和金钱等。在市场营销调研中，销售额、成本、市场份额和顾客数量是以定比尺度测量的变量。所有的统计方法都可以应用于定比数据，包括计算几何平均数、调和平均数和变异系数等专用的统计量。

2）测量的类型

态度测量可以被宽泛地划分为单项测量和多项测量。单项测量是指只用一个维度来评估某一态度概念。例如，如果我们认为消费者选择特定品牌的汽车只取决于价格，那么测量就只有一个维度。实际上，消费者对绝大多数产品的态度是复杂的，必须从多个维度来全面评估，这样才能全面了解顾客的真实态度。例如，消费者选择特定品牌的汽车缘于多方面的因素，如品牌形象、性能、规格以及价格等。在这种情况下，就需要采用多项测量，即从多个维度来评估消费者的态度。用于多项测量的常用量表有李克特量表和语义差别量表等。

（1）单项测量。

以下是一个用于单项测量的量表例子。

说出你对某品牌手机的看法：

非常满意　　　　　　　　　　　　　　　　非常不满意

　+2　　　　　　+1　　　　　0　　　　　-1　　　　　-2

（2）求和量表。求和量表又叫李克特量表，是在市场营销调研中使用最广泛的调研工具。它在态度测量方面非常有效，因为它允许应答者表达他们感觉的强度。

表4-2是一个用于多项测量的李克特量表的例子，用于一家银行和它的竞争对手在形象上做对比。我们让应答者指出对这些项目中每句话同意或不同意的程度，并分配量表数值。表4-2中，我们假设数值1、2、3、4、5分别配给"非常不同意""不同意""无所谓""同意""非常同意"，代表对这些问题的回答类别。这样每个应答者的总分就能通过项目分数的相加（"求和量表"因此得名）计算出来。

表4-2　　　　　　　　　　　　李克特（求和）量表举例

项目	非常不同意	不同意	无所谓	同意	非常同意
①银行能够提供有礼貌的服务	-	-	-	-	-
②银行位置很便利	-	-	-	-	-
③银行营业时间很方便	-	-	-	-	-
④银行提供低息贷款	-	-	-	-	-

资料来源　布朗，苏特，丘吉尔. 营销调研基础［M］. 景奉杰，杨艳，译. 8版. 北京：中国人民大学出版社，2019.

假设银行的一名消费者对①和④选择了"同意"的答案，对②和③选择了"非常同意"的答案，我们将分数相加，那么这个消费者对银行态度的总分就是18分，平均分是4.5分。

（3）语义差别量表。语义差别量表（参见表4-3）包含了一系列反映研究对象的不同属性的相反形容词，被访者通过指出序列中的位置来反映对每个属性的印象。

表4-3　　　　　　　　　　　　一个典型的语义差别量表

你认为A商场是：

质量可靠　（　）（　）（　）（　）（　）不可靠

风格时髦　（　）（　）（　）（　）（　）过时

购物方便　（　）（　）（　）（　）（　）不方便

态度友好　（　）（　）（　）（　）（　）不友好

价格昂贵　（　）（　）（　）（　）（　）便宜

品种选择多（　）（　）（　）（　）（　）选择少

3）国际环境下的测量方法开发

前面讨论了境内市场营销调研中测量的一般原理和典型的测量方法。在国际环境下，测量方法开发将面临两个问题：一是开发适合当地文化背景的测量工具；二是测量等价性评估。

（1）开发适合当地文化背景的测量工具。为适应当地文化背景，在设计测量工具时应考虑以下几方面的问题：

①尺度类型的选择。在4种主要的计量尺度中，测量水平从定类、定序、定距到定比逐渐提高。这种测量水平的提高是以复杂度为代价的。从调查对象的角度来看，定类尺度是用起来最简单的，而定比尺度是最复杂的。例如，在测量消费者对牛仔裤的偏好时，如果被调查的群体受教育程度较高，则可以设计一个7级定距尺度，对其在特定场合穿牛仔裤的偏好进行分级，而对受教育程度较低的消费群体，只展示一条牛仔裤，并简单地询问他们是否在一个特定的场合（如购物、工作、旅游等）喜欢穿上它。

②回答格式的设计。对于受教育程度较低的被调查者，要特别注意回答格式的设计。对于不识字的被调查者而言，使用图画的形式更有效。例如，在对生活方式的调查中，可以给不识字被调查者看一些描绘不同生活方式的图片，并让他们指出自己的生活方式与其中哪幅图片更为接近、有多接近。此外，语言尺度、面部表情尺度和温度计尺度等，也适合受教育程度较低的被调查者。

③文字描述应适应当地文化。例如，"好"一词在不同的国家所代表的完美程度是不一样的。在一些国家，"1"代表最好的评估，但在其他国家它可能是最不利的选择。调研人员对这些语言差异必须做出判断。另外，人们还发现，中国、日本的受访者在调查中倾向于选择居中的答案，这和美国、德国、英国的受访者不同。因此，在中国和日本进行测量时必须增加可选答案的数量，以避免数据过于集中，提高调查结果的差异度。

④开发或选用泛文化的量表。实践表明，语义差别量表是一种最接近泛文化的量表。它能不断地得出在概念和维度方面相似的结果，可以对大部分差异性做出评估，而且用于不同国家时，它也能解释回答的主要差异。这可能是因为语义差别量表两端的形容词意思相反，受访者很容易理解问题。

（2）测量等价性评估。国际市场营销调研的一个主要目的是找出调研人员所关心的总体的相似之处和差异之处。达到这一目的的前提之一是从各个地区收集到的数据应具有可比性，否则就可能得出错误结论。而使数据具有可比性的条件之一是各地使用的测量工具具有等价性。因此，在国际市场营销调研中，调研人员必须对测量进行等价性评估。评估包括三个方面：

①标度等价。在测量中所使用的口径必须等价，包括货币单位、重量、距离和体积的度量标准，知觉线索（如颜色、形状或形态）等。不同国家使用不同的度量单位。例如，有的国家习惯用磅或吨来表示重量，有的国家习惯使用克和千克。如果使用了错误的口径，结果就会出现错误。调研人员还需要注意颜色在不同文化中代表不同含义。例如，白色在西方国家是纯洁和和平的象征，而在东方国家常用于哀悼。

②翻译等价。在不同的调查背景下，调研工具都应该有相同的含义。翻译等价强调的重点不在于将一种文字翻译成另一种文字时保持相同，而在于收集到的信息等价。调研人员的重点是将问题内容传达给受访者，并在不同国家得到具有可比性的回答。

③度量等价。度量等价指的是所使用的测量方法中的打分或数量等级相同。调研人员必须保证进行评估所使用的测量和评分程序相同，还要注意使不同国家的受访者对既定问题的回答保持一致。在不同国家中所使用的测量方法因文化背景和受访者受教育程度不同而有很大差异。在美国，调研人员通常使用5点或7点量表法，但还有使用多达20点量表的国家。研究日本市场的调研人员设计的量表很可能没有中间值，因为日本的调查对象倾向于保持中立。

4.2.6 国际市场营销调研设计——问卷设计

在国际环境下，问卷设计除了须遵循市场营销调研中问卷设计的一般原则外，还面临以下问题：

1）问卷格式的选择

在为跨文化或跨国家调研设计问卷时，问卷格式的选择是一个很重要的方面。调研人员可能不了解其他国家或其他文化背景下消费者的购买行为或者影响被调查者作答的因素。因此，在某些情况下，采用开放式问题会更好。开放式问题不会将任何结构或答案类别强加给被调查者，能够避免由调研人员导致的文化偏差。

被调查者读写能力方面的差异会影响开放式问题的适用性。开放式问题要求被调查者用自己的语言回答问题，要求被调查者具有一定的思想深度，对调查涉及的话题有一定的理解；否则，被调查者可能答非所问。在跨文化和跨国家调研中，调研人员使用开放式问题时要避免因被调查者受教育程度的不同而导致偏差的出现。

问卷设计的另一个考虑因素是语言和非语言刺激各占多大比例才能使被调查者更好地理解问题。如果被调查者的受教育程度偏低，采用非语言的刺激方式，如图画卡片等，效果会更好。问卷可以由一名访谈员以口头形式读给被调查者听，同时辅以产品样品、产品包装图片等，这样有助于被调查者更清楚地理解问题。

2）问卷中问题的措辞和翻译

问题的措辞是问卷设计中非常重要的部分。如果在一种语言中，代表相同事物的词语有多个，那么调研人员要确保问卷中使用的词语是该国普遍使用的。例如，"账单"，美式英语为 bank note，英式英语为 bill；"婴儿车"，美式英语为 pram，英式英语为 baby carriage。

在国际市场营销调研中，设计问卷最重要的一个要求就是熟悉当地语言，用语简洁，避免冗长的解释和指示，确保所有受访者都能理解问题，并做出有意义的回答。

此外，对问卷和回答的翻译在国际市场营销调研中也非常重要。为了保证问卷的内容在两种语言中是一致的，翻译问卷时往往遵循的一套复杂的程序。例如，由专业的翻译人员将中文原版问卷翻译成英文，然后再由另一名不了解原版问卷的翻译人员将英文翻译回中文。如果问卷内容在汉英两种语言中一致，就说明这份问卷是有效的。这样做的缺点是成本较高。

3）建立结构等价性

结构等价是指使营销构件（如品牌意识、满意度、品牌忠诚等）在不同的国家有相同的意义和作用。例如，在一些国家，某一产品类别的品牌数量有限，也没有知名品牌，因此品牌忠诚的作用有限。而在另一些国家，占统治地位的品牌已经成为一个通用的标签，代表着整个产品类别，如可口可乐、麦当劳，很显然在这些国家品牌忠诚具有绝对重要的意义。因此，在不同国家必须从不同的视角去看待品牌忠诚。

结构等价包括 3 个部分，分别是功能等价、概念等价和类别等价。

（1）功能等价。功能等价指的是使既定的概念或行为在不同的国家有相同的目的或功用。例如，自行车在一些国家主要用于运动休闲，而在另一些国家主要作为交通工具。在前者，其竞争产品是其他运动休闲装备，如轮滑等；在后者，其竞争产品是其他交通工具，如摩托车等。类似地，汽车在一些国家是出行的必需品，而在另一些国家是奢侈品和地位的象征。因此，调研人员在设计问卷时必须保证他们是在正确的背景下提问的。

（2）概念等价。概念等价和消费者对某一对象或刺激物的理解有关。例如，在前文中提到的美式英语和英式英语中的用词区别。调研人员在设计问卷时要确保他们在不同国家通过调查得到的信息具有相同的意义。

（3）类别等价。类别等价与不同国家对有关对象或刺激物的不同归类有关。例如，同一款轿车，在甲国属于中低档轿车，在乙国则属于高档轿车。如果要针对这款轿车进行国际市场营销调研，那么在这两个国家设计调研问卷时必须以等价可比的方式提出问题。实现这一目的的方法之一是选择社会特定阶层使用的一款车型，并针对这款车型询问满意度。例如，在甲国，问题可以这样表述："和 A 车比较，您对 B 车以下的全部因素怎样评价？"同时提供一份需要进行比较的属性列表。在乙国，同样的问题可以这样措辞："和 C 车相比，您对 B 车以下的全部因素怎样评价？"唯一的要求是 A 车和 C 车在其各自市场上的定位与 B 车类似。

4.2.7　国际市场营销调研设计——抽样设计

在抽样设计方面，国际市场营销调研和境内市场营销调研的区别在于：在国际背景下，抽样设计必须考虑国与国之间的环境差异，开发适应调研所在国环境背景的抽样计划。同时，为使数据具有可比性，必须进行抽样等价性评估。

1）国际环境下的抽样程序

图 4-4 显示了国际市场营销调研中抽样的一般程序。

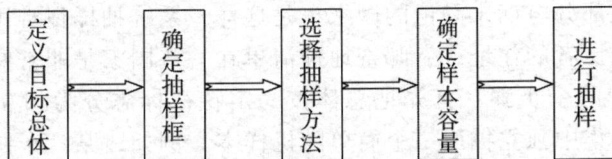

图 4-4　国际市场营销调研中抽样的一般程序

（1）定义目标总体。定义目标总体就是用人口统计特征变量或其他特征变量对调查对象进行详细描述。例如，在我国青年女性对境内市场上各种化妆品品牌的认知度的调查案例中，调查的目标对象是我国青年女性，但青年女性是一个模糊的概念，需要用年龄变量加以明确界定。

在国际环境下，定义目标总体时应考虑到各个国家之间的相关个体（调查对象）可能各不相同。例如，在一些国家，孩子在儿童牛奶的购买中扮演着重要角色，而在另一些国家，购买决定是由母亲做出的。

（2）确定抽样框。抽样框是指对总体单位的完整列表。抽样框选择不当就可能导致误差，即抽样框不能代表总体。如果抽样框与总体充分一致，则不存在抽样框误差，反之则意味着存在较大的抽样框误差。抽样框误差主要来自两个方面：①总体中一部分单位不在抽样框内。例如，如果用电话目录作为抽样框就可能出现部分总体单位因为未登记电话号码而被排除。②抽样框内的一部分成员不属于目标总体。例如，如果总体由戴隐形眼镜的人构成，但调研人员是从验光师那里得到样本数据的，那么就可能把戴普通眼镜的人也纳入抽样框。

在国际市场营销调研中，要设计一个合适的抽样框存在困难。这是因为在许多国家，关于目标总体的可靠信息可能无法从直接从二手数据中得到，一是因为政府公布的数据可能难以获得或者有高度的倾向性，二是因为通过商业途径得到这些名单需要投入的成本极高。在这种情况下，访谈人员可以从指定的起点处开始，每隔 n 个住所取样一次，直到指定数目的单位被抽选出来。

（3）选择抽样方法。抽样方法有两大类：概率抽样和非概率抽样。

①概率抽样。概率抽样是依随机的原则抽取样本，主要有四种方法：简单随机抽样、系统抽样、分层抽样和整群抽样。

简单随机抽样是这样一种抽样方法：一群调查对象被完全偶然地从总体中抽取出来，从总体中选出任意既定成员的概率都是相同的。如果有目标总体的清单，即抽样框，简单随机抽样就很容易实施。在国际市场营销调研中，因为要获得目标总体的清单并不容易，简单随机抽样有可能是昂贵而耗时的。

系统抽样，也称等距抽样，它是将总体按某种顺序排列，按规则确定一个随机起点，再每隔一定间隔逐个抽取样本单位的抽样方法。典型的系统抽样是先从数字 1 到 k 之间随机抽取一个数字 r 作为初始单位，以后依次取 r+k，r+2k，…，r+nk。与简单随机抽样一样，使用系统抽样必须获得总体的列表，但系统抽样比简单随机抽样应用更普遍，花费的时间更少。在许多例子中，系统抽样有可能生成一个与简单随机抽样在质量上几乎相同的样本。在国际市场营销调研中，系统抽样被广泛应用于电话访谈，即使在那些大部分电话未登记的国家也是这样。系统抽样很难用于邮件或个人访谈，因为要获得受访者的住址或者邮寄地址清单在一些国家是非常麻烦的事。

分层抽样包含两个步骤：首先把总体按一定特征标志分为相互排斥和尽举的子集，然后从每个子集中独立抽取一个简单随机样本。例如，某汽车制造商试图查出潜在汽车买主最看重的因素。假设制造商已经开展了探索性研究，研究揭示男性和女性评价汽车的标准不同。用于这个研究的总体应当是有兴趣在近期购买新车的成年人。接下来总体被分成男性和女性，然后可以对每个群体使用简单随机抽样。相对于简单随机抽样而言，分层抽样保证了样本对总体的代表性，同时确保在既定总体中的每个子群体都能反映出总体的特征。例如，一项调查移动电话使用情况的国际研究使用了分层抽样程序。为了在阿拉伯联合酋长国开展调查，调研人员研究了该国的人口统计学特征。结果发现，居住在阿拉伯联合酋长国的外籍人口占有相当大的比例——大约是总体的80%，当地人口只占总体的20%。当地人口和外籍人口在移动电话使用方面存在显著差异，调研人员决定使用比例分层抽样，以确保这两个群体都能被正确描述。

如果调查涉及的地理范围很广，采用前述三种随机抽样方法的代价将十分高昂。解决的方法是采用整群抽样。在整群抽样中，总体被分为若干子集，每个子集都能代表总体，然后随机抽取某一个或几个子集进行普查，或者再从这些被抽取的子集中用简单随机抽样法抽取样本。例如，调研人员要在德国开展一项研究，如果只对法兰克福和柏林这两个城市抽样，就能显著地节约成本。但是，使用该方法的一个前提条件是法兰克福和柏林的人口特征是相似的；否则，研究将会出现显著偏差。

在国际市场营销调研中，由于缺乏二手资料，同时为了节约成本，大多数调研人员选择多阶段抽样。多段抽样的具体步骤是：①先将调查总体各单位按一定标准分成若干集体，作为抽样的第一级单位。然后，将第一级单位又分成若干小的集体，作为抽样的第二级单位。以此类推，还可分为第三级单位、第四级单位。②依照随机原则，先在第一级单位中抽出若干单位作为第一级样本，然后在第一级样本中抽出第二级样本，以此类推，还可抽出第三级样本、第四级样本。调查对象至第二级样本者，为两段随机抽样；至第三级、第四级样本者，为三段或四段随机抽样。例如，一家饮料制造商为了调查其产品的认知度，首先根据预先设定的属性，如人均收入或饮料的年销售额等，划分出若干拟开展调研的地区，再将这些地区分解为国家，再将国家进一步分解为城市。然后根据所需要的样本容量大小，随机抽取特定数目群集的样本。所有群集中的成员都要接受调查。最后，从被选群集中得到的结果推导出整个地区的产品认知度数据。

②非概率抽样。在非概率抽样中，调研人员通常不用开发抽样框，因此这类方法缺乏抽样效率和精确度，常用于探索性调研、预先测试问卷和调查类似总体。在国际市场营销调研中，非概率抽样方法被频繁使用。例如，如果一项调研将目标对准了埃及、约旦、沙特阿拉伯和阿拉伯联合酋长国这类国家，就不可能对目标总体进行抽样，因为社会不接受陌生人敲门询问信息的做法，在这种情况下可以使用非概率抽样方法。常用的非概率抽样方法包括判断抽样、滚雪球抽样、便利抽样和定额抽样等。

如果调研人员充分了解市场，借助专业的判断抽取样本，就是采用了判断抽样。判断抽样在调研人员需要快速获得结果的情况下适用。例如，在商场进行调查，了解职业妇女对特定化妆品的观点时，访谈员会选择他们认为是职业女性的人交谈。这是以访谈员的判断为基础的，这种判断并不总是对的，因而调查可能出现偏差。当样本容量非常小的时候，在探索性调研或问卷预先测试中使用该方法可以得到合理的准确度。

当总体由专业领域的人士构成时，就可以使用滚雪球抽样。该方法从调研人员确定的满足所有总体特征的一个人（或一个单位）开始。调研人员会要求他（她）提供所有其他的满足总体特征的人员名单。在高度专业的总体（如宇航员、深海潜水员等）中进行抽样时，这种方法很有效。其缺点是出现在被访者社交圈中的人常常被选中。在中东国家，这也是一种更有效地访问妇女的途径。

便利抽样可用于快速、低成本地收集信息。选择调查对象的标准可以简单到当日地铁下车的头几名乘客，或在某大学校门口的几名学生这种程度。该方法的调查结果欠精确，只能在探索性调研中使用。

定额抽样是有条件的判断抽样，即来自每个特定子群的样本的最小数目是确定的。子群通常建立在一些人口统计学变量（如年龄、性别、职业和收入等）的基础上。例如，调研人员要调查青少年在当地商场购物的情况。调研人员可以假设所有去商场的青少年都是当地的，而不是来自其他城市的。如果已知本地区男孩在青少年中的比例是60%，要求的样本容量是300，调研人员就应该访问180名去商场的男孩。

（4）确定样本容量。样本容量可以使用统计技术或一些特定的方法来确定。市场营销调研需要的样本容量取决于以下4个因素：①样本中要分析的群和子群的数目。②研究的价值以及研究结果的精确度。一种极端的情况是，如果研究没有价值，调研就没有必要开展。③抽样成本。抽样成本较低时，可以增大样本容量，以提高结果的精确度。④总体的变异度。总体变异度越大，需要的样本容量就越大。

在国际市场营销调研中，用统计学方法估计样本容量可能会很困难，因为可能得不到总体方差的估计值，故而其样本容量经常依据定性的因素来确定，包括决策的重要性、研究的性质、变量的数目、分析的性质、类似研究中所使用的样本容量、发生率、完成率以及资源约束等因素。如果研究人员试图对样本容量进行统计上的估计，则要考虑不同国家的总体方差估计值可能有所不同，因此在不同的国家假定总体方差相同或使用同样的样本容量可能是一种错误的做法。

2）抽样等价性评估

在国际市场营销调研中，确保从不同国家选出的样本具有可比性是非常重要的。重点不在于使用的方法或所抽取样本的轮廓相似，而是从样本中获得的信息等价。要保证这一点，需要考虑两个方面的问题。

（1）明确为了调查要联系谁，以及研究需要的是单个受访者还是一个家庭中的多个受访者。这通常取决于所采用的决策程序，在不同国家可能相差很大。在某国由一个人做出的决策，到了其他国家可能是由两个人或更多的人共同做出的。在组织中，不同的决策是由组织阶梯中的不同层次做出的。目标细分群体在不同国家之间可以不同。要使不同国家的抽样总体产生具有可比性的结果，在调查中就要考虑以上所有差别。在抽样中，这方面的例子不胜枚举。例如，家庭大笔投资的决策在西方国家可能是由夫妻共同做出的，但是中东国家的妇女可能不会参与这样的事务。如果研究需要针对受访者的许多投资习惯提问，那么为了得到完整的信息，在西方国家就需要和夫妻双方进行交谈，而在其他一些国家可能不需要这样做。这就说明在不同国家必须对不同类型的人进行调查，才能得到等价的信息。

（2）分析有关样本在多大程度上能代表总体。调研人员必须在不同国家使用不同方法才能得到具有代表性的样本。例如，在有些发展中国家的偏远地区，人们的文化水平不高，调研人员无法得到足够多的受过良好教育的样本，这就会导致偏差，因为样本不能很好地代表总体。在这种情况下，采用判断抽样或滚雪球抽样方法更有效。

【小资料4-7】

获取海外市场调研样本的挑战

抽样面临的最大问题是缺乏能够提取出有效样本的充足的人口数量和有效清单。如果没有有效清单，那么抽样就会更加复杂，且通常数据不可靠。在一些国家，如果无法获取电话簿、行政区划名称表、人口普查区域等数据，以及被调查人口的详细的社会和经济特征，调研人员就不得不对这些特征参数进行估计，但有时候他们无法依据基本数据做出准确的估计。

更难的是，在一些国家没有街道地图，有的街道没有命名，房屋也没有编号。相反，在另一些国家，抽样资料较容易获得。例如，日本的人口普查数据的可用性及准确性都比较高。在日本，居民在搬迁时必须向政府相关机构提交最新信息，才能获得公共服务，如水、天然气、电以及教育等。

调研中的各种沟通方式（邮件、电话、互联网等）的有效性是有限的。在许多国家，电话拥有率极低，电话调研几乎毫无价值。在斯里兰卡，只有不到19%的居民有固定电话。

资料来源　凯特奥拉，莫尼，玛丽，等. 国际营销［M］. 崔新健，改编. 18版. 北京：中国人民大学出版社，2020：195-196.

4.2.8　国际市场营销调研中的数据分析和调查报告

1）国际市场营销调研中的数据分析

在国际市场营销调研中，进行数据分析时所使用的统计技术与境内市场营销调研相比，主要的区别在于：

（1）数据分析的准备阶段。在国际市场营销调研中，调研人员在进行数据分析之前应当确定测量单位在不同的国家或文化单元之间具有可比性。例如，不同的货币之间需要进行换算以便具有可比性。此外，有时还需要对数据进行标准化和正态化，以便进行相互比较。

（2）数据分析的层次。在国际市场营销调研中，数据分析可以在三个层次上进行：个体层次，一个国家或一个文化单元层次，以及跨国家或跨文化层次。

个体层次的分析是对每个调查对象的数据分别加以分析，如计算相关系数或进行回归分析。这要求从每个调查对象处获得足够多的数据。在国际市场营销或跨文化研究中，如果研究者需要充分了解各个文化背景下的消费者行为，就可以通过个体层次的分析完成。

一个国家或文化单元层次的分析是按照每个国家或文化单元分别对数据进行分析，也称为文化内分析。这种分析与境内营销研究中的分析相似，其目的是了解一国或一种文化中人们的关系和行为方式。

在跨国家或跨文化层次的分析中，所有国家或文化单元的数据被同时进行分析。有两种分析方法可供选择：一种是把所有调查对象的数据结合起来进行分析。这种方法被称为泛文化分析。另一种是把数据按照不同国家或文化单元分为几个集合，再对这些集合进行分析。例如，研究者可以先计算一个变量在每个国家或文化单元数据中的平均值，再计算这些平均值之间的相关系数等。这种方法被称为跨文化分析。这个层次分析的目的是评估不同国家或文化单元之间研究发现的可比性，掌握其异同点。在检验国家或文化单元之间的差异时，不仅要评估其均值上的差异，还要分析其方差和分布上的差异。

2）国际市场营销调研中的调研报告

在国际市场营销调研中，研究者应该准备不同版本的报告，每个版本针对特定的读者。这些报告的格式可能不同，但内容应该是一致的或者可比的。许多营销决策是借助市场营销调研的结果得到检验的，并受其约束。为了使研究结果在不同的国家得以应用，有必要针对不同国家的企业管理者提出有针对性的营销建议，尤其是革新性或创造性的建议。

【小思考4-2】

营销决策问题和营销调研问题之间有什么区别和联系？

答：区别：营销决策问题是行动导向的，它要回答的是企业该做什么的问题；而营销调研问题是信息导向的，它关注的是为回答营销决策问题需要收集哪些信息。

联系：营销决策问题是提出营销调研问题的前提；反之，回答了营销调研问题就应该能够回答营销决策问题。

本章小结 ✎

国际市场营销调研是企业成功开展国际市场营销的前提。无论是战略性的国际市场营销决策还是策略性的国际市场营销决策，都必须有相应的国际市场信息作为决策依据。国际市场营销调研的目的就在于为企业的国际市场营销决策提供信息依据。

从市场调研的一般原理和过程以及涉及的基本技术来看，国际市场营销调研与境内市场营销调研并无本质上的差异。二者的区别在于所面临的环境不同。这就使得国际市场营销调研将面临境内市场营销调研所没有的两个问题：一是具体的调查方法如何适应当地环境背景；二是如何解决不同调查方法的等价性问题。

国际市场营销调研的一般过程包括：确定问题，选择分析单位，收集国际二手数据，进行调研设计，分析数据并提出报告。在确定问题阶段，调研人员应充分考虑导致营销问题的环境背景，避免采用"自我参照标准"。选择分析单位这一步骤可能是国际市场营销调研独有的，因为国际市场营销调研可能要在全球层次、地区层次、国家层次和境内子群体层次上进行。国际市场营销调研设计的主要内容包括原始数据的收集方法设计、测量方法开发、问卷设计和抽样设计。每一项内容的设计都必须充分考虑当地文化背景，采用不同的调查方法，并同时进行等价性评估。

主要概念和观念

☐ **主要概念**

　市场营销调研　国际市场营销调研　单一国家（地区）调研　多国（地区）调研　差异性问题　测量等价性　结构等价性　抽样等价性

☐ **主要观念**

　国际市场营销调研与境内市场营销调研的区别　影响国际市场营销调研设计的差异性问题　不同国家调研结果的比较问题　国际营销决策中的信息需求

基本训练

☐ **知识题**

4.1　阅读理解

1）国际市场营销调研的概念是什么？它有哪些类型？

2）国际市场营销调研与境内市场营销调研的区别在哪里？

3）国际目标市场选择决策中的信息需求有哪些？

4）国际市场进入方式决策中的信息需求有哪些？

5）国际市场营销组合决策中的信息需求有哪些？

6）国际市场营销调研可能在哪几个层次上进行？

7）国际二手数据的作用有哪些？

8）国际二手数据的来源有哪些？

9）简述访谈法的类型及在国际市场营销调研中的适用性。

10）简述定性调研法的类型及在国际市场营销调研中的作用和局限性。

11）在国际环境下，测量方法开发将面临哪些问题？

12）在国际环境下，问卷设计应考虑哪些问题？

13）国际环境下的抽样程序是什么？

4.2　知识应用

1）选择题

（1）个人访谈法在国际市场营销调研中（　　）。

A.特别适合在发达国家使用　　　　　B.特别适合在不发达国家使用

C.适合在任何国家使用　　　　　　　D.不适合使用

（2）在国际市场营销调研中，关于电话访谈正确的说法是（　　）。

A.适合工业营销调研　　　　　　　　B.适合消费者调研

C.电话访谈的成本低　　　　　　　　D.电话访谈获得的信息量大

（3）属于定性调研法的是（　　）。

A.专题组座谈　　　　　　　　　　　B.邮寄调查

C.深度访谈　　　　　　　　　　　　D.影射法

（4）测量等价性评估包括（　　）。

A.标度等价   B.功能等价

C.翻译等价   D.度量等价

（5）概率抽样法包括（　　　）。

A.简单随机抽样   B.整群抽样

C.分层抽样   D.系统抽样

（6）非概率抽样法包括（　　　）。

A.判断抽样   B.滚雪球抽样

C.便利抽样   D.定额抽样

（7）国际市场营销调研活动包括（　　　）。

A.单一国家（地区）调研   B.独立的多国（地区）调研

C.连续的多国（地区）调研   D.同时进行的多国（地区）调研

2）判断题

（1）为使不同国家的调研结果可比较，应在不同国家采用统一的标准化的调查方法。 （　　　）

（2）个人访谈特别适合在发达国家使用。 （　　　）

（3）电话访谈特别适合工业品调研。 （　　　）

（4）在消费者调研中，邮寄调查只适用于识字率较高、邮寄名单易于找到的工业化国家。 （　　　）

（5）定距、定比尺度的测量水平高，因此在国际市场营销调研中应尽量采用。 （　　　）

（6）语义差别量表是一种泛文化量表，可在国际市场营销调研中广泛采用。 （　　　）

（7）整群抽样能提高样本的代表性。 （　　　）

（8）在国际市场营销调研中，系统抽样被广泛用于电话访谈。 （　　　）

即测即评

□ 技能题

4.1　规则复习

1）国际环境下调研问题的确定

确定国际市场营销调研问题的步骤是，首先应了解相关的环境背景，然后确定企业面临的营销决策问题，在此基础上依据一定的营销理论或客观现实确定市场营销调研问题。

在确定国际市场营销调研问题的过程中，可采取以下步骤消除自我参照标准的影响：①根据境内的环境和文化因素定义营销调研问题；②根据境外的环境和文化因素定义营销调研问题；③剔除自我参照标准的影响；④重新定义营销调研问题，并按境外市场状况来描述。

2）国际环境下的市场营销调研设计

在国际环境下，市场营销调研设计应充分考虑当地环境背景，采用不同的调查方法，同时应进行不同调查方法的等价性评估。

在国际市场营销调研中，访谈法和定性调研法是原始资料收集中最普遍使用的方

法。访谈法具体包括个人访谈、电话访谈和邮寄调查。其各自的优缺点及国际适用性也不同。定性调研法具体包括专题组座谈、深度访谈和影射法。

在国际环境下，测量方法开发主要涉及两个问题：一是开发适合当地文化背景的测量工具；二是进行测量等价性评估。

在国际环境下，问卷设计需要考虑问卷格式的选择、问卷中问题的措辞和翻译，以及建立结构等价性三个问题。

在国际环境下，抽样设计必须考虑国家（地区）与国家（地区）之间的差异，开发适应调研所在国家（地区）环境的抽样计划。同时，必须进行抽样等价性评估。

4.2 操作练习

1）实务题

（1）假如国内某一生产消费品的制造商计划在两年内将产品打入以下国家：俄罗斯、法国、巴西、日本、美国、印度和南非。请根据这些国家的人口统计数据和其他基本数据确定在每个国家应采用的最优原始资料收集方法。

（2）设计一份短问卷来测量消费者对乘坐飞机的态度。让一些外国学生把问卷直接翻译成他们的母语，然后再进行逆向翻译。看看会出现哪些翻译错误，并改正这些错误。

2）综合题

进行一项研究设计，用于分别在中国、美国和瑞士评估消费者对于某品牌牛仔裤的偏好。识别二手数据的来源，决定是否应该进行定量研究，提出在各个国家应使用的调查方法。提出一种以上的量表技术，设计英文问卷，并提出适用于各个国家的抽样程序。

□ 能力题

4.1 案例分析

大疆——无人机出海的佼佼者

深圳市大疆创新科技有限公司（简称大疆）成立于 2006 年，如今已发展成为空间智能时代的技术、影像和教育方案引领者。成立近 20 年间，大疆的业务从无人机系统拓展至多元化产品体系，在无人机、手持影像系统、机器人教育等多个领域成为全球领先的品牌，以一流的技术产品重新定义了"中国制造"的内涵。大疆凭借过硬的产品和技术研发，长期在全球消费级无人机市场占据领先地位，不断拓展着自己的疆界，正如它的品牌名字"大疆"一样。

大疆与很多中国企业不同，一般的企业是先立足境内再走出海外的，而大疆的品牌和产品是先在欧美市场获得认可，再"回到"中国的。这也奠定了大疆从一开始就立志成为国际企业的基调。大疆在推出精灵系列无人机之初，就将产品送到了好莱坞和硅谷，让影视行业、科技行业的意见领袖们尝试使用无人机。大疆的产品能同时运用于生活和工作，让使用者的视野从二维上升到三维，很快获得来自全球消费文化和科技界顶尖人士的青睐。公司借此迈出了全球布局的关键一步。此后，大疆无人机陆续出现在热播美剧和电视节目中，既有参与制作又有产品植入。工作和拍摄以外，许多好莱坞和硅谷的明星、大佬们也成为大疆产品的首批粉丝和种子用户。在无人机领域持续多年深耕后，如今大疆的产品已经占领海外大半的市场份额。大疆副总裁徐华滨透露，大疆80%的销量来自海外，包括苹果手机零售店在内的一些大型零售商都在销售大疆的无人机。

在众多的出海模式中，以大疆为代表的出海模式已经成为众多企业的标杆。它成功的原因有三个：

①海外优质的消费群体。智能硬件是一个需要大量投入的行业，这也注定了智能产品的价格高于传统产品。同时，欧美是非常大的市场，也是比较成熟的市场，有着全球最庞大、消费能力最强的智能硬件产品消费群体。他们认同智能硬件产品中技术、设计以及创意的价值，并愿意为这样的产品付费。这些正是相关企业需要的优质消费群体。

②海外市场对智能硬件的认可。海外（欧美市场）消费群体对智能硬件的接触时间较早，接受度也高，中国智能硬件企业在海外不会出现"重新教育市场"的问题，而且海外消费者的意见反馈也有助于企业迅速优化、迭代产品，让产品更贴合市场需求，最终产生"口碑效应"，形成一种良性循环，即"产品在创新性和实用性上可以更好地平衡"。

③成熟的海外众筹平台。海外众筹平台能为智能硬件企业带来极大的营销势能。海外众筹平台 Kickstarter 和 Indiegogo 的日均访问量高达几百万，两大平台的巨大流量足以让一个默默无闻的新产品获得良好的话题性。无论智能硬件企业的目的是推广品牌、收获种子用户，还是筹资生产产品，海外众筹平台都能够很好地帮助其实现。借助海外优质的消费群体，加上良好的众筹平台助推，大疆也因此在海外取得了不错的成绩。所以，对于在境内市场利润提升空间不大的智能硬件企业而言，海外市场或许是破局最值得尝试的方向。

中国企业出海，在海外经历的挑战、克服的困难都比较多。语言、文化和境内外市场的差异都是企业出海需要深究的问题。大疆在市场研究方面下了大功夫：

①获得高端市场的定位利于向下拓展。对于智能硬件企业而言，走向海外市场是为了让研发的产品一开始就能适应高端市场，再从高端市场拓展到中低端市场，其优势是品牌定位比较高，开拓中低端市场会比较容易。如果从中低端市场向高端市场拓展的话，实现起来会更难。

②为不同市场的消费者打磨产品。定位起点高，势必对应更高的门槛。不同国家（地区）的消费者在需求偏好、使用习惯、流行趋势上都不同，很多新产品在海外市场受挫，都是缘于智能硬件企业对产品的打磨不够，或者不够重视本地市场。此外，海外市场的政策风险、法律风险以及版权风险，都很容易导致智能硬件产品的失败。

③抓住海外市场的新需求。由于地域和文化的差异，有些产品在境内没有市场而在海外市场前景光明，或者境内的市场需求尚不明确，而在海外可能有着不错的表现，但这样的情况并不多见。当然，产品在海外市场表现如何，与企业接受新的游戏规则、融入新市场的能力息息相关，这对团队的能力也是一个巨大的挑战。

资料来源　钛动科技. 大疆——无人机出海的"佼佼者"［EB/OL］.（2021-01-19）［2024-11-02］. https://www.tec-do.com/detail/79.html.

问题：

1）在研究欧美消费者对大疆产品的偏好时，需要考虑哪些环境因素？

2）假设要进行一项调查来确定欧美消费者对大疆产品的偏好，你会推荐使用哪种调查方法？为什么？如果是在美国你会如何开展这种调查？

3）若对国内消费者和欧美消费者对大疆产品的偏好进行比较研究，在设计合适的测量指标和量表时应考虑哪些特别的因素？

4.2　网上练习

1）访问佳能公司的网站（http：//www.canon.com），在有关打印机的国际营销研究方面，你能够得到什么资料？写一份简短报告。

2）收集各国的 GDP、受教育水平、家庭电话普及率数据。用 SPSS、SAS 或 Excel 做回归分析，解释所得的结果。

4.3　单元实践

收集国内一家正进行国际化的公司的有关数据，为其确定国际营销决策问题，然后为这家公司设计一份国际市场营销调研计划。

第 **5** 章

国际市场竞争战略

学习目标 ▶

通过本章学习，你应该达到以下目标：

知识目标：了解制定国际市场竞争战略的紧迫性，树立竞争战略的营销新观念，掌握国际市场竞争战略新动向和基本战略。

技能目标：学会制定国际市场竞争战略的基本方法，并掌握基本动向，了解新的时代对企业竞争战略的紧迫要求，重点是掌握运用竞争手段进行国际市场营销的技巧和方式。

能力目标：具有熟练分析制定国际市场竞争战略的能力，树立竞争战略的营销新观念，具备用竞争手段和方法进行国际营销的基本能力和基本方法。

价值引领 ▶

国际市场竞争无处不在，美国等西方国家甚至采取不正当竞争手段对华为、中兴等中国企业进行打压。必须看到，中国企业及产品在进入国际市场取得很大成绩的同时，也会受到方方面面的压力，要应对这些压力就需要企业制定和实施有力的国际市场竞争战略。

中国企业国际竞争优势的形成是与中国改革开放的进程相伴随的。一方面，正是不断深化改革、扩大开放，推动形成了中国企业国际竞争优势的内在动力和体制保障。另一方面，共建"一带一路"是我国积极推进对外开放、构建人类命运共同体的重大举措。推进对外投资和基础设施互联互通，有利于用好国内国际两个市场、两种资源，促进经济要素有序自由流动，增进商贸伙伴福祉，实现互利共赢。在这些有利条件的基础上，中国企业在制定国际市场竞争战略时要充分考虑将国内外生产要素有机组合，通过优化使用这些要素来提升国际市场竞争力。

引例 @   **中国制造何以保持强劲国际竞争力**

中国制造国际竞争力特有优势的形成，是随着实践的推进，一个又一个优势不断叠加累积的过程，包括要素禀赋优势、开放合作优势、基础设施和产业集聚优势、大规模市场优势、互联网技术创新优势的不断形成和累积。中国制造国际竞争力优势的形成是与我国改革开放的进程相伴随的。不断深化改革、扩大开放，推动形成了中国制造国际竞争力优势的内在动力和体制保障。

改革开放以来，中国抓住国际产业转移的战略机遇，积极参与经济全球化，推动经济发展取得举世瞩目的成就。从1994年开始，中国扭转了货物贸易长期逆差的局面，进入货物贸易顺差阶段，至今已长达30余年。自2010年以来，中国制造业增加值连续多年位居世界第一。中国制造在满足国内需求的同时大量向世界出口，为世界经济长期稳定发展做出了巨大贡献，形成了强劲的国际竞争力。中国制造保持强劲国际竞争力的奥秘是什么？要科学回答这一国际国内广泛关注的问题，就要深入考察中国共产党领导人民推进改革开放和社会主义现代化建设的壮阔实践，从中揭示中国经济故事背后的制度创新、实践创造和理论逻辑。

改革开放前，中国市场与国际市场基本是隔离的，贸易往来很少。这一时期，中国贸易体制的主要特征是计划管理和国家统一经营，对外贸易功能局限于互通有无、调剂余缺，各项产品进出口额都非常少。从结构上看，凭借低成本劳动力优势，中国出口产品主要是农产品和手工艺品等劳动密集型产品，初级产品出口占比超过50%。

改革开放破除了计划经济体制的束缚，有效释放了要素流动与经济增长的活力，中国经济开始积极融入世界经济。在内资企业发展壮大的同时，外商投资企业也快速发展起来。通过"来料、来件、来样加工装配"和"进料加工"这两种贸易方式，利用中国低成本劳动力加工出成品销往海外市场，是中国产品打开国际市场的"先手棋"。这种"两头在外"的加工贸易占进出口总值的比重由改革开放初期的6%快速上升到1993年的41.2%。

2001年加入世界贸易组织后，中国开始全面融入全球价值链，在全球价值链中的地位不断攀升，一个重要指标就是中间品的出口大量增加，同时中间品的进口并未减速，"大进大出"是这一阶段的典型特点。对于这一时期，我们可以观察到两个典型事实：一是中国工业化水平迅速提升，特别是乡镇工业发展迅猛，一些乡镇工业企业成为进出口贸易的重要微观主体；二是中国基础设施建设在此前不断加强的基础上快速推进，产业集聚效应开始显现，作为产业集聚重要载体的产业园区"井喷式"增长，其独有的配套优势、规模经济和营商环境促进了中国制造国际竞争力优势的积累和综合。随着资本技术密集生产部门的竞争力优势不断累积，中国机械和设备制造产品出口大幅增加，并在2021年成为世界第一。

2001—2008年，中国基础设施资本存量年均增长率高达17%，2010年跃升为世界第三位，仅次于美国和日本。中国基础设施的超常规发展，也是成就中国经济增长和贸易增长奇迹的重要因素。这一时期，中国国内大市场也开始形成。党的十八大之后，随着扩大内需、推进新型城镇化等政策的实施和居民收入水平不断提高，中国国内大市场加速形成，消费市场规模快速增长，有力支撑了中国制造企业开拓国内外市场。中国对外贸易"两头在外"的发展模式逐步转变为"内外并重"。

随着创新驱动发展战略的深入推进和企业自主创新能力的提升，中国国际贸易新动能加速形成，突出特点是互联网技术的发展和广泛应用引致贸易模式创新，跨境电商成为中国对外贸易的新业态。近年来，中国跨境电商市场规模持续扩大。根据公开资料，2023年中国跨境电商市场规模（按照GMV统计口径）为1.4万亿美元，较2019年的年复合增长率为18.5%，在中国整个电商市场中的占比约为三分之一。2024年前三季度中国跨境电商市场规模为1.88万亿元人民币，同比增长11.5%，高于同期我国外贸整体增速6.2个百分点。互联网技术的运用改变了外贸企业的微观组织结构，许多外贸综合服务型企业通过互联网技术带动更多中小型生产企业组成新的分工结构，形成了组织性更强、专业分工更精细的竞争能力。这些实践经验，是难以在西方国际贸易理论中找到的。

由此可见，中国制造国际竞争力优势的形成是一种具有中国特色的"滚雪球"、螺旋式上升过程。劳动力要素禀赋、开放合作、基础设施和产业集聚、大规模市场、互联网技术创新五种优势在改革开放历史演进中梯度递进、逐级叠加、螺旋上升，在前期优势形成过程中，下一期的优势也在不断孕育，各种优势逐级叠加，最终多种优势集聚后形成巨大乘数效应。这就是形成中国制造国际竞争力优势的成功实践和伟大创造。

资料来源　[1] 裴长洪.中国制造何以保持强劲国际竞争力 [N].人民日报，2021-12-01. [2] 霞光智库.国际形势变化对跨境贸易出口的影响及应对举措 [Z].霞光社（微信公众号），2024-11-15. [3] 邹多为，胡旭.1.88万亿元！前三季度我国跨境电商继续"加速跑" [EB/OL]. (2024-10-14) [2024-12-02]. https://www.gov.cn/lianbo/bumen/202410/content_6980300.htm.

5.1 制定国际市场竞争战略的基本要求

5.1.1　新形势对企业竞争战略的要求

当前，世界百年未有之大变局加速演进，任何一个国家的企业要进入国际市场所面临的外部环境（包括政治环境、政策环境、社会经济环境等）都发生了变化，因而对企业竞争战略提出了更高的要求。其具体表现为：

1）企业外部的市场环境复杂多变

企业不仅面对频繁变动、要求苛刻的产品市场，而且需要发育完善的金融市场、技术市场、劳务市场和生产资料等市场。市场的发育和发展，必然会强化价值规律和供求规律的作用，这就迫使企业必须适应外部环境的变化，强化企业的主体意识，使企业在国际市场的海洋中乘风破浪。

2）企业面临竞争对手的持续挑战

企业作为经济利益的主体，其外部环境将不断地产生对企业形成强大的推动力和威胁力的竞争对手。竞争的重点除技术、产品和服务外，还有各种资源要素的争夺，从而增加了企业发展的难度。这就迫使企业正视竞争、参与竞争，增强自身的竞争力。

3）企业必须制定有效的竞争战略

在开拓国际市场的活动中，企业制胜的关键在于制定正确的竞争战略。美国哈佛大学著名学者迈克尔·波特认为企业要获得竞争优势，有三种一般战略模式可供选择，即成本领先战略、差异化战略和集中化战略，如图 5-1 所示。成本领先战略指企业通过在内部加强成本控制，在研究、生产、配送、营销、渠道、服务等领域内把成本降到最低（明显低于行业平均水平或主要竞争对手），从而赢得更高的市场占有率或更高的利润，成为行业中的成本领先者的一种竞争战略。差异化战略指企业通过提供与众不同的产品或服务来满足顾客的特殊需求，进而展开错位竞争，形成竞争优势的战略。企业提高竞争优势主要是依靠产品和服务的特色，而不是产品和服务的成本。差异化战略不是说企业可以忽略成本，而是强调这时的战略目标不应是成本问题。集中化战略指企业在狭小的市场范围内（目标市场规模比较小）开展业务，成为细分市场的领导者的竞争战略。这是中小型企业优先采用的竞争战略，它又分为集中成本领先战略和集中差异化战略。

		竞争优势的基础	
		低成本	差异化
竞争范围	整体产业	成本领先	差异化
	细分市场	集中成本领先	集中差异化

图5-1　竞争战略示意图

资料来源　希特，爱尔兰，霍斯基森. 战略管理：竞争与全球化（概念）［M］. 焦豪，等译. 12版. 北京：机械工业出版社，2018.

5.1.2　树立竞争战略的营销新观念

传统的营销把注意力集中在企业和顾客之间的关系上。这种营销想方设法探索顾客的要求并且尽可能地满足顾客的要求，但有时会忽视竞争对手。在当前的竞争环境下，仅满足顾客的需求和向顾客提供绝对好的服务已经不够了，企业必须创造和捍卫竞争优势，使自己强于竞争对手。因此，考虑本企业、顾客和竞争对手的"战略三角"关系非常重要。

战略竞争优势是企业超越竞争对手的基础，必须达到三个标准：第一，竞争优势必须给顾客带来显著的好处。第二，竞争优势必须被顾客感觉到。第三，竞争优势必须能保持一定的时间，不能很快被竞争对手赶上。

下面的案例说明了企业如何在国际市场中获得竞争优势。

【出海案例 5-1】
名创优品的国际化战略

在零售行业，沃尔玛、家乐福、7-11等零售巨头始终坚持国际化战略，通过分布全球的门店实现大规模经营并获得全球化的红利，沃尔玛长期位居世界五百强企业第一名就是这种战略成功的一个缩影。反观大部分中国本土零售品牌，均创始于20世纪90年代中期，在发展的过程中因为同时遭受跨国零售巨头和新兴电子商务的双重冲击和惨烈竞争而举步维艰。虽然外部商业环境在改革的过程中逐渐成熟，但中国零售业几乎不存在真正意义上的全国性零售企业。国内最大的一批商业集团的辐射范围仍然主要集中在国内相对发达的地区或一二线城市，国际化更是无从谈起。

在严峻的商业形势下，2013年，哎呀呀品牌创始人叶国富第二次创业，在原来与之开展战略合作的零售信息化与管理解决方案一站式服务商上海海鼎信息工程股份有限公司（简称上海海鼎）提供的零售信息系统平台上，开创了第二个连锁专卖品牌——名创优品（MINISO）。2015年，名创优品门店规模突破1 000家，辐射中国大部分省（自治区、直辖市），并开始进军海外市场，实施名为"十年百国万店"的国际化战略。2017年，为了推进国务院办公厅印发的《关于推动实体零售创新转型的意见》的实施，商务部在全国范围内遴选了25家零售企业的创新转型发展案例，供全行业学习和参考，名创优品的创新发展案例即为其中之一。2019年，名创优品全球门店突破4 000家，遍布全球近100个国家（地区），包括所有发达国家和大部分共建"一带一路"国家，销售额突破200亿元，部分媒体甚至将名创优品誉为"中国新零售之王"。目前，名创优品以其独特的全球化战略形成了鲜明的商业模式和管理经营模式，成为中国零售行业罕见的零售国际化成功案例和行业标杆。

名创优品的国际化战略分为模式探索期、快速扩张期和深耕管理期三个阶段。在物理维度上，名创优品基于政策等外部环境和模式成熟等内部环境的支持制定了国际化战略，并投入大量资金和精力建设信息系统平台，为国际化夯实技术基础，打造物美价廉的产品作为核心竞争力之一打入国际市场。在事理维度上，名创优品基于调研和试点确定了海外拓展的目标市场和海外市场进入模式，向外输出内部打造的强大的供应链管理能力和品牌文化，并在实践的过程中迭代或修正经营模式以实现因地制宜的管理。在人理维度上，名创优品首先确定品牌的目标客户群体，并根据海外顾客的特征设计产品、店铺和服务等，然后在考虑海外加盟者需求的基础上制定加盟合作制度（这也是其成功实现国际化的关键因素之一）。在后期管理优化中，多样化员工管理成为名创优品提升管理效率和服务水平的重要工作。

需要说明的是，在名创优品国际化的过程中，物理、事理和人理三个层面并不是孤立的，它们之间相互联系、相互制约、相互作用、相互促进，是一个整体。在第一阶段，物理层面的国内政策和经济形势、人理层面的客户诉求，共同推动了名创优品在事理层面的国际化战略的制定和执行；第二阶段，通过人理层面的与投资商、供应商之间的良好关系，在物理层面卓越的信息化建设支撑下，名创优品在事理层面打造了一套独具特色且高效优质的供应链管理体系；第三阶段，名创优品通过事理层面打造的具有高度执行力和创新能力的企业团队，实现了管理的优化升级，进一步在人理、事理层面的顾客忠诚度、商品活跃度、门店服务水平提升上取得了优良的效果。

截至2024年第三季度末，名创优品全球门店数达到7 420家，前三季度净增门店859家，净增数超过2023年全年，全球门店版图持续稳步扩张。第三季度，名创优品首家全球级MINISO LAND壹号店在上海开业，单月总销售额超1 200万元，创全球门店单月业绩新高。作为将门店扩张到全球近100多个国家（地区）的一家知名零售企业，名创优品的国际化战略实施为中国零售行业探索出了极为宝贵的经验教训，非常值得有意愿走向国际市场的零售企业借鉴和参考。尤其是名创优品在创业之初就与上海海鼎合作，打造了一套非常先进、极其完备的连锁零售信息化平台，通过信息化来加载和支撑名创优品的企业文化、经营模式和管理创新，真正做到了销售物美质优价廉的商品。在高效支撑零售运营的信息平台、有利的国内外政策等多种因素的共同作用下，企业创始人毅然做出零售国际化的战略决策，并和管理团队一同以高度的执行力让这一战略成功落地。在国际化的过程中，名创优品通过采用虚拟零售企业模式，建立了一套非常强大的全球化供应链体系，通过国际一流的设计能力主导了从生产到销售的全程供应链，掌握了商品的设计权和定价权，同时采用极富商业智慧的商业模式，尽可能调动全社会的力量保障零售国际化战略的落地和企业的迅猛扩展，同时保障供应链上的各方都获得更多的收益，最终顺利满足了在全球不同语言、文化、税制等极其复杂和艰巨的条件下的零售运营需求。

资料来源　[1]田歆，许少迪，鄂尔江，等.基于WSR方法论的中国零售企业国际化影响因素研究——名创优品案例［J］.管理评论，2021（12）：339-352. [2]钟恬.名创优品前三季营收增22.8%，全球门店达到7 420家[EB/OL].（2024-11-30）[2024-12-02]. https://www.stcn.com/article/detail/1433555.html.

5.1.3　用竞争手段开展经营

从20世纪80年代开始，竞争的性质发生了巨大的变化。在这个"超强竞争"的新时代，新兴企业和竞争对手发展势头之猛使得寡头垄断和老牌企业巨头摇摇欲坠。超强竞争的特点是竞争不断升级，其表现形式为：产品迅速更新换代；设计和产品生命周期变短；以价格和适销对路为基础的竞争十分激烈；企业尝试各种满足顾客需求的新方法。

在这个新时代，谁能够最大胆、行动最迅速地打破旧秩序，谁就能获胜。暨南大学学者宋杰认为，以发挥和重组自己的强项为基础来制定战略的企业常常因这种方法的局限性而陷入困境。在制定战略时需要一种新方法，其中最重要的一点是在市场中出奇制胜（例如把劣势转化为未来的优势）。这就迫使企业不仅要学习如何迅速扩大并且充分利用现有优势的影响力（通常是通过授予特许权），而且要学习如何更快以更低的成本获得新的竞争优势。

用迅速、大胆、令人措不及防的行动打乱竞争对手的阵脚成为提高市场份额进而提高利润的主要途径。对手越茫然、不知所措，超强竞争者就越有时间在对手反应过来之前获得并保持优势。当对手做出反应时，超强竞争者现有的优势可能就不复存在了。

要打乱竞争对手的阵脚，可以在产品市场或生产要素市场中扰乱对手，前者称为产品竞争战略，后者称为市场竞争战略。产品竞争战略是指企业通过向海外目标市场上的顾客提供优质优价的产品或区别于竞争者的产品及服务项目来扰乱竞争对手，获得竞争优势。市场竞争战略是指企业通过运用技术、资金或合作伙伴等市场资源来获得超越竞争对手的优势。

1）扰乱产品市场

一种选择方案是：重新诠释质量的含义并以更低的价格提供高质量的产品，由此改变竞争的基准。例如，随着时间的更替，轿车市场中质量的含义从20世纪60年代的体积大、功率强，变为70年代的省油，80年代的耐用，90年代的安全性，进入21世纪后又有新的含义，如时尚、环保、节能等。

另一种选择方案是：组合或分割产业，从而改变该产业的服务宗旨和范围。组合与分割常常同时发生。例如，商业银行经历了从综合化经营模式到分业经营再到混业经营的变迁。随着金融市场的发展和金融创新的推进，商业银行的职能更加多元化，涉及证券、保险等业务。随着信息技术的发展，电子银行、网络银行和手机银行相继出现，使得银行服务更加便捷，同时也对传统银行业务产生了影响。

2）扰乱生产要素市场

一种选择方案是：重新确定哪种技术对成功有关键作用，或大幅加快对产业外新发展起来的技能的部署。例如，海尔利用卡奥斯平台（COSMOPlat）将用户需求和整个智能制造体系连接起来，让用户可以全流程参与产品设计研发、生产制造、物流配送、迭代升级等环节，以"用户驱动"作为企业不断创新、提供产品解决方案的原动力，把以往"企业和用户之间只是生产和消费关系"的传统思维转化为"创造用户终身价值"。

另一种选择方案是：改变用于进攻对手的专用资金的数额。即便是规模较小的企业，只要它们默契地采取一致行动，就能利用联合起来的规模和财力作为武器来对付比它们大得多的竞争对手。一个有趣的案例是麦当劳和肯德基在中国市场上的较量。

【观念应用5-1】

肯德基、麦当劳的玩具营销

2022年，肯德基掀起了两场营销"盛况"。2022年年初，肯德基联名泡泡玛特推出限定版Dimoo盲盒，因为引发用户花上万元高价抢购，以及"代吃"等现象，而被监管点名。5月21日，肯德基联名宝可梦推出"快乐六一，玩心大发"儿童节套餐。肯德基小程序显示，购买59元至109元不等的指定套餐即可随机获得一款宝可梦联名玩具，其中包括皮卡丘郊游水壶、皮卡丘八音盒、可达鸭音乐盒以及宝可梦手提箱。肯德基与宝可梦的商业联动，最早可追溯至2000年推出的"宠物小精灵立体拼板"。2022年肯德基套餐的玩具中，最受欢迎的要数兼具"呆萌"外形和"魔性"玩法的可达鸭。动感的音乐配上其交叉举手的机械舞姿，强烈地吸引着脑洞大开的网友们二次创作，不同类型的可达鸭图片和视频在各大社交媒体上迅速出圈。随着可达鸭爆红，"一鸭难求"的呼声越来越大，多家肯德基门店相继售罄，背后的二手交易也越发疯狂。据《财经天下》周刊观察，截至发稿前，在闲鱼平台上，一只全新正品可达鸭最高转售价高达5000元，相比原套餐最高价109元约翻了45倍。对此，肯德基在2022年5月24日于官方App上发布声明称，近期有消费者反映有人加价出售肯德基玩具，公司坚决不予支持，该行为纯属为个人行为，与公司无关。

麦当劳玩具营销的成功史虽不敌肯德基，但其在2021年12月推出的限量10万份"买套餐送汉堡猫窝"的猫窝套餐也在上线后不久就宣告售罄，其App因此还曾几度崩溃。所谓猫窝，其实就是一个放大版的汉堡盒，可以容纳下一只宠物猫。近半年时间过去了，闲鱼平台上还有不少商家以五六十元的原套餐价出售该款猫窝。然而，不论是玩具营销和 IP 联动，还是推出"夜市"，肯德基和麦当劳都已经面临"中年焦虑"，不得不为了吸引年轻消费者费尽心思。公开资料显示，1987 年，肯德基在北京前门大街开出了第一家门店，3 年后，麦当劳入驻深圳东门商业步行街；两大西式快餐巨头也就此打开了国人对洋快餐的认知。即便后来主打牛肉汉堡的麦当劳有意区别于以鸡肉产品为主的肯德基，但历经 30 多年的发展，它们在维持自身品牌力上也变得越来越"难"了。2022 年 5 月上旬，肯德基母公司百胜中国和麦当劳也分别发布了 2022 年一季度财报。根据财报，报告期内，肯德基的营收为 26.7 亿美元，同比增长 4%，经调整净利润为 1.02 亿美元，同比下降 56%；麦当劳的营收为 56.66 亿美元，同比增长 11%，净利润为 11.04 亿美元，同比下降 28%。

资料来源　程靓. 麦当劳肯德基，无奈做起大排档生意［J］. 财经天下，2022（12）.

麦当劳和肯德基之间的较量是在市场竞争日渐紧张的背景下，两大企业争夺市场资源、相互闯入对方的产品市场领域而造成的面对面的竞争。

这种现象同样波及德国汽车工业。德国汽车工业一直以质量与品牌形象屹立于市场。奔驰、宝马、大众等品牌分别占据不同市场领域，彼此间相安无事，而且视日本汽车制造商为共同的竞争对手。但是，随着全球经济一体化的潮流与世界汽车工业的重组，德国汽车公司在国际化的过程中不可避免地闯入了彼此独立的传统市场领域。例如，奔驰一直以生产豪华车为主，但其推出的 A 系列轿车直接威胁到大众汽车的传统市场。类似地，大众推出的奥迪 A6 和 A8 也成为奔驰或宝马的强劲对手。

在全球经济日益走向一体化的背景下，直接竞争成为一种必然。传统观点认为，只有相同的产品才构成同一市场；现代的观点是，相同的需求构成共同的市场。竞争性营销产生于不同厂家处于同一市场领域时。从这个意义上讲，它可以是同一种产品、同类产品或完全不同的产品。

在此基础上，市场竞争可简单地分为直接竞争和间接竞争两种。前者指同一类产品满足同样的需求，如丰田凯美瑞与本田雅阁。后者是指不同类产品满足同类需求，它们往往是彼此的替代性产品，如室内装修地面可以铺木地板、竹地板、PVC 地板以及大理石地砖等。

面对激烈的市场竞争，许多企业常常采取是与竞争对手拼价格的营销策略。问题是，同质产品不同价格的情况，既可能产生正面效果，也可能产生负面效果。既有客户认为价低的产品物美价廉，也有人认为价低的产品质量也差。还有许多不具备直接竞争优势的企业常常采取非正式的竞争方式，通过攻击竞争对手寻求竞争优势。其结果往往是，在攻击别人的同时也伤害了自己。这样的做法显然不可取。

通过以上分析可知，竞争性营销取得成功的突破口存在三个层次：第一，通过向市场提供一种品质上、功能上都与众不同的新产品，走一条与众不同的新路。第二，完善的售后服务永远是留住顾客的不可或缺的重要环节。现在越来越多的企业，在现代化信息技术的支持下，努力通过构建一套完善的物流体系和高效的即时客户服务系统来增强其在市场中的竞争优势。第三，企业通过长期持续地向客户提供优质的产品和完善的售后服务而建立起来的客户关系与品牌形象，是企业宝贵的无形资产，可以成为企业抵御市场竞争对手的坚硬盾牌。

5.1.4　获得战略竞争优势的八项原则

企业要创造和捍卫战略竞争优势，应注意以下八项原则：

1）价格原则

价格是为获取一项产品所需支付的金钱或其他等价物的总和。价格对我们所处的经济体系、消费者的认可程度及企业的生存与发展都有很重要的作用。价格是经济体系和国际市场营销中的基本杠杆之一。企业通过调整产品价格可以影响消费者的购买行为。企业在制定营销竞争战略时，首先必须考虑价格因素，这是企业营销优势最直接的表现。

2）机会原则

企业有一系列建立竞争优势的机会。它可能来自"核心产品"，如产品的质量，也可能来自对产品的跟踪服务、对工作人员的培训或者供货政策。往往是多种因素的组合使企业获得竞争优势。

3）集中原则

无论是在外部市场上获得竞争优势，还是在企业内部获得竞争优势，企业都需要把精力集中在少数因素上。为了在市场上树立鲜明的形象，企业最好把注意力集中在两至三种标准上，以便顾客把明确的形象与企业联系起来。试图全面出击的企业反而会冒分散精力的风险。此外，企业的每个工作人员必须知道他的企业代表什么，企业的竞争优势在哪里。

4）了解对手原则

谁想在竞争中持久地领先一步，谁就必须了解竞争对手的长处和弱点。只有这样才能现实地估计机会和风险。在"战略三角"（企业、顾客、竞争对手）中，获得关于竞争对手的信息与了解顾客的需求同等重要。

5）感知原则

战略竞争优势只有在被顾客真正感知到的情况下才有吸引力。出于这一原因，企业必须客观地宣传其竞争优势，并使顾客感知到这种优势。

6）重要标准原则

在对顾客而言重要的标准方面，企业做得越好，就越会得到顾客的回报，因此企业应把人力和财力集中在那些重要的标准上。

7）进攻原则

要获得竞争优势，进攻也很重要。企业要想获得新的顾客，单纯靠模仿是不可能获得成功的，必须在重要的标准上提供比竞争对手更好的服务，否则顾客没有理由更换产品。较为理想的做法是在竞争对手不能进行还击的地方发起进攻，例如利用不同的销售渠道。

8）防御原则

企业的竞争优势越大，产生自我满足感和惰性的危险就越大。咄咄逼人的竞争对手会不断地使企业的竞争优势受到威胁。企业只有两种防御的选择：比竞争对手学得更快，以便保持优势；在其他方面创造新的竞争优势。

5.2 国际市场竞争战略新动向

5.2.1 经济全球化使国际市场竞争空前激烈

经济全球化使企业面临全球性的国际市场竞争，推动国际市场竞争深入发展。经济全球化使全球经济、技术诸方面都发生了革命性的变化，从而使国际市场竞争出现很多重要的变化。

1）产业结构深刻调整

一方面，传统的产业进行技术改造；另一方面，新兴产业迅速崛起。全球产业结构发生了彻底的变化，各种产业的规模和贡献发生了变化，产业在国家（地区）之间进行转移。这样一来，各国（地区）内部的产业调整和变化就同国际范围内的产业调整和变化紧密联系起来，各种产业内部及产业之间的竞争状况也处于不断的变化调整之中，总的趋势是发达国家擅长发展高新技术产业，新兴市场经济体不断推进产业升级，成为全球经济增长的重要引擎，部分发展中国家承接传统产业，国际市场竞争空前激烈并且难以预测。

2）经济领域出现合流

这表现为生产与贸易的合流、生产与金融的合流以及金融与贸易的合流。贸易保护主义抬头使开展国际性经营的企业以直接投资和本土化的方式逐渐替代传统的商品贸易来绕开贸易壁垒，这便出现了生产与贸易的合流。另外，为保持资金价值，国际性企业还通过购买海外优质证券等方式实现了生产与金融的合流。上述趋势，使生产、贸易及金融领域的竞争交融在一起，从而加强了国际竞争的复杂性和深刻性。

3）新技术革命推动国际市场竞争的发展

高新技术迅猛发展，持续改造着传统产业，成为推进经济全球化的主导力量，直接影响着国际市场竞争。高新技术的普及使生产效率空前提高、生产成本极大降低，也使企业的生产组织形式和管理模式发生了根本性的变革，这种变革甚至深刻影响着人们的思维和观念，这对国际市场竞争形式、竞争程度和竞争战略选择等都产生着重大的影响。例如，人工智能技术正以日新月异的深度、广度渗透到社会经济发展的各个领域，赋能千行百业。人工智能技术的应用将对国际贸易产生积极影响，同时，人工智能产业链也会受到国际贸易的影响。

5.2.2 竞争战略是企业后来居上的重要选择

美国西北大学营销学教授拉克什曼（Lakshman)和马里兰大学营销学助理教授文卡泰什文（Venkatesh）的研究表明，市场领先者在广告和促销方面能够得到更好的回报，并可以将产品价格定得比后来者高。在一些情况下，如消费者对新产品的性能不了解或改变习惯的成本太大，领先的企业还是占有优势的。

不过，市场后来者在树立自己的品牌时能够免费利用领先者为开拓市场付出的努力。它们可以吸取领先者的经验教训，更加了解消费者对产品品质的要求。就那些有创新产品的企业而言，后进入市场的好处可能更多。

【观念应用5-2】

大众SUV后来者居上

中国汽车市场20多年的发展是有目共睹的，尤其是运动型多用途汽车（sport utility vehicle，SUV）市场的发展完全可以说是现象级的。不管是市场改变了用户的消费理念，还是用户的诉求改变了市场的供需，至少有一点是大家完全认可的，那就是SUV代表着一种时尚、前卫和新的生活方式。如果人们买车不买辆SUV可能就代表落伍了，如果一家车企不造SUV，那可能就是落伍了。事实也是如此，新品牌因为SUV在市场中站稳脚跟、垂死挣扎的车企因为SUV重获新生的案例屡见不鲜。

不过，就在这样一个百花齐放、各式各样的SUV纷纷上市，各个车企都争相在SUV这块大蛋糕上切上一刀的时候，我们却为一个奇怪的现象而感到不解：在很长一段时间里，最早进入中国市场的大众品牌仅仅依靠途观一款国产车型以及途锐一款进口车型来鏖战SUV市场，尤其是在竞争对手以"车海政策"大肆扩张的时候，很多人都不知道大众"稳如泰山"的态度里卖的是什么药。

2018年，中国SUV市场增长的脚步开始放缓，经过十几年持续积累的中国SUV市场几乎达到饱和，增速遇到瓶颈。然而就在此时，一向善于制造"怪现象"的大众的一个举措又喷了我们这些旁观者一头雾水——发力SUV市场，上汽大众的"途"字辈、一汽大众的"探"字辈不断有新车上市，逐渐完善了从小型SUV到中大型SUV、从燃油车到插电式混合动力汽车（plug-in hybrid electric vehicle，PHEV）的布局。

为什么看似只有故事里才有的奇迹，却现实发生在大众身上呢？

且不管在海外市场怎样，大众对于中国消费者来说是一个有"情感"的品牌。从1984年成立开始，上海大众就主打平民路线，尤其是人们耳熟能详的桑塔纳和后来的一汽大众的捷达更是给人们留下了深刻的印象。

捷达、桑塔纳不仅树立了大众的品牌效应，还成功铸造了大众的产品力，似乎有"开不坏的车"的说法就是从捷达和桑塔纳那个时代开始的。捷达和桑塔纳相继退市之后，速腾和帕萨特接过了接力棒，一个是当时家用车的代表，而另一个则成为商务车的代名词。当然，销量王高尔夫的国产，更是让中国消费者重新认识了"两厢车"。

但是，大众能够在短时间内完成从小型SUV到中大型SUV、从燃油车到PHEV的布局，最要感谢的还是打通了PQ25、PQ35两个平台之间壁垒的横置发动机模块化平台（Modular Querbaukasten，MQB），它让造车就像搭积木一样，在不失去大众本身风格的前提下，打造不同尺寸、不同车身造型、不同功能的车型，来满足不同用户的不同需求。

或许有人说，像搭积木一样造车，每一款车之间的差异点少了，相似点多了，也就失去了它们的特征。其实不然，就拿大众体型最大的SUV途昂来说，宽敞的空间更适合有七座刚需的用户，整体调校偏向舒适，同时由于搭载了大众4MOTION系统以及拥有良好的离地间隙，它依然保留了一定的通过性。而像探岳这样的紧凑型

SUV，悬架的调校偏向运动，良好的支撑性搭配EA888380TSI涡轮发动机的动力，以及4MOTION系统对驱动力的合理分配，更适合在蜿蜒的山道上辗转腾挪。这里值得一说的是，作为插电式混合动力车型的途观L PHEV和探岳GTE，把燃油经济性作为核心考量目标，如果是短途代步，完全可以使用电力来驱动，即便长途驾驶，也能让你拥有SUV的出众视野和空间的同时，拥有小排量轿车般的油耗。当然，如果你单纯地想去探索未知，配有空气悬架和多种越野模式的途锐是再合适不过的了。

资料来源　沙印松．VOLKSWAGEN后来者居上［J］．汽车与驾驶维修（汽车版），2020（10）：22-27.

对很多企业来说，领先进入市场并不是好的选择。某些企业总是要想方设法打败其他企业，成为市场领先者。那么，后进入市场的企业怎样同领先者，也就是当前主宰市场的对手竞争呢？

市场后来者的策略取决于以下三个问题的答案：①人力、物力和财力有多么雄厚？②能否拿出创新产品？③对市场主宰者的产品品质是否了解？

一个企业的实力是否雄厚一般反映在它的财务地位和资产状况上，其创新能力取决于它的科研水平。一个具有创新精神、各种力量都很强大的企业能够轻松地打败质量不是很高但正在主宰市场的品牌。

市场后来者的最佳战略是拿出同主宰市场者的产品相比具有创新性的产品。不过，如果市场后来者在资金和科研水平上都无法超过当前的主宰者，该怎么办呢？首先，这种后来者必须对占有较低的市场份额有心理准备；其次，它必须集中精力开拓适合它的那块市场。这样，它仍有可能赢得丰厚的利润，甚至超过市场主宰者。前面提到的大众SUV后来者居上的案例就说明了这一点。

即使市场领先者的优势一直存在，甚至不可逾越，也并不意味着后来者将失去所有赢利的机会。只要采取合适的战略，市场后来者可以将不利条件变成有利条件，从而在市场上占有自己的一席之地。

5.2.3　既竞争又合作的趋势不断得到强化

当今的国际市场竞争并不是你死我活的零和游戏，而是竞争中有合作、合作中有竞争，而且随着市场经济和全球化的发展，这种趋势进一步得到强化。其原因就在于：

1）企业间竞争的实质是争夺消费者

如果企业能真正创造国际市场认可的价值，比对手更好地满足市场需求，还愁没有消费者吗？另外，适量的竞争者既能激励企业提升能力和素质、降低成本和价格、提高质量、增加产品差异性、优化服务，也能使整个市场保持不断创新、发展、优化的活力，还有助于扩大市场总需求，对企业、消费者和市场都是有利的。

2）与竞争对手合作有其必要性

经济和科技迅速发展，企业一己之力微不足道，当面临新技术研发、新市场拓展、共同性的资源短缺、全球性危机等的时候，企业之间必须联合起来，分担市场开发和产品开发的成本，分担风险，做大市场，增加企业同政府和员工等利益相关者的谈判力量等。

3）法律上的限制

要完全消灭竞争者，是不现实的，在法律上也是不允许的，因为这样会造成垄断，而垄断是为市场经济所禁止的。

由此可见，传统的以牺牲对手换取自己的利益的竞争观念已经落伍，竞争与合作并不是截然对立、绝对互斥的，为了更好地生存和发展，企业之间往往需要合作，也可以合作。视对手为伙伴、朋友，互相学习、取长补短，在竞争中合作，在合作中竞争，彼此促进、共同提高，是合情、合理、有理、有节的理性竞争，是文明、良性、规范、有序的竞争。尤其在现代及未来社会，以信息、知识、资源和环境的共享为重要特征，人际协作越来越重要，不同主体携起手来共同开发市场机会、创造新市场，分享"外部经济"利益的合作型竞争格局逐步成为竞争的主流。

在竞争中合作可以采取战略联盟的方式，即跨企业甚至跨国界建立竞争与合作的利益共同体，各企业之间平等互助、利益共享、风险共担，在竞争中实现联盟内的优势互补，增强成员的竞争力。

【出海案例5-2】

美的集团并购德国库卡

美的集团成立于1968年，以制造业为主，旗下拥有小天鹅、威灵控股两家子公司，主要生产家用电器，是拥有完整家用电器产业链的企业。2005年，美的集团进入福布斯全球企业500强。2013年9月18日，美的集团在深圳证券交易所上市，成为国内最具规模的家电制造企业。2019年，美的集团实现营业收入2 782亿元，净利润达252.8亿元。美的集团财务报告显示，美的集团2024年前三季度实现营业收入达3 203亿元，同比增长10%，归母净利润达317亿元，同比增长14%，2020年在《财富》世界500强排第307位。

德国库卡公司于1898年创立，经过100多年的建设，库卡与日本发那科、瑞士ABB、安川电机并称四大工业机器人供应商。其业务板块主要是开发、制造、销售机器人，设计并且建设工厂价值链的自动化制造系统，为其他领域研发创新提供解决方案。其业务活动遍布亚、欧、北美三大洲30多个国家。作为"工业4.0"的引导者，库卡在推进联网智能生产上起到了举足轻重的作用。2016年，库卡实现营业收入216亿元人民币，净利润约6亿元人民币。

2016年5月18日，美的集团发布公告称，拟通过要约收购方式收购库卡，公告中显示美的集团将以每股115欧元的价格通过现金支付的方式对库卡进行收购，为避免股票价格波动，美的股票停牌。在收购前，美的集团已经通过境外全资子公司MECCA持有库卡公司13.51%的股权。收购完成后，美的集团将合计持有库卡3 700万份股份，占已发行股本的94.55%。2016年8月8日，中国商务部反垄断局审核通过了本次要约收购涉及的经营者集中审查事宜，允许本次要约收购实施。2017年1月6日（北京时间）双方完成了股权交割，结清了交易款项。整个收购过程历时近9个月。美的集团此次并购的主要动因如下：

（1）战略发展的需要。美的集团准备进军机器人领域、发展线上业务，提高物流服务能力，推动"双智战略"及"智慧家居+智能制造"机器代替人力，深化机器人产业布局，以科技为第一生产力的发展战略。并购能使美的快速获得目标企业的关键性无形资产，如专利、品牌资源与渠道资源等。

（2）发挥协同效应

美的集团凭借产品多元化、庞大的生产规模已经占据家电行业很大的市场份额，为了巩固地位，计划拓展机器人业务，但此领域是美的集团未曾涉及的。如果美的集团只依靠自身能力研发机器人，不仅耗费时间、投入成本大，而且见效可能很慢，短期内不利于利润的提高。而德国库卡以工业机器人业务为核心，技术处于世界领先水平，并具备丰富的经验。美的集团在运营管理上有着丰富的经验，而且了解中国消费市场，能够为库卡在中国的运营提供指导意见，促进其在中国地区是实现更好的发展。同时，库卡可以借助美的集团的销售渠道、物流服务、售后体系让机器人产品走向世界各地，对市场产生更深远的影响。因此，美的集团以德国库卡为并购对象，能够发挥协同效应，实现"1+1>2"的增强作用，有助于双方的业务互补，提高双方的市场份额，对增强双方的竞争能力具有重要意义。

（3）多元化经营，开拓海外市场

美的集团的业务范围主要是家电与物流业务，产品线不够丰富，企业抗风险能力不够强，而且国内的家电行业正处于红海市场，各家企业为提高销量不断压缩利润，不利于美的集团的利润增长。美的集团寻求发展前景向好的新兴行业，以实现多元化经营，而库卡主营机器人与自动化解决方案，与美的集团的业务没有重合，且其所处行业属于国家大力支持的前景广阔的行业，因此美的集团通过并购库卡能够快速实现多元化经营的目标。另外，库卡的品牌效应可以帮助美的集团在海外市场迅速抢占份额，不仅能大大减少美的集团的营销费用支出，而且能提升美的集团的国际声誉。

资料来源　党国豪，周霞．制造业上市公司技术并购绩效研究——以美的并购库卡为例［J］．现代商业，2022（2）：136-138.

5.2.4　竞争战略中的价格因素得到重视

近20多年来，竞争战略的基本思路在世界大型制造企业中得到了广泛应用，管理学界也应用这一思路进行了大量的实证研究。国际合作项目MFS（对制造企业进行问卷调查）对两类样本进行了分析：一类是经济发达国家，包括美国、西欧国家、日本；另一类是经济发展程度相对较低的国家，包括泰国、墨西哥等。它们的经验表明，为了给国际市场上的目标顾客提供高价值的产品，企业应该降低顾客的总成本，其中最重要的就是货币成本，因此价格因素在竞争战略中得到重视。

价格竞争战略是指企业在国际市场竞争中以价格为竞争优势而实施的战略，即以较低的价格提供产品和服务，以减少顾客付出的成本，提高顾客得到的感知价值，从而赢得顾客青睐，获取竞争优势。根据发达地区调查数据分析的结果，发达地区的制造企业，除了具备可靠的交货能力以外，其价格竞争力以及迅速调节产能的能力也在不断提升。产品质量高、功能强曾经是日本企业在竞争中打出的一张王牌，也是欧美企业反击日本企业的重要战略武器，但是随着国际竞争的加剧，有利的价格和交货能力逐渐成为能够减少顾客成本的要素。于是，价格竞争力的重要性越来越突出。所以，日本企业也愈发重视有竞争力的价格对顾客的吸引力。美国、欧洲企业也有类似的竞争战略思路。

【观念应用5-3】
智能手机新产品定价策略

在企业的新产品即将面世时，企业对于产品定价总是很难进行抉择。企业在为新产品进行定价时，最常用的策略有三种：撇脂定价策略、渗透定价策略、满意定价策略。企业在选择定价策略时应该综合考虑其积极影响和消极影响，并没有哪一种定价策略是完美的，它还会受到企业自身、产品、市场等诸多条件的影响。

我国的智能手机市场经过十几年的发展已经达到一定的规模，随着新产品不断更新换代，如今已经不再是苹果手机一家独大的格局，后起之秀华为、小米等国产手机纷纷崭露头角，在此过程中智能手机的定价策略也不断完善和成熟。对目前我国智能手机市场的现状进行分析可知，想要采取高价高利润的撇脂定价法，手机厂家可以通过技术和服务的创新保持其优势，同时加大与其他企业的差距，保持产品的独特性，避免模仿和替代性产品。

在我国智能手机市场产品不断更新的十几年间，其定价已经发生了巨大的变化。如今，智能手机市场几个占据较大份额的企业有华为、苹果、小米、OPPO等。以苹果手机为例，从2006年至2024年，苹果公司已发布38款手机产品。其产品的特点主要包括两点：一是使用在功能和性能上都有很高的优化程度的IOS系统；二是高昂的售价。毋庸置疑，苹果公司对其产品的定价始终采取的是撇脂定价策略，这归功于苹果公司在其独有的IOS系统下推出的一代又一代的智能手机产品始终无人能模仿。

然而，撇脂定价策略并不是苹果公司可以延续其高利润的明智之选，当其手机产品被竞争对手的高性价比产品替代时，其市场份额必将被竞争对手侵蚀。2011年，小米手机腾空出世，主打高性价比，采用渗透定价策略快速占据了市场份额，其定价999元、1 999元、2 999元的智能手机很快吸引了消费者的关注。几千元的价格差，使得消费者开始放弃高价格的苹果手机，将物美价廉的小米手机作为首选。从第一代小米手机问世后，至今小米公司已经推出了30多款机型。尽管手机的质量不断升级，但小米公司并没有选择和苹果手机一样的定价策略，而是继续采用低价策略，推出了更多的499元、599元、699元的产品。小米公司将渗透定价策略运用得淋漓尽致，小米手机新品上市一秒卖光的情形屡见不鲜。当然，这一切的成功不能都归功于定价策略的选择，其中也包括饥饿营销等手段的辅助。由此，可以总结出，适合采用渗透定价策略的产品应该具备的条件和要求。一是产品的市场容量大，消费者对新产品的需求量较大。在此基础上，较低的价格就需要较低的成本作为支撑，否则企业将无利可图。二是产品的设计开发无须投入较高的成本，而且可以用成功产品作为模板进行升级。

智能手机定价策略的选择并不是始终不变的。未来，随着智能手机的更新换代，企业需要将更多的关注点放在新产品的定价上,通过全面的分析和策划,使新产品以合理的价格上市。

资料来源 秦小涵,任淑杰. 智能手机新产品定价策略〔J〕. 合作经济与科技,2021(9):70-71.

欧洲企业之所以日益重视价格竞争能力,是因为这些年来它们在国际竞争中越来越受到跨国集团成本缩减计划带来的压力。跨国集团的成本缩减计划使得供应商和分销商受到了严格的价格限制。迅速调节产量的能力之所以受到重视,则是为了适应顾客日益变化的需求以及缩小甚至取消库存的倾向。

5.2.5 在激烈的竞争中采取迂回战略

从市场占有率的角度出发,西方的营销学家把企业分成四类:占同行业市场份额40%的为市场领导者,占同行业市场份额30%的为市场挑战者,占同行业市场份额20%的为市场追随者,占同行业市场份额10%的为市场利基者。

市场领导者可以采取防御战略以保持自己的市场地位,也可以采取正面进攻战略,以打击竞争对手。市场挑战者可以采取正面进攻战略,冲击市场领导者,也可以采用侧翼进攻、迂回进攻等战略来实现自己的目的。

市场追随者与市场利基者,由于势单力薄,只能以迂回战略为主来发挥自己灵活机动的长处,同大企业甚至超大企业进行局部抗衡,以实现有限的目标。

1)时间错位迂回战略

威尔逊·哈瑞尔初到美国时购进了一家制造清洁液的小公司,生产一种名叫"处方409"的喷雾清洁剂并获得了成功。1967年,"处方409"占据了美国清洁剂产品5%的市场。于是,招来了"美国家用产品之王"宝洁公司的进攻。财大气粗的宝洁公司投入了大量资金进行研究,推出了一种名为"新奇"的清洁喷雾。这种喷雾无论是在包装上还是在质量上都优于"处方409"。宝洁公司决定先在丹佛市进行声势浩大的试销活动。哈瑞尔没有采取直接对抗的方式,而是主动从丹佛市撤离。家庭主妇们因买不到自己喜爱的"处方409",抱着应急的态度购进了"新奇"。当"新奇"试销活动结束撤出丹佛市时,哈瑞尔立即行动,把16盎司装(约473毫升)和半加仑(约1 893毫升)装的两种"处方409"捆绑在一起,以1.48美元的极低价格出售,主妇们看到自己日常用惯的商品又重新回到货架上,价格又如此便宜,一时纷纷抢购。等到保洁公司的"新奇"经过一番紧锣密鼓的准备,带着强劲的广告攻势进入市场时,大量消费者已经从市场上"消失"了。最终,宝洁公司的高级主管们只能认定这是一个失败的产品,把"新奇"从产品目录上划掉了。[①]哈瑞尔采取的正是时间错位迂回战略。

拓展阅读
5-2

2)细分领域迂回战略

市场细分程度越高,超级企业垄断整个市场的可能性就越小,小企业就可以努力

---

① 王祖远.哈瑞尔的妙招〔J〕.意林(原创版),2011(2):43.

寻找适合自己的细分市场，力争成为某一个细分市场里的"领导者"。这样的小型细分市场又被称为利基市场。

"利基"一词是英文"niche"的音译，意译为"壁龛"，有拾遗补阙或见缝插针的意思。菲利普·科特勒在《营销管理》中给利基下的定义为：利基是更窄地确定某些群体，这是一个小市场并且它的需要没有得到满足，或者说有获取利益的基础。营销者确定利基市场的方法通常是把市场进行细分再细分，或确定一个有区别的为特定的利益组合在一起的少数群体。

所以，利基市场营销又称"缝隙营销"或"补缺营销"，是指企业为避免在市场上与强大竞争对手发生正面冲突，而采取的一种利用营销者自身特有条件，选择由于各种原因被强大企业忽略的小块市场（称为"利基市场"或"补缺基点"）作为其专门的服务对象，对该市场的各种实际需求全力予以满足，以达到牢固地占领该市场的目的。

拓展阅读
5-3

【小资料5-1】

利基市场与利基战略

利基市场，英文是niche market，含义是高度专门化的需求市场。在英语里，它还有一个意思是悬崖上的石缝。人们在登山时，常常要借助这些缝隙作为支点，一点点向上攀登。20世纪80年代，美国商学院的学者们将这一词语引入市场营销领域。

通过对市场的细分，企业集中力量于某个特定的目标市场，或专门针对一个细分市场，或重点经营一种产品或服务，创造出竞争优势。

理想的利基市场主要具有以下6个特征：

①产品市场狭小，地域市场宽广。选准一个比较小的产品（或服务）市场是利基战略的第一要素；以一个较小的利基产品占领宽广的地域市场是利基战略的第二个要素。企业集中全部资源攻击很小的一点，在局部形成必胜力量，是利基战略的核心思想。产品有非常大的市场容量，才能实现规模经济，经济全球化的趋势正好为其提供了良好条件。

②具有持续发展的潜力。一是要保证企业进入市场以后能够建立起强大的壁垒，使其他企业无法轻易模仿或替代，或者可以通过有针对性的技术研发和专利发明，引导目标顾客的需求方向，引领市场潮流，以保持企业在市场上的领导地位；二是这个市场的目标顾客有持续增多的趋势，利基市场可以进一步细分，使得企业能够在这个市场上持续发展。

③市场过小、差异性较大，以至于强大的竞争者对该市场不屑一顾。这个市场既然被竞争者忽视，那一定是其弱点，反过来想，我们可以在强大的竞争对手的弱点部位寻找可以发展的空间。所谓弱点，就是竞争者的产品或服务与消费者最高满意度之间存在差异，消费者的需求没有得到很好的满足，这正是可以取而代之的市场机会。

④企业所具备的能力和资源与对这个市场提供优质的产品或服务相称。这就要求企业审时度势，不仅要随时调查市场，了解市场的需求，还要清楚自身的能力和资源

状况，量力而行。

⑤企业已在消费者心里建立良好的品牌声誉，能够以此抵挡强大竞争者的入侵。

⑥这个行业最好还没有统治者。

一般说来，中小企业可以开拓的利基市场有以下5类：

①自然利基市场。为了追求规模经济效应，很多大企业一般采用少品种、大批量的生产方式，这就自然为中小企业留下了很多大企业难以涉及的"狭缝地带"，这些"狭缝地带"即为自然利基市场。很多中小企业正是选择这些自然利基市场开展经营，在与大企业不发生正面竞争的情况下成长起来的。

②协作利基市场。大企业为了谋求利润最大化或节约成本，会将不具有规模经济效应的业务或者工序委托给外部企业，这种协作关系为中小企业提供了生存空间，即协作利基市场。例如，一台苹果手机，从采购、生产到组装，需要协同全球200多家供应商、800多家工厂，它们分布于27个国家的数百个城市。

③专利利基市场。拥有专利发明的中小企业，可以运用知识产权来防止大企业染指自己的专利技术、向自己的产品市场渗透，从而在法律的保护下形成有利于自身成长的专利利基市场。

④潜在利基市场。现实中，常有一些只得到局部满足或根本未得到充分满足或正在孕育的社会需求，这就构成了潜在的市场需求空间，即潜在利基市场。例如，深圳市朗科科技有限公司发明了体积小的移动存储器——优盘，在行业内掀起了一场革命，进而获得了迅速的发展。

⑤替代利基市场。企业战略学家波特认为，最好的战场是那些竞争对手尚未准备充分、尚未适应、竞争力较弱的细分市场。如果企业有能力比竞争对手提供令消费者更满意的产品或服务，就能够有力地打击竞争者的弱点，将该市场作为自己的目标市场，这正是"避实击虚"思想在市场竞争战略上的应用。

利基战略是指企业为了避免在市场上与强大的竞争对手发生正面冲突而受其攻击，选取被大企业忽略的、需求尚未得到满足的、竞争力量薄弱的、有获利基础的小市场作为其目标市场的营销战略。利基战略是适用于弱者/中小企业的战略，凝聚了以下战略思想与原则：

①避实击虚——不与大企业/强者展开硬碰硬的直接竞争，而是选择其忽视、不愿做或不会全力去做的业务范围作为"战场"。

②局部优势——坚持"单位空间内高兵力比"原则，集中全力于某个狭窄的业务范围内，在局部形成相对于强大者的优势，努力成为第一。

③集中原则——分散是战略的大忌，利基战略要求集中于利基业务，集中于战略目标，集中于建造壁垒。

④根据地原则——在某地域市场获取第一的位置并巩固之后，再向其他地域市场扩展，继续集中全力成为第一之后再扩展，如此持续下去，最终由各地的根据地组成一个大的根据地。

资料来源　佚名. 利基市场［EB/OL］.［2024-12-15］. https://wiki.mbalib.com/wiki/利基市场.

小企业因专注于利基市场而在某一细分领域成为世界范围内的领导者的例子并不少见。1934年，YKK公司从退货堆积如山的日本小作坊起步，用了40年的时间超越了拉链的发明者——美国的泰龙（Talon），成了一个超级拉链帝国。如今，YKK公司在世界72个国家（地区）拥有108家公司，一年销售近100亿条拉链，可以绕地球50多圈。"一万次开合都不坏"的品质，让众多世界知名品牌甚至奢侈品牌都毫不避讳地在自己的产品宣传上露出使用YKK拉链的细节。2023年，YKK公司的销售额达到了9 202.34亿日元（约合427.4亿元人民币），创下历史新高。产量占全球约1/4，产值却占全球市场的大约45%，YKK靠的正是把小事情做好的执着心态，自始至终把拉链当主业，值得我们的企业学习。[①]

3）后发制人迂回战略

小企业遭到大企业的攻击时，先不要匆忙进行抵抗。任何企业都有自己的弱点，大企业也不例外。大企业开始进攻后，小企业可以抓住大企业所暴露出来的弱点，后发制人。

第一次世界大战期间，号称"世界碱王"的英国卜内门公司独霸中国碱业市场。我国化学家范旭东为此痛心疾首，他克服了种种困难创办了永利制碱公司。不久，永利制碱制造的"红三角"纯碱上市，并于1926年在第16届"万国博览会"上斩获大会荣誉奖章，成为我国最早获得国际大奖的化工产品。永利制碱公司的成功，对卜内门公司无疑是一个重大的冲击。于是卜内门公司在我国市场上大幅降低碱价，一直降到原价的40%，想以此击垮永利制碱公司。范旭东非常了解世界碱业的竞争态势。当时，日本的三井公司与三菱公司两个财团互相争霸，竞争异常激烈，三菱公司设有碱厂，生产的纯碱畅销日本，而三井公司却苦于无碱作为竞争后盾。范旭东亲赴日本，委托三井公司在日本代销永利生产的"红三角"纯碱。三井公司的分销机构遍布日本全国，推销极为便利，这样一来，卜内门公司在日本受到极大压力，不得不随之降价。当时，卜内门公司在日本的纯碱销量是永利制碱公司的10倍，竞争的结果是卜内门公司损失惨重，而永利制碱公司的损失仅是它的1/10。卜内门公司最终甘拜下风，主动提出声明：今后在中国市场上绝不再搞减价倾销，如价格需要变动，必先同永利制碱公司协商并征得同意后再做变动。

迂回战略贵在以专取胜、以奇取胜、以灵取胜。弱小企业只要能成功地运用迂回战略进行竞争，就能起到"四两拨千斤"的巨大作用，照样可以在国际市场上获得丰厚的利润回报。

本章小结 🖊

当前，世界百年未有之大变局加速演进，任何一个国家的企业要进入国际市场所面临的外部环境（包括政治环境、政策环境、社会经济环境等）都发生了变化，因而对企业竞争战略提出了更高的要求。企业要制定有效的竞争战略，应该从产品战略、

---

① 张帆.这家拉链行业的隐形冠军，凭什么与丰田、索尼并驾齐驱？[Z].砺石商业评论（微信公众号），2024-11-20.

市场战略和企业走向世界的营销战略等方面考虑。对于中国的企业来讲，特别要注意在制订国际营销方案时，吸收和树立竞争战略的营销新观念。企业要创造和捍卫战略竞争优势，应注意价格原则、机会原则、集中原则、了解对手原则、感知原则、重要标准原则、进攻原则和防御原则。企业要学会运用竞争手段开展经营，了解国际市场竞争战略的新动向。特别是对于后进入市场的企业而言，制定适合的竞争战略是后来居上的重要选择。

主要概念和观念

□ 主要概念
　　竞争战略　利基市场　迁回战略

□ 主要观念
　　竞争战略优势　合作战略　产品竞争战略　价格竞争战略

基本训练

□ 知识题

5.1　阅读理解

1）什么是竞争战略？

2）什么是利基市场？

3）创造竞争优势的原则是什么？

4）什么是迁回战略？

5.2　知识应用

1）选择题

（1）衡量战略竞争优势的标准是（　　　）。

A.顾客利益大小　　　　　　　　　B.顾客的感知度

C.优势保持时间　　　　　　　　　D.价格高低

（2）创造和捍卫战略竞争优势应坚持的原则包括（　　　）。

A.价格原则　　　　　　　　　　　B.机会原则

C.集中原则　　　　　　　　　　　D.进攻原则

（3）竞争性营销取得成功的关键是（　　　）。

A.向市场提供新产品　　　　　　　B.完善的售后服务

C.融洽的客户关系　　　　　　　　D.产品品牌形象

（4）企业在制定竞争战略时，应重点考虑的是（　　　）。

A.市场的变化　　　　　　　　　　B.企业内部变化

C.竞争策略变化　　　　　　　　　D.竞争对手变化

2）判断题

（1）有效的企业竞争战略的制定只考虑产品定价。　　　　　　　　　　（　　　）

（2）传统的营销把注意力集中在企业和顾客关系上，现代营销把注意力集中在尽可能更好地满足顾客的要求上。 （　　　）

（3）价格竞争的关键是导致了产品成本的下降。 （　　　）

□ 技能题

5.1　规则复习

1）战略竞争优势是企业超越竞争对手的基础，必须达到三个标准：第一，竞争优势必须给顾客带来显著的好处。第二，竞争优势必须被顾客感觉到。第三，竞争优势必须能保持一定的时间，不能很快被竞争对手赶上。

2）要创造和捍卫战略竞争优势应注意八条原则：价格原则、机会原则、集中原则、了解对手原则、感知原则、重要标准原则、进攻原则、防御原则。

3）用竞争手段进行经营：扰乱产品市场，突出企业产品的优势；扰乱生产要素市场，突出企业产品的技术优势。

4）掌握国际市场竞争战略新动向，应根据变化的新情况，及时制定并调整竞争战略。

5.2　操作练习

1）实务题

（1）为中国某企业产品进入俄罗斯市场制订一个竞争性营销战略方案。

（2）为广东凉茶进入东南亚市场制订一个竞争营销计划。

2）综合题

为重庆长安汽车制定进入非洲市场的竞争性战略，并设计相应的营销战略图。

□ 能力题

案例分析

山姆会员店的成功之道

会员制零售，类似于戴着锁链跳舞、按着格律写诗，做难而正确的事，经年累月地打磨核心能力来更好地服务消费者。

截至2021年11月，山姆会员店在中国有36家门店，成为中国市场上拥有最多门店的会员制商超。2019年入驻中国并表示要加快其会员店布局的好市多（Costco）也仅有1家会员店；随后，盒马、京东、fudi，传统商超物美、人人乐、永辉及家乐福等零售巨头也纷纷开始布局会员制商超。各零售品牌需要借助新模式打开增长空间，这是疫情之下的传统零售业为应对线下销售增长乏力的破局之举。会员制商超成为传统零售商超的求存转型"法宝"。山姆会员店无疑是其中的佼佼者。

那么，山姆会员店的秘密是什么？"守正出奇"就是山姆会员店的秘密。

1）会员第一

会员价值一定要靠效率来保证，垂直型业态意味着不能考虑覆盖更多的人群、品类或模式，所以就得耐得住寂寞和经受得了可能的失败。

自1983年4月首家商店在美国俄克拉何马州的米德韦斯特城开业起，山姆会员店已有40年的历史。它背靠世界零售巨头沃尔玛所附带的运营经验、专业管理和企业文化，在全世界范围内树立了商品质优、量大的品牌形象。1996年沃尔玛中国宣布第一家山姆会员店落地深圳。"为什么要付费购物"是彼时大多数人脑海中的疑问。果然，在此后 5 年，山姆会员店在中国市场仅仅开出 6 家店面。

与山姆会员店同是早期会员制商超玩家的麦德龙也于 1996 年在上海开出第一家会员店，但在 2010 年便取消了会员制，直到 2020 年才重拾会员制模式。2007 年，全球零售龙头之一的英国 Tesco 进入中国市场，曾拥有超 700 万会员，却在 2014 年将 80% 的股份卖给了合作伙伴华润，2020 年全面放弃中国市场。在 2018 年前，山姆会员店是市场上唯一坚持付费会员制商超的企业，其他尝试会员制商超的零售企业皆于国内市场折戟沉沙，山姆会员店却是"铁未销"。究其原因，"会员第一"是其核心与基石。

2014 年，在中国市场上售卖的多半为小罐装的带壳坚果时，只有山姆会员店做了大罐去壳坚果。虽然这款商品后来失败了，但山姆会员店的相关负责人告诉记者："我们通过调研发现，这款坚果组合中没有中国会员更喜欢的夏威夷果，而其中的巴西果容易出现的油'蒿'味则是中国消费者不太能接受的，因而产品进行更新后获得了初步成功；接着山姆开始开发第三代坚果，抛弃开罐很香的油炸坚果而采用对消费者更健康的烘焙方式，这一改进使得产品的渗透率翻倍。此后，我们再跟供应商合作，改变他们的生产线，提升效能，降低成本，最终将产品价格下降了 15%，进一步把价值反馈给我们的会员。"

"沃尔玛公司每浪费一块钱，实际上就是让我们的顾客多花一块钱，而每次我们帮顾客省下一块钱，就在竞争中领先了一步，这正是我们的宗旨所在。"山姆·沃尔玛对员工的训诫无疑也延续到了山姆会员店，而这也给山姆会员店带来了丰厚的回报。

在实体门店，如果内部员工看到犹豫的会员，就会给他们介绍自己觉得很好吃的那款产品作为购买参考，这是随时就能够为会员提供的小服务。

消费者良好的体验是会员制商超区别于其他商超的根本。这些服务与体验是山姆会员店持续吸引消费者愿意一来再来的关键。记者发现，在山姆会员店内设有"山姆云家"的区域。该区域展示了钢琴、小提琴、户外用品等传统商超少见的商品，会员可以线下体验并扫码线上购买。此外，山姆会员店还设有小吃街、检测近视度数、配眼镜、简单健康检查的区域，以及 VR（全称为 virtual reality，即虚拟现实）设备等电子产品区域，免费供会员进行体验。

对消费者而言，线下体验和增值服务比冷冰冰的线上购物更有温度和意义。人的因素在包括零售在内的服务领域，仍旧发挥着不可替代的作用。

2）选品之道

守正才能出奇，而山姆会员店的"奇"莫过于它的 SKU（全称为 stock keeping unit，即最小存货单位）精选产品。不同于普通商超，会员制商超在收取会员费后所提供给会员的服务是以高折扣价格购买普通超市买不到的优质商品，同时会员店会依据会员需求，通过精选产品和开发"爆品"带给会员惊喜感与场景式的购物体验。

据了解，目前山姆会员店的 SKU 是 3 000 至 4 000 个产品，其中自营产品占比达 35%。每种产品都是通过专业的买手洞悉会员需求、迭代更新后才能出现在山姆会员店的货架上。

推出一个"爆品"需要运气，但持续推出"爆品"的背后必定有其支撑体系。差异化是其中的关键，山姆会员店的公开资料中表明，如果一款商品在市场上同质化严重则必须下架，因其无法带给会员差异化的会员价值。要避免这种情况，有两个方法：一个是推出"英雄单品"；另一个是推出自有品牌商品。

首先，山姆会员店有年度品类回顾机制，即研究从整个市场的发展情况到中国消费者的消费水平，再到会员的群像，以此去研究选品，每个阶段都会自问，"这个商品的意义是什么？怎么让会员在山姆购买？"其次，趋势成为必要。没有非常标准的趋势化，但每个品类都有一定的趋势指标，行业有句话："难的是预测，趋势总是看得准的。"最后，给予产品试错空间和时间。大趋势确定，加上数据分析决策和买手的经验，山姆会员店摆放到货架上的产品允许"犯错"，从会员的复购率及产品的渗透率看商品成败，如果失败就撤下重新换上新的产品。

显然，"英雄单品"所依靠的是山姆会员店的销售及利润背后的数据，即会员的复购率及产品的渗透率。记者了解到，山姆会员店的商业模式不是人找货的平台型经济（商品全上，由人选择，再通过数据优化的过程），而是垂直型经济即货找人。专业买手在其中发挥着关键作用，这要求专业买手对行业和会员有深度了解，借助数据分析去选择商品，再通过试错得到货架上的产品。

达曼咨询数据显示，2020年欧美零售市场中，零售商自有品牌的市占率为18%~40%，欧洲的超市ALDI（阿尔迪）甚至达到了95%，但中国市场则不足1%。2021年，中国零售市场自有品牌渗透率仅2%左右，在中国前十大零售商的顾客中，仅17%的人购买零售商的自有品牌，而其中有三成的顾客不知道自己购买的是自有品牌。

相较之下，会员店的自有品牌占比更高。自有品牌，顾名思义，这些商品只能在该会员店买到。质优价廉的自有品牌会成为吸引会员复购的"法宝"，而山姆会员店自有品牌Member's Mark的高占比率也构成其商业生态中的重要一环。

山姆会员店通过会员数据分析出会员的差异化需求，以此研究在原产品基础上的新配方并且对代工方提出要求，返回市场收集反馈意见再研究。换言之，这是山姆会员店和供应商共同研制的新产品，供应商不能将其供给其他会员店。另外，规模也是必需的，没有规模无法构成低成本的优势。无疑，自有品牌在未来将成为会员制商超的"护城河"。

3）供应链"法宝"

除了背靠沃尔玛强大的全球供应链，山姆会员店和中国供应商经过20多年的磨合，已经建成了扎根本土的高效供应链，形成了互相成就的关系，共同打造差异化商品。

供应链体系显然是山姆会员店守正出奇的基石。无论是守住"会员第一"价值主张的"正"，还是精准选品的"奇"，都是基于背后的供应链体系及其高效率的支撑。沃尔玛官网信息显示，其供应链体系及商业业态涵盖所有山姆会员店；反之，山姆会员店的会员数据也会反哺沃尔玛供应链管理体系。

大规模必然带来成本的降低，山姆会员店能做到今天的成绩，并不在于是否是会员制的问题，而是其背后的供应链管理体系保证了其高效率。

资料来源　李婷，石丹. 山姆会员店，发现"慢"的秘密〔J〕. 商学院，2021（12）：14-21.

问题：

1）山姆会员店为什么能在中国市场获得成功？

2）山姆会员店在中国市场的成功对中国企业参与国际竞争有什么启示？

拓展阅读
5-4

第 **6** 章

国际市场合作战略

学习目标 ◉

通过本章学习，你应该达到以下目标：

知识目标：认识与了解合作战略的概念以及类别，认识合谋战略的条件以及合谋战略中的欺骗问题，了解战略联盟的概念以及战略联盟的各种类型与战略联盟的成功因素。

技能目标：学会在国际市场营销中运用合作战略来实现企业的国际战略目标，能够根据企业的具体情况制定和实施合适的战略联盟，维持企业在国际市场中的战略伙伴关系。

能力目标：具有熟练分析国际市场营销环境的能力，并能根据当前的国际营销环境拟定出企业的合作战略规划。

价值引领 ◉

国际市场合作是企业建立和实施国际市场营销战略的重要方式。在以习近平同志为核心的党中央领导下，我国实行更加积极主动的国际市场合作战略，坚持对内对外开放相互促进、"引进来"和"走出去"更好结合，构建互利共赢、多元平衡、安全高效的开放型经济体系，陆海内外联动、东西双向互济全面开放新格局加快形成，持续深化多双边区域合作，国际市场合作和竞争新优势不断增强。为了更好地推进国际市场合作战略，我国企业应深度参与全球产业分工与合作，融入面向全球的高标准商贸网络，与全球商业伙伴结成战略联盟。

当前国际形势变幻莫测，国际市场合作面临更多的挑战。在纷繁复杂的全球环境下，如何更好地推进国际市场合作？我国企业要能够进一步增强国际市场参与能力，与更多合作伙伴携手，找到新的机会与增长点；积极推动企业与国际市场深度融合，拓展合作范围和提高合作深度；共享全球市场新消费机遇，共建更加高效、稳定的全球产业链。为了实现这些目标，我们需要深入理解国际市场合作的含义、类型和模式，以应对国际市场的挑战。

引例@　　　　三菱重工空调与U美生活心品签署战略合作协议

2022年10月11日上午，以"智启未来共创美好"为主题的三菱重工空调和U美生活心品战略合作签约仪式，在三菱重工空调上海总部展厅顺利举行。

三菱重工空调系统（上海）有限公司副总经理兼系统工程本部本部长徐晓全先生、华南一区区长魏国平先生、厦门事务所所长张兴建先生、战略业务课副课长陆玮先生、系统工程本部综合业务课课长杨芬明先生、厦门事务所系统工程课课长苏华阳先生，U美生活心品总经理黄苹苹女士、产品管理部总监郭青峰先生、供应链高级经理高峰先生、供应链开发经理赵欣宇女士等双方企业代表出席了签约仪式。

活动现场，双方正式缔结了战略合作协议，将携手赋能升级转型中的舒适家装市场，为聚焦全屋体验、关注人文需求和低碳节能的理想空间打造，注入更多品质和创新力量，并表达了对合作前景的祝福和期许。

U美生活心品黄苹苹总经理对三菱重工空调团队的热忱欢迎表示感谢，她表示：很高兴这次战略合作能拥有一个良好的开端。双方通过深入的交流，已经达成下一阶段消费市场对于家装服务相关理念的共识。这样的共识是一个非常重要的契机，将对未来的合作产生积极影响。她对此报以期待。

三菱重工空调徐晓全副总经理则认为，U美生活心品和三菱重工空调通过前期的高效沟通，已经对未来家居市场的发展理念、彼此的行业领域优势以及合作聚焦点和前景，都形成了清晰的认知。基于前期的沟通和下一步的具体规划，相信双方可以在深度合作中共同助力市场发展，为终端用户创造一个美好未来。

身为百年来深受全球行业领域和客户信赖的大型跨国集团企业，三菱重工拥有的卓越标准和长期主义"文化基因"一贯有口皆碑，更懂得聚焦不同市场环境中的细分领域及应用场景变化。无论是精工品质打造、综合运营能力还是用户心理研究，品牌方都为此倾注心血，为众多项目方提供了完全适用并且符合全球高端标准的室内空气质量解决方案。

对于体量巨大的中国市场，三菱重工除了发挥其深厚的传统优势，长期助力综合能源产业升级转型，也同样关注人性化、个性化的用户需求，深度研究智能技术和低碳趋势，重视产品创新和长期体验，为中国用户精心打造出了一系列引领潮流、触动人心的高端空调产品。三菱重工不仅具备可靠品质，更能轻松匹配日益多元的空间审美特点，在高效节能、精准温控、产品制造、环保标准、一站式服务等层面，完全做到与世界同步。

U美生活心品是坚持秉承"理想家"文化的品质家装设计品牌，特别重视深层次的精神感受，致力于打造高品质美居的一站式服务平台，为懂得生活的业主提供高端个性化定制精装和可靠的人文家居综合解决方案。

U美生活心品在空间、科技、服务、审美等维度都坚持以用户需求为核心，旨在凭借强劲的资源整合能力、产品及业务能力，打破市场固有的居住认知，提供高端个性化订制精装和可持续的人文空间体验。

基于长期主义和创新导向，双方成为战略合作伙伴。三菱重工空调和U美生活心品都坚信，彼此可以共同构筑起整体与细节都高度流畅、贴心、可信赖且富有人文之美的一站式体验，去精准触及终端需求，创造出符合未来发展趋势的居住感受。

当"润物无声"的高端空气质量管理邂逅突破传统家装概念的空间美学，双方一定能在全产品、设计理念、服务模式等方面发掘新价值，实现共赢。

资料来源　冷暖商情. 三菱重工空调 x U 美生活心品战略合作签约仪式圆满举行［EB/OL］.（2022-10-15）［2024-12-02］. https://www.163.com/dy/article/HK1N8DBE0552DMX2.html.

传统的企业战略都是围绕着竞争而展开的，都遵循着同一个输赢模式。然而，随着全球化趋势的加深，为争夺顾客、资源和思想库而进行竞争的商业模式受到越来越多的挑战。处于新兴的高科技行业的企业已经认识到，与竞争对手合作既可以建设市场，也可以避免代价高昂的标准之战——争夺行业标准。

随着全球行业越来越富有弹性，以及新技术和新媒体从高科技行业向传统行业的扩散，以竞争为导向的战略价值将会进一步下降。同时，高新技术的普及也推动产生了人际互动和人际关系的新模式，从而为组织人员、流程、关系和知识提供了更多的商业体制选择，这些力量将加速企业战略的转换——从解决具体的企业问题转向管理复杂的企业困境，而这些又反过来需要比竞争模式更广的战略工具和战略思想。为了迎接这种新挑战，企业需要依赖一种合作模式来解决其所面临的日趋复杂的商业环境。因此，合作战略便成为现代企业国际化进程中的一个至关重要的战略模式。

6.1　合作战略的概念

6.1.1　合作战略的定义

合作战略（cooperative strategy）的术语有多种叫法，如合作协议（collaborative agreement）、战略联盟（strategic alliance）或全球战略伙伴（global strategic partnership，GSP）等。为了阐述方便并与某些相似概念相区别，本书将上述合作形式统称为合作战略。合作战略指的是两个或两个以上的企业从长远的战略目标出发，兼顾自身和合作伙伴的利益需要而制定的协作战略。国际合作战略则是指跨越国境的合作战略。合作战略主要分为两种：合谋战略（collusive strategy）和战略联盟（strategic alliance）。合谋战略是指一个行业的几个企业联合起来把行业的产出降到竞争水平之下，从而把价格提高到竞争水平之上。合谋战略又可以分为两种：公开合谋（explicit collusion）与暗中合谋（tacit collusion）。合谋战略通常是同一个行业的企业之间的合作，而战略联盟则既可以发生在同一个行业，也可以发生在不同的行业。

拓展阅读
6-1

【出海案例6-1】
宁德时代与福特开展全球战略合作，共同推动电动汽车行业发展

2022 年 7 月 21 日，宁德时代新能源科技股份有限公司（简称宁德时代）与福特汽车公司（简称福特）宣布签订合作谅解备忘录，双方建立全球战略合作关系，合作内容涵盖在中国、欧洲和北美的动力电池供应。

根据双方另外签署的协议，从 2023 年起，宁德时代将为北美的福特 Mustang Mach-E 车型供应磷酸铁锂电池包，并从 2024 年起，为北美的福特纯电皮卡 F-150 Lightning 提供磷酸铁锂电池包。得益于宁德时代磷酸铁锂电池系统在电池寿命和热稳定性等方面的优良特性，上述福特车型将在环境适应性方面拥有出色的表现。

CTP（cell to pack）技术是将电芯直接集成到电池包的技术，在提高电池包系统能量密度的同时，简化制造工序并节省成本。福特电动车架构的灵活性能够高效融合宁德时代的 CTP 技术，从而快速提升产能，满足客户需求。

双方将发挥各自优势，在全球范围内携手探索新的商业机会。除了向福特提供基于 CTP 技术的磷酸铁锂电池外，宁德时代还将与福特在其他电池技术方面积极开展合作。

此次全球战略合作旨在为双方开拓新的市场机会，推动新能源产业可持续发展和电动汽车普及，共同助力全球碳中和目标的实现。

资料来源　佚名. 宁德时代与福特宣布开展全球战略合作，共同推动电动汽车行业发展［EB/OL］.（2022-07-21）［2024-12-02］. https://www.catl.com/news/6474.html.

企业合作的一个中心问题是合作机制问题，即采用什么样的措施保障合作顺利进行，其中的一个核心就是如何处理合作中可能存在的欺骗问题。鉴于合作是一种普遍的社会现象，有的学者便从社会学的角度加以解释。托马斯·霍布斯（Thomas Hobbes，1952）认为，合作最传统的解释来源于社会，在缺少中央权威的条件下，合作不可能发生也不可能解决合作问题。因此，只有当一个中央权威（central authority，通常是个人或机构）迫使其他个人或企业在合作协议中不许欺骗时，合作才有可能发生。换句话说，中央权威可以对那些在合作协议中实施欺骗的个人或企业实施制裁措施，使得其他个人或企业因为欺骗而付出高昂的代价。Hobbes 的理论存在一定的缺陷，并不能解释所有的合作现象。例如，在一个具有规范准则的社会关系条件下，人的社会行为是可以预见的，因此也经常发生大量的交换活动。当这些社会规范把合作关系中的欺骗排除在外时，如果违反这些规范则有可能导致广泛的社会制裁，这些制裁也可以使得欺骗代价高昂。罗伯特·阿克塞尔罗德（Robert Axelrod，1984）发现，即使没有中央权威，也有可能产生合作，但要满足以下两个条件：一是公司能够预见到相互之间会有互动；二是至少在一些合作的公司之间会存在互动。如果有一家公司存在欺骗行为，则对方也会采取针锋相对的措施，迫使其放弃欺骗。

另一种对合作机制研究的观点认为，合作是继突变和自然选择之后的第三个进化原则。根据这个观点，企业在国际市场上的经营与发展也必须依靠各种有效的合作机制。马丁·诺瓦克（Martin Nowak，2013）从博弈论之囚徒困境入手，生动展现了合作机制的强大动力。他综合生物学、数学、社会学、计算机科学等多学科理论，深入剖析并阐述了主体之间"合作"得以达成的五种机制——直接互惠、间接互惠、空间博弈、群体选择以及亲缘选择，强调借助于"合作"的力量，组织的建设者和管理者可以收获更强劲的团队凝聚力，人类社会可以实现更大的长期利益。这一理论成果对于指导企业在国际营销中制定和实施合作战略具有显著意义。

6.1.2 合作战略的理论解释

在实践中，合作战略是全球化的结果，也是企业在全球化趋势背景下实施全球化战略的一种方式。在理论上，合作战略有其理论基础。总的来看，主要有3种理论提供了企业合作战略的解释（见图6-1）。

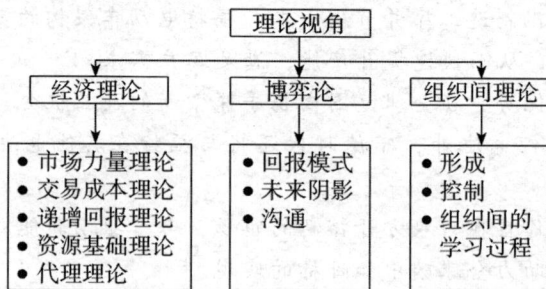

图6-1 合作战略的理论解释

资料来源 WAHYUNI S. Strategic alliance development: a study on alliances between competing companies［EB/OL］. ［2024-12-02］. https://pure.rug.nl/ws/portalfiles/portal/13173747/c4.pdf.

1）经济理论

经济理论关于合作战略的解释主要有以下5个视角：

（1）市场力量理论（market power theory）。该理论主要是关于企业通过什么方式来提高其竞争能力，以便在市场中获取更有利的竞争地位。合作战略显然可以为企业进入某个特定市场提供有效的支持，因而能够在一定程度上改善企业的竞争能力。

（2）交易成本理论（transaction cost theory）。交易成本理论认为合作战略可以降低企业的交易成本，这些成本包括谈判成本、契约成本、物流成本等。

（3）递增回报理论（increasing returns theory）。该理论认为企业必须发展密集的技术网络，并且要组成联盟来获得大量的顾客，从而成为市场上的主要力量，否则就会被竞争对手超越。

（4）资源基础理论（resource-based theory）。该理论强调企业发展核心能力以提升企业的可持续竞争优势。企业可以在很多方面实施合作战略（例如研究与开发等）来增强自身的核心能力。

（5）代理理论（agency theory）。该理论把公司治理的思想引入企业间关系，认为企业的契约关系本质上也是为了回避风险，因此信息对于企业来讲是十分重要的，而信息的充分性可以通过与竞争对手的合作来实现。

2）博弈论

博弈论对合作战略的解释可以从以下3个方面来看：

（1）回报模式（pattern of payoff）。回报最终影响合作方的战略选择，每一个参与者都倾向于选择具有最优回报的战略。当双方之间的竞争只能导致两败俱伤的时候，竞争者之间会选择合作的方式。

（2）未来的阴影（shadow of the future）。未来的阴影运用的是"针锋相对"的思维来思考企业的合作战略，即如果合作方都没有在合作中欺骗对方，那么合作就比较顺利，因此双方在未来还会选择合作；如果有一方在第一轮的合作中有欺骗行为，则在下一轮合作中对方就会采取针锋相对的措施，也采取欺骗行为，从而导致合作的中断。

（3）沟通（communication）。沟通能够给相互敌视的企业提供更多的信息，从而消除彼此之间的敌意，减少冲突和摩擦，使双方倾向于选择合作战略。

3）组织间理论（inter-organizational theory）

组织间理论对于合作战略的解释主要是管理模式的问题，即企业间应该采用何种模式才能更好地管理这种伙伴关系。由于每个成员有其独特的目标、管理模式和特点等，因此为了更好地管理这种关系，组织间理论认为模式的选择主要应该集中在 3 个方面，即形成、控制和组织间的学习过程。

（1）从伙伴关系的形成来看，成员企业应该认识到以下几点：一是建立联盟的动机；二是正确选择伙伴，以便能够实现目标的兼容；三是需要对成员企业间的组织文化和制度进行整合来保证伙伴关系的持续性。

（2）从伙伴关系的控制来看，主要强调控制和绩效之间的关系。为了通过伙伴关系的控制来提高绩效，企业应该选择合适的联盟结构和流程，增强对环境的反应能力和增进伙伴间的关系。

（3）从组织间的学习过程来看，组织间学习理论把伙伴关系看作一个媒介或网络，通过该媒介或网络来实现技术和知识在组织之间的迁移。

6.2 合谋战略

6.2.1 合谋战略中的欺骗

合谋战略中很有可能存在欺骗。在实际市场运行中，企业通过合谋来限制行业产量并且提高价格，从而化解来自竞争对手的威胁。例如，有的行业的产品价格始终居高不下，其中一个重要原因就是竞争对手之间达成合谋，共同维持高额利润。然而，在这些合谋协议中，仍然有企业为了提高利润违背协议，欺骗对手，从而领先对手获取高额利润。这些欺骗的手段多种多样，但基本上包括两大类，即伯特兰德欺骗（Bertrand cheating）和库诺欺骗（Cournot cheating）。表 6-1 将这两种欺骗与完全合谋（没有欺骗）和完全竞争（价格战）进行了比较。

1）伯特兰德欺骗

伯特兰德模型主要考察合谋的一方通过把价格降低到合作价格之下对公司利润的影响。该模型的假设前提是每一次进行欺骗的公司在调整其价格时，总是认为行业的其他企业不会采取相应的报复行动，而会继续维持合作关系，同时该行业的产品是同质的，没有多少差异。事实上，如果一家公司决定在合谋协议中进行欺骗，降低价格以增加销售量，那么其他的公司也会这么做。从长远来看，该行业的企业将只能得到正常的经济利润。

表6-1 　　　　　　　　　合谋战略中的两种欺骗与完全合谋和完全竞争的比较

战略	决策因素	行为假设	绩效含义
完全合谋	价格/产量	两家公司遵守协议	共享垄断利润
完全竞争	价格/产量	两家公司忽视任何相互依赖性	正常利润
伯特兰德欺骗	价格	一家公司假定另外一家公司会维持前一阶段的价格，不从前面的阶段学习经验	正常利润
库诺欺骗	产量	一家公司假定另外一家公司会维持前一阶段的产量，不从前面的阶段学习经验	利润下降到共同垄断利润和正常利润之间

资料来源　巴尼. 战略管理：获得与保持竞争优势 [M]. 朱立，等译. 上海：格致出版社，2011.

2）库诺欺骗

伯特兰德模型意味着合谋企业所获得的正常利润之上的超额利润是很不稳定的，任何一家公司的价格降低都将导致合谋成员企业全部回到正常利润水平。与此相对应，库诺从另外一个角度来思考合谋中的欺骗行为。库诺关注的不是降低价格，而是提高产量的问题。假定市场上只有两家公司，这两家公司进行完全合谋，则可以产生与完全垄断一样的效果，但是每家公司都试图提高其产量，并且假定对手的产量不会变化，从而调整其需求曲线，最终的结果是两家公司的均衡产量都等于市场需求的三分之一，整个行业的均衡产量等于市场需求量的三分之二，最后导致价格在获得正常利润的价格之上但低于共享的垄断利润的价格。

6.2.2　公开合谋与暗中合谋

1）公开合谋与暗中合谋的含义

在合谋中企业的利润依赖于企业的竞争对手如何对其欺骗行为做出反应。那么，接下来的问题就是企业如何了解其竞争对手的意图。其中一个最简单的方法就是企业直接与其竞争对手进行沟通和谈判。这种直接与竞争对手沟通和谈判的合谋就是公开合谋，在许多国家是非法的，将会受到严厉的法律制裁。另一种方式就是利用暗中合谋来选择共同的利润最大化的合作战略，即暗中合谋的企业向潜在的合谋伙伴企业发出有合谋意图的信号。这些信号有模糊的，也有明确的。例如，如果一个行业的生产成本降低，按理应该降低价格，但是其中一家合谋企业可能发出信号说它们想追求利润最大化（言下之意就是不降低价格），这就属于模糊的信号。如果企业广泛地登广告公开说明其价格不会低于某价格之下，则是明确的合谋信号。

2）暗中合谋的条件

公开合谋在许多国家属于非法行为，暗中合谋有时也可能被认为是非法的，但还是有很多因素促使暗中合谋的产生，这主要跟一些行业特点有关。这些因素主要有：

（1）行业企业数量少。暗中合谋最有可能成功的是企业数量少的行业，如民航业、铁路业、石化行业和电信行业等。这主要是因为在这样的行业，合谋企业监督和解读其他企业的行为和信号（合谋信号）相对比较容易，如果企业数量太多，则解读起来就比较困难，因此暗中合谋常发生在一些寡头垄断的行业中。在这些行业中，价格常常居高不下，表面看起来它们之间似乎没有什么公开的协议，但相互之间心领神会，配合十分默契。

（2）产品同质化。当企业销售同质化的产品和服务时，暗中合谋比较容易达成。一般来讲，价格变动容易被监控，而产品特征的变化比较难被监控。一个企业可以通过维持价格但改变产品特征来欺骗竞争对手。因此，当存在产品差异化的时候，企业没必要与竞争对手达成合谋。如果一个行业里产品的差异化成本过于高昂，企业的潜在竞争就只能依赖价格战，但价格战对于整个行业都是极为不利的，往往会导致恶性竞争。因此，在这种情况之下，一个比较好的办法就是大家达成默契，共同维持较高价格，以维持盈利水平。如果有一家企业试图打破这种局面，往往会导致行业的重新洗牌，像我国的电视机行业、牛奶行业和微波炉行业等都曾出现过这种现象。

（3）成本同质化。当一个行业里的企业在成本方面存在较大差别时，它们的最优产出水平也会相差较大。这些差异使得企业之间很难找到一个产出水平来使共同的利润最大化。在这种条件下，任何暗中合谋的协议都是不稳定的，企业具有强烈的动机来进行合谋欺骗。而如果合作的企业具有相似的成本结构，则比较容易找到一个产出水平来实现共同的利润最大化。

（4）价格领导者。暗中合谋的一个特征就是存在一个行业价格领导者。这个领导者就是在一个行业里能够设定"可接受的行业价格"或"可接受的边际利润"的企业。行业价格领导者通常具有行业的最大市场份额，能够建立行业标准，以及能帮助行业抬高或降低价格而不必担心会有危险，这有助于建立行业的行规来长期维持暗中合谋。

（5）行业社会结构（industry social structure）。行业社会结构，也叫作行业文化（industry culture），是指在行业里演化的被行业成员广泛接受的行为和竞争规范。这些行业规范规定了行业成员企业的运营标准、可接受的竞争形式和企业行为规范等。如果企业违反了这些行业规范就等于违反了行业礼节，是要受到其他成员企业的谴责甚至是惩罚的。行业社会结构是一个行业经过长期的历史演化而形成的，其中有些规范就是有关行业成员企业达成默契来共同维持超额利润的规范。因此，如果有哪家企业违反了行规私自调整产量或价格，必然会遭到其他企业的强烈抵制。

（6）进入壁垒。一个行业进入壁垒越高，越有可能达成合谋；进入壁垒越低，越难以达成合谋。这是因为进入壁垒越低，新进入的企业就越多，新进入的企业可能会带来产品和成本上的异质性，也可能不会遵守行规，从而打乱行业原有的秩序，给合谋带来困难。

6.2.3　国际市场企业合谋的新动向

随着一些后起国家的快速发展，一批批发展中国家的企业也迅速开始进行国际化经营。中国企业在这场全球化浪潮中脱颖而出，成为企业国际化经营的一颗颗耀眼的新星。然而，树欲静而风不止，企业的国际化不但要面对复杂而又完全不同的营销环境，还需要应对各种合谋战略的陷阱。从目前的国际市场来看，企业合谋出现了一些新的动向。其中一个巨大的区别就是从过去针对消费者或顾客的合谋转向针对竞争对手或东道国政策等方面的合谋。其手段更加复杂多样，不再单纯依靠价格或产量控制，而是各种方法并用，因此难以应对甚至难以发觉。

1）针对竞争对手的合谋

国际市场已经被一些发达国家的本土公司或跨国公司所占有，后进入的企业要想进行国际化经营，就需要从这些原有市场中抢夺市场份额，这样一来，势必要打破原有市场格局，这必然会遭到作为竞争对手的海外企业的反击，一些海外目标市场国家（地区）的企业可能会联合起来，共同对付新进入者，维持其原有秩序。

【观念应用6-1】

宁夏葡萄酒"抱团"进军国际市场

贺兰山东麓葡萄酒产区所产葡萄酒品质高、口感佳，多个品牌在国际屡获大奖，然而由于酒庄分散没有形成合力，也没有国际认可的品质标准，所产的葡萄酒很难在国内和国际市场形成独立品牌。

2018年，银川市政府成立银川科创融汇葡萄酒产业科技有限公司，负责中国葡萄酒产业技术研究院的建设并作为市场运营主体，聘请了西北农林科技大学原副校长、中国葡萄酒产业奠基人之一李华教授作为研究院院长，组建专家技术团队，欲将银川都市圈葡萄酒产业进行整合，制定国际认可的行业标准，并打造知名品牌进军国际市场。

研究院提供本土技术支持

"想要生产高端葡萄酒，将这个产业做大做强，离不开高标准的酿酒技术支撑。"中国葡萄酒产业技术研究院院长李华告诉记者，葡萄酒品质的好坏，除了受酿酒葡萄的质量和自然环境的影响之外，酿酒和调酒过程是最终保障葡萄酒口感和稳定性的关键。

"一些酒庄照搬国外的设备和生产工艺，出现了水土不服、品质得不到保障的情况。宁夏酒庄请国外专家来调酒，每小时费用200美元。"李华说，这是大部分葡萄酒企业所负担不了的，也解决不了长期问题。

中国葡萄酒产业技术研究院以李华教授为首席专家，组建了国内一流的葡萄酒研发技术团队，面向宁夏贺兰山东麓产区，根据产业和市场需求，开展应用型科技研发和转化，从葡萄的种植到葡萄酒的酿造全过程，提供全产业链的监控和大数据分析，对标欧盟和北美标准，制定和规范贺兰山东麓产区葡萄酒产业的标准化种植和生产流程。

五大产区年产1.2亿瓶　综合产值230亿元

截至目前，贺兰山东麓酿酒葡萄种植面积57万亩，占全国种植面积的1/3；已建成酒庄86个，整个产区出产的葡萄酒共获得国际金奖114项，葡萄酒年产量0.7亿升（1.2亿瓶）；宁夏葡萄产业年综合产值达230亿元，宁夏贺兰山东麓葡萄酒品牌价值达271.44亿元。同时，形成了以镇北堡为核心的银川产区，以甘城子为核心的青铜峡产区，以肖家窑为核心的红寺堡产区，以农垦玉泉营为核心的永宁产区，以及以金山为核心的贺兰产区。

制定国际认可的统一标准

"有这么好的产区和环境，品质这么好的葡萄酒，为什么在国内和海外，我们的葡萄酒却没有应有的市场份额？"银川科创融汇葡萄酒科技有限公司执行董事马骊在组建这家国企的时候通过大量对国内外市场的调研，发现贺兰山东麓葡萄酒除了宁夏市场以外，在国内外市场占有率非常低。除了原有的法国、意大利、德国、西班牙等国际著名产区外，"新世界"产区（澳大利亚、新西兰、南非、阿根廷、智利等）也制定有严格的行业标准，工业化批量生产出的葡萄酒品质稳定且价格较低，迅速占据了国内外中低端葡萄酒市场。

"单瓶售价100元人民币左右的葡萄酒，我们跟国外几乎没有什么竞争力。"马骊告诉记者，国内葡萄酒产区中，渤海湾产地和沙城产地对市场的影响也很大，所以一定要制定出一套被国际市场认可的葡萄酒行业标准，结束贺兰山东麓酒庄酒企"小、散、弱"且各自为政的局面，形成合力打造出代表贺兰山东麓产区水平的高中端葡萄酒销量冠军品牌。

品牌不等于文化，葡萄酒要讲自己的故事

宁夏葡萄酒产区经历了"大产区小酒庄""大产区大品牌"等多个时期的发展，在无数次的探索中，宁夏葡萄酒人和外地酒商都得出了一样的结论——品牌的打造需要依托独特的葡萄酒文化。

"独特风土是品牌自信之本，也是宁夏葡萄酒文化特色之源。"深圳市酒类行业协会秘书长杨克建表示，宁夏的酒庄需要合力挖掘宁夏产区的独特文化底蕴。"泸州老窖带火了品牌旗下的多款酒，宁夏的酒庄也可以进行集群发展，大单品'贺兰红'就是一个不错的尝试。"

谈及打造"葡萄酒之都"关键要素的品牌建设，宁夏大学食品与葡萄酒学院教授毛凤玲也提出了建议："宁夏产区有一个区别于其他酒庄的风土——冬季让葡萄藤埋土休整，春季的展藤赋予葡萄新生命，以此为契机举行品牌节庆活动，也可成为文旅融合的一大亮点。今后来到宁夏的游客，可以先听听葡萄展藤的故事。"

资料来源　[1] 李鲲鹏. 制定国际性标准打造独立品牌，宁夏葡萄酒将"抱团"进军国际市场 [EB/OL]. （2019-05-05）[2024-12-02]. http：//www.winechina.com/html/2019/05/201905297686.html. [2] 李佩珊. 宁夏葡萄酒牵手前沿市场"开疆扩土"[EB/OL]. （2021-03-21）[2024-12-02]. https：//www.chinanews.com.cn/cj/2021/03-21/9437296.shtml.

上述案例表明，在海外目标市场上，面对竞争对手的合谋威胁，中国企业也应加大合作力度，联合起来应对，并且要仔细分析市场状况和发展趋势，同当地的商业组织建立伙伴关系，寻求共同发展，从而消除不良竞争对手的合谋威胁，更好地开发国际目标市场。

2）针对东道国政策的合谋

随着经济的发展，发展中国家的经济、法律等方面的政策也会做出相应的调整，一些原来为了吸引外资的措施在经济社会发展到一定程度之后会有所调整，以便维护国家经济社会的全局利益。这种调整有时候会对一些跨国公司在东道国的利益产生一

定的影响。为了最大限度地消除这种影响，跨国公司甚至会达成合谋，共同对东道国政府施加压力，使之最大限度地维护其既得利益。2014年，中国依据《中华人民共和国反垄断法》（以下简称《反垄断法》）对外资企业开展反垄断调查和处罚，触动了一些在华外资企业的利益，它们通过商会进行合谋对抗，但事实是怎样的呢？请看下面"观念应用6-2"中的案例。

【观念应用6-2】
反垄断一视同仁　外资应正确面对

2014年8月，中国密集发起反垄断调查，包括高通、微软、奔驰等在内的不少知名外企成为被调查对象。这引来了外界尤其是国外媒体和机构的抨击。

中国美国商会发布报告称，在华外国企业日益感到自己成为反垄断法和其他法律行为的靶子，而且如果情况得不到改善，它们可能会减少投资。

报告称，在接受调查的164家成员企业中，将近半数认为它们成了"有选择性地、主观地实施"反垄断和食品安全等法规行为的靶子。报告还指出，中国正面临一种日益增强的风险，即"永久性失去作为一个令人向往的投资目的地的吸引力"。

值得注意的是，中国美国商会成员涵盖了强生、微软等知名企业，它是继中国欧盟商会后最近一个对中国一系列调查公开表示不满的商业团体。

在中国宣布对奥迪、奔驰等车企进行反垄断调查时，中国欧盟商会曾发表一份措辞相对严厉的声明。声明说，中国反垄断调查中可能存在两大问题：调查的透明性及外资企业在调查中受到不平等待遇。

面对外企可能减少投资的威胁，商务部研究院国际市场研究部副主任白明对记者表示，从近期被调查的国外企业来看，这些企业在欧美市场上都很守规矩，即使被进行反垄断调查也很配合，怎么在中国市场上被进行反垄断调查就冒出这么多杂音？

白明指出，市场经济最重要的一条就是要维护市场的公平秩序，使每一个市场参与者得到平等对待，不仅外国企业有这样的诉求，中国企业也同样有此诉求。但一些企业在中国总是拿市场经济的尺子要求别人，而对自己的垄断行为视而不见，甚至倒打一耙。

白明表示，中国进行反垄断调查并不是为了挤压外资在华的发展空间。外企在中国获得市场溢价本无可厚非，但靠垄断获得超额溢价，损害其他企业的发展机会，则不是公平竞争的体现。

"公平竞争既是对洋品牌的保护，也是对民族品牌的保护，因此，无论外资、内资都要受到约束"，白明指出，"如果外企因遭到调查就威胁将减少投资，这种短视行为势必会使其失去中国市场，最终将自食其果"。

中国商务部发言人沈丹阳在2014年8月同样强调，依法强化企业合规经营，是为了建立健全公平、透明、规范的市场秩序，这有利于完善投资环境，而不是相反。

外企之所以发出减少投资的威胁，很大程度是由于它们认为中国的反垄断存在选择性执法，对此，国务院反垄断委员会专家、中国政法大学教授时建中对记者表示，中国的反垄断法对国内外企业一视同仁，各类企业在法律面前一律平等，并不存在选择性执法。时建中指出，频频对外资企业进行反垄断调查，并没有什么特别选择，也没有什么特殊的背景，非要说有背景，它们的违法事实才是最大的背景。

国家发改委价格监督检查与反垄断局局长许昆林也多次表示，中国的反垄断执法不会区分企业是什么性质，无论是内资、外资，国企或者民营企业，只要违反《反垄断法》，都会去调查。

中国商务部发言人沈丹阳同样指出，《反垄断法》实施6年来，接受反垄断调查的企业既有中国本国企业，也有外国企业，并非只针对外国企业。在《反垄断法》面前，所有企业一律平等，不存在"排外"的情况。

法律面前，一律平等。法律既不能对国内企业法外开恩，也不会让外企享受超国民待遇。诚如反垄断法修改审查专家小组的专家、中国政法大学竞争法研究中心主任时建中所称："如果我们只盯外企而放纵国内企业，其实是对民族经济发展的伤害，而不是保护。"如果内外有别，反垄断法的法律尊严和立法初衷难免会被伤害。事实上，回顾过往的反垄断案例即可证明，中国执法机构始终坚持公平公正执法，对所有市场主体同等对待，所谓"打压外企"的言论并不成立。譬如，2011年的中国电信和联通涉嫌垄断案，以及2013年的茅台、五粮液反垄断案，涉及的都是国内大牌企业，而在乳粉企业垄断案中既罚了美赞臣等洋品牌，也罚了合生元等本国违法企业。2014年国家发改委对浙江保险行业开出了1.1亿元反垄断罚单，相关外企由于没有参与到垄断协议之中，最终置身事外。

资料来源　[1] 李金磊. 专家：中国反垄断一视同仁 外企威胁撤资将自食其果 [EB/OL]. (2014-09-04) [2024-12-02]. http: //finance.china.com.cn/roll/20140904/2655112.shtml. [2] 王石川.跨国巨头为何如临大敌 [N]. 证券时报, 2008-08-04（A016）.

6.3 战略联盟

战略联盟作为一种现代组织形式，已被众多当代企业家视为企业实施国际化最迅速、最经济的方法，已成为现代企业提升国际市场竞争力的有效形式，被称为"21世纪最重要的组织合作模式"。企业竞争进入了战略联盟的新时代。

6.3.1　战略联盟的含义

关于战略联盟（strategic alliances）的定义多种多样，莫衷一是。这里先不去探究战略联盟如何定义，而是界定战略联盟的主要特点，以区别于其他形式的企业合作。一般来讲，战略联盟主要有三个特点：一是由两个或两个以上联合起来寻求共同认可的目标的企业所组成，这些企业在联盟成立之后仍然保持法律的独立性；二是在联盟期间，联盟的伙伴企业分享联盟的利益和控制权；三是联盟伙伴在一个或多个重要的战略领域（技术或产品等）不断做出贡献。关于战略联盟的定义，目前主要的争论集中于并购活动和合资是否属于战略联盟。根据以上特点可以得知，战略联盟的形成是企业部分整合其能力和资源以实现其不能单独实现的目标的结果。战略联盟是以契约为基础的，并且成员企业是独立的法律实体。因此，首先可以把企业的并购活动排除在战略联盟之外。那么，国际合资（international joint venture）算不算战略联盟呢？这个问题可能是战略联盟研究中争议比较大的一个，基本上支持的和反对的各占一半。然而，根据上面的有关战略联盟的特点，我们仍然可以认为国际合资不属于战略联盟。首先，从母公司的角度来看，国际合资形成了一个新的、独立的法律实体（与东道国企业成立的合资企业），而战略联盟却没有形成一个新的、独立的法律实体。其次，从战略目标来看，国际合资主要针对的是东道国的一国市场，而战略联盟则是针对整个全球市场而成立的。因此，在本书有关国际战略联盟的论述中，我们把国际合资排除在战略联盟之外。

综上所述，战略联盟指的是两个或两个以上的企业为了实现一定的战略目标，通过合作的方式组成的优势互补、风险共担、要素双向或多向流动的松散型网络组织，达到彼此间资源和产能的有机组合，以创造竞争优势。战略联盟是自发的，联盟各方保持着经营的独立性，具有边界模糊、运作高效、机动灵活等特点。国际战略联盟（international strategic alliances）则是指跨越国境的战略联盟，其中至少有两个伙伴企业不在同一国境范围之内。

【小资料6-1】

战略联盟组建动因分析

战略联盟的组建动因主要包括以下几个方面：

1）增强企业实力

企业在激烈的竞争环境之中，要想获得持久的竞争优势，在市场上立于不败之地，就必须善于利用各种竞争力量，以提高竞争能力。企业通过与和自己有共同利益的单位建立战略联盟，彼此之间可以通过加强合作而发挥整体优势。尤其是在对竞争者的看法上，战略联盟理论与传统的管理理论有很大的不同。传统上，企业都是与竞争对手处于势不两立的位置，双方都想采取一切竞争手段将竞争对手挤出市场；而在战略联盟中，竞争对手之间可能通过彼此的合作，加强各自的实力，共同对付别的竞争者或潜在竞争者。

2）扩大市场份额

在企业之间通过建立战略联盟来扩大市场份额，双方可以利用彼此的网络进入新的市场，促进产品的销售，或者共同举行促销活动来扩大影响。

3）迅速获取新技术

目前，技术创新和推广的速度越来越快，一个企业如果不能紧跟技术前进的步伐，就很有可能被市场淘汰，即使规模很大的企业也存在这方面的压力。而技术创新需要企业有很强的实力和充分的信息，否则很难跟上技术创新的步伐。这就要求具备各种专长的企业之间密切配合，而战略联盟正好可以满足这一要求。

4）进入海外市场

竞争全球化是市场竞争的一个趋势，这已经在越来越多的企业间达成共识，企业要谋求全球化的发展，单是依靠出口产品的方式占领国际市场存在很大的局限。现在很多企业都试图在海外生产和销售，这一方式也存在很大的问题，因为海外的经营环境与国内有很大的区别，且各国的法律法规对企业的发展有极大的制约。通过与东道国的企业建立战略联盟，用合资、合作、特许经营的方式可以有效地解决这一问题，这些优点是在海外直接投资建厂、并购当地企业所不具备的。

5）降低风险

现在的市场竞争瞬息万变，企业经营存在巨大的风险，而通过战略联盟的方式可以分担风险从而使企业经营风险大大降低。例如，在科技投入方面，由于研究开发费用很大，而成功率很低，即使开发成功，也很可能迅速被更先进的技术所取代，因此研究开发存在很大的风险，而通过几个企业组建战略联盟共同开发，不仅可以提高成功的可能性，而且可以使费用得到分担，更快回收成本，这就大大降低了风险。

资料来源　佚名. 战略联盟组建动因分析的是什么［EB/OL］.（2021-08-20）［2024-12-02］.
https://www.qinxue365.com/embaxw/29930.html.

拓展阅读
6-2

6.3.2　战略联盟的种类

战略联盟的分类可以根据不同的标准来划分。

1）根据联盟是否存在股权关系，可将战略联盟分为股权式联盟和契约式联盟

股权式联盟是合作企业通过协议在联盟的伙伴企业里面持有股份。例如，IBM公司就在1990至1991年间购买了大约200家西欧国家的软件和电脑服务公司的少量股份，借此与当地的经销商建立了良好的联盟关系，从而借助联盟中的中间商占领了这片市场。契约式联盟则是通过契约来管理联盟关系，共同开发、生产和销售产品，并提供服务，成员企业之间没有股权关系的联盟。这些协议包括许可协议、供货协议和分销协议等。

2）根据战略联盟在价值链上环节的不同位置，可将战略联盟分为联合研制型、资源补缺型和市场营销型（这是美国学者 P. Lorange 的分类方法）

（1）联合研制型：在生产和研究开发领域展开合作，参与联盟的企业充分利用联盟的综合优势，共享经营资源，相互协调，共同开发新产品、新材料和新技术。日本松下公司与美国英特尔公司合作开发16M的DRAM技术，美国通用电气公司与日本三家公司共同开发新一代发动机等，即属于联合研制型战略联盟。联合研制型战略联盟中的成员多为风险型企业，合作的目的在于获得新技术、降低资金的投入风险和项目的开发风险。这类联盟在微电子、生物工程、新材料等高科技行业中比较常见，是一种积极的前馈战略。

（2）资源补缺型：以上游活动与对方的下游活动结成的战略联盟。这里有两种情形：一种是拥有独特技术的跨国公司，为了进入海外市场或利用对方的销售网络而结成的联盟。这类联盟在通过资源的互补而实现风险共担、规模经济及协同经济性的同时，往往忽视自身核心能力的提高。另一种是厂家与用户的联合型战略联盟，即厂家之间把生产与消费、供给与需求直接联系起来。机器人生产厂家日本法纳克公司与机器人用户美国通用汽车公司在美国创办的通用-法纳克机器人开发公司即属于此类。

（3）市场营销型：多流行于汽车、食品、服务业等领域，重在互相利用各自价值体系中的下游环节，即营销网络。该类联盟是以下游活动为合作领域而结成的战略联盟，其目的在于提高市场营销的效率和市场控制的能力，这类联合是抢占市场的有效

手段，除了具备资源补缺型的优点外，还能较好地适应多样化的市场需求。其不足之处在于，这类联盟以降低环境的不确定性为目的，而不是通过增强核心能力去创造需求，因而是一种消极的反馈战略。

3）根据联盟的成员所处行业，可将战略联盟分为横向联盟和纵向联盟

横向联盟是处于同一行业里的企业所组成的联盟，通常是为了获得规模经济，或是应对季节变动或是获取某种专业知识。纵向联盟则是由不同行业的企业所组成的联盟，一般是为了共同提供某种产品或服务，联盟成员企业之间没有竞争性。例如，航空旅行服务可以由航空公司、航空食品企业、旅行社等多个行业的企业共同为旅客提供。

4）根据联盟成员企业所贡献的资产和能力，可将战略联盟分为互补联盟、共享供应联盟和半融合式联盟（见图6-2）

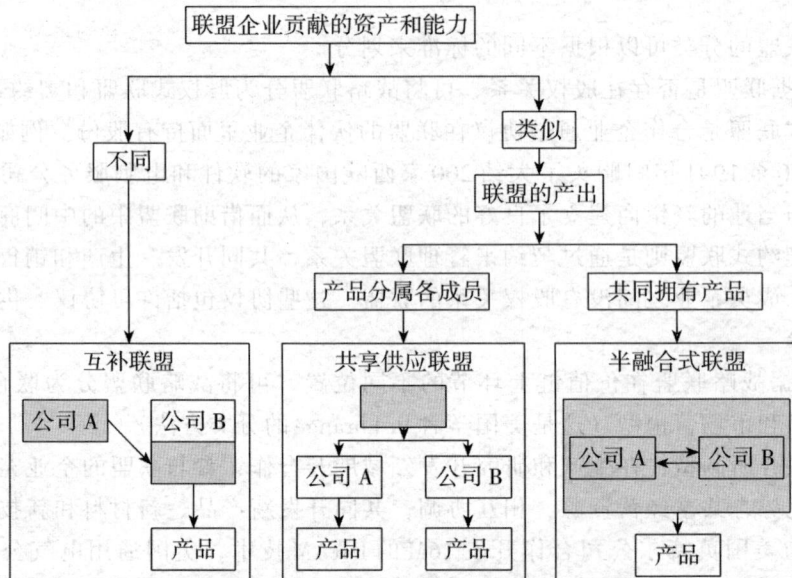

图6-2 根据联盟成员企业所贡献的资产和能力划分战略联盟

（1）互补联盟（complementary alliance）。当伙伴企业所贡献的资产在性质上不同的时候，这种联盟就叫作互补联盟。例如制造企业和分销企业所组成的联盟，它们贡献的资产在性质上就有所不同，从资源角度看是互补的。

（2）共享供应联盟（shared-supply alliance）。当所有的联盟伙伴企业所贡献的资产在性质上相同的时候，就需要从它们的产出的性质来区分。如果联盟成员企业只在某一配件或某一生产阶段上进行合作（目的是得到某一零配件或生产阶段的规模效应），但它们的最终产品并不相同，则称这种联盟为共享供应联盟，如共同进行研发活动等。

（3）半融合式联盟（quasi-concentration alliance）。如果联盟涉及整个生产线，并且生产所有联盟成员都销售的统一产品，则称这种联盟为半融合式联盟。例如，在2001年之前，空中客车集团（Airbus Consortium）就是由4家企业所组成的半融合式

联盟，即法国的 France's Aerospatiale、德国的 Deutsche Airbus、西班牙的 CASA 和英国的 British Aerospace。

6.3.3　战略联盟的推动力

战略联盟的发展是跟全球大趋势息息相关的。在全球化背景下，经济政治环境的变化、技术条件的改善、国际组织的发展等，都在一定程度上促进了国际战略联盟的发展。然而，由于客观条件是不断发展变化着的，战略联盟的推动力也会随着社会经济文化条件的变化而有所变化（见图6-3）。

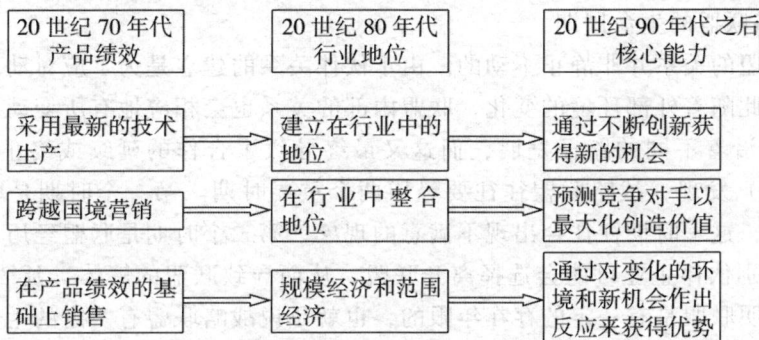

图6-3　战略联盟推动力的演化

资料来源　WAHYUNI S. Strategic alliance development: a study on alliances between competing companies ［EB/OL］. ［2024−12−02］. https://pure.rug.nl/ws/portalfiles/portal/13173747/c4.pdf.

在 20 世纪 70 年代，战略联盟的主要推动因素是产品绩效。联盟的主要目的是获得最佳的原材料、最低成本、最新的技术以及国际范围内的市场渗透，但主要是围绕着产品而进行的。在 20 世纪 80 年代，战略联盟的主要目的是对企业在本行业（部门）中的地位进行整合，建立规模经济和范围经济。这一时期战略联盟获得了较快的发展，出现了大量的国际战略联盟。在 20 世纪 90 年代之后，由于地区市场壁垒的大大降低和消除，以及经济部门之间的界限变得越来越模糊，企业技能（capability）与能力（competence）成为各企业的关注焦点。这时候由于技术的迅速发展以及社会环境的快速变化，保护市场地位对于企业来讲是远远不够的，重要的是通过不断的创新来建立竞争优势，对竞争对手进行预测。因此，战略联盟的发展主要是由于以下因素的作用：

· 技术创新节奏的加快以及产品生命周期的缩短；

· 技术的融合，以及由此导致的部门之间和市场之间的边界的相互渗透，使得部门之间、行业之间和市场之间的界限变得越来越模糊；

· 通信技术的发展；

· 研发成本的降低，新产品投放市场，新的工具和系统大大改善；

· 自由化、私有化和全球化趋势的加深，以及由此导致的市场之间贸易壁垒的消除；

· 政府的推动作用，例如，许多政府倾向于吸引外资和海外先进技术，也给战略

拓展阅读
6-3

联盟的发展带来了机会。

6.3.4　战略联盟的成功因素

战略联盟虽然给企业描绘了一个美好的前景，但在现实生活中常常好景不长，企业界有大量联盟失败的例子。美国学者曾对880个联盟的案例进行研究，发现只有40%的联盟4年后还存在，不到15%的联盟能够存在10年以上。此外，Bleeke & Ernst（1993）的研究表明，2/3以上的联盟在头两年之内都会遇到严重的问题。非常多的失败的例子使得企业有必要探索联盟成功的因素，以便更有效地管理战略联盟。

1）战略联盟的生命周期

战略联盟的关系并非静止不动的。由于伙伴关系的建立是为了应对动态变化的竞争环境，因此随着外部环境的变化，联盟内部的关系也会相应地有所变动。国际战略联盟往往会沿着不同的路径发展，而这又最终导致了合作的延续或终止。Bleeke & Ernst（1995）发现，战略联盟往往要经历两个重要时期。第一个时期是联盟成立后的两到三年，这一时期往往会出现不满意的现象；第二个时期是联盟经历了五六年之后，其中个别伙伴企业可能会选择离开联盟，从而导致联盟的解体、延续或被接管。这一现象说明联盟是有一定的存在年限的，也就是说战略联盟有一定的生命周期。因此，有的学者用五个阶段来描述战略联盟的生命周期（如图6-4所示）（Muray & Mahon，1993；Dussauge & Garrette，1998）。

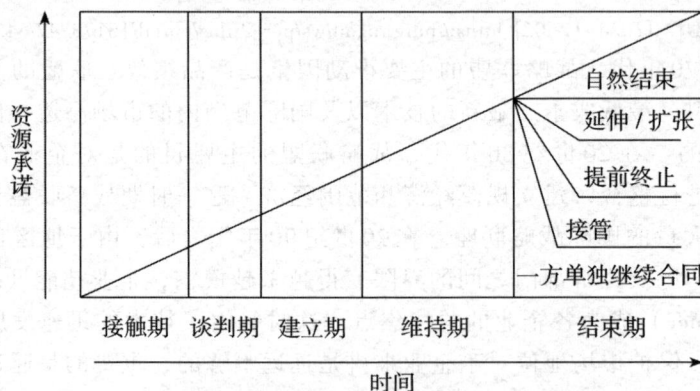

图6-4　战略联盟生命周期

资料来源　　[1] MURRAY E A，MAHON J F. Strategic alliance：gateway to the new Europe［J］. Long Range Planning，1993，26（4）：102-111. [2] 赵志泉. 战略联盟的存在机理及其生命周期管理［J］. 技术经济与管理研究，2012（7）：80-83.

该模型采用战略联盟延续的时间以及伙伴企业贡献的资源承诺作为维度，把战略联盟分为五个阶段。这五个阶段分别是接触期（courtship stage）、谈判期（negotiation stage）、建立期（start-up stage）、维持期（maintenance stage）和结束期（ending stage）。不过，在结束期，战略联盟有不同的结束形式。其中最正常的是自然结束（natural end），即联盟合同期满，项目已经完成而自然终结合作关系。第二种形式就是联盟的延伸（extension），即联盟伙伴企业在成功地完成合作之后，继续在别的项目上进行其他形式的合作与联盟。第三种形式为提前终止（premature termination），即在合作项目完成之前就终止合同，一般在合作出现不愉快的情况时会采取此种形式。第四种形式为接管（takeover），即成员企业的一方把另外一方收购过来，从而由一方来履行。第五种形式为一方单独继续合同（project continued by one partner），即联盟的一方在项目完成之前提前退出联盟，由另外一方继续单独实施该项目。

2）战略联盟存在的问题

战略联盟与所有的企业战略一样，也有其不可避免的局限性。大多数企业的管理者认为战略联盟面临的最大问题是联盟的控制权问题。据调查，美国的经理人比欧洲和亚洲的同行更担心失去对联盟的控制权。他们更倾向于避免达成双方各占50%的合资企业项目，因为他们担心不能抓住控制权。

战略联盟与并购一样，寻找合适的伙伴是联盟构建过程中所遇到的最大难题。如果双方不匹配乃至不相容，则容易产生消极的后果。若这一步走得比较顺利，寻找到了合适的伙伴，那么随着联盟的发展，双方的配合将越来越有成效，还可能进一步发展为并购。除了控制权问题和挑选合适的联盟伙伴外，以下几个方面也是构建联盟时需要全面考虑的。

（1）竞争。大多数的联盟协议规定，参与联盟的企业不得与联盟涉及的领域发生直接的竞争，但是在签署这个协议时务必谨慎从事，因为双方企业的战略地位在将来可能发生巨大变化，与联盟发生冲突是双方所不愿看见的。联盟双方对于各自所拥有的技术应当进行适当保护，否则就有可能被其中一方私自利用，甚至被用来与主要竞争对手成立另一个联盟。因此，即使拥有先进的技术，有些企业也不愿意立即把它应用到关系不牢固的联盟中。参与联盟的企业必须在双方建立起高度信任关系后再投入新技术，这样做可避免遭到对方的侵害。

（2）无法克服的风险。组建联盟可以分担风险但不可逾越风险。无论协议制定的过程有多么谨慎，技术上的失败仍是技术开发联盟失败的主要原因之一。美国麦肯锡咨询公司发现合作技术开发联盟的失败率是50%，原因就在于技术开发的风险很高。在许多技术联盟中联盟本身并没有失败，而是技术开发遇到了瓶颈，使得联盟没能达到最终目的。

（3）战略转换。有的联盟是为了克服双方固有的弱点、取长补短而建立的，随着时间的推移和战略环境的变换，当其中一家企业的弱点不复存在时，它的战略也应该随之发生转变，这样联盟存在的基础就发生了变化，另一家企业将不得不随之改变它的合作战略。

（4）经营运作的有效性。联盟和其他企业的一个共同特点是，一旦总体战略制定正确，是否成功将有赖于管理层的经营运作，经营不善很可能导致联盟的失败。另外，在联盟中，一方若过于相信对方处理问题的能力，尤其是这些问题属于对方擅长处理的问题时，其结果常常是遭遇失败。有的经理人忽视了联盟与单一企业在管理上的异同，没有对联盟给予足够的重视和支持，使联盟因缺乏有力的支持而机能失调。

3）战略联盟的成功因素

正如前面所说，在实际运营过程中，大量的事例证明战略联盟如果管理得不好，可能走向失败。因此，掌握一些正确的原则和方法对维持正常友好的联盟关系至关重要。战略联盟的成功需要从以下方面考虑：

（1）联盟的特征（attributes of the alliance）。战略联盟的管理实质上就是一种关系管理，只不过这种关系是企业间的关系，而非人际关系。因此，战略联盟的管理必须具有关系管理的一般特征，即承诺（commitment）、信任（trust）、协调一致（coordination）与相互依赖（interdependence）。承诺指的是成员企业努力维护相互关系的意愿。对于关系的承诺表现为愿意把资源贡献出来以建立和维持相互关系。信任来源于两个方面（McAllister，1995）：一方面是成员企业的可靠的绩效、文化或种族的相似之处以及职业的奖励等；另一方面是成员之间的行为和互动频率。协调一致是成员企业之间在认识和行动上的配合与统一。由于任何一个成员都不能完全控制所有达到预期效果和行动的必要的条件，所以只有相互依赖才能共同生存或发展，只有相互依赖才能获得其所需要的必要条件。

（2）沟通行为（communication behaviour）。沟通过程和信息共享是组织职能运行的基础。联盟成员企业之间信息交换的有效性取决于两个因素，即共享信息的质量与沟通参与程度。这两方面对于成员企业之间的战略一致性起着重要的作用。

（3）冲突解决（conflict resolution）。任何一个战略联盟其内部都不可避免地存在冲突，因此重要的不是如何避免冲突，而是如何有效地解决冲突。冲突解决的方式对于良好的组织间关系的维护具有直接的影响。积极的冲突解决方式是包容和妥协，以及共同探讨解决的办法。

（4）正确的联盟选择过程。在建立战略联盟之前，挑选合适的合作伙伴是至关重要的。只有合作方挑选对了，才能谈得上其他条件。挑选条件包括对方是否值得信赖、对方的声誉、对方是否在战略上与本企业具有相互利益等。相互利益是构成战略联盟的基础。

本章小结 ✎

合作战略是企业战略的一个重要方面，是对企业竞争战略的补充。合作战略主要包括合谋战略和战略联盟。合谋战略又可以分为公开合谋和暗中合谋。战略联盟则有多种划分方法。企业应该根据自身的条件和国际化战略的要求，选择和应用合适的合作战略，把竞争战略和合作战略同时应用于企业战略之中，以谋求在国际市场上的竞争地位和核心优势。同时，还应该采取合理的方法来维持企业的战略伙伴关系。

主要概念和观念 ▢

▢ **主要概念**

合作战略　合谋战略　公开合谋　暗中合谋　战略联盟

▢ **主要观念**

合谋战略中的欺骗　战略联盟的成功因素　战略联盟生命周期

基本训练

☐ **知识题**

6.1 阅读理解

1）什么是合作战略？什么是国际合作战略？

2）战略联盟的组建动因是什么？

3）什么是合谋战略？合谋战略分为哪几种？

4）战略联盟的特点是什么？战略联盟包括哪几种？

5）战略联盟的成功因素有哪些？

6.2 知识应用

1）选择题

（1）企业的合谋战略包括（　　　）。

A.竞争战略　　　　　　　　　　B.合作战略

C.公开合谋　　　　　　　　　　D.暗中合谋

（2）一个行业的生产成本已经下降，但是该行业的某个市场份额比较大的企业在新闻发布会上声称绝不降价，结果该行业的产品价格一直降不下来，这种情况属于（　　　）。

A.竞争战略　　　　　　　　　　B.合作战略

C.联盟战略　　　　　　　　　　D.合谋战略

（3）美国通用电气公司与日本三家公司共同开发原与法国斯奈克玛公司（SNECMA）共同开发的新一代发动机，这种联盟属于（　　　）。

A.市场营销型联盟　　　　　　　B.资源互补型联盟

C.联合研制型联盟　　　　　　　D.共享供应型联盟

（4）如果联盟成员企业只在某一配件或某一生产阶段上进行合作（目的是得到某一零配件或生产阶段的规模效应），但它们的最终产品并不相同，这种联盟属于（　　　）。

A.市场营销型联盟　　　　　　　B.资源补缺型联盟

C.联合研制型联盟　　　　　　　D.共享供应联盟

（5）由航空公司、航空食品企业、旅行社等多个行业的企业共同为旅客提供的航空旅行服务，这种形式所组成的联盟属于（　　　）。

A.市场营销型联盟　　　　　　　B.资源补缺型联盟

C.联合研制型联盟　　　　　　　D.横向联盟

2）判断题

（1）合资战略属于战略联盟的一种。（　　　）

（2）电信业之所以较容易形成合谋战略，是因为该行业产品同质化。（　　　）

（3）当一个行业出现产品同质化的时候，如果企业之间不能达成合谋战略，则很有可能出现行业的恶性竞争。（　　　）

（4）当一个行业的产品成本结构在各个企业之间差别比较大的时候，在这个行业

很难达成合谋战略。 （　　）

（5）由于存在文化差异，跨国战略联盟实际上是不可能达成的。 （　　）

☐ 技能题

6.1　规则复习

1）企业战略：从博弈的角度看，企业的战略包括竞争战略和合作战略两个方面。竞争战略主要着眼于如何超越竞争对手，合作战略主要着眼于如何与竞争对手合作来共同获得竞争优势。

2）合作战略：包括合谋战略和战略联盟。合谋战略又可分为公开合谋和暗中合谋，而战略联盟则有多种划分方法。

3）战略联盟需要考虑其成功因素，主要有联盟的特征、沟通行为、冲突解决和正确的联盟选择过程。

6.2　操作练习

1）实务题

用两三个例子分析说明：

（1）中国企业在实施国际化战略的时候，实施战略联盟的可行性及可能遇到的困难。

（2）国际上跨国战略联盟的主要特点有哪些？与跨国并购相比，跨国战略联盟的主要优点和缺点有哪些？

2）综合题

如果你是我国某大型企业的总经理，你将如何规划企业的国际合作战略，是否需要战略联盟，为什么？

☐ 能力题

案例分析

海尔洗衣机的国际战略联盟营销策略

海尔进入国际市场之时，洗衣机国际品牌如惠而浦（美国）、伊莱克斯（瑞典）、西门子（德国）、LG（韩国）、三星（韩国）等都基本完成了全球化布局。在世界上的主要国家如美国、俄罗斯、巴西等，它们已成为本土化的中高端品牌。海尔作为后进入者，在各个国家都受到它们的阻击，步履维艰。海尔进入国际市场比较晚，在国际市场上渠道能力和市场开发能力十分欠缺，比起自主开拓渠道等大投入方式，合适的战略联盟是最佳的选择。

1）海尔洗衣机国际战略的转变

海尔针对国外市场的发展现状，改变以前的自主发展方式，借用多种手段经营，通过战略联盟的方式与全流程各主要节点的大客户进行结盟，通过互动双赢的模式借力发展，主要实现了两个方面的转变：

（1）与大客户建立联盟

在销售上由过去的遍地撒网到有针对性地突破大客户并上升到战略联盟的高度。OEM（原始设备生产商）、OBM（原始品牌制造商）和ODM（原始设计制造商）是目前中国企业走向海外市场最常见的三种方式。海尔在走向海外市场的过程中，以OBM

为主。当自有品牌在当地直接销售后，就很难再与当地的主流品牌进行OEM合作。

没有了OEM合作，单单靠OBM，巨额的前期投入使各个国家的贸易公司发展受到阻碍。通过洞察产品和渠道上的问题，海尔选取当地一到两个主流渠道或客户，通过互通有无、取长补短的方式建立战略联盟，发展高端的OEM合作关系来实现企业国际化后在当地的"自我造血"功能，进而支持OBM发展。

（2）对大客户定义的拓展

在国际化之初，海尔对自身劣势的认识还停留在只是缺乏国际化的销售网络，只要能把产品卖出去，就成功了。在这种思维指引下，过去所称的大客户，往往是指海外的大采购商，他们能够大规模地下达批量采购订单。这些客户的采购量虽然大，但往往只考虑中国产品质优价廉，由于中国供应商众多，他们在采购时反复压价，中国企业实际获利十分少。

要使企业长久发展，就必须拓宽视野。根据"微笑曲线"，利润丰厚的部分在曲线的两侧，即左边的开发部分和右边的销售终端部分，因此对大客户的识别和定义必须拓宽。

在开发上，考虑到如何开发具有当地特色的产品，如何能够符合当地的技术要求，要以最短的时间取得效果，就必须与世界性的大设计公司建立战略联盟，通过双赢协议，直接获取有价值的信息，使开发出的产品具有竞争力。而对这些大的设计公司来说，能够与海尔结盟，为海尔设计个性化产品，无论是从收取专利费、设计费角度，还是提高行业知名度角度，都将给其带来极大的优势和利润，尤其是从长久考虑。

在技术上，主要是考虑当地的技术壁垒和未来的技术发展趋势问题，这个如果靠自己去摸索，去判断，去培养自己的国际化技术人才，没有三五十年是不成的。而通过与国际化的大的技术公司建立战略联盟，可以直接站在国际化技术的前沿，一举进入发达国家市场。而这些大的技术公司，能够与一个新兴市场的强力品牌结盟，无疑提高了其行业知名度，为其研究的技术标准和成果找到了一个好"婆家"。

在这种模式和组合下，海尔的品牌才有可能花费最少的资源，避免最多的冲突，取得最大的规模和效益。

2）国际战略联盟的实例分析

战略联盟成功的关键在于订立联盟策略，选择合作伙伴，建立联盟结构与管理制度。订立联盟策略，要在合适的时候发现自己的企业在哪些方面缺乏竞争优势，在哪些方面有竞争优势，从而制定策略；选择的合作伙伴要适合本企业的情况，有时候并不是选择规模越大的伙伴越好，而是选择越适合自己的伙伴越好；建立联盟结构与管理制度，是指同自己的策略联盟伙伴制定一个明确双方权利和义务的协定以及出现问题时的协商制度，这对于战略联盟合约的履行是至关重要的。

海尔在自主发展的基础上，通过战略联盟方式，与欧洲权威检测认证机构VDE达成技术联盟，与GE达成产品开发联盟，与日本三洋达成竞合关系市场联盟，有力地辅助了企业发展和提高了自身实力。

（1）技术联盟：VDE（即德国电气工程师协会）

①订立联盟策略。欧洲是海尔的重点市场之一，技术壁垒高，但是一旦突破，又可

以形成对其他竞争对手的壁垒，尤其是可以规避中国大量低端厂商低质产品的恶性竞争。然而，由于欧盟的技术标准变化快，不能跟随该标准更新的企业100%无法进入市场，因此选择一家有丰富技术经验、在行业内有话语权的技术企业开展合作至关重要。

②选择合作伙伴。VDE检测认证机构是国际上最有测试经验的试验认证和检查机构之一，也是世界上最为苛刻的洗衣机认证标准制定者之一，获欧盟授权，它直接参与德国国家标准制定。与这样一个认证机构进行深度、长期的战略合作，无疑给海尔突破欧洲市场吃了一颗"定心丸"。

③建立联盟结构与管理制度，实现策略双赢。与德国VDE进行战略合作，海尔取得的不仅是一张进入欧洲洗衣机市场的"许可证"，更是要将VDE的基因精华植根于海尔洗衣机从设计、采购到制造、销售等全过程，借助巨人的肩膀，对自我的产品竞争力、人员素质、品牌影响力进行综合提升，最终实现超越。

德国VDE对海尔的产品充满了信心，并希望与海尔在产品测试和认证方面建立长期合作关系，VDE将致力于为海尔出口产品提供高水平、更快捷的认证服务，并按照国际标准提升海尔洗衣机产品品质。能够与中国市场最强的家电企业结成联盟，无疑使其拓展亚太市场有了一个很好的开端。

第一台植入了VDE基因的海尔滚筒洗衣机LUXURII（雷诺斯）展示了其完全不同于以往产品的颠覆性设计魅力。这是全世界首台具有时间概念，同时融合人体美学设计的滚筒洗衣机。该产品最大的特点是采用海尔独创的洗净即停技术，能够感知衣物的洗净变化，自动调整洗衣时间。这一技术的应用最大限度地为用户节省每一分钱，并呵护心爱的衣物，实现省水约30%、省电约30%、降低衣物磨损约25%。目前，这一技术已获得由中国家用电器研究院颁发的"世界首创国际领先奖"。

（2）开发联盟：海尔与GE的跨界开发合作

①订立联盟策略。产品设计是企业提高自身竞争力、实现持久发展的核心所在。

②选择合作伙伴。GE是世界最大的电器和电子设备制造公司，它的产值占美国电工行业全部产值的1/4左右。近年来，该公司逐步从工业企业集团转向综合性集团，成立了如GE消费与工业品集团、GE传感及检测科技集团等下属集团公司。这些公司拥有行业先进的产品设计能力和丰富的产品设计经验，与其合作可以大大缩短进入世界市场的时间。当然，在洗衣机领域，美国惠而浦、瑞典伊莱克斯在这方面的实力远比GE要强，但是由于它们现在还依托制造，因此与其进行设计合作的可能性十分小。这也验证了战略联盟的对象不一定要最大的，而是要最合适的这一原则。

③建立联盟结构与管理制度，实现策略双赢。海尔洗衣机与GE的消费与工业品集团、传感及检测科技集团结成合作伙伴，在洗衣机的"环保""节能""低噪声""智能化控制"等方面展开深层次研究，开发出划时代的新技术并迅速应用到产品中。2016年，海尔成功收购GE。此次合作，标志着中国白色家电高端技术领域的跨界国际化企业合作进入了一个全新的阶段。

海尔与GE联合开发的"洗净即停"技术在洗衣机方面的应用，有效地为用户实现节水、节电、降低衣物磨损。此外，由海尔和GE消费与工业品集团共同研发出的

ICM变频电机和传感技术也将与消费者见面。ICM电机可以提供极高转速并实时反馈洗涤速度、加速度，使精确调整洗涤参数成为可能。传感技术则能实现无传感器智能称重，自动精确计算衣物负载重量以及精确不平衡检测等功能，使整机运行更精确、更平稳。

（3）竞合关系市场：与日本三洋的合作

海尔集团与日本三洋电机株式会社的战略联盟以中日两国市场为基础，互换市场资源，在网络竞争时代，建立一种新型的竞争与合作关系，以创造更大的市场。双方通过开发、制造技术以及销售渠道等经营资源的合作与互补，快速实现全球化经营的战略目标。

①三洋选择海尔的原因。

三洋从1983年进入中国市场，在华有41家合资公司与独资公司。它们各自控制独立的销售网络和服务体系，虽经营三洋品牌，但资源不能共享，优势不能互补。面对高速成长的中国市场，拥有品牌与开发制造优势的三洋，其销售业绩却徘徊不前。三洋迫切需要重新审视中国市场的重要性，并反思对华投资战略以及国际化经营的思路。

海尔是中国家电市场最强大的品牌，其价值超过1 000亿元，拥有覆盖全中国市场的销售网络，有42个海尔工贸公司、9 000多个销售据点、12 000个售后服务网点。在背后支持这一网络的是BBP（电子采购）、BPR（企业内部流程优化与再造）、DRP（分销物流）、CRM（客户管理系统）组成的快速采购、制造、客户管理系统，它们有机地衔接，构成完整的信息流、资金流与物流三流合一的电子商务系统。三洋正是看中了海尔覆盖全国的销售网络与营销能力而决定与其携手，结成战略同盟。

②海尔选择三洋的原因。

海尔从1998年开始进入国际化经营阶段，而日本是世界家电强国，对产品要求异常苛刻，同时又由于文化差异等原因，非日本家电产品很难被该国消费者接受。而海尔与三洋合作，有利于海尔迅速进入日本市场，获得市场亲和力。借助三洋的资源进入日本市场，实现海尔国际化战略，创世界品牌是海尔选择三洋的最初动机。

海尔产品打入日本市场需要销售渠道的支持，在日本自建海尔销售渠道需要大量资金且风险太大。通过与三洋结成战略联盟可以借用三洋的销售渠道，在日本销售海尔产品。通过三洋的牵线搭桥，海尔产品得以进入日本大型连锁店、量贩店、照相机店等。

通过与三洋的合作，海尔产品能够打入日本市场，并收购三洋在日本和东南亚地区洗衣机、冰箱等电器业务，提高海尔的世界品牌知名度；三洋为海尔产品提供全方位售后服务，有利于日本消费者放心地购买海尔产品。双方合作后，在短短几年的时间里，海尔产品在日本市场的占有率呈倍数增长。同时，三洋反思其在华投资经营战略，想通过与海尔合作成为最大供应商；借助海尔的营销渠道与售后服务网点，扩大三洋在华销售能力；学习中国企业迅速对应市场的管理机制。

综上，通过与这些大客户建立战略联盟关系，海尔洗衣机公司提高了自身的开发、技术和市场能力，有力地进入了国际市场，而且对企业自身资源的消耗十分有限，很值得我国广大家电企业借鉴。

资料来源 ［1］佚名．海尔与德国 VDE 搭建全球首个智慧洗衣机联合实验室［EB/OL］.（2017-07-04）［2024-12-02］. https：//jiaju. sina. cn/zixun/20170704/6287689905363813216. shtml.［2］佚名.中日企业合作范本：海尔日本的自立与借力［EB/OL］.（2022-04-06）［2024-12-02］. https：//www.163.com/dy/article/H49795TG05118FBF.html.［3］刘铮铮．海尔、GE 与人单合一：企业的选择与命运［EB/OL］.（2022-09-26）［2024-12-02］. https://news. qq. com/rain/a/20220926A00YI000.

问题：

1）试分析海尔战略联盟的成功之处。

2）海尔的成功对中国企业制定国际联盟战略有什么启示？

第 7 章

国际市场资源战略

通过本章学习，你应该达到以下目标：

知识目标：认识与了解国际市场资源战略的概念和动机，以及国际市场资源战略的形式；了解国际市场资源战略的决策因素，全球供应链的含义，以及国际供应链对实现国际市场资源战略的重要意义。

技能目标：学会规划国际市场资源战略的方法，了解用科学的方法对企业的全球资源的区位进行设计，优化全球资源供应链。

能力目标：具有熟练分析国际资源环境现状及未来发展趋势的能力，能够根据国际资源环境的现状规划企业的国际资源战略，能够运用科学的方法对企业的全球供应链进行整合优化。

价值引领 ◉

国际市场资源战略关系到企业如何利用好全球资源来开发市场。改革开放以来，尤其是党的十八大以来，对外开放为中国企业创造了良好的获取和使用国际资源的环境。中国经济保持高质量发展，需要利用好国内国际两个市场、两种资源，在更高水平对外开放上发力。做好国际市场资源战略规划是企业与时俱进提升国际市场开发水平的战略抉择，也是塑造企业国际经济合作和竞争新优势的战略安排，它符合"十四五"规划中进一步扩大对外开放的精神和特色，也为企业迈向更长远的发展提供方向性引领。

面对中华民族伟大复兴的战略全局和世界百年未有之大变局，中国企业在国际营销中要做好国际市场资源规划。中国政府为企业利用全球资源开拓海外市场奠定良好基础、消除后顾之忧，面对新冠肺炎疫情等不利因素时，持续努力，同相关国家守望相助、共克时艰，彼此资源互通、携手共进。中国还推动与共建"一带一路"国家的全方位合作，取得很多新进展、新成效，为企业提供了更多进入和拓展国际市场的机会。中国企业应抓住这样的有利条件，以优化的国际市场资源战略决策融入全球供应链和价值链。

引例@   福特汽车——配置全球资源的策略

福特汽车公司（以下简称福特汽车）大约有60%的成本是用在原材料和零部件采购上的。在福特汽车的全球资源配置中，加拿大、日本、墨西哥、德国、巴西和其他一些国家是其原材料和零部件采购的主要地区。从20世纪70年代开始，福特汽车就着重于评价全球范围内的供应商，以获得一流的质量、最低的成本和最先进的技术提供者。

福特汽车将已有采购策略扩展成为集成化的"福特2000"采购战略，它的目标是建立一个适合全球制造的汽车生产环境，零部件的设计、制造、采购以及组装都是在全球范围内进行的。为此，福特汽车建立了一个"日报交货"系统，并在它的17个分厂里使用，该系统反映各厂每天生产所用原材料的大致需求量。

尽管福特汽车不要求它位于世界各地的供应商在美国设立仓库，但是能否从当地仓库实现准时（just-in-time，JIT）供货仍然是福特汽车评价选择供应商的关键标准，这也是其全球资源配置获得成功的关键所在。福特汽车与供应商保持着紧密合作，并在适当的时候为供应商提供一定的技术培训，这与不同地区以及公司的不同需求有关。一般而言，发达地区的供应商需要的技术支持比不发达地区的供应商需要的少。很多国外的供应商都与福特汽车在工程、合作设计等方面保持着良好的合作关系，因此，对于很多关键零部件，福特汽车在各国的供应商都能提供有力的技术支持，使全球供应商之间的技术交流困难得到缓解。

福特汽车要求供应商在其生产计划变化的时候迅速做出反应。对于零部件供应商而言，国际供应商的灵活性往往比不上国内供应商。因此，福特汽车也尽量保证生产计划的稳定性，降低短期计划调整的频率。

除了供应商之外，福特汽车还强调三种主要的资源规划与配置。这些资源配置是针对福特汽车的顾客、设施、设备和雇员的，具体如下：

（1）营销资源规划与配置。针对公司顾客的营销资源规划与配置是在顾客心中创造一种福特汽车等同于高品质的印象，这表明福特汽车的管理层采取了差异化战略，同时对任务赋予了正确的优先级。福特汽车的营销资源是由"最正确伙伴"方案所支持的，在这个方案下，福特汽车在全球范围内的雇员、分销商和供给商在保证质量水平和顾客满意度方面起到了越来越重要的作用，这表明福特汽车在整个价值链上进行资源规划，以提升顾客满意度，保证福特汽车的市场份额。

（2）制造资源规划与配置。与营销资源规划与配置相伴的是在新设施和设备上进行投资，福特汽车引入自动化技术，削减人工成本并提升了总体质量。福特汽车在许多方面实践了工程治理思想，例如在装配厂采用冲压和主体设备靠近装配设备的布置，运用准时化生产的思想提升了整体的生产效率，也通过进一步的自动化改善了产品质量。工程治理思想要求各环节相互配合以在预算范围内按时完成工作。

（3）人力资源规划与配置。福特汽车的人力资源管理与公司的发展战略相结合，从雇员那里得到支持：一是制订利润分享方案，引入一套以每年利润为基础的奖金制度，鼓励员工更加努力地工作以实现公司利润最大化；二是重视人才开发和培养；三是注重企业文化建设。

（4）社会责任规划。福特汽车同样制定规划并配置资源以承担社会责任，例如为教育和社区工程提供财力支持等。

资料来源 ［1］佚名. 福特汽车：配置全球资源的策略［EB/OL］. ［2024-12-03］. http：//www.simic.net.cn/news-show.php?id=1365. ［2］佚名. 福特汽车公司的资源规划与配置案例分析［EB/OL］. ［2024-12-03］. https：//www.renrendoc.com/paper/180456856.html.

传统的营销战略注重的是产出（output），对于国际营销来讲，仅仅关注产出很难形成较好的国际营销战略，企业还必须关注投入（input）。从产出的角度来思考企业的营销决策，就是如何将产品卖出去的问题；从投入的角度来思考企业的营销决策，则是企业的资源配置（sourcing）问题。事实上，当今许多企业的国际化道路都涉及企业的资源配置战略。有效的资源配置战略对于增强企业的国际竞争优势起着至关重要的作用。环顾当今跨国公司的国际经营战略，许多跨国公司在选择国际市场进入模式（特别是直接海外投资的模式）时，都是以资源为出发点的，而不是单纯以目标市场为出发点。中国能够成为重要的国际资本流入国，不只是因为中国的市场广大，这也是中国具备资源禀赋优势的结果。因此，制定有效的国际市场资源战略是制定企业国际市场营销战略的一个重要方面。

7.1 国际市场资源战略概述

7.1.1 国际市场资源战略的定义

在国际市场营销中，资源是企业获取竞争优势的重要条件。企业的资源包括有形资源（tangible resources）和无形资源（intangible resources）。有形资源一般指设备、厂房、技术等看得见、可量化的资产（见表7-1）；无形资源通常指创意、知识、声誉等无法直接看到并且对手难以了解和模仿的资产（见表7-2）。企业资源往往和企业能力共同形成企业的竞争优势来源。从这个角度来看，企业的资源战略就是企业获取、配置、使用资源以实现企业经营目标的战略性规划和运作。国际市场资源战略则是企业在国际市场中为赢得竞争优势做出的系统性和长远性的资源优化安排及运用。国际资源配置是企业国际市场资源战略的核心问题。

表7-1 有形资源

财务资源	·企业的借款能力 ·企业产生内部资金的能力
组织资源	·企业正式的报告结构，以及正式的计划、控制和协同系统
实物资源	·企业选址以及厂房和设备的先进程度 ·获取原材料的能力
技术资源	·技术的含量，如专利、商标、版权和商业秘密

资料来源 希特，爱尔兰，霍斯基森. 战略管理：竞争与全球化（概念）［M］. 焦豪，等译. 12版. 北京：机械工业出版社，2018：61.

表7-2 无形资源

人力资源	· 知识 · 信任 · 管理能力 · 组织惯例
创新资源	· 创业能力 · 科技能力 · 创新能力
声誉资源	· 客户声誉 · 品牌 · 对产品质量、耐久性和可靠性的理解 · 供应商声誉 · 有效的、支持性的和双赢的关系以及交往方式

资料来源 希特，爱尔兰，霍斯基森. 战略管理：竞争与全球化（概念）[M]. 焦豪，等译. 12版. 北京：机械工业出版社，2018：61.

国际市场资源战略（international sourcing strategy），也称资源国际化战略（internationalization of sourcing），指的是企业在全球战略的基础上来决定生产或购买原材料和零配件的最优地点。在这里，资源战略也叫资源配置战略，但要注意的是，资源配置（sourcing）不等同于购买（buying/purchasing）或采购（procurement）。购买指的是对物资的买入活动以及企业内的一些相关决策过程。国际购买（international purchasing）则是确定哪个生产单元能够最佳地服务于某个特定市场以及如何供应原材料来用于生产的过程（Kotabe，1992）。资源配置不仅包括对物资的购买过程，也包括企业与供应商之间的关系以及关于企业的原材料和零配件的供应地点与供应方式的决策，例如生产/购买决策、零配件的模块化决策、境内购买和境外购买的决策，以及运输方式的决策等。资源配置不仅包括从独立的供货商那里购买，也包括企业内部发生的购买行为。如果是从独立的供货商那里购买（企业外部购买），则称为资源外包（outsourcing）。因此，当一个企业进行资源配置决策时，它可以选择内部或外部的供货来源（制造/购买决策），同时要考虑是境内供货商还是境外供货商的问题。如果选择境内供货商，则称为境内资源配置（domestic sourcing）。而国际资源配置（international sourcing）涉及从境外的供货来源购买物资等。进一步的研究表明，在现代服务经济背景下，各种服务的可获得性对不同类型制造企业的国际资源配置有着显著影响，企业在做国际资源配置决策时应充分考虑这种影响（Debaere，2013）。

此外，与国际资源配置相关的一些术语也经常出现在国际营销学的文献中，其中有代表性的几个词是全球资源配置（global sourcing）、多国资源配置（multinational sourcing）和海外资源配置（offshore sourcing）等。这里可以把它们看作国际市场资源配置的不同阶段。海外资源配置指的是在海外进行产品生产和购买，然后把产品从海外出口到母国的资源配置方式（Frear，Metcalf and Alguire，1992；Kotabe and Swann，1994）。多国资源配置则是一个国家的企业从多个其他国家的企业购买原材料或半成品等（Birou and Fawcett，1993）。全球资源配置是指为了服务于各个不同市场，而在不同的国家进行生产经营，或在世界范围内购买和组装零配件或最终产品（Murray，Wildt and Kotabe，1995）。也有学者把国际资源配置看作一个比全球资源配置更低的阶段，指一个国家的企业从另外一个国家的企业购买原材料或零配件（Levy and Dunning，1993），这一定义与本书的论述不相符。此外，全球资源配置注重垂直一体化的资源整合，并且效率更高，这是国际资源配置的发展趋势（Kohler，2014）。本书关于国际市场资源配置的论述更接近于全球资源配置，因此本书将二者统一称作国际资源配置。

【小资料7-1】

产业国际化本质在于提高资源配置效率

经济全球化使资源配置的范围超越了国界，产业发展需要在世界范围内寻求要素的最佳组合和资源的最优利用，产业结构的调整和升级将循着国际化的方向演进。国际化，是产业结构调整和产业转型升级的关键所在，是提高经济质量和效益、实现区域经济可持续发展的必然选择。在全球化条件下，产业的国际化水平标志着资源配置的优化程度和效率的高低，一个国家（地区）竞争力的核心是对全球范围内资源配置的掌控力。

关于产业国际化的内涵，目前不论是企业界还是学术界，在理解和把握上都存在一定的偏差：有的将其局限于生产环节，认为生产的国际化就等于产业国际化；有的将其局限于微观层面，认为产业国际化只是企业经营的国际化；有的将其局限于狭义的比较优势范畴，认为只要产品销往国际市场就意味着产业的国际化等。这些理解都有道理，但都过于狭隘，都没有触及产业国际化的本质。事实上，只有基于全球化的背景，才能全面把握产业国际化的内涵。

经济全球化要求任何国家、任何地区的经济发展都必须自主或非自主地融入世界经济体系，一个国家（地区）的经济仅是全球经济发展链条中的一个环节或世界经济体系的一个有机构成部分。经济全球化和一体化的目标，就是要在全球范围内实现资源配置的帕累托最优，在成本最低的地方开发、生产和提供最优质的产品。需要强调的是，经济全球化不仅是生产要素、资金、信息、人才、产品流动的全球化，更是一场全球财富生产方式的革命，这场革命的意义就在于实现人类资源在全球范围内的优化配置。伴随经济全球化的进程，产业的分工愈来愈细，将会形成形形色色、纵横交错的细化的产业链，诸如全球知识创新产业链、全球金融投资流动产业链、全球加工制造产业链、国际物流产业链、国际商务服务产业链、国际文化传播产业链等。因此，不难看出，产业国际化的内涵就是一个国家（地区）的产业嵌入或跻身国际产业价值链的过程，其实质就是要完成区域产业群与国际产业群的对接，其关键就是对资源要素在全球范围内重新进行优化配置，其本质就是要提高资源配置效率，最大限度地去分享全球化的利益。

产业国际化的经济学理论主要有资源禀赋（比较优势）说和国家（地区）竞争优势说两大流派。前者是将产业国际化及产业升级看作由自由贸易引起的要素相对价格变化的自然演进结果，所依循的是规模利益驱动的产业演进轨迹，因而主张向内部资源要效率的发展方式；后者认为产业国际化是区域竞争优势寻求最佳发展空间的过程，所引导的是向外借用资源的发展方式。不过，两者有一个显著的共同点，就是都认为产业国际化的本质在于冲破国界壁垒，寻求资源的最优配置。

目前，中国经济又一次面临着决定现代化命运的"转型"挑战。这种挑战必然要酝酿一场经济领域的深刻变革，"十二五"是这场变革的战略决战期。低劳动成本的国际竞争优势弱化、改善民生及内需导向的政策驱动、碳减排的全球共同行动等，在与全球金融危机影响的叠加作用下，使中国经济发展中不平衡、不协调、不可持续等一系列深层次的矛盾和问题凸显，使长期形成的倚重国际市场、依靠物质资源消耗的发展方式的致命性弊端瞬间暴露，于是，为了保障经济的稳定持续发展，以转变发展方式为核心主题的经济转型便刻不容缓。所谓经济发展方式转变，就是由粗放式、资源掠夺型的经济增长向结构全面优化、质量和效益并举的经济增长转变，由单纯强调GDP的数量增长向注重经济、社会、资源和环境协调一致的可持续发展转变。在这里，调整产业结构、推进产业转型升级，无疑是加快经济发展方式转变的关键所在。然而，不论是产业结构调整，还是产业转型升级，其实质都是对经济发展资源的重新优化配置。此外，在全球化条件下，对资源的优化配置不能拘泥于只向内部资源要效率的配置模式，更应注重向外借用资源的配置模式，即必须在全球范围内进行资源的优化配置。这不仅是经济全球化的趋势使然，更是我国物质资源相对贫乏的国情所决定的。因此，产业结构调整和产业转型升级必须融入产业国际化进程。应当以产业国际化引领资源的优化配置，推动产业结构调整和产业转型升级，促进经济发展方式的根本性转变。

加快产业国际化进程需要构建新的体制机制，形成新的制度框架，打造新的产业发展平台。应当看到，"两头在外过程在内"的中国产品制造模式以及物质消耗型的外向加工产业结构等，都是较长时期以来广泛的制度性支持的结果；不惜付出生态环境代价，主要依靠物质资源消耗，是许多政府机构非常习惯的经济发展思路和热衷采取的发展举措。因此，加快产业国际化进程，关键在于政府行为及其决策思维的转变。把市场主体的经济活动引入创新驱动的轨道，把物质资源消耗型的产业发展模式转向资源节约型的产业发展模式，把工业文明升华为生态文明，只能在政府的引导、协调和推动下实现。对于政府来说，树立全球化的胸怀，切实落实科学发展观，洞察和把握国际产业格局的发展趋势，着力构建充满活力、富有效率、更加开放、有利于资源优化配置的体制机制，形成有利于加快产业国际化进程的制度安排，积极探索产业国际化的模式和路径，增强与外部环境的协调力，提升对全球范围内资源配置的掌控力，是一项亟待着手并持续重视的严峻课题。

产业国际化的驱动和运营最终都要落在企业的肩上。企业应有全球化的视野，要敢于和善于迎接国际化趋势的挑战，既要注重提升自主创新的能力，更要增强整合和利用国际创新资源的能力，通过把握关键技术和市场，培育和强化新的竞争优势，主动切入国际产业链，争取抢占有利位置，实现由被动接受国际分工向自主参与国际分工的转变，推动产业组织和产业活动的国际化，加速产业国际化的进程。如果仍旧习惯于依靠资源能源的大量投入和低劳动成本的禀赋优势，不能形成以技术进步为基础的新的竞争优势，那就只能继续徘徊于国际产业链的中低端，永远也无法摆脱"世界工厂"光环下的"贴牌企业"的尴尬。

在我国，许多产业都是以众多中小企业为骨干的。对于中小企业来说，除了努力发展自己的核心技术，发挥"小的就是好的"的独特优势，以灵活的方式、恰当的时机嵌入国际产业链的关键节点，最大限度地分享产业国际化的利益外，更多地应当强调行业范围经济和地域范围经济，树立成果共享的意识，将内部的"诸侯混战"导向"异质互补"，整合打造集群优势，提升产业国际竞争力，跻身产业国际化进程。总之，不论采用什么样的方式，走什么样的路径，都不能偏离产业国际化的本质，必须从优化资源配置出发，加快产业国际化进程，提高资源配置效率，推动产业结构优化和产业升级，实现经济发展方式的根本性转变。

资料来源　吕春成. 产业国际化的本质在于提高资源配置效率［N］. 经济参考报，2012-10-26（A08）.

拓展阅读
7-1

7.1.2　国际市场资源战略的动机

国际资源配置最早的表现形式是国际购买（international purchasing），它开始只是一种被动反应的战略，目的是确保原材料的获得以及生产成本的减少。而今天，国际资源战略（international sourcing strategy）越来越关注获得和维持企业的核心竞争能力，从而在国际市场中取得竞争优势。为了能以低价格和高质量在全球范围内制造和传送世界一流的产品，企业必须在全球范围内接触到一流的技术专家，并且能够找到最优的供货商。从这个意义上来说，今天企业的国际市场资源战略要解决的问题不再是是否需要从海外获得原材料和零配件，而是如何以最优的方式获得这些资源，从而赢得竞争优势。因此，总的来说，企业国际市场资源战略的主要动机有：

1）获取低价格/低成本优势

低成本优势可能是国际市场资源战略的主要动机之一。成本领先战略是迈克尔·波特提出的竞争战略中的重要战略之一。在"国际市场国内化，国内市场国际化"的今天，企业必须从全球的角度来思考低成本优势，这样成本领先战略才有意义。在国际市场上，企业的低成本优势可能来源于劳动力和原材料成本、规模经济、生产力、地方政府的补助，以及汇率等。在那些产品没有或很少有差异的行业，低成本可以为企业提供重要的竞争优势。例如，中国的春秋航空公司在国际航线的运营上就发挥其自身的成本优势，从而在激烈的竞争中处于有利地位。据中投顾问统计，在美国航空公司的成本支出中，最高的是劳动力成本，占总成本的30%，中国国内航空公司的劳动力成本只占6%左右。与日本的航空公司相比，春秋航空乘务员的成本只是对方的1/10，飞行员成本只是对方的1/3，而且国内空管成本较日韩也更低。据统计，全球廉价航空公司有176家，其中欧洲78家，亚洲43家，美洲36家，非洲10家，大洋洲9家。欧美国家的廉价航空占市场份额的25%，基本处于饱和状态，但亚太市场还有很大空间。

2）改善质量

在竞争日益激烈的国际市场上，为顾客提供高质量的产品变得十分重要。例如，为了获得高质量和价格低廉的原材料，中国地板制造企业上海安信集团在巴西拥有近10万公顷原始森林和两家木材加工厂。

3）改善产品传送和可靠性

在现代社会，随着人们生活节奏的加快，消费者对于产品的传送服务和可靠性（reliability）提出了更高的要求——在规定的时间内准确地送达。因此，在有些行业，企业要及时把产品生产出来交给顾客的话，首先得保证原材料的供应畅通，有的还必须通过国际购买才能保证原材料的供应以及时完成产品生产。例如化工行业，很多化工原料都得从海外购买的，这就使得企业必须考虑资源的全球配置。

4）获取知识

在某些高科技行业，企业的海外资源配置主要是为了获取高科技知识以及相关的知识型人才。获取知识和技能可能是许多高科技企业在海外建立研发基地的主要原因。商务部的数据显示，跨国并购已经成为中国企业对外投资的主要方式，其目标往往是经营困难但有良好核心资产特别是技术、品牌和客户资源的海外企业。不少国内企业通过上述方式形成了自身的核心技术能力和全球品牌影响力。生产缝制设备的上工集团收购了在世界工业缝纫机领域排名第三的德国DA公司。DA公司的技术几乎涵盖了缝纫机领域的所有高端技术，从而使得上工集团的技术水平一跃进入全球前列。万向集团先后在美国、英国、德国、加拿大等国家并购多家拥有核心技术的企业，获得了这些企业的品牌、技术专利、客户资源及全球市场网络。其中，还出现了"徒弟收购师傅"的现象：上海明精公司收购了德国著名数控机床企业沃伦贝格机床制造公司，获得多项专利、先进技术、品牌和客户资源。此前，明精公司曾为沃伦贝格定牌生产20多年。

拓展阅读
7-2

【出海案例7-1】

潍柴动力：以并购扩展业务领域

工程机械行业流传着一句话，"得液压者得天下"。如今，潍柴动力股份有限公司（简称潍柴动力）通过一桩跨国"婚姻"的10年耕耘，已将这一愿景照进现实。

"潍柴与凯傲10年合作充分证明，经济全球化带来的合作共赢对我们中外所有企业都有利。"2022年10月12日晚间，在中国潍柴-德国凯傲携手十周年暨凯傲"中国第二故乡"济南总部点亮景观塔活动上，山东重工集团董事长、潍柴动力董事长谭旭光在致辞中称。

上述表态源于10年前的一次海外并购。彼时，主营业务集中在发动机、商用车和工程机械等领域的潍柴动力，正在为战略转型与结构调整寻找新的业务领域；全球第二大、欧洲第一大叉车集团德国凯傲集团则寻求出售资产。潍柴动力和凯傲集团的整合发展堪称中德两国企业合作共赢的成功范例，在10年的双向奔赴中均受益丰厚。

联姻10年：从亏损到营收破百亿欧元

在与潍柴动力联姻之前，这个全球第二大叉车巨头负债率居高不下，2011年度净资产为-4.87亿欧元，还曝出了9 292万欧元的亏损。

彼时，凯傲集团正寻求上市计划，但根据德国资本市场的标准，凯傲集团要想上市只有降低负债率——要么注入资本金，要么卖出部分资产。作为凯傲集团时任股东的高盛与KKR已无意追加投资，出售资产成了唯一的选择。

扎根工程机械行业多年的谭旭光得知后，对凯傲集团液压、叉车业务产生了兴趣。经过艰难谈判后，2012年12月27日，潍柴动力以7.38亿欧元收购了德国凯傲集团25%的股份和旗下林德液压公司70%的股份，创下了当时中国企业在德国的最大并购纪录。半年之后的2013年6月28日，凯傲集团在德国法兰克福证券交易所成功上市，股票开盘价高达24.19欧元。

时至今日，在谈到与潍柴动力的合作中凯傲集团的变化，凯傲集团董事、亚太及美洲区总裁郭进鹏将上市放在了第一位："凯傲和潍柴这10年的合作，我觉得给我们带来很大的变化，第一个就是我们成功地在德国法兰克福上市。"

2022年10月12日晚间，凯傲集团前CEO高登·李斯克在致辞中再次说道："凯傲于2013年完成了IPO，使潍柴和凯傲成为在行业内占有重要市场份额的全球领先企业。"

依托潍柴动力的产业链资源，德国凯傲的经营业绩水涨船高，10年间营业收入实现了翻番增长，从2012年的46亿欧元增长至2021年的103亿欧元，且收入与净利润均创下历史最好成绩。

凯傲拥有德马泰克、林德、斯蒂尔、宝骊等国际知名品牌，业务遍布全球100多个国家（地区）。"在10年的时间里，收入与利润均增长了一倍多，新产品更加数字化和高效，也为帮助我们社会更好地应对未来挑战做出了巨大的贡献。"高登·李斯克如是称。

在谭旭光看来，"潍柴与凯傲10年合作充分证明，经济全球化带来的合作共赢对我们中外所有企业都有利，也充分证明我们的管理团队已经具备了驾驭全球化经营的卓越能力"。

本土化布局：做一个"有中国特色的外企"

"通过跟潍柴的合作，凯傲变得更全球化，而不只是一个德国企业，尤其是在美洲跟亚太区域，我们越做越好。"在谈到双方的联姻给各自带来的变化时，除了完成上市，郭进鹏提到的另一处变化是全球化。

当然，作为行业巨头，凯傲与德马泰克均是全球布局，中国则是二者均无法回避的战略性市场。

"这场跨国并购的初衷正是为了将其引入中国，与潍柴动力形成业务互补与产业协同。"一位了解此次并购的人士向《每日经济新闻》记者表示。

"海外并购后将技术引入中国，是潍柴动力的既定战略。按照计划，控股凯傲及林德液压后，建设中国生产基地提上了议事日程。"一位潍柴方面人士向记者表示。

2014年，从凯傲集团剥离至潍柴动力的林德液压率先被引入中国，与潍柴动力共同出资，在中国潍坊设立了生产基地。2020年，林德液压中国公司销售收入达到约5亿元，实现了多年翻番增长。

"我们要进一步发掘这一重要市场的潜力，大幅提高我们在中国的市场份额。"两年前，在中国新厂破土动工时，还未卸任的高登·李斯克的表态，充分显示了这个巨头对中国市场的看重。

《每日经济新闻》记者获取的信息显示，2017年，正值内燃叉车与电动叉车产量交替的拐点。中国电动类叉车合计销量20.37万台，同比增长43.90%。正是这一年，德国凯傲集团开始谋划在中国山东投资建厂。

经过两年的调研分析，凯傲方面正式敲定在中国济南建设最大的中国工厂和研发中心。2020年8月，这一项目在济南莱芜正式开工投建，一期项目于2020年8月17日开工建设，2021年12月16日建成投产。

如今，凯傲原有液压、叉车、智能物流三大主业汇聚中国山东，高登·李斯克将这里称为"凯傲的第二故乡"。

郭进鹏表示，未来，凯傲济南基地将德国技术与中国市场需求相结合，开发性价比更高、适合中国市场需求的叉车，做一个"有中国特色的外企"。新开发的产品不仅面向中国市场，还将向欧洲乃至全球市场销售。

资料来源　彭斐. 联姻潍柴动力十年　欧洲叉车之王凯傲集团要做"有中国特色的外企"[EB/OL]. [2024-12-04]. http://www.nbd.com.cn/articles/2022-10-14/2498202.html.

7.1.3　国际市场资源战略的形式

根据市场战略学者莫克松（Moxon）的观点，一般来讲，国际市场资源战略的形式主要有以下四种：

1）国际购买（international purchasing）

国际购买是企业从海外独立的供货商那里购买物资的过程。它揭示的是独立的购买者和供货商之间的关系，两者之间通过交换来获得物资或利润。这种购买的过程会随着条件的变化而有所不同，例如，购买者和供货商之间是否存在直接的交易关系，有没有中间商的加入，供货商和购买者之间是否存在某些特定的交易基础（长期协议等）。

这里需要注意的是，国际购买和进口（import）是不同的概念。进口是一个经济学术语，是指商品跨越边境流入购买者的所在国，而国际购买是进口的一个具体案例，并且在这个过程中还有谈判的环节（直接谈判或间接谈判）。此外，国际购买和全球购买（global purchasing）也是有所区别的。全球购买是在世界范围内对购买活动进行整合和协调。

2）国际发包（international subcontracting）

国际发包是购买者（发包商）把产品的详细的规格、技术要求、实体设备、物资材料甚至财务要求等条件交代给供货商（承包商），由承包商根据这些要求生产半成品或成品卖给发包商。相对于国际购买来讲，国际发包所涉及的供货商和购买者之间的关系要复杂得多，购买者要更多地参与到海外供货商的活动当中去，因此两者一般是直接建立关系。

3）海外合资制造（foreign joint venture manufacturing）

海外合资制造是企业同海外一家合作伙伴进行合资来制造所需要的零配件等。

4）受控的海外制造（controlled foreign manufacturing）

受控的海外制造是一种母公司与其海外的子公司之间或者子公司与子公司之间的资源配置关系。

这些国际资源配置形式主要可以从两个方面进行区别：一个是购买者介入国际资源配置的程度；另一个是购买者对于海外供货商的控制程度。海外合资制造与受控的海外制造都涉及直接海外投资的形式，因此通常用于跨国公司内部的资源配置，而国际购买和国际发包不涉及参与海外供货商的产权问题，因此通常用于国际公司之间的资源配置。

7.2 国际市场资源战略的决策因素

国际市场资源战略的决策因素见表7-3。

表7-3　　　　　　　　　　　　国际市场资源战略的决策因素

1.政治风险
2.市场准入
3.要素成本和条件
4.国家基础设施
5.外汇
6.产品-市场档案
7.市场选择
8.潜在市场

资料来源　基根. 全球营销管理［M］. 张政，译. 清华大学出版社，2020：163-166.

7.2.1　要素成本和条件

要素成本是指土地、劳动力和资本等生产要素的成本。劳动力成本包括工人的工资等。一般来讲，劳动力成本是影响企业国际资源战略中区位选择的一个重要因素。例如，劳动力成本低曾经是推动中国经济发展和吸引外商投资的重要因素。我国15～64岁之间的青壮年劳动力数量巨大，提供了源源不断的劳动力成本优势。除了劳动力成本之外，土地成本和资本成本也是国际资源战略的重要影响因素。需要指出的是，这些要素成本在不同的国家之间是不均衡的，有的国家劳动力成本高，但资本成本低，而有的国家资本成本高，但劳动力成本低。这种不均衡性使得要素成本之间发生抵消。企业在制定国际资源战略时必须综合考虑，平衡各种要素成本。

【观念应用7-1】

东盟投资环境分析

中国和东盟国家山水相连，友好交往源远流长。2003年10月，中国作为域外大国第一个加入《东南亚友好合作条约》，并与东盟建立战略伙伴关系。中国与东盟经贸合作发展迅速，不断取得新成绩。双方建成了目前世界上经济总量最大的发展中国家自由贸易区——中国-东盟自由贸易区，形成互为最大贸易伙伴、互为重要的投资来源地和目的地的良好发展格局。

1）东盟概况

东盟的前身是由马来西亚、菲律宾和泰国于1961年7月31日成立的东南亚联盟。截至2024年12月，东盟共有10个成员国：马来西亚、菲律宾、泰国、新加坡、印度尼西亚、文莱、越南、老挝、缅甸和柬埔寨。东帝汶是东盟候选成员国，巴布亚新几内亚是东盟观察员国。东盟本着平等与合作精神，共同努力促进本地区的经济增长、社会进步和文化发展，为建立一个繁荣、和平的东南亚国家共同体奠定基础，以促进本地区的和平与稳定。

2）自然环境

东盟位于亚洲东南部，10个成员国总面积约449.25万平方千米。东盟战略地位重要，北接中国大陆，南望澳大利亚，东濒太平洋，西临印度洋，处于亚洲与大洋洲、太平洋与印度洋的"十字路口"，马六甲海峡是这个路口的"咽喉"。

东盟地区的主要矿产资源是石油、锡和镍，该地区拥有世界最大的锡矿带。其中，马来西亚锡矿砂的产量居世界第一位，印度尼西亚是世界最大镍生产国和重要的天然气出口国。东盟地区还是世界上橡胶、棕油、椰子、咖啡和蕉麻等热带经济作物的最大产区。其中，印度尼西亚是世界最大的棕油生产国和出口国，泰国的橡胶生产居世界首位，菲律宾是世界上最大的椰子生产国。东盟地区的主要粮食作物是水稻，是世界最重要的稻米产区之一。其中，泰国、缅甸和越南是世界重要的稻米生产国和出口国。

3）人口与文化

据世界银行数据，截至2023年末，东盟十国总人口逾6.85亿，仅次于印度、中国，是世界上人口较集中的地区之一，约占世界总人口的8.5%。其中，人口最多的是印度尼西亚，在全球排名第4位，其次是菲律宾（第13位）、越南（第16位）、泰国（第20位）。全地区劳动力人口占总人口比重约50%。该地区也是世界上外籍华人和旅居华侨最集中的地区，超过70%的外籍华人、华侨居留在东盟各国，居前三位的是印度尼西亚、泰国、马来西亚。东南亚是世界上民族最多元的地区之一，主要包括爪哇族、京族（越族）、泰族、缅族、巽他族等。东盟各国语言种类繁多，官方及常用语言存在多语种并存现象。

4）经济概况

根据世界银行的数据，近年来东盟经济呈稳定增长态势，东盟GDP从2019年的32 507亿美元增长至2023年的37 816亿美元。2023年，东盟GDP增长率为4.0%，各成员国均实现正增长；GDP前5位的成员国依次为印度尼西亚、泰国、新加坡、菲律宾、越南。同年，东盟人均GDP从上年的5 385美元上升至5 518美元，新加坡、文莱、马来西亚居前3位，新加坡以84 734美元位列全球人均GDP第5位。

5）金融环境

由于东盟各成员国经济发展水平和金融监管能力存在差异，目前东盟金融一体化尚处于较低发展阶段，尚未形成统一开放和可流动的区域金融市场。但东盟一直致力于实现区域内金融发展的协调和融合，推动成员国相互开放金融市场，营造良好的区域金融环境。

东盟金融合作由东盟财长和央行行长会议负责推动，在《东盟金融和货币一体化路线图》和《2016—2025年东盟金融一体化战略行动计划》指导下，通过资本账户自由化、资本市场发展、金融服务自由化、东盟支付结算系统、东盟银行业一体化框架、金融包容性等工作委员会，落实具体倡议和项目，加快推进实现《2025年东盟共同体愿景》东盟金融一体化的目标。

6）数字经济发展情况

东盟数字基础设施发展不均衡且总体水平不高。由于东盟各国经济发展水平不均衡，东盟内部数字基础设施发展差异较大。大部分成员国信息通信基础设施发展相对落后，各国网络便利化程度也相差较大。此外，东盟数字经济消费群体数量庞大，数字经济产业规模持续扩大，也进一步增加了数字基础设施的建设需求。

东盟是跨国投资青睐的热点地区之一。从投资环境看，东盟的优势表现在以下方面：（1）拥有约6.85亿人口，中产阶级数量不断增长，市场潜力巨大；（2）经济总量位居世界前列，主要成员国经济快速增长，社会政治稳定；（3）区域经济一体化水平不断提升，区域内部消费和贸易快速增长；（4）具备较高资源禀赋和产业发展能力，劳动力价格低廉，从低成本制造业到生物科技领域，东盟各国有着独特优势和竞争力；（5）基础设施和数字经济增长需求巨大，银行业、制造业、交通和通信领域的投资不断增多。

资料来源　商务部对外投资和经济合作司，商务部国际贸易经济合作研究院，中国驻东盟使团经济商务处. 对外投资合作国别（地区）指南：东盟（2024年版）[EB/OL].［2025-01-02］. https://www.mofcom.gov.cn/dl/gbdqzn/upload/dongmeng.pdf.

7.2.2　物流状况

物流状况对国际资源战略的影响主要表现在运输成本和送货时间方面。由于生产地和供应地在空间上的分离，物资从供应地到达生产地之间有一段时间和距离，从而产生运输成本和送货时间方面的问题。距离越远，则时间越长，运输成本越高。随着技术创新和交通技术的进步，物流业的发展对企业的国际资源战略产生了积极的影响。企业可以通过海、陆、空等综合运输方式来加快物资的运输，降低物流成本。

7.2.3　国家基础设施

国家基础设施包括电力、交通、电信、社会服务和社会管理等。国家基础设施是企业进行正常的生产经营必不可少的条件。能综合反映以上基础设施条件的当数一国的工业园区，工业园区的基础设施建设好了，就能吸引和整合外来资源。例如，西亚国家阿曼为加速产业多元化进程，鼓励和吸引更多的外国投资，减少对石油工业的过度依赖，在制定和完善相关领域法律法规和相应优惠政策的同时，十分注重工业园区基础设施的开发建设。2010年8月，阿曼耗资3 640万美元的苏哈尔和布莱米工业园区基础设施建设项目竣工并投入使用。阿曼政府之所以如此重视对工业园区基础设施

建设项目的资金投入，其主要目的是满足各国投资者所需的各项服务。阿曼工业园区主要提供园区道路、水、电、燃气、电信服务、污水排放等。此外，作为综合性规划的一部分，阿曼工业区总署还在尼兹瓦、鲁塞尔、莱苏特等工业园区积极参与项目开发和运营指导，进一步鼓励投资者到园区进行实业投资。很多分析人士指出，如果不对工业园区和其他基础设施进行巨额投资，阿曼很难维持较快的经济发展。

7.2.4　政治风险

政治风险指的是国家（地区）政治环境的不稳定所带来的风险。政治不稳，企业的海外投资将承担很大的风险，容易导致企业利益受损。企业在从事国际营销活动时，因目的国（地区）政治动荡而面临的潜在风险包括没收、征收、国有化、剥夺、牌照吊销、出口禁运等。

【观念应用7-2】

地缘政治风险与经济表现

国家之间的地缘关系包括地缘政治、地缘经济、地缘文明关系。随着"世界百年未有之大变局加速演进，世界之变、时代之变、历史之变的特征更加明显"，当前和今后较长一个时期，全球将面临地缘政治风险加剧格局。

1）1900年以来的全球地缘政治风险

为量化衡量地缘政治风险大小，Dario Caldara和Matteo Iacoviello提出地缘政治风险（geopolitical risk，简称GPR）指数。从1900年以来的全球GPR指数来看，最高值出现在两次世界大战期间，并且每次战争期间指数均持续保持高位，战后指数则急剧下降。纵观第二次世界大战后的地缘政治风险，大体可以分为两个大的阶段：从20世纪50年代到20世纪80年代中期，GPR指数的波动主要反映了核战争威胁和国家之间的地缘政治紧张局势；21世纪以来则是恐怖主义、伊拉克战争和日益紧张的双边关系主导了指数的走势。

值得注意的是，2001年"9·11"恐怖袭击是进入21世纪以来全球地缘政治风险的一个标志性事件，也是一个重要的分水岭，此后全球面临的地缘政治风险和威胁是此前的近2倍。2022年2月俄乌冲突发生后，GPR指数再次攀升。不难预见，随着世界百年未有之大变局的加速演进，未来GPR指数进入高位波动区的概率在增大。

2）地缘政治风险对经济的影响机制

地缘政治风险是不确定性风险，这些不确定性会在家庭、企业、金融市场中造成经济创伤后应激障碍，即对下行尾部风险有高度敏感性，对未来日益谨慎，厌恶持有可能暴露于未来"灾难风险"中的资产，也不愿意做出不可逆转的决定。例如研究表明，20世纪30年代的"大萧条婴儿"承担金融风险的意愿较低，参与股市的可能性较小，并且在参与的条件下，投资股票的资产比例较低，对未来的回报更悲观。在影响机制上，地缘政治风险对经济行为主体风险认知和经济行为的影响，会在消费、投资、就业、金融市场等经济指标上体现出来。此外，这种影响还会改变全球地缘经济格局，如影响全球贸易、跨境直接投资和产业链供应链重塑等。

（1）对实体经济的影响

地缘政治风险引发的不确定性，一方面将使企业延迟投资决策，寻求更安全的回报，任何沉没成本较高或不确定回报的经济决策都会受到影响，进而影响投资和劳动生产率的提高；另一方面将使家庭增加预防储蓄需求，从而相应推迟或减少消费支出。地缘政治风险对投资和消费的影响，将减缓经济增速，自然也会影响就业。

（2）对金融市场的影响

这方面存在直接和间接两条渠道：直接渠道方面，地缘政治风险提高后，会通过跨境资本流动、汇率波动、原油等大宗商品价格大幅震荡、股票房地产等资产价格调整、信贷需求减少等渠道影响金融市场；间接渠道方面，地缘政治风险冲击实体经济后，经济活动的衰减将必然在金融市场上得到反映。

在历史实践中，这一机制普遍存在。美国标准普尔500波动率指数（VIX）一般用来衡量金融市场风险和投资者恐慌度。从1990年以来GPR指数和VIX指数的关系看，地缘政治风险确实能引起金融市场大幅波动，但反过来不是，即金融市场的波动不会导致地缘政治紧张升级。例如海湾战争、"9·11"恐怖袭击、伊拉克战争、俄乌冲突的爆发，GPR指数和VIX指数都同时上升，但次贷危机和新冠肺炎疫情期间VIX的飙升，并没有导致GPR指数的同步提高，这表明地缘政治风险的提高确实会冲击金融市场。

（3）对地缘经济格局的影响

地缘政治关系紧张，不可避免地会影响到冲突双边或多边贸易往来，抑制贸易增长，降低全球贸易增速；同时升级的地缘关系也会导致跨境投资环境恶化，投资风险增加，影响跨境直接投资的增长。全球贸易和投资增速减缓，一方面会影响全球经济增长，另一方面也不利于劳动生产率的提高。

除了经济增长层面的影响外，地缘政治关系紧张还可能会加速全球产业链、供应链的重塑。如近几年来逆全球化进程加速，尤其是乌克兰战争的爆发，全球各国（地区）经济体对产业链供应链稳定性和安全性的重视程度明显提高，将其上升为国家安全战略的重要组成部分。由此带来的地缘经济格局变化，则是部分国家将关键产业回流（reshoring）国内，或是采取友岸外包（friend-shoring），即将供应链限制在盟国和友好国家，导致全球产业链价值链的短化和碎片化，以及全球经济的区域化，不利于全球生产率的提高。

（4）对经济政策不确定性的影响

地缘政治关系紧张冲击一国（地区）经济后，必然会影响其经济政策的调整变化，相应会增加未来政策及预期的不确定性。为量化这种不确定性，Baker、Bloom和Davis构建了经济政策不确定性指数（EPU）。研究表明，EPU指数与实际宏观经济变量（如经济增长和就业率）有显著的反向关系，也对股票市场的大幅波动具有较强解释力。

从历史实践看，地缘政治风险对经济政策不确定性确实有较强影响。如"9·11"恐怖袭击、伊拉克战争和俄乌冲突发生后，都导致经济政策不确定性指数大幅提高。然而，由其他原因如金融危机、新冠肺炎疫情等导致的经济政策不确定性的提高，短期内不会影响地缘政治风险指数，这一点类似于金融市场波动对地缘政治风险的作用机制。

资料来源　伍超明，胡文艳，李沫. 地缘政治风险与经济表现——来自全球的经验［EB/OL］.［2024-12-01］. https：//gov.sohu.com/a/581718292_121335114.

7.2.5　市场进入

此处所说的市场进入指的是产品进入某个市场的可能性。如果产品很难出口到某个国家市场，则在该国建立生产基地是一种可行的选择，这样就可以绕过市场进入的障碍。

7.2.6　外汇汇率

外汇汇率的波动对企业的国际市场营销有着重要的影响，其中之一便是影响企业的产品竞争力。企业开展国际营销需要良好的国内国际金融环境，以利于企业进行融资、投资和经营。然而，环境的变化是不以企业的意志为转移的，特别是外汇汇率，每时每刻都在发生变化，诱发出各种风险，需要企业认真对待。例如，20世纪90年代爆发的东南亚金融危机迅速波及日本、韩国以及俄罗斯，使这些国家的货币兑美元的汇率急剧下降。我国坚持人民币不贬值，在保持外汇收入不因货币贬值而减少购买力的同时，也因为人民币坚挺削弱了产品在国际市场中的竞争力。

7.3　全球供应链与全球供应链管理

企业的国际资源配置需要全球供应链的支持，原材料和零配件的递送、信息的流动等都需要企业在全球范围内对其供应链进行整合。全球供应链和国内供应链具有完全不同的特征，它通常能延伸几千千米，跨越几个国家，甚至几个海洋。由于各个地域在规章、法律方面的要求都不同，并且它们时时刻刻都在变化中，因而供应链埋下了无数的潜在中断风险。此外，供应链节点越多，潜在的延误机会也就越多。全球化供应链隐藏着众多不确定性，从而削弱了离岸作业和采购所带来的价格成本节约。因此，企业的全球供应链的整合对企业的国际资源战略起着至关重要的作用。

7.3.1　全球供应链的含义

全球供应链是指在世界范围内的商品、服务和相关信息从发生地到消费地的流动过程。全球供应链管理是企业对其全球供应链的计划、实施和控制的过程。企业通过全球供应链管理，沿着企业的价值链来整合、优化不同职能和地区的商务活动，进而为顾客创造价值。有效的全球供应链管理对企业的国际营销活动有着重要影响。

1）促进企业的资源外包

企业为了利用地理位置优势（包括熟练的劳动力、低工资、低价的原材料和较低的管理费用等），可以把生产资源和基地转移到海外。这就是多发达国家的服装企业和纺织企业把生产基地放到发展中国家的原因。企业为了节约生产成本，通常是在全球范围内寻找低成本和高质量的供货商，从而将其许多业务活动在全球范围内外包出去。作为一种降低企业成本的基本战略，跨国公司将其非核心业务外包到低成本的国家（地区），掀起了继制造业产业转移后服务业产业转移的热潮。

当前，全球服务外包主要发包国有美国、德国、法国、荷兰、日本及中国，其中美国是全球最大的离岸发包国。据商务部服贸司负责人介绍，2023年我国企业承接服务外包合同额4 162亿美元，执行额2 849亿美元，同比分别增长11.6%和13%。其中，承接离岸服务外包合同额2 154亿美元，执行额1 514亿美元，同比分别增长6.6%和10.6%。中国顺应数字技术发展趋势，抢抓全球数字经济发展战略机遇，加快推进数字产业化和产业数字化进程，以产业转型升级和市场需求为导向，积极发展云计算服务、软件研发服务、集成电路和电子电路设计服务等信息技术外包，促进离岸服务外包成为可数字化服务出口的主要模式。2015—2020年，离岸服务外包对中国服务出口累计增长的贡献率达66.4%，对可数字化服务出口累计增长贡献率达66.5%。中国服务外包研究中心预测，2021—2025年，全球离岸服务外包执行额年均增速将超过7%，2025年全球离岸服务外包执行额有望达到2万亿美元。

2）推动全球竞争

企业可以从海外进行资源配置，把优质低价的资源及其制成品引入国内，加上外国公司的进入，使得竞争范围从境内走向境外。企业需要通过国际化经营来充分利用地理位置优势以及成本优势。有效的全球供应链的整合可以为企业提供成本优势，同时送货的及时性以及个性化服务的发展，也在一定程度上带来了企业的差异化优势。

3）企业战略的优化

全球供应链的整合过程其实也是企业间核心资源的整合过程。全球供应链管理把供应链上企业的核心能力整合起来，一些企业组成了战略联盟、伙伴企业或开展渠道间协作，使得供应链上企业之间的活动衔接更为有效，相当于把整个链条上的核心优势进行了优化组合，因此增强了整个链条的竞争优势，也导致未来的竞争从企业间的竞争转向了价值链的竞争。

7.3.2　全球供应链管理

1）全球供应链管理的因素

全球供应链的设计涉及很多因素，主要包括：

（1）战略采购（strategic procurement）。战略采购是所有企业的最基本的资源战略和供应链战略。其主要目的在于挑选有能力的供货商，特别是当企业需要把生产和装配外包出去的时候。企业需要利用成本和地理位置优势在全球范围内采购原材料和零配件，供货商本身的素质和能力对企业的采购质量起着关键性的作用。因此，企业在设计全球供应链的时候，最基本的要求是供应商能在适当的时间递送高质量的产品和服务，能够对企业所在行业的市场趋势和技术变革做出快速反应，从而能为企业提供适应市场快速变化的生产物资等。此外，为了提高供应商的服务水平和服务质量，企业的全球供应链设计需要考虑企业间信息系统的兼容性、相互协作以及目标的相关性等，从而建立起互利互惠的合作伙伴关系，以简化供应链流程和提高供应链的竞争优势。

（2）制造工厂和分销中心的选址。选址工作能够影响企业的运输成本和市场反应能力。供应链管理的基本原则就是接近供货商或者市场。特别是在开展国际化经营的时候，企业需要与全球的供货商和客户打交道，制造工厂和分销中心的选址工作就显得尤为重要。选址的方法多种多样，主要有重心法（The centre-of-gravity method）等。此外，可以通过计算机模拟来实现最佳选址。

（3）物流。就降低成本和提高服务质量而言，有效的物流对于提升企业的竞争优势是十分重要的。随着供应链的全球化，企业倾向于把自己的物流职能外包给有能力的物流企业，这些企业具有庞大的物流网络和地区专门化的能力，如联邦快递（FedEx）、中外运-敦豪（DHL）、马士基等国际大型物流公司。在挑选物流企业时，需要考虑其专业性、服务网络、声誉、信息系统、定制化的能力、仓储和存货管理能力、综合服务能力（如通关、基础设施、运输方式、员工素质）等。

（4）客户服务。企业的总体战略决定了企业的服务水平、供货效率和其他的客户服务特征等，这些都要与竞争对手实现差异化。

2）全球供应链管理辅助手段

为了对全球供应链上的资本、信息和物料的流动进行有效的管理，企业需要利用一些辅助手段。

（1）财务和会计准则。由于全球供应链需要跨越两个或两个以上的国家（地区），而这些国家（地区）的财务和会计准则有可能存在很大差异，甚至是同一家公司内部位于不同国家（地区）的子公司，也可能采用不同的财务和会计准则，因此制定和执行合适的、一致的会计方法和财务政策是必不可少的。

（2）互联网的应用。全球供应链的管理涉及大量的信息流动，特别是对于瞬息万变的市场信息的捕捉和把握，离不开高效的信息网络，并且为了提高采购效率，企业需要通过互联网实现电子采购。因此，全球供应链的管理需要解决好互联网的应用问题。

（3）企业的资源计划。当企业在全球范围内采购商品，客户也遍布全球的时候，企业需要运用多种运输方式、大量的产品组合、多种促销手段和多种定价方法。这些措施和手段的应用会大大地增加企业的成本和时间。如何把它们整合起来是企业节约时间和成本的关键。在这个过程中，各种资源计划的应用软件（如SAP、Oracle、用友、Infor、金蝶等）起着十分重要的作用。

【观念应用7-3】

5G时代下的供应链变革：谁能成为下一个苹果？

放眼当下的制造业，早已不是一个个密闭式生产的车间或工厂，而是通过开放和技术整合线上线下多渠道、全场景商业生态的复杂过程。同时，伴随未来产业的不断升级变革，当今制造业的竞争实质上是一条供应链与另一条供应链的竞争。

5G时代走来，供应链已经非传统意义上的"进销存"，而是由"物资流""信息链""价值链"结合而成的"产业集群"，供应链环节中的核心企业为上下游的合作伙伴提供数字化转型的帮助，互联网赋能的供应链正在助推全国智慧医院、互联网医院建设进入发展"快车道"。

1）苹果登顶背后，对供应链潜力的极致挖掘

在市场端和生产端都存在不确定性的波动时，供应链的敏捷性对全流程的运作效率几乎是决定性的。

小蚁托盘的负责人侯凯谈到供应链对企业发展的作用时说："在过去，不同企业的供应链战略有着不同的选择。敏捷型和成本型是最主要的两大选择。有些企业也会根据产品处于引入、发展、成熟、衰退等不同的阶段，而对应调整不同的供应链选择。"

"在21世纪的今天，在全球产能过剩与竞争加速的当下，产品的推陈出新越来越快，敏捷性成了越来越多的制造企业的首选，它们甚至不惜为此牺牲利润、扩大订单量，也要让配套工厂去背库存甚至背生产。苹果公司就是这方面的翘楚和标杆。"

苹果公司是香港国泰航空公司的最大客户。为了实现供应链的敏捷性，苹果公司用高出海运近50倍的成本运输产品。换来的是苹果公司从没有在新品发布等关键时刻掉链子，也从不会被金融危机、新冠肺炎疫情等"黑天鹅"事件造成的库存压垮。

通过在生产全链路上运筹帷幄，顶着拥有最完美供应链的光环，苹果公司与一流供应商们一起打造出了无数一流的产品。

对敏捷性更高的要求，是数字化。这反映出核心工厂的迫切需求：通过对整个供应链的掌控，来确保自己的安全。"企业对整体成本的控制也是反映供应链完善程度的一部分，因此实现产品从生产、运输到销售的全程可视化、数字化是目前企业供应链迭代的重要基础条件。"侯凯提到数字化对完善供应链的意义。

的确如此，深圳某大型化工企业生产负责人陈经理表示："化工行业的供应链十分紧密，订单式生产比重较小，疫情期间带来的中断危机让整个企业变得摇摇欲坠。"无论是更新设备还是打造立体仓库，都需要耗费动辄上亿的资金投入，因此寻找能更灵活地提升数字化水平和满足定制化需求的解决方案，成了探索数字化发展的企业的迫切需求。

与小蚁托盘的合作，带给了陈经理十足的信心。凭借自主研发的托盘智能芯片，小蚁托盘让工厂仓储物流变得更加高效，货物运踪可视可控。历史轨迹、运输震动监控、温度记录、极速存盘、感应入库等功能实现了一套完善的智慧化方案。

2）生产全链路的数字化才是工厂的未来？

京东物流、犀牛智造的出现，向供应商们展示了数字化并不是遥不可及的难事。目前已经有很多工厂在自己的生产设备上铺设了基于窄带物联网（Narrow Band Internet of Things，NB-IoT）的通信传感设备，用以实现设备运行和分析的数字化。

生产设备的智能化更新是静态的，而物流的智能化是动态的。为了解决在仓储和运输过程中的数字化难题，不少工厂开始租用小蚁托盘的服务。

"过去我们需要一张成本20元左右的震动标签，来监控我们的电子产品是否在运输过程中遭遇了严重颠簸。现在小蚁托盘不但能够监控整个运输过程，还能在发生颠簸时及时预警，并分析颠簸是缘自驾驶员的操作不当，还是路况不佳。"广东中山生产扬声器零配件的巴先生说道。

"在冷链运输和装卸过程中，对温度在线监控的需求也十分强烈。"陕西铜川市鲜

榨果汁工厂的鄂经理告诉笔者,"离线的温度记录仪其实很不方便,这让我们很难区分是在哪个环节发生的产品变质。现在用小蚁托盘后,不但供应链轨迹变得清晰可控,内部温度曲线也可以在线掌控。"更重要的是,由于循环使用,小蚁托盘的租金比传统木托盘更便宜。

"让数据由离线转在线对于医疗用品、精密仪器、食品等诸多行业都有着至关重要的作用,全链路的数据反馈系统能让'智慧大脑'自行判断实施情况,并在出现状况时及时向用户推送报警信息。"侯凯谈到循环托盘的作用。

"更为关键的是,眼下的整个C端消费市场越发依赖大数据和个性化分析。各大平台、各大卖场都要求生产商能够匹配'柔性生产、快速响应、数据对接的能力',这种需求会层层传递到整个传统制造业,而无法匹配这种需求的传统制造业只能被时代抛弃。"侯凯表示。

进入工业4.0时代,供应链也已非传统意义上的"进销存",而是"四流合一"的产业集群。在全球产业链和供应链格局开始大变革的浪潮之下,理解时代的走向,主动拥抱变化,也许才是工厂们的未来……

资料来源 李觐麟.5G时代下的供应链变革:谁能成为下一个苹果?[N].电脑报,2020-11-23(4).

本章小结 🖊

国际市场资源战略是企业国际营销战略的一个重要方面,它与企业的营销组合战略构成了企业的国际市场营销战略的两翼:一是从生产投入的方面来规划;二是从生产产出的方面来规划。再加上企业的国际市场竞争战略和国际市场合作战略,就构成了企业的国际市场营销战略的四个支柱。对于国际市场资源战略,我们要了解其战略动机、决策因素和战略形式。此外,我们还要了解国际市场资源战略的重要辅助战略——全球供应链管理。

主要概念和观念 🗂

□ 主要概念

　　国际市场资源战略　全球供应链

□ 主要观念

　　国际市场资源战略的形式　全球供应链管理的因素

基本训练 🖐

□ 知识题

　7.1　阅读理解

　1)什么是国际市场资源战略?

2）国际市场资源战略的决策因素有哪些？

3）什么是全球供应链？

4）全球供应链管理需要考虑哪些因素？

5）全球供应链管理有哪些辅助手段？

7.2　知识应用

1）选择题

（1）国际市场资源战略是从产品生产流程中的（　　）角度来思考企业的国际市场营销战略的。

A.投入 　　　　　　　　　　　　B.产出

C.生产 　　　　　　　　　　　　D.服务

（2）以下国际市场进入模式中，不属入国际市场资源战略的有（　　）。

A.出口 　　　　　　　　　　　　B.海外投资设厂

C.与海外企业合资生产 　　　　　D.从海外购买原材料

（3）国际市场资源战略中的资源包括（　　）。

A.人力资源 　　　　　　　　　　B.资本

C.土地资源 　　　　　　　　　　D.信息

（4）对全球供应链管理有重要影响的因素有（　　）。

A.战略采购 　　　　　　　　　　B.物流

C.客户服务 　　　　　　　　　　D.互联网

（5）企业需要制定并实施国际市场资源战略是因为（　　）。

A.核心竞争优势 　　　　　　　　B.国际低生产成本

C.高素质人才 　　　　　　　　　D.高质量的材料

2）判断题

（1）国际市场资源战略没有国际市场营销组合战略那么重要。　　　　　　（　　）

（2）全球供应链和国内供应链其实都是一回事。　　　　　　　　　　　　（　　）

（3）今天，互联网对于全球供应链的实现是可有可无的，无非就是通过互联网发邮件罢了，因此互联网的有无对于全球供应链的管理其实没有多大影响。　（　　）

（4）外汇汇率由于是金融方面的内容，因此对于企业的国际市场资源战略没有多少影响力。　　　　　　　　　　　　　　　　　　　　　　　　　　　（　　）

（5）企业的全球供应链的设计必然带来资源外包的发展和兴起。　　　　　（　　）

即测即评

□ 技能题

7.1　规则复习

1）企业的国际市场资源战略的动机包括：低成本、改善质量、改善产品传送和可靠性及获取知识等。

2）企业的国际市场资源战略的主要形式有：国际购买、海外发包、海外合资和受控的海外制造等。

3）企业的国际市场资源战略需要考虑的因素有：要素成本和条件；物流（完成订单的时间、安全保证及运输成本）；国家基础设施；政治风险；市场进入；汇率；

货币的可获得性和可兑换性等。

4）全球供应链管理的主要因素有：战略采购；制造工厂和分销中心的选址；物流；客户服务。

7.2　操作练习

1）实务题

（1）中国企业在实施国际市场资源战略的时候，遇到了哪些困难和问题？试举例说明。

（2）试分析跨国公司在进入中国市场的时候，是否包含设计市场资源战略的因素？为什么？

2）综合题

如果你是我国某家电企业的营销部经理，你如何把国际市场资源战略融入你的国际市场营销战略当中，并依据你对国际市场资源的了解，规划你的国际市场资源战略？

□ 能力题

案例分析

<h3 style="text-align:center">中国供应链价值元年</h3>

受新冠肺炎疫情影响，2022—2023年全球经济增长速度放缓，其中传统、脆弱、滞后的供应链所导致的供需不平衡是重要原因。如何组织构建长效、灵活且富有弹性的供应链体系成为各行业的工作重心。

通过推演供应链的进化历史，结合中国的实践案例，我们认为目前供应链已经满足了新的进化条件。同时，产业和公众对于供应链价值的认知也达到了前所未有的高度。从发展和认知的角度，我们都可以把2022年定义为"中国供应链价值元年"。

社会、科技变化加速供应链升级

社会方面，从疫情期间上海封锁（2022年3月28日至6月1日）来看，本次封锁推高了居民生活成本，使得中国CPI指数创2020年以来新高，为102.9（2020年为基准100），上升了近3%；企业方面，供应链阻塞导致企业生产价格指数在2022年3月创2020年基准年份的新高，为113.4。在市场的传导下，消费品价格上涨、居民生活成本增加等都会进一步对疫情下脆弱的经济产生恶性循环。继金融危机和中美贸易战后，2020年起全球各地正常的生产经营和消费活动时常会受到封锁、隔离或旅行禁令的影响，为了在竞争加剧的环境中生存，企业不得不对现有供应链进行重建。疫情对数字化供应链起到了加速作用，因为智能科技能赋予企业面对风险时的高弹性、透明性和灵活性，从而在不同供应层级和不同供应职能方面识别风险、促进相互合作并减缓风险，这在传统的供应链中是无法实现的。

另外，随着全球城镇居住人口数量的攀升及各国政府发布"碳中和"或"碳达峰"策略，人们对高效、绿色、可持续、生态供应链的追求基本上也是全社会对未来供应链提出的要求，可见供应链的创新是现代乃至未来的重要趋势。

科技方面，结合 Gartner 往年发布的新兴科技曲线并进行对比，我们发现在2020年，5G、人工智能、云计算、图像处理、记忆存储、大数据等尖端科技就已处于曲线顶端，而且将在未来 2 ~ 5 年里达到成熟并大规模商用。作为现代智能供应链的背后支撑，我们也参照了 Gartner 于 2021 年发布的供应链战略能力成熟度曲线。我们发现该曲线上的末端，即接近成熟期的服务中，供应链网络分析、供应链细分、成本服务分析、数字化供应链等服务都处于该阶段。除此以外，供应链的必要服务，如预测分析、供应链风险管理、成本优化等技术预计在未来 2 ~ 5 年可大规模部署，因此，技术上的成熟为现代供应链向智能化、弹性、多样性和包容性发展提供了强有力的保障。

新一代的智能供应链

从微观层面来说，新一代的供应链立足于服务企业，可以为企业提供更精准的供需匹配，从而实现降本增效，增强企业的竞争力。具体来说，首先是基于大数据模型以及机器算法的事先预测，利用企业运营中各个节点的历史数据、区域分布、库存情况，提高供应链需求预测的准确性。其次，从需求计划、库存计划、供应计划三个方向实现端到端的智能化决策，通过多维度单品（stock keeping unit，SKU）画像、动态库存策略等为供应链的执行提供清晰的路径。再次，通过物流控制塔以及供应链计划运营机制，在供应链执行过程中实时监控、预警、纠错以及优化，通过不断的动态调整确保整个供应链持续改进和完善。

从中观层面来说，新一代的供应链立足于推动产业发展，提升产业的协同效率，支撑产业转型升级，通过供应链的开放、全渠道的协同，以信息流为基础，以客户的需求为切入点，灵活配置各种资源，助力产业链条各环节实现供需的精准匹配和履约效率的提升。

当前，零售业正迎来第四次零售革命。今天消费者面临的困境可能并不是商品短缺，而是选择过剩；不是价格过高，而是品质不齐；不是性能欠佳，而是缺乏个性。因此，这场革命更是零售基础设施的革命。零售基础设施将变得极其可塑化、智能化和协同化，推动"无界零售"时代的到来，实现成本、效率、体验的升级。

供应链的稳定是相对的，而其外部环境和需求的变化是常态，随着世界政治经济的不确定性越来越大，供应链将受到越来越大的考验。

有责任的供应链价值

新一代的供应链的另一重点在于增强供应链的弹性，也就是当供应链在部分失效时，仍能保持连续供应且快速恢复到正常供应状态的能力。供应链弹性是指快速处理经营活动中环境或由环境引起的不确定性的能力，它一般由缓冲、适应和创新三种能力构成。这些能力体现在重大节点下供应链的应用场景中，不管是面对抗疫保供、抗震救灾等突发状况，或是支持重大赛事，有责任的供应链都可以利用弹性支撑起业务的运营。

供应链的社会价值还具体展现在支持国家的乡村振兴和"双碳"目标上。实施乡村振兴战略，是党的十九大做出的重大决策部署，是解决"三农"问题的根本途径，是全面建成小康社会、实现两个一百年奋斗目标的重要保障。

我国明确提出 2030 年前实现"碳达峰"与 2060 年前实现"碳中和"的目标。京东物流在全国 50 多个城市投放使用的新能源车已达 20 000 辆，每年可减少约 40 万吨的二氧化碳排放量；建成了行业首座"零碳"物流园区；通过常态化投入可重复使用的循环快递箱"青流箱"、循环保温箱、循环中转袋等方式累计使用超过2亿次，减少消耗一次性泡沫箱6 000万个，减少一次性冰袋约6万吨，减少干冰约3万吨。

在时间的长河中，疫情必将是很小的波浪，2022年或将成为有责任的数智化供应链价值元年。我们相信未来在数智化供应链的演进和部署后，其产生的社会价值、商业价值和行业价值必将弥补并促进经济向高质量发展。

资料来源　芮萌，龚铭，尹文强. 2022开启供应链价值元年［EB/OL］.［2024-12-05］. https://m.yicai.com/news/101449399.html.

问题：

1）运用有关国际市场资源战略的理论知识，分析中国企业如何顺应供应链的发展趋势。

2）在全球供应链转型升级之际，中国企业怎样才能做好供应链管理？

第 8 章

国际市场进入策略

学习目标 ◉

通过本章学习，你应该达到以下目标：

知识目标：认识与了解国际市场上的两种营销观念；认识和了解影响国际市场进入模式选择的因素、模式类型以及各模式之间的转移过程；理解中国企业进入国际市场的相关决策。

技能目标：掌握进入国际市场的决策程序及模式；掌握中国企业进入国际市场的决策过程。

能力目标：具有熟练分析国际市场的状况、采用合适的进入模式开拓国际市场的能力。

价值引领 ◉

在当前更趋严峻复杂的国际环境下，我国企业在进入国际市场时，必须熟悉其决策程序，解决好明确目标国家（地区）市场、国际化运作模式等决策问题，在开发和拓展国际市场的营销机会时，寻找更加合法有效的经营方式。

党的二十大给我国未来建设贸易强国指明了发展思路：加快建设贸易强国，推动共建"一带一路"高质量发展，维护多元稳定的国际经济格局和经贸关系。这指导企业在实施"走出去"战略、进入国际市场时要在决策层面做好必要的准备工作，提升国际循环质量和水平。

引例 @   安踏进入国际市场

正如安踏的那句"永不止步"，2021年12月18日，安踏发布未来新十年战略：单聚焦、多品牌、全球化。这是对安踏集团2016年就开始实施的战略的延续和升级。

单聚焦是指聚焦运动鞋服行业和消费者价值，做好每一双鞋、每一件衣服。多品牌和全球化就是要以多品牌满足消费者需求，实现市场地位、品牌布局、价值链布局和治理结构的全球化。

显然，在现代经济体系中，这个跨越式目标的实现，需要整合多方资源，尤其是要整合资本市场的力量。

2018年3月5日，安踏新推出的篮球鞋在美国发售，限量200双，每双售价159.99美元，中国品牌的球鞋首次在美国引发排队抢购，同时有超过3 000万观众实时观看全球网上直播。

2014年10月13日，安踏正式成为NBA官方市场合作伙伴以及NBA授权商，这是NBA首次授权中国体育用品公司使用联名品牌。在被国际品牌高度垄断的美国篮球市场，安踏能闯出一片天地，离不开多品牌战略和全球化布局。

成为一家全球化的公司一直是安踏的梦想，丁世忠早早为公司定下了目标：不做中国的耐克，要做世界的安踏。对当时的安踏来说，要想与国际品牌在国际市场上同台竞技，不是只靠一腔热血就能实现的。

自20世纪80年代起，体育用品生产市场表现出国际化特征。众多体育用品企业开始进入国际市场，通过跨国经营抢占市场份额，扩大品牌效应，壮大自身实力。与国内同行们相比，安踏的国际化发展起步明显偏晚，要想后来居上，难度可想而知。

在国际化、多元化发展方面，起步较早的外资国际品牌占尽优势，而国内运动品牌只能长期在低端市场徘徊。安踏要想跟上消费者的成长节奏，满足消费者多元化需求，多品牌之路迫在眉睫、势在必行。

2009年，安踏以3.25亿元的价格收购了国际知名运动品牌斐乐（FILA）在中国地区的商标使用权和经营权，正式开启多品牌之路。彼时的斐乐一直处于全面亏损状态，安踏的这次收购并不被市场看好，甚至引发了外界的猜测和疑问。安踏将斐乐定位为高端运动时尚品牌，打造全直营商业模式，组建适合斐乐发展的团队以及引进国际化人才。2016年，斐乐收入占比达到安踏集团的20%。2020年上半年，斐乐成为安踏集团营收的重要来源。

这次收购是扭转斐乐颓势的关键之举，也让安踏尝到了多品牌战略的甜头。此后，安踏陆续收购了英国的运动时尚鞋品牌斯潘迪、日本高端运动品牌迪桑特和韩国户外品牌可隆。2017年，为了配合安踏儿童鞋服领域多品牌战略的实施，安踏又收购了童装品牌"小笑牛"。

通过收购兼并国际品牌，安踏在体育用品品类上实现了互补，形成了从大众到高端、从成人到儿童、从专业到时尚的品牌矩阵，实现了产品品质和多样性双提升。安踏的产业布局也从大众体育延展到专业体育，从城市健步延展到高端休闲和户外领域。

2019年3月，由安踏体育、方源资本、Anamered Investments及腾讯组成的投资者财团完成收购亚玛芬体育公司的公开要约，亚玛芬体育旗下的国际知名品牌也加入了安踏集团的多品牌阵营，包括萨洛蒙（法国）、始祖鸟（加拿大）、阿托米克（奥地利）、威尔胜（美国）及Peak Performance（瑞典）等。这些品牌拥有国际一流的运动科技、材料工艺和很高的用户忠诚度，在户外运动、滑雪、球类及运动器械等运动细分领域位居全球前列。安踏集团并购亚玛芬之后，成为全球第三大综合体育用品集团。

资料来源　薛志伟，刘春沐阳. 安踏出江［N］. 经济日报，2022-03-28（01）.

企业进入国际市场发展，是企业经营的重大转折，对企业的兴衰成败具有极为重要的意义。企业应从自身发展与国际市场需求相结合的角度，对要进入的国际市场进行认真分析，做出科学决策，包括进入国际市场的决策程序、模式及其他相关决策。下面针对这些内容展开具体的分析与讨论。

8.1　进入国际市场的决策程序

8.1.1　进入国际市场的观念基础

国际市场营销观念是指导企业开拓国际市场的观点、态度和思维方法。一个准备开拓国际市场的企业，必须首先树立符合市场经济发展规律的国际市场观念，变被动营销为主动营销，根据企业自身发展特点，选择和确立与企业实际相结合的国际营销新观念。一般来讲，企业树立国际营销市场观念有两种模式：

1）国际市场推销观念

国际市场推销观念即以出口业务为中心的国际市场观念。持这种观念的企业一般是外向型企业，出口业务在企业的业务总量中占比较大。这些企业非常重视产品的质量和价格，强调"以质取胜"和"以价取胜"的国际竞争策略。其主导思想是：只要产品质量好、价格低，在国际市场上就有销售前景。它们往往会问："我们的产品可以销到哪个国家去？"为了扩大外销业务，它们会利用各种手段和渠道寻求海外客户。在组织国际营销活动时，它们遵循这样的思路：先生产出高质量的产品，然后采用各种促销策略，包括降价策略，将产品推向国际市场。因此，它们非常重视出口销售，但并不重视国际市场的实际需求。

2）国际市场营销观念

国际市场营销观念即以满足目标国家（地区）市场的顾客需求为中心的国际市场观念。这些企业非常重视目标国家（地区）市场上顾客的需求，通过调查与了解后，根据顾客需求组织国际营销活动。其主导思想是：如果不能满足目标国家（地区）市场的顾客需要，即使产品质量再好，产量再高，也无法开拓国际市场。它们常常会问："这个国家（地区）的顾客需要什么？我们能满足这些需要吗？"因此，在组织国际营销活动时，它们遵循这样的思路：先调查研究目标国家（地区）市场上的顾客需要，根据这些需要生产出高质量的产品，并提供优质服务，使顾客的需要得到充分满足。

企业持有哪种国际市场观念，主要受两个因素的制约，即境内市场观念和企业的国际化程度。一般来讲，当企业在境内市场持有"生产观念"（或"推销观念"）或者处在国际化的初级阶段时，它们在国际市场上往往持有"被动出口观念"（或"国际市场推销观念"）；当企业在境内市场持有"市场营销观念"或者处在国际化的高级阶段时，它们在国际市场上往往用"国际市场营销观念"来指导自己的国际业务。

【小思考 8-1】

国际市场推销观念和国际市场营销观念的区别是什么？

答：思考的角度不同。国际市场推销观念的出发点是如何扩大出口业务，主导思想是在国际市场上销售质优价廉的产品。国际市场营销观念的出发点是如何满足海外目标市场顾客的需要，主导思想是顾客满意度最大化。

8.1.2 进入国际市场的决策程序

企业在开拓国际市场时，必须熟悉其决策程序。此时，企业营销决策人员会面临以下几个决策问题：

1）企业是否真有必要进入或者扩大国际市场

对于企业来讲，尤其对于尚未涉足国际市场的企业来讲，这个决策事关重大，它可能意味着更好的前景、更大的收益，也可能意味着更多的挫折甚至失败。决策的做出主要取决于三个因素：企业的目标、机会与能力（见图8-1）。

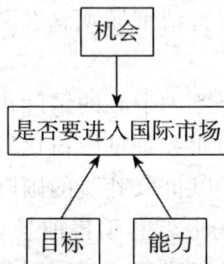

图8-1 企业进入国际市场营销决策的影响因素

（1）目标。这是指企业在未来一段时间内希望实现的目标。许多企业的目标是获得稳定的增长。如果要进入国际市场的话，至少要对企业现有产品和新产品在国际市场的前景方面进行调查。

（2）机会。从逻辑上讲，企业只有在具有现实的或潜在的海外营销机会时，才会面临是否进入国际市场的决策问题。光有目标没有机会，那是一句空话；而没有目标，什么才是企业应该抓住的机会也不一定清楚。一般来说，国际市场的机会必须在大于眼前的或潜在的境内市场机会时，才有进入的必要。当然，国际市场的机会不是现成的，需要企业去寻找或创造。

【小资料8-1】

共建"一带一路"为世界带来重要的机遇

共建"一带一路"始终坚持共商共建共享，搭建起广泛参与的国际合作平台，促进共建国家经济社会发展。大量事实表明，共建"一带一路"增进了参与国民生福祉，为中国与其他国家共同发展不断创造新机遇。截至2022年9月，已有140多个国家加入共建"一带一路"，覆盖世界2/3的人口，推动了中国和其他国家以合作共赢的方式实现共同发展。

2022年7月，欧盟委员会网站报道了由中企承建的克罗地亚佩列沙茨大桥通车的消息。佩列沙茨大桥是中克建交以来两国间规模最大的交通基础设施建设项目，也是中国、克罗地亚、欧盟开展三方市场合作的典范项目。文章表示，大桥连接起克罗地亚南北地区，结束了当地陆路通行绕行波黑的历史，将极大地促进当地贸易和旅游业发展，创造大量就业机会，带来更多发展机遇。

太平洋岛国新闻协会网刊文说，中国提出的共建"一带一路"促进了太平洋岛国的经济社会发展，受到太平洋岛国热烈欢迎。中国为太平洋岛国的道路、医院和应对气候变化等项目提供了大力支持，中资企业在太平洋岛国的投资项目给当地民众提供了就业机会，增加了工资收入。文章强调："共建'一带一路'是互利合作的平台。"

柬埔寨《金边邮报》报道说："多年来，共建'一带一路'为当地带来实实在在的好处，特别是基础设施建设和清洁能源项目在发展中国家及部分欧洲国家取得显著成果。"报道强调，在共建"一带一路"合作框架下，柬中两国务实合作扎实推进，助力柬埔寨经济社会取得长足发展，"共建'一带一路'展现了中国与其他国家共同发展的愿望"。

加纳新闻网站发表评论文章称，通过共建"一带一路"合作，加纳债务危机得到有效缓解，国内基础设施水平有所提升。文章表示，共建"一带一路"是加纳经济社会发展的助推器，推动了加纳同中国在经济、人文等诸多领域的交流合作，促进了双边贸易发展。文章强调，中国向加纳提供的贷款没有任何强制附加条件。

肯尼亚智库"跨地区经济网络"发布的报告显示，中国对非合作获得了非洲各国的高度认可。报告说，非洲国家基础设施得到完善、中企决策迅速高效、中国政府不干涉他国内政等方面受到积极评价，中非合作正帮助非洲大陆推进互联互通和市场融合。

哈萨克斯坦《实业报》总编辑谢里克·科尔茹姆巴耶夫发表署名文章强调："共建'一带一路'提供了一个开放的多边合作平台，涵盖经贸、文化、教育、科技等众多领域，为欧亚大陆的发展创造了巨大机遇。"

资料来源　黄炜鑫，颜欢. 共建"一带一路"，创造共同发展新机遇［N］. 人民日报，2022-09-12（03）.

（3）能力。要实现目标，光有机会还不行，还必须考虑是否具有抓住和利用机会的能力，即拥有进行国际营销的资源。这种资源不仅指产品、技术、资金、管理等，还包括这些要素所具有的相对的竞争优势以及企业在有限的时间内获得必需的资源的能力。企业如果没有相对竞争优势，进入市场后也不可能获得成功。资源总是有限的，再大的企业进行国际营销也需要资源的支持。日美两国的企业搞国际化扩张，很显著的差别就在于此：美国企业强调资源对目标、机会的约束性，而日本企业强调努力去获取目标、机会所需要的而自己尚欠缺的资源。因此，只有当目标、机会与能力都具备时，企业才有可能决定进入或进一步拓展国际市场。

2）企业如何进入国际市场

当一个企业决定向目标国家（地区）市场销售其产品时，它必须同时确定进入这个市场的方式。可选择的方式有许多，如间接出口，直接出口，许可证贸易，出售专利、商标，合营或独资，在海外市场生产等。如何选择最有利的方法取决于市场规模、风险、收益、限制、经验及企业间的关系（见图8-2）。具体的进入方式及影响因素，我们在下一节中进行详细介绍。

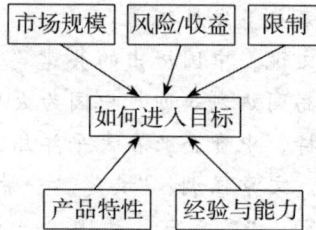

图8-2 影响企业进入国际市场的因素

在实际操作过程中，有各种各样的限制约束着企业对进入方式的选择。事实上，企业进入海外市场的方式一般是随着经验的积累而逐步按照间接出口、直接出口、合营、直接投资这一顺序深入的，企业所担的风险越来越大，收益也越来越高。

3）进入哪些国际市场

这是一个综合考虑的过程，也是建立在前面提到的国际市场细分以及目标市场选择的基础上的。海外市场有许多，从地域上分，有欧洲市场、北美市场、东南亚市场、中东市场等，按国家划分，有美国市场、日本市场等。有些国家的市场很大，如进入美国的一个州开展国际营销就可能获得可观的利润，有些国家的市场很小，对于许多企业来说可能根本不屑一顾。

（1）市场的选择。首先要看的是市场需求或潜在的市场需求。投资能否回收、效益是否理想，最主要的是靠市场需求。其次是对市场环境的分析。政治、经济、法律、文化等诸因素均要考虑。比如，日本的贸易保护色彩较浓，对外国商品的进入限制较严，因此中国的企业如果是初次进入日本市场一定要小心谨慎。有的企业在进入国际市场时，是从风险较小的全球通用产品开始的，等有了经验，产品质量上也过关了，再把产品扩展到其他市场，这种稳步扩大市场的做法已经成为一种模式。

（2）国际市场营销会比境内市场营销有更大的选择余地。企业初次进入国际市场时首选欧美国家，对于绝大多数产品来说，欧美国家的确是最大的市场，但是正因为如此，竞争者也很多。而一些较小的市场，如非洲国家、拉丁美洲国家，由于相对贫穷、市场购买力低，容易被人忽视，少有人问津，但也正因为如此，对于进入者而言，那里又成了大市场。因此，企业营销人员要在充分论证的基础上，找到企业可以进入的最好的市场。

影响企业选择市场的因素如图8-3所示。

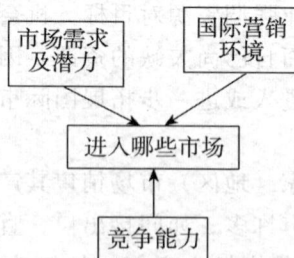

图8-3 影响企业选择市场的因素

4）企业如何进行国际市场营销管理

企业如何在国际市场进行营销管理？向海外市场上的消费者提供什么样的产品？价格如何？怎样促销？销售渠道如何安排？这些问题在国际市场营销中显得尤为重要，因为国际营销与境内营销最大的不同点就在于营销环境差异。这种差异使得企业可能要对出口产品在功能、外形、规格、包装等方面做出修改，价格要重新考虑，促销手段更为灵活多样，销售渠道要与当地习惯一致等。下一章中，我们会对国际市场营销组合的内容进行详细的说明。

影响企业营销管理的因素如图8-4所示。

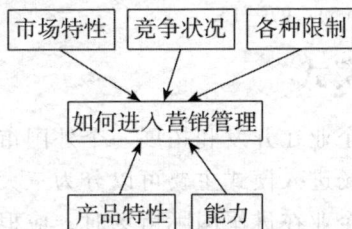

图8-4　影响企业营销管理的因素

【观念应用8-1】

反倾销对中国出口企业产生的影响

改革开放以来，中国的对外贸易经历了前所未有的快速发展，在规模和体量方面，中国已连续多年位列全球第一。然而，在新一轮贸易保护主义浪潮席卷的背景下，中国在海外市场遭遇的反倾销贸易壁垒也越发严重。据WTO统计，1995年至2020年6月间，全球发起的反倾销调查案件有6 139起，中国遭遇的反倾销调查案件数高达1 440起，占总案件数的23%，年均遭遇反倾销调查案件超过55起，并且涉案产品行业分布广、涉及各种所有制企业。2019年11月，我国发布了《关于推进贸易高质量发展的指导意见》，强调优化贸易结构，实现贸易高质量发展的重要性。提高出口企业的市场竞争力、增强出口企业应对国外反倾销调查的能力，无疑是实现出口贸易高质量发展和"双循环"新发展格局的重要方式。

从理论上而言，遭遇反倾销对出口企业的影响是多方面的：一方面，遭遇反倾销提高了出口企业的生产成本，削弱了价格优势，降低了利润，因此对出口产生不利影响；另一方面，遭遇反倾销威胁了出口企业的生存，加剧了其面临的竞争压力，会"倒逼"企业改变策略实现转型升级，从而提高企业自身效率和产品质量，从根本上增强企业的产品竞争力。因此，遭遇反倾销对于我国出口企业的影响是一个实证问题。对这一问题的回答不但有助于评估我国出口企业的经营状况，加深我们对遭遇反倾销通过何种机制影响企业出口的理解，而且对于我国如何在全球价值链背景下实现贸易高质量发展、制造业"创新驱动"和国际竞争力提升具有较强的现实意义。

具体来说，遭遇反倾销在海外市场上加剧了出口企业所面临的竞争压力。通过数据整理，我们发现在考察期内，针对中国企业的反倾销案例中有接近65%的案件最终导致征收反倾销税，还有3%的案件以涉案企业做出"价格保证"而告终，6%的案件判定当售价低于给定水平时征税。总的来看，遭遇反倾销使得中国企业在相应的海外市场上面临更大的成本和价格劣势。在竞争压力加剧的情况下，企业利润空间受到挤压，因此多产品出口企业会通过提高出口价格、减少出口产品数量、集中出口核心产品和出口市场多元化等方式增强自身竞争力。

上述"倒逼"机制，促使多产品出口企业将资源更多地转移到其更具竞争优势的产品上，从而驱动企业生产率提升，这一发现增进了我们对中国出口企业生产率变化原因的理解。

资料来源　许家云，张俊美，刘竹青. 遭遇反倾销与多产品企业的出口行为——来自中国制造业的证据 [J]. 金融研究，2021（5）：97-116.

8.2 进入国际市场的模式

国际市场进入模式是指企业在开发和拓展一个外国市场的营销机会时所采用的合法有效的经营方式。国际市场进入模式主要可以分为三大类：出口进入模式、合同进入模式以及投资进入模式。企业在进军国际市场时，应根据目标市场以及企业本身的状况，选择合适的方式进入。

8.2.1　选择进入国际市场模式的影响因素

企业在选择进入国际市场模式时，受到外部因素和内部因素的双重影响。外部因素主要包括目标国家（地区）的市场、生产、政治、经济、文化、地理等因素；内部因素主要包括企业的产品、资源、投入、技术等方面。其具体体现在：

1）目标国家（地区）的市场因素

市场因素包括市场规模、竞争结构及营销基础设施。如果目标国家（地区）的市场规模较大，或者市场潜力较大，则企业可以考虑采用投资进入模式，尽可能地扩大销售；反之，则可以考虑采用出口进入模式和合同进入模式，以保证企业资源的有效使用。如果目标国家（地区）的市场竞争结构是垄断或寡头垄断型的，企业应考虑采用合同进入模式或投资进入模式，以使企业有足够的能力在当地与实力雄厚的企业竞争；如果目标国家（地区）的市场竞争结构是分散型的，则以出口进入模式为宜。如果目标国家（地区）的营销基础设施较好且易于获取，如可以容易地找到合适的代理商或经销商，则可采用出口进入模式；反之，则应考虑合同进入模式或投资进入模式。

2）目标国家（地区）的环境因素

环境因素包括政治、经济、文化、地理环境等。如果目标国家（地区）的政局稳定、法制健全、投资政策较为宽松、人均国民收入比较高、汇率稳定，则可以考虑采取投资进入模式；反之，则以出口进入模式或合同进入模式为宜。如果目标国家（地区）距离本国或本地区较远，为了省去长途运输的费用，则可以考虑合同进入模式或投资进入模式。如果目标国家（地区）的社会文化和本国或本地区文化差异较大，则最好先采取出口进入模式或合同进入模式，以避免由文化冲突造成的摩擦成本。如果目标国家（地区）的生产要素的价格比较低，基础设施比较完善，则比较适合采取投资进入模式；否则，应采取出口进入模式。

3）目标国家（地区）的生产因素

生产因素是指企业在目标国家（地区）生产所必需的各项生产要素的可获得性及价格。目标国家（地区）的原材料、劳动力、资金、交通、通信、港口等基础设施，企业外购和销售的条件，都直接或间接地影响企业的生产经营成本。如果目标国家（地区）的生产成本低，则适合采用投资进入模式；若生产成本高，则应采取出口进入模式。同时，还要考虑运输的成本，如果企业在本国的生产成本加运费仍低于在目标国家（地区）的生产成本，则可以采用出口进入模式；反之，则考虑合同进入模式和投资进入模式。

4）国家（地区）内因素

国家（地区）内因素主要包括本国或本地区市场的竞争结构、生产要素和环境因素三个方面。如果本国或本地区市场是垄断竞争或寡头垄断竞争，企业可以考虑采用合同进入模式或投资进入模式。如果本国或本地区市场的竞争程度比较高，则企业可以采取出口进入模式。从生产要素来看，如果本国或本地区生产要素比较便宜且容易获得，则企业可以采取出口进入模式。本国或本地区的环境要素是指本国或本地区政府对出口和对外投资的态度。若本国或本地区政府对出口采取鼓励和扶持的政策，或对境外投资采取严格限制的政策，则可采用出口进入模式；反之，可以采用合同进入模式或投资进入模式。

5）企业产品因素

企业产品因素主要包括产品的密集度、价值高低、技术含量、服务性、产品地位以及适用性。劳动密集型和资源密集型产品主要以具有丰富自然资源的国家为生产基地，如果目标国家（地区）具备这些条件，那么可以采取投资进入模式，就地设厂，以节省出口的中间费用。如果企业生产的产品价值高、技术复杂，考虑到目标国家（地区）市场的需求量，以及当地技术基础的配套能力，则以出口进入模式为宜。如果客户对产品的售后服务要求比较高，或者销售那些需要做出大量适应性变化的产品，企业最好采取合同进入模式或投资进入模式。另外，企业的主线产品、核心技术在进入目标国家（地区）市场时，大多采取投资进入模式，且以独资为主。

6）企业资源与投入因素

企业在管理、资金、技术、工艺和销售方面的资源越充裕，企业在进入方式上的选择余地就越大。如果企业的资金较为充足，技术较先进，且积累了丰富的国际市场营销经验，则可以直接采取投资进入模式；反之，则以出口进入模式和合同进入模式为宜，待企业实力增强，积累了一定的国际市场营销经验后，再采取投资进入模式。

8.2.2　进入国际市场模式的类型

1）出口进入模式

出口进入模式包括间接出口和直接出口两种模式。

（1）间接出口模式。间接出口模式是指企业通过本国或本地区的中间商（专业性的外贸企业）来从事产品的出口。企业可以利用中间商现有的销售渠道，不必自己处理出口的单证、保险和运输等业务。同时，企业在保持进退国际市场和改变国际营销渠道的灵活性的情况下，还不用承担各种市场风险。初次出口的小企业比较适合运用间接出口的模式。

（2）直接出口模式。直接出口模式是指企业不使用本国或本地区中间商，而使用目标国家（地区）的中间商来从事产品的出口。直接出口有利于企业摆脱对中间商的依赖，培养自己的国际商务人才，积累国际市场营销的经验，提高产品在国际市场上的知名度。同时，由于其业务量可能比较小，企业自己处理单证、保险业务不能达到规模经济，而且企业进退国际市场和改变营销渠道的灵活性不足，因而也要承担更多的风险。

拓展阅读8-2

【出海案例8-1】

出口模式多样化，中国汽车自主品牌加速"出海"

中国汽车工业协会数据显示，2022年前10个月，中国汽车企业出口245.6万辆，同比增长54.1%，已超越德国，仅次于日本，位居全球第二。

中国自主品牌蔚来在德国柏林藤普杜音乐厅举行NIO Berlin 2022欧洲发布会，宣布开始在德国、荷兰、丹麦、瑞典4国市场提供全体系服务。这是蔚来继2021年进入挪威市场之后，进一步在欧洲市场开展业务，也是我国汽车品牌首次在德国首都举行产品和战略发布。

此次"出海"，蔚来共有3款全新车型——ET7、EL7（国内市场命名为ES7）和ET5，以创新的"订阅模式"在欧洲4国市场开启预订。考虑到客户的需求，蔚来决定从2021年11月21日起新增买断模式，并于2022年初开启交付。

与进入挪威市场相同，蔚来在欧洲4国市场也将建立由产品和服务等共同构成的完整运营体系，打造以车为起点的用户社区。

另一家中国车企比亚迪与一家名为SIXT的德国汽车租赁公司签署了一份合作协议。根据协议，后者将在未来6年内向比亚迪采购至少10万辆新能源汽车。

目前，我国汽车企业正加速"出海"。出口版图已经从传统的非洲、中东市场，逐步向北美、欧洲市场拓展；产品则从过去的低端车升级为高端车，在外观质量、内在技术品质以及品牌市场营销能力等方面都能满足全球多样化市场需求。尤其是新能源汽车，表现更为出色，成为带动出口高质量增长的重要力量。

随着我国汽车品牌加速"出海"，近两年产品出口量增长迅猛。2021年汽车出口突破200万辆，实现翻番，2022年前10个月又实现50%以上的增长。

从长期来看，首先是我国汽车产品竞争力大幅提升。"我们不仅提升了设计能力，而且非常注重客户体验，产品外观设计、质量控制与管理做得非常好，技术创新和集成能力大幅提高，服务体系也在创新。"许海东说。

其次就是海外出口模式日趋多样。当前我国汽车企业已从过去的整车贸易向在当地建厂、跨境品牌合作、自建销售渠道、共用技术定制化开发等多种方式拓展。不少中国企业在海外建立的研发、营销、物流、零部件、制造、金融和二手车等面向全球市场的汽车产业链供应链体系，为我国车企海外发展夯实了基础。

再次，中国汽车企业越来越重视品牌的塑造。产品价格是品牌溢价力的直接体现。从我国汽车出口均价来看，2018 年均价是 1.29 万美元，随后逐步提升至 2021 年的 1.64 万美元，2022 年 8 月份达到 1.89 万美元。其中，纯电动车均价提升更为明显，2022 年 8 月份达到 2.58 万美元。

2022 年 11 月 9 日，德国著名汽车杂志 *AUTO BILD* 发布 2022 年度"金方向盘"奖，蔚来 ET7 摘得年度最佳中大型车桂冠，成为首个斩获"金方向盘"奖的中国品牌车型。此次蔚来旗下车型获此荣誉，从一个侧面折射出欧洲市场和用户对中国汽车品牌的高度认可。

外部环境也为中国品牌发力欧洲市场提供了机遇。为实现减碳目标，近年来欧洲多国政府陆续公布碳排放目标，并加大对新能源汽车的补贴力度。比如，挪威推出多项支持电动化转型的政策，包括对电动车免征 25% 的增值税、免征进口关税、免征养路税；德国则将新能源补贴延长至 2025 年，进一步激活了新能源汽车市场。

长期以来，汽车产业强大被视为工业强国的标志。目前，中国已经是世界第二大汽车出口国，虽然前行的道路上挑战不小，但未来潜力依旧巨大。

资料来源　杨忠阳. 汽车自主品牌加速"出海"［N］. 经济日报，2022-11-18（06）.

2）合同进入模式

合同进入模式主要包括许可证模式、特许经营模式、合同制造模式、管理合同模式、工程承包模式等。

（1）许可证模式。许可证模式是指企业在一定时期内向海外法人单位转让其工业产权（如专利、商标、配方等无形资产）的使用权，以获得提成或其他补偿。许可证模式最明显的好处是能绕过进口壁垒的困扰，而且政治风险很小，但是这种方式不利于对目标国市场的营销规划和方案的控制，还可能将被许可方培养成强劲的竞争对手。许可证模式分为几种不同的形式：

一是独占许可，是指被许可方不仅取得在规定的时间和地域内实施某项专利技术、使用商标和配方的权利，而且有权拒绝包括许可方在内的一切其他人在规定的时间、地域内使用。

二是排他许可，即在规定的区域内，合同双方有使用权，而其他厂商被排斥在外。

三是普通许可，亦称非独占性许可，是指在规定的区域内，合同双方均有使用权，同时许可方有再转让权。

四是区分许可，又称从属许可，即在规定的区域范围内，合同双方均有使用权，同时被许可方有再转让的权利。

五是交叉许可，又称互惠许可、相互许可、互换许可，是指合同双方相互交换各自的专利技术或商标使用权。交叉许可一般不涉及使用费支付，仅限于交换技术范围及期限等。如果两项专利或商标的价值不相等，其中一方也可给另一方一定的补偿。

不同的许可形式，合同双方所具有的权利和所承担的义务是不同的，企业在决策时要特别注意。

（2）特许经营模式。特许经营模式是指企业（特许方）将商业制度及其他产权（如专利、商标、包装、配方、公司名称、技术诀窍和管理服务）等无形资产许可给独立的企业或个人（被特许方）。这种模式与许可证模式相似，所不同的是，特许方要给予被特许方生产和管理方面的帮助。在这种模式下，特许方不需要投入太多的资源就能快速地进入海外市场，而且还对被特许方的经营拥有一定的控制权，但是很难保证被特许方按照特许合同的规定来提供产品和服务，不利于特许方在不同市场上保持一致的品质形象。美国企业采用此模式的最多，如可口可乐、百事可乐、麦当劳等，均将特许模式作为进入国际市场的主要方式。

【观念应用8-2】

中国特许加盟规模持续扩大

中国连锁经营协会会长裴亮曾就中美特许加盟行业的发展状况接受媒体的专访。裴会长表示，从2018—2019年特许连锁百强统计来讲，从领先品牌的发展数据看，中国特许加盟的经营规模已经可以和美国比肩。不过，中国特许加盟产业要实现全面超越，最关键的还是要回归客户价值创造。

1999年11月，第一场全国性的加盟大会在北京国际会议中心举办，揭开了中国特许加盟大发展的序幕。中国加盟市场起步伊始，美国特许品牌就扮演着标志性角色，麦当劳就是其中的典型代表。

20多年过去了，得益于中国经济的大发展和城市化进程，得益于消费升级和购物中心的普及，今天的中国特许加盟产业已今非昔比。从目前领先品牌的发展数据看，其经营规模已经可以和美国比肩。2018年，我国门店规模排名前十的加盟品牌，平均拥有门店7 700家，与美国加盟品牌十强在本土市场的门店数基本持平，后者平均7 900家（不含在美国市场之外的门店数）。其中，美宜佳的门店数最多。截至2023年3月，美宜佳门店数已超31 000家，月均服务顾客超2亿人次，覆盖全国20多个省（自治区、直辖市），一举超越居第二和第三位的中石油、中石化，成为中国便利店市场门店最多的品牌。

除了规模的长足进步，中国加盟市场在其他方面也实现了超越。例如，在洗衣行业，福奈特以绝对优势赢得全球洗衣行业最高奖。再如，中国加盟企业的数字化应用起步早、普及程度高，处于国际领先水平，协会根据行业数字化发展现状提出的第三代特许经营，得到了国际同行的普遍认可。

随着移动互联和网络社区的发展，中国进入数字化特许经营阶段。其特征：一是总部与消费者联系发生变化，从B2B2C到B2C，连锁总部可以直接触达消费者；二是过去连锁经营的重要岗位——督导——变得不那么重要了，总部可以通过数字工具实时督导加盟店的经营状况。此外，服务类业态的培训课程也通过数字化直接传递给消费者。

中国特许经营利用数字化工具有可能在全球领先。面对新变化，特许企业既要传承更要创新，要围绕消费者生活方式的变化去求变，为社会创造新价值。

据国际特许经营协会统计，在全球有75种不同的行业采用特许经营模式，其中最热门的有快餐业、零售业、汽车4S服务、修理业、房屋租赁等。

特许加盟的核心竞争力，一是商业模式的设计与创新，二是连锁网络的扩张与管控。从总体上看，美国加盟产业的核心竞争力更为突出，主要表现在两个方面：一是国际化。以2018年美国加盟十强品牌为例，这10家企业的国际化率平均达到68%，在海外市场的总门店数接近17万家，每年为美国服务贸易贡献近百亿美元。二是行业覆盖率。美国特许加盟覆盖的行业更广，包括快餐、便利店、住宿、家庭服务……美国加盟企业渗透到生活服务业和商务服务业的各个细分领域，形成一大批具有规模和品牌优势的连锁体系。其中，最突出的是商务服务业，通过加盟连锁，其专业化和规范化水平全面提升，成为美国服务业高质量发展的有力支撑。在加盟十强品牌中，H&R Block公司拥有1万多家税务服务连锁店，Jan-Pro则是商业清洁连锁品牌，门店数超过8 000家。

未来，规模更大的潜在市场范围（total addressable market，TAM）无疑是中国加盟企业相比美国同行的独特优势，而"一带一路"的深耕，为中国品牌走出去预设了更具想象力的发展空间。从20多年的发展历程来看，如何强化特许加盟的核心竞争力、实现可持续发展，依然存在不小的挑战。以餐饮业为例，中国餐饮市场规模4万亿元，但销售规模过百亿元、连锁店数量过千家的屈指可数。很多餐饮品牌前期发展势头良好，但规模瓶颈和区域瓶颈总是难以突破。中国特许加盟产业要实现全面超越，最关键的还是要回归客户价值创造，克服重营销轻管理的倾向，扭转基础体系建设投入不足的惯性，坚守高质量发展的理念。

资料来源　[1] 田爱丽，马宁宁. 以前粉麦当劳　现在饭美宜佳　中国特许加盟规模将追平美国 [EB/OL]. [2024-12-05]. http://www.sohu.com/a/298586792_170950. [2] 佚名. 2022年中国特许经营行业现状及发展前景分析 [EB/OL]. [2024-12-05]. http://life.3news.cn/ylbg/2021/1112/593934.html.

（3）合同制造模式。合同制造模式是指企业向海外企业提供零部件由其组装，或向外国企业提供详细的规格标准由其仿制，由企业自身负责营销的一种方式。采取这种模式不仅可以输出技术或商标等无形资产，还可以输出劳务和管理等生产要素，以及部分资本，但由于合同制造往往涉及零部件及生产设备的进出口，有可能受到贸易壁垒的影响。合同制造模式可分为以下几种形式：①合作双方分别生产不同零件，由一方或双方组装成成品后，在一方或双方的市场上销售；②一方提供技术或生产设备，双方按分工生产某零件或产品，在一方或双方市场上销售；③一方提供关键部件和图纸以及技术指导，由另一方生产次要零件以及组装成成品，在所在国或国际市场上销售。

（4）管理合同模式。这种模式是指管理公司以合同形式承担另一公司的一部分或全部管理任务，以提取管理费、一部分利润或以某一特定的价格购买该公司的股票作为报酬。利用这种模式，企业可以利用管理技巧，不发生现金流出而获取收入，还可以通过管理活动与目标市场国家（地区）的企业和政府接触，为以后的营销活动提供机会。但是，这种模式具有阶段性，即一旦合同约定事项全部完成，企业就必须离开东道国，除非又有新的管理合同签订。

（5）工程承包模式。工程承包模式指的是企业通过与海外企业签订合同并完成某一工程项目，然后将该项目交付给对方的方式进入外国市场。它是劳动力、技术、管理甚至资金等生产要素的全面进入和配套进入，这样有利于发挥工程承包者的整体优势。工程承包进入模式最具吸引力之处在于，它所签订的合同往往是大型的长期项目，利润颇丰，但也正是由于其长期性，这类项目的不确定性因素也可能增加。

3）投资进入模式

投资进入模式属于进入国际市场的高级阶段，我国的"走出去"战略所指的主要就是投资进入模式。投资进入模式包括合资进入和独资进入两种模式。

（1）合资进入模式。合资指的是与目标国家（地区）的企业联合投资，共同经营、共同分享股权及管理权，共担风险。合资企业可以利用合作伙伴的成熟营销网络，而且由于当地企业的参与，企业容易被东道国所接受。同时也应看到，由于股权和管理权的分散，合资双方在经营的协调上有时会遇到困难，而且企业的技术秘密和商业秘密有可能流失到对方手里，将其培养成将来的竞争对手。

（2）独资进入模式。独资指的是企业直接到目标国家（地区）投资建厂或并购目标国家（地区）的企业。独资经营的方式可以是单纯的装配活动，也可以是复杂的制造活动。企业可以完全控制整个管理和销售过程，独立支配所得利润，技术秘密和商业秘密也不易丢失。但是，独资要求的资金投入很大，而且市场规模的扩大容易受到限制，还可能面临比较大的政治和经济风险，如货币贬值、外汇管制、政府没收等。

【观念应用8-3】

药明康德拟300万美金认购海外投资基金份额，全球化战略将如何布局

2019年1月23日，无锡药明康德新药开发股份有限公司（简称药明康德）全资子公司 WuXi PharmaTech Healthcare Fund I L.P.（简称 WuXi Fund I）与投资基金 Longwood Fund V，L.P. 签署认购协议，约定由 WuXi Fund I 认缴300万美元的投资基金份额，认缴份额占全部投资基金份额的7.7%。

Longwood Fund V，L.P. 成立于2019年1月9日，投资基金预计募集总额为8 000万美元（由 WuXi Fund I 本次认缴的300万美金为投资基金的第一期募集资金）。投资基金将专注于投资北美洲和英国医药健康及相关领域的未上市创新企业。

公告表示，此次投资有助于药明康德在获取风险投资收益的同时，通过美国本土的医疗健康风险投资机构，深度挖掘北美洲和英国的优质生物科技与医疗健康投资项目资源，获取更多的产业整合和并购机会，进一步深化和拓展药明康德一体化医药研发平台能力。

2015年起，药明康德为满足业务战略发展要求，在境外提供医疗器械检测服务、境外精准医疗等多项研发、检测和生产服务，并拟于未来通过海外控股子公司进一步扩展现有业务，发展新业务。现如今，药明康德拥有包括美国费城、圣保罗、亚特兰大、圣地亚哥和德国慕尼黑等在内的全球26个研发基地/分支机构。通过技术领域、商业模式和跨行业协作，药明康德逐步构建起自身的研发、生产和商业化服务全产业链模式。

资料来源　徐涛．药明康德拟300万美金认购海外投资基金份额，全球化战略将如何布局？[EB/OL]．[2024-12-05]．https://www.iyiou.com/news/2019012591032.

此外，投资进入模式还涉及国际战略联盟。国际战略联盟就是指两个或两个以上企业为了相互需要、分担风险并实现共同目的而建立的一种合作关系。国际战略联盟是弥补劣势、提升彼此竞争优势的重要方法，可以迅速开拓新市场，获得新技术，提高生产率，降低营销成本，寻求额外的资金来源。此内容在前面章节已提及，这里不再赘述。

8.2.3　进入国际市场模式的转移

企业进入国际市场的模式同企业所处的国际化阶段有着密切关系。图8-5列出了企业处在不同国际化阶段的不同特点。

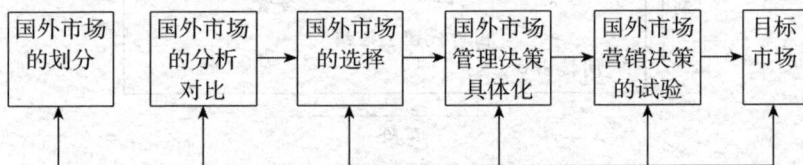

图8-5　企业的国际化阶段

当企业国际化处在第一阶段时，其国际营销活动限于间接的或被动的进出口业务，企业常需利用采购和销售代理商、货运代理行、报关经纪人及国际贸易公司进行国际商务活动。这一时期，企业不过是把进出口活动作为现有部门的附属内容，由相关的工作人员兼顾而已。一旦企业把进出口业务掌握在自己手中，企业的国际化便升级到了第二阶段，这时的主要业务是开展某种货物或劳务的进出口。企业有可能仍利用前述专业贸易公司开展业务，但更倾向于直接寻求客户或供货人，以扩大业务，而且所有贸易都以国内为基地进行。企业此时在海外虽没有常驻代表，但可以派人定期出访，了解目标市场情况。在这一阶段，企业一般都设立了专门的出口或进口部门，但实质上仍是国内型企业。当企业迈入第三阶段时，它就会在海外设立长期性管理机构，同时在海外生产商品或提供劳务。例如，在海外投资办厂，为海外企业或政府提供技术或管理帮助，或向海外基地推销金融服务等。在这一阶段，企业虽然仍是国内型的，但它已直接在海外生产、销售产品或提供劳务，并长期雇用当地的员工。企业内部也专门设有一个直属总经理的高级国际业务部门，由此而产生的收益对于企业来说已具有相当重要的意义。当企业的经营重心从境内转向海外时，它便上升为第四阶段。这时，企业的境内业务不再优先于国际业务，企业的国内部门不再居统治地位，企业已成为对境内市场仍具有浓厚兴趣的多国公司，其海外业务可能包括任何形式的国际商务营销活动。

企业进入国际市场的途径，依据其国际化程度的高低，呈现一个从低级到高级、从简单到复杂的过程（见图8-6）。

间接出口

直接出口

海外设营销点

技术贸易

海外装配

海外合资经营

海外独资经营

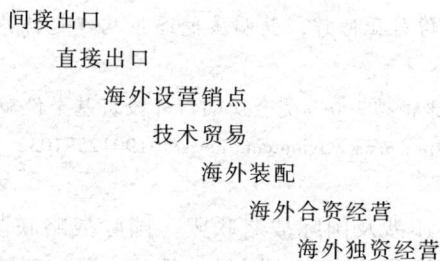

图8-6　国际市场进入途径

【小思考8-2】

请说明制造商模式决策的演变过程。

答：制造商模式决策的演变过程如图8-7所示。

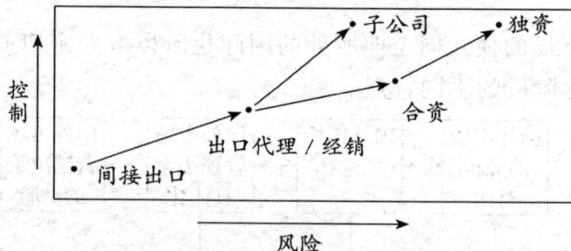

图8-7　制造商模式决策的演变过程

8.3　中国企业进入国际市场的相关决策

从前面的分析可以看出，企业进入国际市场一般遵循出口进入模式—合同进入模式—投资进入模式的过程，这也是一个企业开拓国际市场由低级到高级的演化过程。对中国企业而言，这样的规律同样适用。

当中国企业准备进入国际市场时，无论采取哪种进入模式，都应该在决策层面解决好几个重要问题：一是企业是否进入国际市场；二是企业在深化国际化运作时，如何正确认识自身的优势和不足，尤其是在以对外投资和跨国经营为特征的"走出去"战略中，如何做好内部和外部的环境分析；三是企业在"走出去"时要做好哪些方面的必要准备工作。下面我们就围绕这些问题引入一些有益的研究成果进行讨论。

8.3.1　中国企业是否有必要进入国际市场

中国地大物博、人口众多、市场广阔，企业是否有必要开拓国际市场呢？当然有必要。党的二十大报告提出："必须完整、准确、全面贯彻新发展理念，坚持社会主义市场经济改革方向，坚持高水平对外开放，加快构建以国内大循环为主体、国内国际双循环相互促进的新发展格局。"我国企业在认真开拓国内市场的同时，必须大力做好海外市场开拓，努力推动对外经济贸易关系发展。其目的是：

（1）适应对外开放、对内搞活的需要。我国是一个发展中国家，生产力比较落后，为了改变这种状况，以适应现代化建设的需要，国家要实行对外开放，引进外资和先进技术、设备。所以，积极开拓国际市场，努力打通海外市场营销渠道，以换取更多的外汇，是加快我国现代化建设的必要条件。

（2）要充分发挥我国生产设备能力和人力资源的优势，就必须积极做好海外市场营销工作。目前，我国实行改革、开放、搞活的政策，许多企业提高了生产能力，增强了活力，我们可以利用多余的生产能力生产国际市场所需要的产品。另外，我们可以充分利用城乡剩余的劳动力生产劳动密集型产品，打进国际市场，既解决一部分人的就业问题，又可以多创外汇。

（3）积极开拓海外市场，努力扩大出口贸易，也是促进企业不断提高产品质量、增加产品品种、改善经营管理、提高竞争能力的动力。海外市场上竞争对手如林，企业若想在市场竞争中占有一隅，就必须努力提高产品质量，设计出新颖的产品；必须努力提高生产率，降低成本；必须努力改善经营管理，增强活力。

（4）在经济全球化背景下，中国市场也是世界市场的组成部分，中国企业必须抢占国际市场，才能从根本上保住国内市场，在国际竞争中才有生存和发展的机会。

总之，积极开拓国际市场，想方设法打进国际市场，扩大国际市场营销业务，对于中国企业的发展具有极其重要的意义。针对具体企业而言，进入国际市场的决策主要取决于3个因素：企业的目标、机会与能力。具体内容前面已经说明，此处不再赘述。

【小思考8-3】

从整体和具体企业的角度来看，中国企业是否应进入国际市场？

答：从整体角度来看，国际化不可避免，是大势所趋。从具体企业角度来看，要考虑企业发展的目标、进入国际市场的机会以及企业自身的能力等方面。

8.3.2　中国企业"走出去"的优势与不足[①]

"走出去"战略又称为国际化经营战略、海外经营战略、跨国经营战略或全球经营战略。从狭义上讲，"走出去"战略是国际化经营战略，实施主体是各类企业。从广义上讲，"走出去"战略不仅是企业战略，更是国家战略，中国通过进一步扩大对外开放，利用国内外两个市场和两种资源，更大程度地参与国际分工和国际市场竞争。"根据主流的经济学理论，自由贸易可以提高社会福利水平，避免保护贸易带来的效率损失。""走出去"战略是中国政府于2000年明确提出的开放战略，是将中国对外经济发展战略从以"引进来"为主调整到"引进来"和"走出去"相结合的一种发展战略。在2001年，"走出去"战略首次进入国家计划，被写入《国民经济和社会发展第十个五年计划纲要》。这个战略不仅有利于中国的发展，而且有利于世界的繁荣。在全球经济一体化的大背景下，随着我国改革开放步伐的加快，中国经济与世界经济更加融合，促使越来越多的企业"走出去"谋发展。

---

① 陆月娟. 论全球化背景下中国企业"走出去"战略的优势与不足［J］. 经济研究导刊，2014（20）：117-118.

1）为何要"走出去"

中国企业需要"走出去"主要有两个层面上的考虑：一是宏观层面的考量，即站在全球化时代背景下思考中国企业的发展方向；二是微观层面的考量，即从中国自身实际角度来考虑为何要"走出去"。

（1）"走出去"是全球化时代背景的需要。在1848年的《共产党宣言》中，马克思指出："资产阶级由于开拓了世界市场，使一切国家的生产和消费都成为世界性的了……"在这里，马克思对世界市场已经有了比较系统的阐述，并指出，这一世界市场不仅表现在经济领域，而且表现在文化的、伦理道德的和政治的领域，其发展的结果是相互依赖性加强，民族的局限性和区域的封闭性最终被打破，世界从而走向一体化。任何国家都不可能在自给自足、闭关自守的情况下高速发展其经济，都必须参与到世界市场中去。当前中国经济已经融入全球化过程之中，如何更好地在全球化过程中发展，如何取得更多的话语权，这些均为"走出去"战略制定的宏观要素。

（2）"走出去"是中国经济发展的自身要求。我国经济发展中的突出问题是结构不合理、经营方式粗放、资源消耗高、环境污染严重、经济效益不高。长期以来，我国内部资源短缺的现象越来越明显，这与快速发展的国民经济之间存在矛盾，国内的资源无法满足中国经济的快速发展，产生了一系列的问题。因此，第一，实施"走出去"战略可以主动地从全球获取资金、市场、战略资源以及技术，从而增强中国企业的核心竞争力。中国企业可以在发达国家并购高新技术企业，或者与当地拥有先进技术的高新技术企业合资设立高新技术开发企业，雇用当地工程师、科研人员、管理人员和熟练工人，提升自身的管理水平，合理地配置全球资源，促进企业发展。第二，实施"走出去"战略可以规避贸易摩擦和贸易壁垒。中国出口的劳动密集型产品物美价廉，曾经在一些国家遭遇贸易壁垒，"走出去"可以避免此类问题的发生。

2）如何能"走出去"

在经济全球化时代，各国经济的相互依存性加强，为了更好地配置全球资源，我们需要中国企业"走出去"。目前，中国企业已经具备可以在海外市场上发展的5个方面的条件：

（1）中国有大量的资本储备，这是中国政府和中国企业能够实施"走出去"战略的关键。截至2024年12月末，我国居民存款总额达到151.25万亿元，国家外汇储备超过3万亿美元，货物贸易顺差6 609亿元。这为中国企业对海外进行直接投资准备了"弹药"。

（2）人民币升值的效应相叠加。自2005年人民币汇率改革以来，至2022年8月，人民币对美元、欧元、日元中间价分别累计升值约20%、45%、47%，同期国际清算银行（BIS）公布的人民币名义有效汇率和实际有效汇率指数分别升值49%和52%。2022年以来，人民币汇率在合理均衡水平上保持基本稳定。人民币对美元汇率有所贬值，但贬值幅度明显小于同期美元指数升值幅度；人民币对欧元、英镑、日元明显升值，是目前世界上少数强势货币之一。[①]人民币升值也是一把双刃剑，既可以为海

拓展阅读
8-3

---

① 中国人民银行货币政策司.深入推进汇率市场化改革［EB/OL］.［2025-01-15］. http://camlmac.pbc. gov.cn/redianzhuanti/118742/4657542/4678415/index.html.

外投资降低成本，也会给国内企业出口带来困难。所以，人民币升值有利于商品进口，当货币升值时，进口商可从汇率升值中得到额外利润，而额外利润提供了调低进口商品在国内市场上价格的可能空间，使进口商品在国内有更好的销量。这样，会对国内的外贸企业形成挑战，促使国内企业升级。同时，升值也是中国企业"走出去"的动力之一。

（3）海外华人的巨大网络。从明清时期开始，中国人就在世界各地发展。当前，在世界上每个角落几乎都可以看到华人的身影，留学生、商务人员、劳动者、旅游者等不一而足。国际移民组织（IOM）的数据显示，海外华人总数约有 6 000 万。这些华人编织的庞大网络是一笔巨大的无形资产，充分利用这一资产对成功实施"走出去"战略具有重大意义。

（4）中国企业有着强烈的愿望学习西方发达国家的先进经验，具有开放性思维。中国国际贸易促进委员会发布的 2024 年版《中国企业对外投资现状及意向调查报告》显示，2024 年，中国企业对外投资合作平稳发展，超八成受访企业扩大和维持对外投资意向，超九成受访企业对中国对外投资前景持较为乐观态度。从地域看，企业对外投资优先选择共建"一带一路"国家。从行业看，五成企业对外投资优先选择制造业，近三成企业优先选择批发和零售业。从目的看，近七成企业对外投资目的为开拓海外市场，近四成企业为提升品牌国际知名度，超三成企业为降低生产经营成本。从成效看，超六成企业对外投资收益率增加或保持稳定。从货币选择看，超六成企业考虑使用人民币开展对外投资，超八成企业使用人民币开展对外投资的意愿增强。从出海意向看，近五成企业有"抱团出海"意向，近七成企业"抱团出海"对象是产业链上的上下游企业。从社会责任看，87.5% 的企业在东道国履行了社会责任，82.2% 的企业表示其在东道国履行社会责任的效果基本满足预期。从出口促进看，近七成企业在开展对外投资后增加了对东道国的出口贸易额，其中超三成企业扩大了对东道国关键设备、原材料的出口。①

（5）中国企业在"走出去"的过程中也积累了很多经验和教训。我国"走出去"战略一直呈加速度发展态势。改革开放 40 多年来，通过深化对外经贸体制改革，不断优化经营主体结构，扶优、扶大、扶强，中国从事跨国经营的各类企业已发展到几万家。中石油、中石化、华为、海尔等一批骨干企业积极开展跨国经营，取得较好成效。万向、远大空调、新希望等民营企业以开展境外加工贸易为切入点，积极拓展国际市场。中建、港湾、机械装备、上海建工等大型专业工程公司在对外承包工程和劳务合作中的优势和骨干作用日益显著，经营水平不断提高。然而，经过对"走出去"的中国企业的粗略考察，也有大量失败的案例。这些企业的成功经验和失败教训能够为后面实施"走出去"战略的企业提供借鉴和帮助。

3）"走出去"有何困难

党的二十大报告指出："当前，世界百年未有之大变局加速演进，新一轮科技革命和产业变革深入发展，国际力量对比深刻调整，我国发展面临新的战略机遇。同

---

① 郑亮.《中国企业对外投资现状及意向调查报告》发布　超九成受访企业对中国对外投资前景持乐观态度［EB/OL］.［2025-01-15］. http://photo.china.com.cn/2024-12/27/content_117633239.shtml.

时，世纪疫情影响深远，逆全球化思潮抬头，单边主义、保护主义明显上升，世界经济复苏乏力，局部冲突和动荡频发，全球性问题加剧，世界进入新的动荡变革期。"在这种复杂的世界环境下，中国企业如何才能很好地"走出去"呢？

事实上，回顾以往的惨痛教训对于今天的企业"走出去"具有重要意义。

（1）盲目地奉行"走出去"战略。很多企业缺少对外投资的长期发展战略，目标不明确，存在盲目性，有的是为了"走出去"而"走出去"，有的认为在本国或本地区发展良好，在海外应该同样如此，缺乏科学论证，致使投资失败。一些企业不善于利用国际投资方面的相关信息服务，前期准备工作不充分，对境外经营过程中可能遇到的困难也考虑不周全，结果往往造成投资的失败。最为典型的就是上汽集团并购韩国双龙。2004年10月28日，上汽集团以5亿美元的价格高调收购了韩国双龙48.92%的股权。此次收购，上汽集团的本意是借此迅速提升技术，利用双龙的品牌和研发实力，但并购之后，由于没有市场以及对双龙公司的工会力量认识不够，导致投资失败。这一案例从一个侧面反映出中国企业在"走出去"的过程中存在的典型性问题：准备功课不足，盲目上阵，导致对潜在的管理、文化等方面存在的问题识别不清，收购之后又不能及时解决出现的问题，最终导致失败。

（2）对海外投资缺乏有效监督，导致国有资产流失等问题。近年来，国家相关部门逐步完善监管制度，将境外投资纳入国资监管体系，但部分国有企业仍存在境外投资风险管控不到位、境外资产质量不高，境外企业重大经济事项未按规定履行程序、企业偏离主业经营，境外企业人员任免、出境工作事项管理不到位等问题。另外，由于经营环境等客观因素影响，部分境外企业还存在经营亏损、资金滞留等风险隐患。因此，需要进一步强化境外国有资产监管，不断改进和完善境外国有资产监督检查工作机制，提升境外监管的覆盖面和检查的深度和广度，确保境外国有资产运营安全和保值增值。

（3）相关制度设计还需改革和完善。这首先体现在审核制度上。按照《境外投资项目核准暂行管理办法》的规定，不同类型和金额的对外投资项目要经过国家发改委或国务院、商务部及地方相关主管部门的核准，企业很难在短期内备齐需要报送的相关材料，若想获得中央对外贸易发展基金、进出口银行、出口信用保险等方面的融资，则要更费周折。这些在审批过程中所花费的时间可能会让一家出口企业错过一次商业机会，一次可能发生质变的转机。一些企业为避免麻烦，索性避开政府审批，或私自在海外投资，或利用海外投资申报数字与实际投资数的差额转移资产，或将海外投资收入截留用于再投资。

（4）缺乏战略规划。"走出去"即海外投资设厂，是企业发展到一定阶段的必然结果，是企业直接参与国际市场竞争的一种有效途径，是更高层次的国际化经营方式，但很多企业尚未意识到这一点，没有将海外投资置于企业发展的战略高度考虑，缺乏对海外投资的战略规划。事实上，在"走出去"之前，企业应该考虑好各种各样的情形，并且做好预案，包括失败情形。另外，制定规划，需要分阶段和分层次。分阶段是指应该有短期计划、中期计划和长期计划，而分层次是指战略计划、战术计划、具体的工作流程等。许多企业都没有对这些内容进行认真思考和计划。

（5）许多"走出去"的企业研究市场不够。事实上，研究应该从几个方面入手：一是当地的政治和经济环境。政治环境方面，如政治是否稳定、治安是否良好等；经济环境方面，如生产所需的原材料是否容易采购、其他的配套设施是否完善，以及竞争对手的情况等。这些都需要在"走出去"之前做到心中有数。二是当地的企业。在兼并企业时，不仅要看到这些企业的优势，还要看到其劣势。此外，还有一个重要因素，就是企业工会的作用，这一点与中国有着重大差别。三是产品市场在哪里、消费人群是谁等问题都应该在思考之列。企业必须有针对性地做好调查研究，了解相关国家的投资环境和法律制度，找到适合自己发展的道路，将"走出去"的风险降到最低。

总之，随着全球化的发展以及中国经济完成起飞阶段，跨国公司的活动成为经济全球化的核心。中国企业"走出去"已经成为必然趋势，但中国企业有哪些优势和条件可以走出去，中国企业在"走出去"的过程中还面临哪些问题，这些都值得我们深思，虽然我们已经有了一定的答案，但还需要进一步思考和探索。

2024年11月21日，商务部发布《关于印发促进外贸稳定增长若干政策措施的通知》，提出扩大出口信用保险覆盖面、优化跨境贸易结算等九项措施，以促进外贸稳定增长，巩固和增强经济回升向好态势。有关专家认为，保险保障和融资支持是外贸企业防风险、补损失、促融资、拓市场的重要工具，上述措施针对当前外贸发展中面临的挑战、难题精准施策，通过多项针对性措施提振外贸发展信心，将促进我国外贸高质量发展，推动全年外贸实现量稳质升。[①]

【出海案例8-2】
中国支持企业"走出去"十年成绩斐然

"走出去"是中国加快转变经济发展方式、调整优化国内产业结构、推动中国由经济大国转变为经济强国的必由之路，是中国参与经济全球化的重要条件，是中国提升对外开放水平、培育具有国际竞争力的大型跨国公司、开拓国际市场空间、优化中国产业结构、获取经济资源和技术资源、突破贸易壁垒的重要方式，是中国企业国际化、提升国际竞争力的必然选择。

党的十八大以来，国家政策为推动企业"走出去"、加快国际化步伐起到了政策引领和保驾护航的作用。回首过去10年，中国政府持续加大推动企业"走出去"政策支持力度，不断加强对外投资政策引领，支持企业创新对外投资模式，不断丰富外汇交易品种，推动自由贸易区战略不断迈向高标准，加快构建开放型经济新体制，推动企业积极参与"一带一路"建设，鼓励跨境电商发展，推动数据跨境有序流动，极大地推动了中国贸易投资自由化便利化发展。

在中国支持企业"走出去"战略的推动下，中国企业对外投资增长迅速，取得显著成绩。根据联合国贸发会议（UNCTAD）发布的《2022年世界投资报告》，2021年中国对外直接投资流量排世界第二，达到1 452亿美元，相比10年前的2012年增长

---

① 韩宋辉，陈芳.商务部出台九项政策措施促进外贸稳定增长［N］.上海证券报，2024-11-22（3）.

65.4%，占全球比重也由 10 年前的 6.8% 上升至 2021 年的 8.5%。2021 年，中国对共建"一带一路"国家非金融类直接投资 203 亿美元，同比增长 14%，相比 2015 年增长了 37%。2021 年，中国对外全行业直接投资 1 451.9 亿美元，同比增长 9.2%，中国对境外企业非金融类投资涉及 166 个国家（地区）的 6 349 家境外企业。

党的十九大报告明确提出推进贸易强国建设。商务部提出建设经贸强国"三步走"战略，明确 2020 年前进一步巩固经贸大国地位，2035 年前基本建成经贸强国，2050 年前全面建成经贸强国，并提出实施消费升级、对外贸易、利用外资、对外投资、援外、精准脱贫、多双边合作、"一带一路"合作等八大行动计划和具体举措。2017 年以来，中美贸易战叠加全球疫情冲击，全球产业链供应链受阻，中国企业"走出去"面临新挑战。同时，全球经济重心东移，全球数字经济和应对气候变化等发展趋势，给中国企业"走出去"开展国际合作带来新产业、新业态、新模式、新机遇。比如，中国互联网巨头以跨境电商模式和风险投资/私募股权（VC/PE）模式投资加快"走出去"步伐，涌现出阿里巴巴、京东、腾讯、百度、字节跳动等互联网行业巨头。

资料来源　逯新红. 中国支持企业"走出去"十年之路［J］. 中国对外贸易，2022（10）：14-17.

8.3.3　中国企业"走出去"的四项必要准备[①]

拓展阅读
8-4

随着中国经济的起飞与繁荣、中国制造的强劲增长与遍布全球，越来越多的中国企业充满热情和主动自信地"走出去"，开展跨国投资经营，积极走向国际市场，不仅提升了中国的整体实力与形象，而且促进了东道国的经济发展和社会就业，赢得了国际社会的普遍赞誉。

对广大中国企业而言，"走出去"跨国投资经营总的方略是：既不能等，也不能急。不能等是指时机成熟、内功练就时，该出手时就出手；不能急是指内外条件均不具备时，切忌盲目跟风、一哄而上。只有审慎把握大势，理性开展投资，才能更好地走向世界、立足世界。具体来讲，企业"走出去"成功与否也取决于能否努力做好做足下面的"四门功课"：

1）认清自己

要严格遵循企业自身的内在发展规律。企业成长具有阶段性，在不同发展阶段具有不同的经营特点与战略重点，这是必须遵循的客观规律。因而，当企业发展到具备内在条件并有自己明确的目标时，才是适合跨国投资的时机，而不是揠苗助长和漫无目标时"走出去"。特别是要在思想观念上树立起辩证态度，一方面要认识到，企业规模做大了并不一定意味着就是"走出去"的成熟时机；另一方面要认识到，企业规模小也并不一定意味着就不能"走出去"。企业规模既非充分条件也非必要条件，事实上，企业的市场竞争力才是打开海外市场的硬道理。在这一点上，规模大的企业可以具备，那些门类专、技术新、产品特、特色精、服务优的规模不大的企业也可以拥有。就这一点而言，从某种终极的角度来说，一个企业的品牌一旦"先声夺人"地

---

①　于新东. 中国企业"走出去"须练好"四门功课"［J］. 对外经贸，2013（6）：7-9.

"走出去"并具有了全球知名度，这个企业也就当之无愧地成为了全球化经营企业。由此也足见，品牌远远胜于规模。当然，我们很多企业"走出去"仍然采用贴牌生产，这是中国企业的必经阶段，这一点不可否认，因为历史和现实的原因摆在那。如果满足于或者屈服于这一现状，就是一种怯懦和短视的表现，中国企业必须鼓足打造全球品牌的勇气与智慧。同时，诸多中国企业必须纠正在品牌认识上的误区：有的认为已经有国际大品牌了，自己的品牌就不可能打响；有的认为要打倒某一现存国际品牌，自己的品牌才能诞生；还有的认为品牌是大企业的事，自己还不到时候。事实上，品牌往往是共存共生并一较高低的，品牌建设也是从创业初期就必须重视的。比如，海尔在打造品牌方面的执着精神与国际化进程就十分值得学习与借鉴。同时，进军海外市场的中国企业数量不断增加，如果不能把握好不同市场消费者的不同需求，则难以打响自己的品牌。自主品牌的建设倘若无法取得积极进展，一个企业就很难说已经在当地市场扎下根了。因此，努力适应当地消费者的消费理念、需求与偏好，在此基础上有针对性地打造国际品牌，就变得尤为重要。

结合中国企业的现实情况来说，首先要求企业"走出去"一定要有扎根本业、基业的信念与定力，只有在牢牢立足本业的基础上才能谈稳稳地"走出去"。事实上，任何一个企业选择某一产业或行业的某个具体领域作为自己的本业，就是基于自己各方面基础、条件和优势而做出的慎重抉择，并逐步形成支撑企业过去、现在和未来竞争优势的核心能力。如果企业受不了国际市场一时的快利、暴利的诱惑，而放弃自己已经具有一定核心竞争力的本业、基业，那将无异于自毁"长城"。针对实施多元化战略的美国企业的统计调查显示，许多从事非相关业务经营的企业不仅没有取得良好的绩效，反而经营失败，只有极少数获得了成功。正是由于这些多元化经营企业最终败多胜少，"脚踏多只船的企业绩效最差"，才有了20世纪80年代的归核化战略，即后来更常说的核心竞争力战略的兴起。因此，以宠辱不惊的定力扎根本业、持续深耕，是企业逐步"走出去"并获得成功的首要条件。

2）苦练内功

要扎实磨炼企业跨国经营管理所需的基本内功。中国企业应该认识到，跨国经营的"水"是很深很复杂的，欧美跨国公司都是已经有上百年历史的"老手""高手"，在这方面积累了极为丰富的经验教训。贸然下"水"，是十分危险的，中国企业必须首先练好"水性"。从一般规律和国际经验来看，企业具有生命周期是一般规律，比如在美国，平均有62%的公司存活不到5年，寿命超过20年的公司只占公司总数的10%，只有2%的公司能存活50年以上。然而，企业一定会走向倒闭却不是必然规律。诚然，曾经的一些世界500强企业现在已经不复存在，但也有一些百年企业不仅屹立不倒，而且焕发青春。其成功之道就是永不停滞、持续创业，把经营管理企业当作永无止境的一项事业。经营企业既不可能一劳永逸，也不可能毕其功于一役。这就是做企业包括企业"走出去"要有打持久战的恒心和毅力的原因及动力所在。具体来说，如同经济学的一条基本规律，即只有创新才能不断抵抗李嘉图的"收益递减律"，从而尽量维持"持续增长"一样，企业唯有坚持创新才能不断焕发生机活力，才能持续不断地"走出去"并走向成功。这些创新可以是全方位、立体式的：既可以是经济管理模式的创新，也可以是产品科技含量的提升；既可以是商业营销手段的创新，也可以是国际国内市场的拓展；既可以是节能减排方式的创新，也可以是品牌知名度、美誉度的打造。

因而，对于有志于跨国经营的企业而言，除了努力做好基本工作外，还特别要注重创新，练好基本功，主要包括：一是练好内部管理功，即不断完善企业治理结构，加快建立现代企业制度；二是练好企业转型功，即努力转变增长模式，积极创新投入产出模式、研究开发模式、商业盈利模式和能耗排放模式等；三是练好能力升级功，即不断提升能力素质，包括自主创新能力、国内外市场开拓和竞争能力等；四是练好风险防范功，即重视稳健发展，增强主业意识，更为理性地把握实体经济与虚拟经济、一业为主与多种经营的关系，特别是要更为谨慎地开展对外投资和规模扩张，确保资金链安全。

3）行前准备

要充分做好企业"走出去"所需的各项前期准备工作。国际投资经营面对的是一个完全陌生的环境，企业要避免"水土不服"，就必须事先对国际商务的各种通行惯例和规则了然于胸，对目标国家（地区）的政局状况、法律规章、风俗人情等充分熟悉，特别是要了解、熟悉、掌握相关法律法规，在日常经营管理方面严格遵守当地法律法规。法律不仅是约束，也是保护企业相关权益的重要前提。因此，企业必须养成在当地有关法律框架内运营的良好习惯，具备在当地法律框架下投资经商的能力。同时，为提高属地化水平，企业有必要尽可能多地深入了解当地的社会风气、人际关系、环保意识等，尤其是在当下越来越强调企业社会责任的大环境下，对这方面的内容了解越透彻，越有利于在当地长期扎根发展。

特别需要强调的是，企业跨国经营是充满风险和不确定性的，因此风险防范意识必不可少。这就要求企业在"走出去"之初，就必须对风险管理有一个积极、完备的预案。一般情形下，一个完整的风险管控预案包括4个主要方面，即预防、准备、响应和恢复。具体来说，一是把风险管理日常化、制度化，特别是在预防环节做好做足准备；二是主动加强中资或中方企业间的紧密联系和相互声援，建立健全有关统筹协调的机制，以利于形成合力；三是积极发挥有关政府职能部门的作用，在信息提供、经验学习、事前预警以及教训总结等方面加强研究并实现共享。

4）与时俱进

要不断创新更为有利的企业"走出去"方式。一般来讲，海外投资主要有两种方式：绿地投资和并购。绿地投资就是投资建厂、创办公司；并购是把当地的目标企业兼并收购过来。这两种海外投资手段是中国企业进军海外市场可以采取的主要方式。同时，从广义上说，中国企业走出去还亟待在产业层次、科技含量、供应链管理、品牌打造等方面提升创新能力。也就是说，中国企业必须适应当前在国际价值链中位置的上升势头，顺势而为地提高"走出去"方方面面的能力与层次，并最终形成综合性的良性互动，既可以和外企合作"走出去"，也可以在"走出去"后积极承担属地社会责任，主动扶持当地的配套厂商或者其他企业，即中国反复倡导的合作共赢方式，这在企业"走出去"以后也是相当适用的。比如说，上海汽车与通用汽车在多年合作的基础上在印度联合建立合资公司，互惠互利，特别是为上海汽车成功走上跨国经营之路提供了便利。

　　企业"走出去"后应继续坚持合作共赢方式，保持合作的气度与胸怀。诚然，企业间的市场竞争关系是客观事实，但是企业利润最大化绝非只有竞争一条路才能实现，合作共赢越来越成为市场王道。因此，如果一个企业奉行的是"你死我活，你亏损我盈利"的经营哲学，那它绝对是一个鼠目寸光、难成气候的企业。一个志在长远和冲顶的企业，一定会善待当地上下游关联企业，甚至只有自觉自发并积极主动地培育和扶持上下游企业，致力于打造牢固产业链与管理高效供应链，企业才算具有了"国际范""领袖范"。在这一点上，微软值得称道。作为平台厂商，微软的业务模式就是与合作伙伴共同成长，微软100%的业务都是通过合作伙伴来完成的。微软所追求的"合作共赢"的商业模式使得其在世界上每增加1美元收入，即可帮助其全球合作伙伴平均获得超过7美元的收入。因此，对众多已经或者即将"走出去"的中国企业来说，独善其身是远远不够的，必须进一步强化打造强大的国际产业链和供应链的战略意识与战略举措。

8.3.4　中国企业"走出去"的特点和意义[①]

　　近年来，中国企业"走出去"步伐逐渐加快，离不开两方面因素的推动。一方面，中国企业国际化程度越来越高。随着企业自身研发能力和制造水平的不断提升，原来从事外贸生意的企业希望寻找更大的市场，到境外建厂、与海外企业开展合作等成为企业开拓市场的重要形式；另一方面，随着改革开放的深入发展，更多中国人走出国门，国际交往日益频繁，能够在海外发现更多商机。

　　中国企业"走出去"呈现出以下几个特点：其一，从主体上看，从过去以国有企业为主到如今各类企业都在加快"走出去"。其中，许多民营企业表现出敏锐性和灵活性，在非洲、中亚等地区积极寻找商机。其二，从领域上看，从过去以外贸企业为主到如今有更多制造业、服务业及高端科技企业"走出去"。其三，从方向上看，过去中国企业"走出去"的主要对象国是发达国家，近年来，随着共建"一带一路"的不断推进，更多中国企业走向亚洲、非洲、拉美等的发展中国家。

　　新冠肺炎疫情发生后，全球资本流动受到冲击，人员往来和物资流通遇阻，给企业的海外发展带来了一些负面影响。中国企业"走出去"面临挑战，但也迎来新的机遇。中国在世界主要经济体中率先实现经济正增长，中国制造业能力强大，产业链供应链展现韧性和活力，全产业链优势进一步凸显，给中国企业"走出去"奠定了良好的基础。尤其是在医疗器械、生物制药、日用品、电子产品等领域，中国企业"走出去"参与全球竞争优势明显。

　　当前，中国企业"走出去"拥有更多有利条件。一方面，中国经济迈向高质量发展，产业链逐步从中低端向中高端迈进。同时，面对近年来国际上的"逆全球化"及保护主义杂音，中国始终做经济全球化的坚定维护者和积极推动者，不断扩大高水平

[①]　卞永祖. 中企"走出去"为世界经济添活力［N］. 人民日报（海外版），2022-03-28（10）.

对外开放，签署更多双多边自由贸易协定，推动高质量共建"一带一路"。中国开放型经济的繁荣发展，为企业"走出去"提供了更大动力。另一方面，中国作为世界第二大经济体，对国际经济制度和经济秩序的影响力越来越大。人民币加入国际货币基金组织特别提款权（SDR）货币篮子后，占全球外汇储备比重日益上升，国际化程度不断提高。中国在国际金融体系中拥有更多话语权，人民币的投资、计价等功能越来越突出，有利于帮助中国企业规避风险，更好地"走出去"。

中国企业"走出去"意义重大。对企业来说，通过拓展更大市场，参与国际竞争，利用全球资源，能够创造更多利润，降低在单一市场经营发展的风险，促进企业自身做大做强。对中国经济来说，中国企业走全球化发展道路，将推动所在行业的发展进步，进而为中国经济转型升级和高质量发展提供助力，更好地服务"双循环"新发展格局。对世界经济来说，伴随中国企业"走出去"的脚步，中国的产品、技术、商业模式和管理经验走向更多国家（地区），有利于推动经贸等各领域互联互通，稳定全球供应链，给世界经济增添新活力。尤其对发展中国家（地区）来说，中国企业"走出去"，还有利于增加当地就业，带动经济社会可持续发展。

当前，亚太地区在世界经济格局中的地位越来越重要，中国企业"走出去"前景大好。一方面，中国企业积累了不少"走出去"的经验，形成了自己的竞争优势，也有一定的人才储备；同时，中国企业也在不断适应、改革相关规则，面对海外不同市场和文化更加游刃有余。另一方面，随着中国的快速发展及国民素质的提升，中国软实力得到国际社会的认可，海外对中国企业的好感度也在上升。未来，要进一步提升"走出去"的能力，中国企业应高度重视所在国家（地区）的社会文化、法律制度等，同时注意有效防范、规避风险。

本章小结

国际市场上有两种营销观念，包括国际市场推销观念和国际市场营销观念，二者出发点不同。进入国际市场的决策程序包括是否进入国际市场决策、如何进入国际市场决策、进入哪些国际市场决策以及如何进行国际营销管理。影响国际市场进入模式选择的因素有：目标国家（地区）的市场因素、环境因素、生产因素、国内因素和企业产品因素。进入国际市场的模式包括3种主要形式，分别为出口进入模式、合同进入模式和投资进入模式，并呈现由初级阶段向成熟阶段发展的态势。中国企业进入国际市场，首先考虑是否进入，其次考虑"走出去"的优势与不足，最后考虑做好"走出去"的必要准备工作。近年来，中国企业"走出去"步伐逐渐加快，为世界经济增添活力。

主要概念和观念

□ **主要概念**

间接出口模式　直接出口模式　许可证模式　合同制造模式　管理合同模式　工

程承包模式　合资　独资

□ **主要观念**

国际市场推销观念　国际市场营销观念　进入国际市场的决策

基本训练

□ **知识题**

8.1　阅读理解

1）什么是国际市场推销观念和营销观念？二者有何不同？

2）企业在进入国际市场决策时面临哪些问题？

3）国际市场进入模式的影响因素有哪些？它们如何影响进入模式的选择？

4）国际市场进入模式分为哪几种类型？

5）企业在国际市场拓展中采用的进入模式的变化有何一般规律？

6）我国企业在进入国际市场的决策过程中要经历哪些步骤？

8.2　知识应用

1）选择题

（1）决定是否进入国际市场时要考虑的因素包括（　　）。

A.企业的目标　　　　　　　　　　B.机会

C.能力　　　　　　　　　　　　　D.有无竞争者

（2）选择国际市场进入模式主要考虑的因素包括（　　）。

A.目标国家（地区）的市场因素　　B.目标国家（地区）的环境因素

C.目标国家（地区）的生产因素　　D.国内因素

E.企业产品因素

（3）投资进入模式包括（　　）。

A.间接出口　　　　　　　　　　　B.直接出口

C.合资　　　　　　　　　　　　　D.独资

（4）企业在国际化的初期一般采用（　　）。

A.出口进入模式　　　　　　　　　B.合同进入模式

C.投资进入模式　　　　　　　　　D.特许经营模式

（5）我国企业跨国经营中存在的主要问题有（　　）。

A.海外企业规模小　　　　　　　　B.发展盲目

C.管理水平低　　　　　　　　　　D.投资额大

2）判断题

（1）国际市场营销观念是以出口业务为中心的国际市场观念。　　　　（　　）

（2）特许经营模式是投资进入模式中的一种。　　　　　　　　　　　（　　）

（3）企业在海外投资建厂利大于弊。　　　　　　　　　　　　　　　（　　）

（4）每个中国企业都应该走出去，在海外投资。　　　　　　　　　　（　　）

即测即评

☐ **技能题**

8.1 规则复习

1）进入国际市场决策

进入国际市场的决策程序包括是否进入国际市场决策、如何进入国际市场决策、进入哪些国际市场决策以及如何进行国际营销管理。

2）进入国际市场的模式

进入国际市场的模式包括3种主要形式，分别为出口进入模式、合同进入模式和投资进入模式。

出口进入模式包括间接出口与直接出口。

合同进入模式包括许可证模式、特许经营模式、合同制造模式、管理合同模式以及工程承包模式。

投资进入模式包括合资模式和独资模式。

3）中国企业进入国际市场的决策

中国企业进入国际市场的决策包括是否进入的决策，目标市场的选择、进入方式的选择和调控组织的选择决策，战略调整的决策。

8.2 操作练习

1）实务题

用两三个例子分析说明：

（1）我国企业如何进入国际市场？采取何种方式对于企业而言更加有利？

（2）跨国企业为何要进入中国市场？以何种方式进入？其运用的营销组合策略是否成功？

2）综合题

如果你是国内某家电企业的营销人员，企业有意进军欧洲市场，你将如何进行决策？收集国内家电企业相关资料以及欧洲市场的状况进行说明。

☐ **能力题**

8.1 案例分析

海尔VS华为：国际化中的"蚕食"

随着中国经济的不断发展，越来越多的中国企业走上了海外扩张之路。近几年，中国企业的信心越来越足，国际化步伐也越来越快。

中国企业跨国经营的发展模式中一种重要的模式是内涵式拓展的渐进式国际化，即依次经历不规律地间接出口、有规律地间接出口、直接出口、建立海外销售机构、建立海外生产机构。

从扩张模式上看，海尔和华为均采取了渐进式的海外扩张战略。两者均以贸易方式进入海外市场，以打开国际市场为撬点，采用间接出口和直接出口逐渐积累国际化经营的经验，从而进行海外市场的扩张，最终实现占有国际市场份额的目标。在保持贸易式进入的基础上，企业可以根据客观需要和主观可能，具体策划如何逐步地、渐进地向更高的层次过渡，有目的、有计划地开展跨国经营，把握时机，步步为营。

渐进式的海外扩张战略

海尔的渐进式国际化模式主要表现在经营方式上。海尔先通过简单易行、投资要求最少的出口方式参与国际市场的竞争,然后逐渐从事资金要求更高、风险更大的跨国经营活动,包括直接投资,即建立自己的工厂。这种模式的好处是企业有时间积累经验、资源,增强经营能力,减少决策的风险,增强对失败的承受能力。

海尔将其国际化战略概括为"三步走":第一是"走出去",即出口产品进入主流市场,在第一阶段海尔遵循了先难后易的策略;第二是"走进去",海尔的第二阶段战略是建立海外营销网络,即进入主流市场的主流渠道销售主流产品;第三是"走上去",即成为本土化的主流品牌。

从海尔在美国的发展路线来看,海尔1995年开始向美国出口冰箱,起初是以OEM的方式,然后开始树立自己的品牌。在美国设立"海尔美国有限责任公司"和投资建立"海尔美国生产中心"则是在5年之后,这时海尔已经积累了较多的有关美国市场的经验。在产品进入和投资方式上也是如此。从产品品种上看,海尔先以主打产品冰箱进入,然后开始多元化发展。在海尔的冰箱工厂周围还留有足够的地皮,供未来工厂生产空调、电视、洗衣机用。

华为也采取了类似的渐进式国际化模式。华为将自己的海外发展之路分为三个阶段:走出去、国际化和全球化。

华为海外扩张的第一阶段是"走出去"。1998年,国内电信运营商正在酝酿第一次重组,订货量大幅下滑,这成为华为被迫"走出去"的导火索。由于2000年的IT泡沫,西方设备商开始收缩战线,并逐渐退出一些边缘市场,华为迅速弥补了这个空缺,在海外市场逐渐开花。

华为海外扩张的第二阶段是"国际化"。通过英国电信的标准认证是华为突破欧洲的第一步,从此,华为开始按照国际规则和国际标准参与国际市场的竞争。虽然当时华为的三大竞争对手——爱立信、诺基亚西门子和阿尔卡特朗讯都是传统的欧洲企业,但华为获得了在欧洲市场三分天下有其一的地位。

从2009年开始,华为进入海外之路的第三个阶段:全球化。这是一个全球化配置资源的阶段,华为在全球各个主要地区进行人力中心建设,依托本地化的优势进行本地化的经营。其中一个显著的表现是,华为海外本地化人员已经超过70%。华为以此为标准,成为真正的由全球员工组成的全球化企业。

海尔"先难后易"VS华为"先易后难"

海尔"先难后易"的策略简单地说就是先打开发达国家市场,后进入发展中国家市场。按海尔的说法,到消费者最讲究、最挑剔的市场,到强者如林的成熟市场摔打历练,才能迅速成长,占领制高点,然后,居高临下,进入其他市场。海尔坚持先难后易的原则,先进入市场成熟、技术水平要求高、产品要求严格的发达国家市场,提高自身的技术水平及产品的适应能力,同时通过市场细分锁定缝隙产品,满足用户不被关注的需求,获取市场份额。海尔集团发布的数据显示,2024年集团营业收入首次突破4 000亿元,海外收入占到总营业收入的53%。

华为国际化采取的是务实的"先易后难"的策略,这是"农村包围城市"的海外翻版。华为的国内市场也是通过先做县城再做城市的农村包围城市的策略创建起来的。这种"先易后难"的策略与其说是华为的主动选择，不如说是不得已而为之，因为华为当时在产品、技术、人才、综合实力上，和强大的海外竞争对手相比，都差距很大。华为拓展国际市场的起点就是非洲、中东地区、亚太地区、独联体以及拉丁美洲等的国家。在经过长达10年在发展中国家市场的磨砺和考验后，华为的产品、技术、团队、服务等已日趋成熟，完全具备了与世界上最发达国家的对手竞争的强大实力，华为才陆续登陆欧洲、日本、美国市场。华为"农村包围城市"的"先易后难"的策略取得了阶段性的胜利。在研发方面，1999年，华为在印度班加罗尔成立首个海外研发机构。20多年来，华为在全球9个国家建立了5G创新研究中心，全球研发中心总数达到16个，联合创新中心共28个，在全球加入了177个标准组织和开源组织，在其中担任183个重要职位，其国际化研发体系已然成形。在经营业绩方面，分析华为的年报不难发现，近年来华为亮眼的业绩主要得益于海外市场，华为海外销售收入1999年仅5 000万美元，2000年首次达到1亿美元，2004年达到22.8亿美元，2011年已达到219亿美元（1 383.64亿元人民币），华为只用了12年就实现了超过400倍的增长，海外销售额占其总量的70%左右。2012年上半年，华为在整体销售收入上超越爱立信，成为全球通信行业的领军企业。2023年3月31日，华为发布的2022年年度报告显示，华为整体经营平稳，实现全球销售收入6 423亿元人民币，净利润达356亿元人民币。面向未来，华为持续加大研发投入，2022年研发投入达到1 615亿元人民币，占全年收入的25.1%，10年累计投入的研发费用超过9 773亿元人民币。

海尔"三融一创"VS华为"输出革命，赤化全球"

企业要国际化，必须有开拓国际市场的国际化人才。海尔的国际化人才策略基本上是"拿来主义"，集中体现在海尔的"三融一创"（融资、融智、融文化来创立品牌）中的"融智"上。海尔国内从事国际市场开拓的销售人员加上各产品部负责海外销售的人员，总共不过数百人。海尔海外的销售管理模式基本上是以区域的代理制为主，在当地成立的独资或合资的销售公司雇用的绝大部分是当地的职业经理人。海尔负责海外销售的人员大部分是以商务出差的形式去管理海外市场，常驻海外的人员很少，基本是依靠当地的职业经理人来经营和管理。大多数的欧美、日韩跨国企业，在国际化的过程中，其人才策略的发展步骤一般是这样的：第一步，在本国或本地区内培养国际化人才并输出派驻海外市场；第二步，本国或本地区的人才培养东道国当地优秀人才；第三步，逐渐实现人才本土化，只有部分高层职位由本国或本地区人员担任，甚至全部本土化。这个过程要根据每个国家的实际情况，持续5～10年的时间。松下公司和沃尔玛公司人才的彻底本土化都用了10年左右的时间才完成，三星、LG在中国市场派驻的韩国人员一度有上千人之多。2011年起，海尔集团先后并购了日本三洋白电、新西兰斐雪派克、美国通用家电、意大利Candy等全球有影响力的品牌。并购后，海尔没有派出一名管理人员，而是通过人单合一模式的本土化，让这些企业实现重生，打破了国际并购中的"七七定律"。以通用家电为例，并入海尔8年后，其营业收入翻番，利润增长了3倍，成为美国市场排名第一的家电公司。

华为的国际化人才策略走的是和很多跨国企业相同的路径：先从国内大批地向海外输出人才开拓国际市场。华为几乎将其所有的高层管理者"驱逐"到海外去开拓海外市场，华为在海外市场的销售业绩基本上是由中国派驻的华为人做出的。为了推进国际化进程，华为在内部通过薪酬考核和提拔向海外员工倾斜的政策，保证在海外工作人员的薪酬待遇远远高于留在国内的人员，同时在制度上赋予一线员工更多决策权，这也就是任正非在内部讲话中提出的"让听得见炮火的人来决策"，华为把这种人才策略形象地称为"输出革命，赤化全球"。中国的人力成本比海外的相对便宜是一个因素，但是华为在海外市场用自己人主要出于以下考虑：一是中国的电信市场已经是一个高度国际化的市场，经过国内市场磨炼的华为市场人员到海外市场经过一段时间的历练，同样能征善战；二是在开拓国际市场的初期，使用自己的人才能与总部进行良好的沟通，便于总部直接管理，有很好的执行力。当然，随着华为全球化经营的深入推进，华为迈出了国际化人才策略的第二步：培养当地的优秀人才，开放更多的高级职位给当地人才，让当地人才逐渐替代华为派驻的人员。只有这样，华为才能持续保持国际化竞争优势。作为一家国际化公司，华为非常重视员工的多样性，致力于建立一个包容和机会平等的工作环境。截至2021年底，华为共有员工19.5万人。其中，从事研究与开发的人员约10.7万，占员工总数的54.8%，海外员工本地化比例为64%。2021年，华为在海外各国共招聘本地员工4 000多人，为当地人民创造就业机会，促进当地经济发展。

资料来源　[1] 王青山. 海尔VS华为：国际化中的"蚕食"[J]. 新智囊，2013（3）.[2] 黄聪. 海尔集团全球营收首超4 000亿 周云杰称海外创牌要耐得住寂寞 [N]. 长江商报，2025-01-17.

问题：请根据案例中的材料分析海尔、华为进入国际市场模式的异同，并进一步讨论其对中国企业进入国际市场的启示。

8.2　网上调研

就我国企业"走出去"的状况进行网上调研。

8.3　单元实践

中国企业海外发展从"走出去"到"走进去"

全球知名市场咨询机构捷孚凯（GfK）发布的2021家电市场趋势及2022年市场机会洞察报告显示，2021年中国家电企业在海外市场的销售额增长超过30%。以彩电为例，2021年，中国品牌在海外市场占据了8%的市场份额，在全球消费者中开始真正拥有认知度。值得注意的是，最初中国家电企业出海时往往把产品销往亚洲国家，而过去几年，欧洲等高端市场越来越受关注，中国家电企业进入转型的关键时刻。

事实上，中国家电企业转型不只表现在以高端产品占领中高端市场上，还表现在努力构建全球供应链上。作为中国家电业较早布局海外的企业，美的加速非洲工厂的建设，海尔在印度、土耳其和俄罗斯加大投资，海信将在美国、日本建立全新的家电研发中心，并在全球布局近百家高端品牌旗舰店。2021年，TCL海外营收达到194亿美元，增长了70%，其在海外制造的电视机等家电，很多核心材料是从国内采购的，而海外业务规模的扩大也拉动了国内出口。

不管是把产品直接销往海外市场，还是在海外市场建立自家的研发中心、生产基地，都显示了我国家电企业推行全球化战略的决心和积极作为。如今，中国家电品牌产品能够得到海外消费者的认可，在海外市场占据一席之地，相当不容易，可以说是投入巨大财力精力一点点干出来的。看看我国家电企业在研发方面的投入就明白了。近些年，我国家电企业研发费用逐年提升，2021年，TCL电子研发费用达20.14亿元，同比增长52.2%；海尔智家研发费用达83.57亿元，同比增长21.95%；海信研发费用达19.87亿元，同比增长55%。不惜花成本在研发上投入，力争拿出高性价比的产品赢得消费者，这是中国家电产业由低价值的代工组装制造向高价值的研发转型升级的缩影。

不过，尽管中国家电企业近年来加速国际布局，但行业自主品牌占比依然较低，中小企业的出口模式几乎全部为FOB（船上交货价）代工模式，出口价格仅为终端售价的一半甚至更低。这种局面也要求中国企业加速向产业链中高端攀升。

大胆"走出去"，向海外市场拓展，这是中国企业实现转型发展，向价值链中高端迈进的一个必然选择。目前，许多中国企业在布局海外市场方面下了很大功夫，但"走出去"走得并不顺畅。业内人士指出，中国企业在"走出去"的过程中，面临海外经营经验缺失、对当地法律法规及文化缺乏了解等诸多困境。有些国内企业开拓海外市场的理念比较单一，仅仅把自家的产品拿到海外市场销售，并没有进入这一市场的主流渠道，也没有使自家的品牌为当地消费者所熟知。也就是说，企业的出海思路只停留在"走出去"，而未上升到"走进去"。没有"走进去"的另一个典型表现是，国内一些企业在海外市场不注重品牌经营，尤其缺少本地化运作，在当地消费者看来中国这些企业只是来赚钱的"外人"，因而无法获得他们的认同和好感。

从"走出去"到"走进去"，中国企业所要做的第一项工作是练好内功，实现从"中国制造"向"中国质造"转型，重视技术研发、科技创新，倡导、发扬工匠精神，积极扶持优秀民营龙头企业。与此同时，推进"中国质造"向"中国智造"升级，全面推行"互联网+"教育，大力推动移动商务、物联网、大数据、云平台、人工智能、生物科技、新能源、新材料等高新技术发展，不断提高品牌的含金量和可持续能力。企业只有不断加强内在修为，推出适合海外消费者需求且具有较高性价比的产品，才能获得当地市场的认同，逐渐站稳脚跟。

在有品质打底的基础上，中国企业还要主动研究当地市场，做好本地化工作，并加大品牌宣传营销力度，不断提升品牌认知度、影响力；要摆脱"制造商"或"热门股票"的旧有形象，找到自家品牌有意义并吸引人的差异点。中国源远流长的文化发展为品牌建设提供了丰富的灵感和资源，企业可以通过提炼文化精髓增加品牌的文化价值。同时，中国企业要增强社会责任意识，在东道国积极履行社会就业、环境保护、安全生产、消费者权益保护等方面的社会责任，不断提升中国企业的国际美誉度。

资料来源　胡立彪. 中国企业海外发展从"走出去"到"走进去"［N］. 中国质量报，2022-04-15（A04）.

问题：你如何看待中国企业走出去时面临的机遇与挑战？中国企业海外发展从"走出去"到"走进去"应考虑哪些因素？

实践要求：请为国内某一即将进入国际市场的企业选择适宜的进入模式，并为之规划基本的进入战略要点。

第 9 章
国际市场营销组合策略

学习目标 ◐

通过本章学习，你应该达到以下目标：

知识目标：认识产品整体概念及分类；理解国际产品的品牌策略；理解国际产品生命周期理论；认识新产品开发的过程；了解国际市场定价的影响因素、方法及策略；理解国际转移价格的含义；认识国际分销渠道的概念和类型；了解国际分销渠道的开发与管理过程；理解国际促销组合策略。

技能目标：学会为国际产品品牌进行科学决策；掌握新产品开发的步骤；学会科学地进行国际市场定价，合理地开发与管理国际分销渠道，以及对国际促销组合进行合理决策。

能力目标：具有熟练制订适应国际市场需要的营销组合方案的能力和开展国际市场营销活动的能力。

价值引领 ◐

科学合理的国际市场营销组合策略对于我国企业应对激烈的国际市场竞争有着至关重要的作用和意义。当前，国际环境复杂严峻，对全球贸易活动造成冲击，新一轮科技革命和产业变革深入发展，全球产业链、供应链面临重构。在这种情况下，我国企业必须具备适应国际市场需要的营销组合方案和开展国际市场营销活动的能力，才能构筑国际市场竞争优势。

党的二十大强调提升国际循环质量和水平，指出"加快建设现代化经济体系，着力提高全要素生产率，着力提升产业链供应链韧性和安全水平"。我国企业在面对错综复杂的国际环境时，能够不断增强品牌决策能力，合理决策国际市场促销组合，有效降低成本和提高生产要素效率，供应链优势逐步凸显。

引例 @   小米手机与传音手机国际市场营销策略比较

1）相同点

（1）关注并满足目标市场消费者的个性化需求。小米公司和传音公司在进入海外目标市场时，都树立了市场营销观念，即以消费者为中心，认真研究目标顾客群体的需求，以需定产，通过比竞争对手更有效地传送目标市场所期望的产品来赢得有利的竞争地位。例如，针对印度电力基础设施落后、难以提供稳定的电力这一问题，小米设计了特制的充电器来防止电流不稳造成的手机使用问题；针对印度的高温气候问题，小米在手机中增加更多的散热模块，防止手机运行过热。传音手机具有防汗防摔功能、超长续航能力，能为非洲用户拍出巧克力色皮肤的照片等。

（2）通过价格优势获得有利竞争地位。印度市场和非洲市场大部分消费者的收入水平较低，消费能力不高，小米和传音在新产品定价时都采用了渗透定价策略。例如，2018年第四季度印度中高端智能手机销量第一名的小米POCOPhone F1，与三星GalaxyS9、Note9配置相当，售价不到后者的1/4。根据传音公司招股书提供的净利润/销量数据计算，2018年传音控股平均每部手机净利润仅为5.35元。

（3）注重全产业链把控，保证产品及服务品质。小米和传音均拥有从产品研发、设计、生产、销售到售后服务的整个产业链的把控能力。例如，小米响应"印度制造"计划，在印度的手机工厂数量达到6家；传音分别在上海、深圳、重庆设立了自主研发中心，并与尼日利亚、肯尼亚当地的研发团队紧密合作，在埃塞俄比亚建立了多家制造工厂。小米和传音均十分重视售后服务，小米在印度建立了500家服务中心、3家维修工厂和两家大型的零部件仓库，拥有600人的两个呼叫中心；传音创立了售后服务品牌Carlcare，在非洲建立了86个售后服务中心和1 000多个售后维修收集点。

（4）产品定位本土化。小米手机和传音手机在海外目标市场均通过各种方式对产品进行了本土化定位，很多当地消费者并不认为其是来自国外的品牌。例如，小米邀请宝莱坞一线女星代言红米手机，采用"印度之米"口号进行宣传，使得印度消费者对小米的认知从"小米印度"发展成"印度小米"。传音在埃塞俄比亚、尼日利亚、加纳开办的手机组装厂，非洲裔员工达到2 300多人，而派驻的中国籍员工仅100多人。

2）不同点

（1）渠道策略的差异。小米最初进入印度市场时是先进入城市市场，而且几乎将中国的销售模式复制到印度，即线上渠道加限时抢购，与大型的电商平台合作，打开市场。传音在最初进入非洲市场时，采用的是"农村包围城市"的做法，从三星、诺基亚等竞争对手忽视的农村市场入手，赢得市场份额。

（2）促销策略。小米基于印度互联网发展迅速的环境特点，在印度市场运用了互动性和参与感很强的新媒体进行促销，充分发挥口碑的作用。例如小米刚进入印度市场时，主要选择通过推特、Facebook等社交媒体平台展开广告宣传，积极地与印度不断壮大的"米粉"社区互动。在基础设施和互联网不发达的非洲地区，传音主要通过广告和人员推销方式销售产品，例如在肯尼亚等地，随处可见传音的报纸广告、户外广告、电视广告以及墙体广告。

3）启示

小米手机和传音手机在海外市场的成功可以给其他企业开拓海外市场带来以下启示：第一，要深入分析目标市场的营销环境，尤其是人口环境、经济环境、消费者等要素，根据当地的营销环境采用合适的营销策略。第二，要认真研究当地消费者个性化的需求，直击消费痛点，比竞争对手更有效更有力地满足其需求；第三，要真正融入当地，主要聘请东道国的员工管理企业，对产品和品牌进行本土化定位；第四，不断创新，加大研发力度，保持产品和服务优势。

资料来源 姚官丽. 小米手机与传音手机国际市场营销策略比较［J］. 科技创业月刊，2019（8）：33-36.

任何企业面临激烈的国际市场以及严峻的竞争挑战，必然要在分析国际目标市场的基础上制定科学、有效的营销组合策略，小米在印度市场的成功和传音在非洲市场的成功验证了这一点。国际市场营销组合包括国际市场产品策略、国际市场定价策略、国际市场分销策略以及国际市场促销策略。

9.1 国际市场产品策略

国际市场产品策略是国际营销组合的核心，它对价格策略、分销策略以及促销策略均有直接的影响，国际市场上的产品已成为企业参与国际竞争的重要基础。千变万化、错综复杂的国际市场营销环境以及不同的国际消费者，对国际性的产品也提出了更高的要求，企业面临着巨大的挑战。

9.1.1 产品的基本概念及分类

1）产品整体概念

基础营销学中的产品概念同样适用于国际市场，即产品是指能够提供给市场以满足需要和欲望的有形物品和无形服务，是购买者所得到的物理的、心理的、服务上和象征性特征的集合体。为了更好地理解产品的内涵和外延，营销学界提出了产品整体概念，并从三个层次（核心产品、形式产品和延伸产品）进行解释说明，而后又出现五层次论，更全面和准确地描述产品整体概念。其五个基本层次分别为：

（1）核心产品。核心产品是指顾客真正所购买的基本服务或利益。例如，人们购买洗衣机不是为了获取装有某些电器零部件的物体，而是为了"清洗衣物"；夜宿旅馆的顾客真正要购买的是"休息与睡眠"。因此，企业营销人员向顾客销售的任何产品，都必须具有反映顾客核心需求的基本效用或利益。

（2）形式产品。形式产品是指核心产品借以实现的形式或目标市场对某一需求的特定满足形式。形式产品由五个特征构成，即品质、式样、特征、商标及包装。例如，洗衣机的款式、构造、品牌等均属于形式产品层；一个旅馆的房间，包括床、浴室、毛巾、桌子等，也属于形式产品层。产品的基本效用必须通过特定形式才能实现，市场营销人员应努力寻求更加完善的外在形式以满足顾客的需要。

（3）期望产品。期望产品是指购买者在购买该产品时期望得到的与产品密切相关的一整套属性和条件。例如，洗衣机的购买者希望产品能够节能，更加省时、省力、省水、省电；旅馆的客人期望得到清洁的床位、洗浴香波、浴巾、衣帽间的服务等，因为大多数旅馆均能满足旅客这些一般的期望，所以旅客在选择档次大致相同的旅馆时，一般不是依据哪家旅馆能提供期望产品，而是依据哪家旅馆就近和方便。

（4）附加产品。附加产品是指顾客购买形式产品和期望产品时附带获得的各种利益的总和，包括产品说明书、质量保证、安装和维修服务、送货服务、技术培训等。从竞争的角度而言，竞争主要集中于产品的附加层次。例如，洗衣机企业提供的五星级售后服务成为其主要的竞争手段；旅馆在房间中提供鲜花、供应免费早点等能够提高消费者的满意度。营销者应考虑提供附加产品以增强企业的竞争实力，但同时要考虑消费者愿意为附加产品付费的程度以及竞争者的反应等。

（5）潜在产品。潜在产品指出了现有产品的可能的演变趋势和发展前景，是指现有产品包括所有附加产品在内的、可能发展成为未来最终产品的潜在状态的产品。例如，纳米洗衣机成为未来可能的发展趋势，全套家庭服务式旅馆（有整套的房间、厨房、书房等，并配备专门的管家）也成为潜在的发展方向。

产品整体概念的五个层次（见图9-1）为营销者设计和提供产品指引了方向，只有从顾客的角度进行考虑，满足顾客在各个层次上的需求，推出的产品才是最具生命力的，才能够为市场所接受和喜爱。

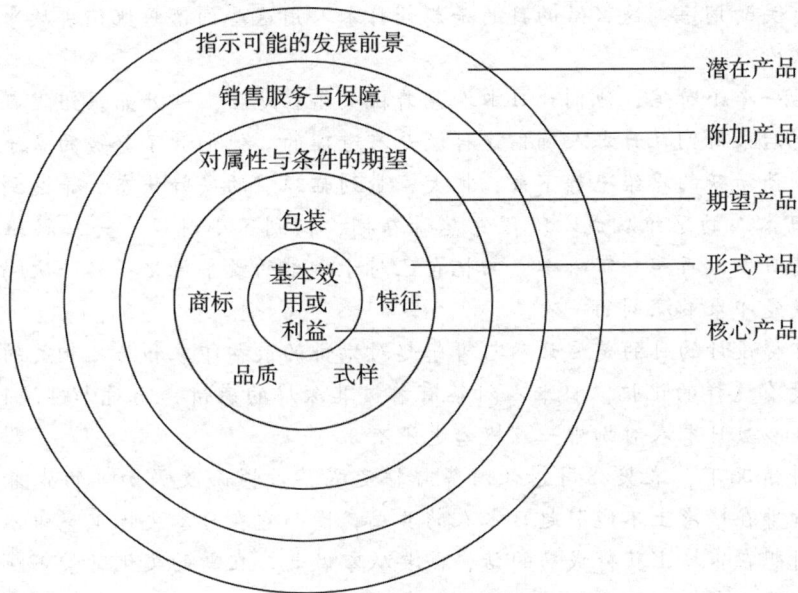

图9-1　产品整体概念的五个层次

2）产品的分类

产品可以根据不同的标准进行划分。最常见的方法是，依据用户分为消费品和工业品；依据耐用性和有形性分为耐用品、非耐用品和服务。消费品和工业品又可以根据购买方式（便利性、偏好、购物习惯或特殊品）或使用寿命（耐用性、易耗性等）进一步划分。这些方法在国际市场营销中是同样适用的。

同时，根据产品销售的区域，可以将产品划分为当地产品、国家产品、国际产品以及全球产品，国际营销中主要对国际产品和全球产品进行研究。

（1）当地产品。当地产品是指仅在某一部分国内市场或某个地区市场上销售的产品。这些产品可能是新推出的产品，也可能是在当地占据绝对优势的产品，是市场集中化的典型。基于对当地市场的良好把握，再加上良好的运作，某些当地产品也可以和"入侵"的国际产品甚至全球产品抗衡，并取得胜利。

【观念应用9-1】

如何让习惯喝茶的日本人喝咖啡

20世纪70年代，雀巢公司试图劝说日本消费者转变喝茶的习惯而改喝咖啡，他们将不同类别的日本消费者召集过来，以弄清楚他们对咖啡的看法，进而从中发现某种开发日本咖啡市场的奥妙。

针对各组日本消费者，他们安排了一场为时三小时的讨论。

在第一个小时里，他们装作像外星人一样从来没见过咖啡，不知道怎样去喝，并请求日本人帮助他们了解这个产品。通过日本人对咖啡的描述，他们就清楚日本人对咖啡的看法了。

在第二个小时里，他们让日本人像小学生一样坐在地上，用剪刀和一堆杂志拼贴出和咖啡有关的词语。这么做的目的是想让日本人用这些词语给他们讲故事，以便掌握更多的线索。

在最后一个小时里，他们让日本人靠着枕头躺在地上。一开始每组里都有成员不愿意，但是后来他们让日本人确信这样做是有道理的。他们放了舒缓的音乐，请大家放松身心，使活跃的思维冷静下来，把大家带到临睡前的安静状态。等达到这种状态时，引导日本人的思维从成人阶段穿越青春期，回到了小时候。一旦思维回到小时候，他们请日本人再想一下咖啡，回忆自己对于咖啡的最早记忆：第一次喝咖啡的亲身经历，或是印象最深刻的一次。

他们这样设计的目的是要让参与者想起对咖啡的最初印象和与之相关的情感，但大部分人没有这样的记忆。日本人对茶有着极其深厚的感情，而对咖啡没什么印象。事实上，大多数日本人对咖啡一点概念也没有。

在这种情况下，雀巢公司想让消费者转变喝茶习惯而改喝咖啡的战略肯定会失败。由于咖啡在情感上不能引起日本人的共鸣，因而它在日本文化里竞争不过茶。如果雀巢公司想在市场上获得成功的话，需要从零做起，在新的文化背景下赋予产品新的意义，要为日本人制造他们对咖啡的印象。

根据这些资料，雀巢公司制定了一套新的战略。他们不向这个热衷于喝茶的国家销售咖啡，而是创造出专为儿童设计、不含咖啡因的咖啡风味甜点产品，它们很受年轻一代的欢迎。日本年轻人对咖啡的最初印象非常好，而且这种印象将持续一生。这样，雀巢公司在日本市场获得了一个意义深远的立足点。

资料来源　RAPAILLE C. The Culture Code［M］. New York：Broadway Books，2006. 转引自：戴万稳. 国际市场营销学［M］. 北京：北京大学出版社，2012：239.

（2）国家产品。国家产品是指只在单一的国内市场销售的产品，既可以是国内的公司在本国范围内销售的产品，也可以是跨国公司为了满足某一个国家特定的市场需求所提供的产品。例如，因为日本消费者对袖珍式的电子产品情有独钟，索尼和其他的日本电子公司制造各种仅在日本国内销售的产品，如索尼生产的专门用在便携式随身听和CD播放器上的桌面扬声器，卡西欧生产的屏幕只有一英寸的罐头电视。

对某一特定公司而言，即使国家产品有利可图，也是要承担巨大的机会成本的。首先，单一的国内业务无法更好地利用公司强有力的营销、研发及生产的能力，可能造成资源的浪费。其次，在单一的国家市场中销售的产品，也较难将获得的经验转移和运用到另外的市场中去。最后，在单一产品领域所获得的管理技能的可转移性太小。掌握经验的管理者只能在销售该产品的单一国内市场上有效运用他们的经验，而来自销售单一产品市场之外的管理者都不具有有关该产品业务的经验，难以形成学习效应。因而，对跨国公司而言，纯粹的国家产品相对于其他具有国际或全球发展潜力的产品而言是较缺乏吸引力的。

（3）国际产品。国际产品是指在多个国家（地区）市场上销售的产品。中国国内的企业为了进一步拓展市场纷纷走出去，不但将产品出口到其他国家（地区），还逐渐设立海外的分支机构，以更好地了解海外市场，在竞争中立足。

（4）全球产品。全球产品是根据全球市场的需要设计的产品，也有些是为了本地市场的需要而设计，但正好迎合了全球市场的需要。真正的全球产品可以销售到世界上的任何国家（地区），符合人们的需要。例如，可口可乐以其"神秘配方"、全球大家庭的快乐与温馨的诉求，以及近年来年轻化的趋势，获得了全球市场上顾客的青睐。

当一个行业走向全球化时，该行业的企业会承受开发全球产品的巨大压力，但是企业可以通过开发全球产品来降低研发成本，也可以利用适应全球的设计替代针对每个国家（地区）的独特设计，在更加广泛的市场上获取丰厚的利润。

3）国际产品的标准化与差异化

开展国际营销的企业要进行产品决策，考虑提供标准化的产品还是差异化的产品，即向各个国家（地区）推出统一的产品，还是分别为每个国家（地区）的特定市场开发和设计产品。

（1）国际产品的标准化。国际产品的标准化策略是指企业向不同国家（地区）的市场都提供相同的产品。从这个意义上看，全球产品就是为更广泛的世界市场所提供的标准化的国际产品，如可口可乐、麦当劳、苹果数码产品等以统一的形式遍布世界各地。

标准化策略的优点在于：可以凭借规模效应大幅度降低产品研发、生产、销售等各环节的成本；有利于树立产品在各个国家（地区）的统一形象，强化企业的声誉；有助于消费者对产品的识别，从而使企业产品在世界范围内享有较高的知名度；降低了营销管理的难度，集中了营销资源，企业可以在少数的标准产品上投入大量的资源，对营销活动的控制力更强。其缺点也十分明显，即难以满足不同市场消费者不同的需求。

因而，国际产品标准化策略也有其适用的条件：具有共性的产品，即对无差别的共性需求占主导地位的产品宜采用标准化策略，如大量的工业品、某些日用消费品（软饮料等）、具有地方和民族特色的产品（中国丝绸、法国香水等）。从生产角度来看，需要通过规模效应弥补研发成本的企业可以考虑使用标准化策略。如果企业所处的竞争环境不激烈，或虽激烈但企业具有独特的生产技能，其他企业无法效仿，也可考虑采用标准化策略。同时，还要考虑各国的技术标准、法律要求及营销支持系统，即各国为企业从事营销活动提供服务的机构和职能。例如，如果零售商缺少冷藏设施，就无法销售需冷藏的食品。

（2）国际产品的差异化。国际产品的差异化策略是指企业向不同国家（地区）的市场提供不同的产品，以适应不同国家（地区）市场的特殊需求。

差异化的优势在于能够更好地满足消费者的个性化需求，有利于开拓国际市场，树立企业良好的国际形象，它也是企业开展国际营销的主流产品策略。

【观念应用9-2】

国潮品牌掀起中国潮

"国潮"是以中华文化为底蕴，以时尚潮流为载体，将现代消费潮流化审美和中华优秀传统文化完美融合，基于新平台的流量、注意力经济和网络效应，形成的消费热潮和新风尚。国潮品牌借助新电商平台作为沟通契机，融入年轻人的日常生活，释放特有的文化价值，让品牌焕发生机，讲好中国故事，推动国民经济发展和民族文化自信提升。中国"国潮风"强势崛起，以中华文明为底蕴的文化消费正成为一种社会现象和一股不可阻挡的潮流。

国潮风的崛起，给传统品牌提供了发展新契机，为新品牌提供了发展势能，推动了本土品牌"讲好中国故事"的进程。在食品、美妆、服装等各个行业中的企业，均在探索让中国文化元素与品牌构建融合，与消费者需求产生更多情感共鸣。

"中国风+时尚" 东方美学走向国际

通过推进产品设计、文化创意、技术创新与品牌建设的融合发展，花西子、李宁等品牌积极将中华文化元素有效融入品牌，深度挖掘品牌文化价值内涵，打造"中国风+时尚"，在全球掀起中国潮。

花西子以"东方彩妆"入局市场，产品以花卉草本精华为主要成分，产品包装设计上首创雕花系列，复刻东方微浮雕工艺，将杜鹃、仙鹤、锦鲤、凤凰等具有东方意象的动植物刻画在美妆产品之上。非遗高定系列产品、国风音乐《花西子》、亮相2021春夏中国国际时装周等创新跨界传播形式，让世界看到了更多更美的中国制造。

成立至今30余年的运动服饰品牌李宁，抓住年轻消费群体日益增长的民族认同和个性展示的需求，将经典中国元素与潮流结合，陆续推出崭新的品牌形象中国李宁、LI-NING 1990，把握运动时尚文化的精髓，充分融合中国文化艺术元素，将古法蓝染技艺、宋代彩陶美学图案等设计元素融入产品设计，呈现出极具华夏文化艺术格调的全新形象。作为首个亮相国际时装周的中国体育运动品牌，李宁向世界传达着中国运动时尚勇于挑战自我、诠释时尚话语权的坚定态度。

洞察新生消费群体 引领国货热潮

由新中产、Z世代等构成的新生消费群体逐渐壮大，对年轻一代的价值观念、品牌意识、品质认同等消费取向相关方面开展深入研究，对品牌的产品设计、营销策略等有重要指导意义。

跨界玩法为众多品牌带来了新鲜感：大白兔以味、嗅、触等五感联结推出跨界产品，包括美加净联名润唇膏、光明乳业大白兔雪糕、气味图书馆奶糖味香水、乐町联名大白兔元素潮服等，强化品牌存在感，建立起与新生消费群体的情感链接；茅台与蒙牛推出冰淇淋，添加2%贵州茅台酒，将细腻悠长的酱香风味与醇厚冰爽的冰激凌口感融为一体，满足了很多年轻人"喝不起茅台，至少买得起茅台冰激凌"的消费想法；为充分贴近年轻人的喜好与市场，五芳斋、王老吉先后与王者荣耀推出联名款。

此外，五芳斋不拘泥于传统口味，研发了被称为"王炸三臭"的螺蛳粉粽子、榴莲粽子、臭豆腐粽子，与乐事、钟薛高合作推出咸蛋黄肉粽味的薯片、粽香味雪糕，受到了大批充满好奇心、热衷尝鲜的年轻人青睐。云南白药开启国潮戏剧节巡演，通过治愈系木偶舞台剧、口腔健康科普等趣味活动，让孩子们在轻松愉悦的氛围里获取口腔健康知识，强化口腔保健意识，提升了品牌的亲民度和好感度。

创新消费场景　老字号拥抱新消费

在数字化时代，消费场景历经从固定到移动、从单一到多样、从线下到"线上+线下"的变化，人们的消费需求也从单纯的物质需求上升到对精神情感的深层次需求。品牌需要发掘自身核心价值，找到与用户沟通的符号和密码，从而实现场景创新，把握住新消费的机遇。

同仁堂瞄准当代新生消费群体的"朋克养生"的消费理念，将传统中医药精华和现代健康养生需求结合，推出枸杞拿铁、罗汉果美式等"药材"咖啡，成为年轻消费者追捧的新时尚。在同仁堂的线下中药咖啡馆，除了传统的问诊抓药外，还出售中药咖啡等养生食品，创造出一个全新的养生消费场景，重塑新一代消费群体对老字号品牌的刻板印象，借助年轻人对养生的热情，将养生咖啡茶饮、养生零售药食材、老中医坐诊号脉等服务结合，让低频"中药"生意变成了高频的"养生"消费。

汉口二厂是流行于20世纪七八十年代的饮料品牌，将玻璃瓶装的成品汽水衍生出现场自制调配饮品的消费场景。在汉口二厂的体验店中，消费者可以根据满满一墙的饮品配方自助调饮，做出一杯符合个人口味的专属气泡水，再贴上印有黎黄陂路、江汉路、黄鹤楼等武汉地标的贴纸，一杯杯打上城市标签的国潮夏日特饮就这样刷屏了朋友圈，成为了新晋网红打卡地。

资料来源　佚名. 十大国潮品牌案例分析［N］. 海南日报，2022-08-02（04）.

同时，差异化策略对企业提出了更高的要求：具有高水平的调研能力，能够准确地发掘目标市场消费者的个性需求；具有很强的研发能力，针对不同的需求开发设计不同的产品。此外，由于生产和销售的产品种类增加，生产成本、营销费用等均高于标准化产品，也加大了管理的难度。

在营销实践中，往往是产品差异化策略和产品标准化策略综合运用。许多产品的差异化、多样化主要体现产品的形式、包装、品牌等方面，而核心部分是相同的。例如，飞利浦向世界各地提供多达500多种型号的产品，但其零部件和半成品则尽量标准化；肯德基在各地提供标准化的基本产品和服务，同时根据当地的饮食特点增加特色产品或者改进产品以更好地适应当地消费者的口味偏好。可见，标准化与差异化并不是完全对立的，而是相辅相成的。

【小思考9-1】

国际产品的标准化与差异化各自的适用条件是什么？目前国际市场上的状况如何？

答：国际产品标准化的适用条件是各目标市场的顾客具有无差异的共性需求；国际产品差异化的适用条件是各目标市场的顾客具有显著的个性化需求。

目前国际市场上的企业有的偏重采用产品标准化策略，有的偏重采用产品差异化策略，更多的是将二者结合，即企业主要在世界范围内对消费者的需求进行分析，为目标市场上某一类型的顾客提供标准化产品，满足该顾客群体不同于其他顾客群体的差异化需求，而不是单单从地理区域角度考虑提供差异化产品。

拓展阅读
9-1

9.1.2 国际产品品牌策略

1）品牌的含义及作用

美国市场营销协会对品牌的定义是：品牌是用来识别一个或一些销售者的产品或服务，并用以与竞争者的产品或服务进行区别的一个名称、符号、标志、设计或它们的组合。

品牌由品牌名称和品牌标志组成。品牌名称（brand name）是指品牌中可以用语言称呼的部分，如"小米""华为""海尔""李宁"等都是品牌的名称。品牌标志（brand mark）是指品牌中可以被辨认但不能用言语称呼的部分，包括符号、图案或专门设计的颜色、字体等，如华为的标志是由八个花瓣组成的圆形图案，麦当劳的标志是金色拱门等。品牌是从市场的角度来定义的，而商标（trade mark）是一个法律名词，是指合法注册的品牌。当品牌在政府有关部门注册登记以后，企业就享有使用这个品牌名称或品牌标志的专用权，其他任何企业不得仿效使用，否则会构成侵权。

品牌是企业宝贵的财富，现代企业在建设品牌的过程中不遗余力，尤其是在国际市场中，一个良好的品牌能够给企业带来诸多的好处，具体体现在以下三个方面：

（1）有助于树立企业形象或产品形象。面对国际市场成千上万、琳琅满目的产品，国际消费者只能依据品牌和商标来购买自己喜爱的产品。品牌作为一种重要的识别标志，有利于企业对外传递良好的企业或产品信息，使消费者将本企业及其产品与其他企业和产品区别开来，树立优质的个性化形象，提高企业声誉。

（2）有助于建立顾客忠诚度。对于消费者而言，不同的品牌代表不同产品的来源、质量、信誉和售后服务等信息。优秀的品牌代表过硬的产品质量、完善的售后服务等信息，一旦在顾客心中形成了良好的形象和声誉，品牌就成为有效的广告，激发顾客的购买欲望，形成顾客忠诚。同时，企业也会不断提升自身的管理、研发、服务等水平，使名牌产品更加符合顾客的需求，不断提高顾客的忠诚度。

（3）有助于维护企业的合法利益。经过注册的品牌会受到法律的保护，企业对其享有专用权，有助于企业运用法律武器维护自身利益，防止假冒伪劣产品带来的冲击。

2）国际产品品牌的设计原则

品牌的重要性在现代市场上更加突出，在国际市场上一个好的品牌更能发挥它的威力，因而设计一个好的品牌无疑是至关重要的，也是需要谨慎考虑的。一般来说，品牌设计的主要原则是简单醒目、新颖别致、易于识别、便于记忆。国际产品品牌的设计原则有以下几点：

（1）品牌标志的设计要简单新颖。品牌标志是辨别商品的主要依据，注册过的商标是受法律保护的，其他人不得侵犯。简单的品牌标志更有利于识别，也便于制作，能够降低成本；相反，烦琐的标志设计容易给投机者机会，他们只要在品牌标志上进行一些不易被觉察的改动，然后注册成自己的商标，就可以鱼目混珠。同时，品牌设计还要注意新颖别致，要具有特点、与众不同，便于消费者识别。

（2）容易发音，各国通用。对于国际产品的品牌名称，还要注重其发音、拼读，因为大多数国家使用的是英文字母，如可口可乐（Coca-Cola）的英文名称本身并无任何含义，但因朗朗上口，加上产品本身过硬，最终成为一种最畅销的饮料标记。有的品牌名称在不同国家发音不同，不利于在国际市场上的推广、普及，企业设计品牌名称时要力求避免这种情况。例如，松下最初的英文名称是 Matsushita，在全球扩张过程中以行之有效的方式改变了其名称。2008 年 1 月，松下宣布取消其所有子品牌的英文名称，统一用 "Panasonic" 来代替。松下深知对海外消费者来说，"Matsushita" 过于日本化，而 "Panasonic" 更容易发音，更容易被人记住。

（3）配合风俗习惯和情趣爱好。国际产品的品牌设计还要考虑在海外市场上是否符合当地的风俗，是否有其他寓意不妥当的地方。以品牌名称为例，芳芳牌音译为"Fang Fang"，在英文中有犬牙、蛇牙的意思；白象牌在东南亚一带受欢迎，因为白象是吉祥的象征，但在英美国家，白象（White Elephant）有大而无用的意思。显然，这些品牌名称都与当地的习惯和爱好相抵触。即使是一些国际大企业，稍有疏忽，也会犯类似的错误。20 世纪 20 年代，当可口可乐饮料最初进入中国时，品牌名称被译成"蝌蚪啃蜡"，结果滞销，后来改为"可口可乐"。这个新名字既朗朗上口又寓意美好——美味可口又可以让人快乐，充分迎合了中国人喜欢讨口彩的文化心理习惯，因此产品大受欢迎。

此外，商标上的图案和颜色的使用也要考虑到各地的风俗及爱好。因为同样的图案和颜色在不同国家有不同的含义，如捷克用红三角作为有毒的标记，土耳其用绿三角表示免费样品，北非一些国家忌用狗做商标，意大利人忌用菊花做商标等。

3）国际产品品牌策略

企业要对国际产品是否使用品牌、使用何种品牌、是否进行品牌的拓展等方面做出相应决策。

（1）品牌化决策。一般来说，世界各国大多数商品都有品牌。使用品牌能给企业带来多方面的好处，如有助于宣传推广、吸引顾客、防止别人抄袭仿制、细分市场和树立企业的良好形象等。

同时，一些制造商对某些产品不规定品牌名称和品牌标志，而实行非品牌化决策。这类产品通常是一些包装简易、价格较便宜的日常消费品。企业采取非品牌化的主要目的是通过节省包装、广告费用降低经营成本和售价，增强竞争力。

（2）品牌归属决策。当企业决定采用品牌化决策时，面临的第一个问题是品牌归谁所有，是归制造厂商所有还是归中间商所有？企业在这个问题上有三种选择：

一是制造商品牌，即产品以属于生产厂家的品牌推入市场，如 IBM、SONY、海尔、联想等均使用自己公司的品牌。

二是中间商品牌，即产品经生产厂家卖给中间商，由中间商在产品上标上自己的品牌推向市场。

三是混合品牌，即上述两种品牌同时使用。生产企业有些产品用自己的品牌，有些产品用中间商的品牌，或者在产品上同时注明生产商和中间商的品牌。

（3）家族品牌决策。使用制造商品牌的企业，在决定具体产品的品牌名称上有四种不同的选择：

一是个别品牌名称，即企业不同的产品分别使用不同的品牌。例如，宝洁公司旗下的洗发水品牌有海飞丝、飘柔、潘婷等。其好处是，没有把企业的声誉系在某一产品品牌的成败上，万一某一品牌失败了，不至于影响企业的声誉；个别品牌名称还可以区分不同的产品质量并不断以新的品牌创造新的刺激、引领新的消费理念，同时有助于树立特定产品的形象，如海飞丝以其去屑功能著称，满足目标顾客的需求。

二是统一家族品牌名称，即企业的所有产品都统一使用一个品牌。例如，通用电气公司的所有产品都统一使用 GE 这个品牌。采用这一决策的优点是：只要企业的声誉良好，产品的销路就会很好，所有产品都容易被市场接受；企业由于不需要为每一个产品建立品牌的知名度而花费大量的广告促销费用，所以推出新产品的费用较少。这种做法也存在风险：某一产品的失败可能会使品牌声誉受损，引起其他产品的销量下滑。

三是分类家族品牌名称，即企业生产的不同类别的产品分别使用不同的品牌名称。例如，农夫山泉股份有限公司旗下的水类产品用"农夫山泉"品牌，果汁类产品品牌有"农夫果园""水溶 C100""17.5°NFC 果汁"，功能类产品品牌有"力量帝""尖叫"，茶类产品品牌有"茶 π""东方树叶"。采用此决策的好处是：可以更好地满足不同消费者的需求，获得消费者的信赖和忠诚；如果某个品牌在市场上表现不佳，不会影响到其他品牌，从而降低企业的整体市场风险；有助于塑造品牌形象，提升品牌价值；多个品牌可以在市场上形成合力，提高整体市场占有率；可以避免高档品牌被低档产品拖累，保持品牌的高端形象和价值。

四是企业名称与个别品牌名称并用，即企业对各种产品分别使用不同的品牌名称，并且在各种品牌名称前面冠以企业名称。其好处是加上企业名称，可以使新产品享受企业声誉，迅速为消费者所接受；而不同的品牌名称又可表明该企业的产品具有不同的特点。

（4）品牌扩展决策。品牌扩展是尽量利用已经成功的品牌来推出改进型产品或者新产品。例如，海尔公司生产冰箱打开市场后，又推出其他家电产品。品牌扩展也包括推出新包装、新口味及新样式。品牌扩展为企业节省了大量新产品所需的促销费用，并使国际市场消费者能迅速识别新产品，但如果新产品不能令人满意，则会影响同品牌中其他产品的声誉。

（5）多品牌决策。多品牌决策是指企业的同一种产品使用两个或多个互相竞争的品牌。率先使用这一决策的是宝洁公司，在"汰渍"牌洗衣用品获得成功后，又推出了"碧浪"牌洗衣用品。尽管"汰渍"的销售量会受到一定影响，但两个品牌的销售总量却大于"汰渍"一个品牌的销售量。这种决策后来为许多厂家所效仿。

采取多品牌决策的主要原因是：多一个品牌，生产厂家可以占用更多的零售货架位置；推出多个不同的品牌以吸引品牌转换者的兴趣，扩大销售；多个品牌能给企业内部各产品部门、品牌经理之间带来竞争和效率；多品牌可使企业拥有不同的细分市场，吸引不同的消费者，占领更多的市场份额。

（6）品牌重新定位决策。不论一个品牌在市场上最初的定位是否适宜，由于国际市场环境的变化多端，企业往往需要对品牌进行重新定位。

在做出品牌重新定位决策时企业需要考虑两个因素：一是品牌重新定位的费用，包括产品品质改变费、包装费和广告宣传费等。一般来讲，重新定位的变化越大，所需费用越高。二是品牌重新定位能给企业带来多少收益。收益的大小取决于偏好者的数量、平均购买率、同一细分市场上竞争者的数目和实力，以及为品牌重新定位所付出的代价。

9.1.3　国际市场产品生命周期

在论述国际市场产品生命周期前，我们先简要地回顾一下产品生命周期的阶段与特点。

1）产品生命周期

任何产品在市场上的销售状况和获利能力都是会发生变化的，这种变化表现为产品从投入市场到最终退出市场的整个过程，营销学称之为产品生命周期。产品生命周期一般分为投入期、成长期、成熟期、衰退期四个阶段（见图9-2）。

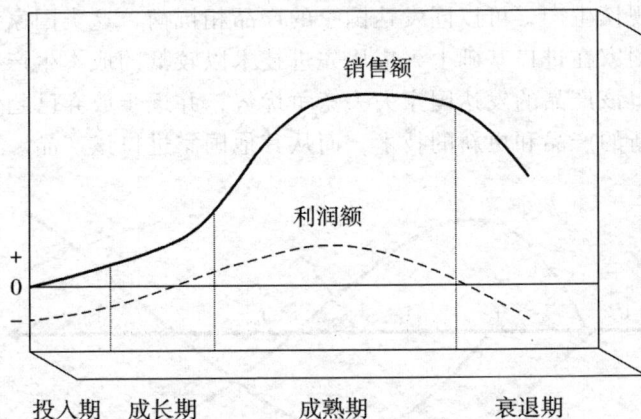

图9-2　产品生命周期

投入期即产品投入市场的初期阶段，这一阶段销售额缓慢上升，利润额很少甚至是负数。成长期是产品的销售额和利润额迅速增长的时期。成熟期是销售额和利润额最大的时期，又可分为成长成熟期（销售额和利润额达到最高峰）、稳定成熟期（销售额和利润额的增长速度放慢）和衰退成熟期（销售额和利润额缓慢下降）。衰退期则表明产品已过时，销售额下降，利润额减少或出现亏损。

必须注意，产品生命周期是针对某类产品的某个具体品种而言的，而不是指整类产品，因为许多产品，就其种类而言，目前人们还无法预见它的市场生命何时结束。例如，汽车可能在市场上长期存在，但某一具体品牌的汽车有可能在市场竞争中被淘汰，从而结束其市场生命。

产品生命周期的长短取决于社会经济的发展、科技的进步、消费者需求的变化和企业的营销等复杂因素。从总体而言，随着经济与科技的发展，产品更新换代的速度会加快。因此，企业必须重视新产品开发，才能在日新月异的市场上立于不败之地。

2）国际市场产品生命周期

当产品由国内市场扩展到国际市场时，由于各国在科技进步及经济发展水平等方面存在差别，同一产品在各国的开发、生产、销售和消费上的时间也存在差异，即同一产品的生命周期各个阶段在不同国家的市场上出现的时间是不一致的，我们称之为国际市场产品生命周期。这一理论是在20世纪60年代后期由哈佛大学商学院教授雷蒙德·弗农（Raymond Vernon）提出的，是以产品生命周期理论为基础，对世界贸易和投资方式提出的新理论。他将国际市场产品生命周期划分为三个阶段：新产品开发阶段；产品成长和成熟初期阶段；成熟期和产品标准化阶段。由于发达国家、较发达国家和发展中国家的经济条件、科技发展水平等不同，因此产品在不同类别国家进入这三个阶段的时间也不相同。

如图9-3所示，发达国家首先致力于新产品开发，掌握新产品的发明、制造和应用，以满足本国消费者的需求，当产品进入第一阶段后期及成长期后，国内产品供过于求，便将产品销售到较发达国家及发展中国家。较发达国家在掌握新产品的生产技术的基础上开始研制、效仿该产品，当产品进入成熟期后，产品功能不断完善，开始标准化生产和大规模生产，可以同发达国家的产品相抗衡，这类国家便由进口国转为出口国。发展中国家在进口基础上，应用先进技术以较低的成本生产标准化产品投入市场，使最先出口该产品的发达国家失去竞争优势，并逐步放弃已趋饱和的该产品市场，转向开发更新的产品和更新的技术，而从其他国家进口该产品。

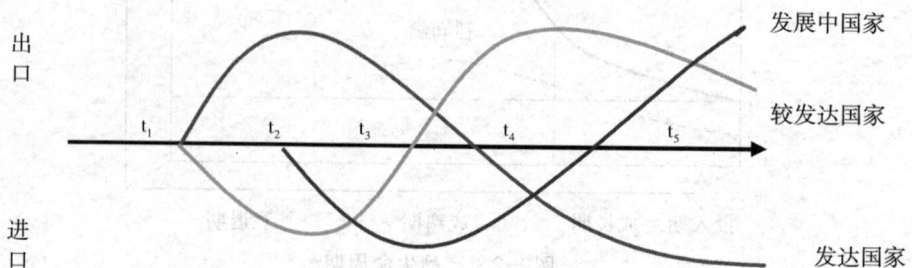

图9-3 国际市场产品生命周期

注：图中字母t代表时间节点。

因此，我们从中可以发掘国际市场产品生命周期的一般规律，即发达国家率先研制开发出某种新产品，并在本国市场销售，然后逐步向较为发达的国家以及发展中国家出口，之后转向对其他新产品的开发，而从其他国家进口这种产品来满足国内市场需求；一些发展中国家则是先引进新产品进行消费，然后引进或开发技术进行生产，最后又将该产品出口到原产国。

国际市场产品生命周期理论说明了国际经营的进步和国际产业结构的变化与转移，但这只是表明存在这样一种趋势，并不是在任何产品、任何国家和任何时间条件下都适用。正如弗农所认为的那样，"它只是对世界贸易提供了部分的解释，因为产品并不是必然遵循这种规律"。国际市场产品生命周期理论虽然有其局限性，但仍具有十分重要的实际意义。它能够为企业进行国际市场营销决策提供依据，有助于分析市场形势，及时淘汰没有销售前景的老产品，及时推出新产品，加速出口产品的升级换代。利用产品在不同国家市场所处的不同阶段，调整出口产品的地区结构，将在甲市场处于下降阶段的产品转向尚处在上升阶段的乙市场，实际上等于延长了产品生命周期。了解国际市场产品生命周期，可以因势利导，及时转产由先进国淘汰或转移的产品，填补某些国家的市场空白；也可以加强出口导向产品的生产，及时占领海外市场。

【小思考9-2】

国际市场产品生命周期理论与产品生命周期理论有什么不同之处？

答：国际市场产品生命周期理论主要考察同一产品在不同国家或不同市场的发展阶段的变化，而产品生命周期理论主要考察同一产品在某一国家或某一市场的发展变化过程。

9.1.4　国际新产品开发

新产品的开发对企业至关重要，随着竞争的加剧，产品生命周期的缩短，企业对新产品开发愈加重视。在国际市场上，由于影响因素多、环境复杂，新产品开发的难度与成本加大，对实施国际化的企业提出了更高的要求。

1）对新产品的界定及开发形式

国际新产品是一个广义的概念，主要可以分为两大类：一类是全新的产品，即用新原理、新技术、新材料制造的具有新结构、新功能的产品，在全世界首先开发，能够创造全新的市场；另一类是在原产品基础上进行改进或调整的产品，包括改进的产品、换代的产品、市场再定位的产品以及成本降低的产品等。

对于国际市场而言，企业可以在内部研发新产品，即企业只依靠内部的力量进行研究开发。内部研发有利于对研发过程全面控制，便于保密，但其成本高、风险大。因此，很多企业不仅进行内部研发，也积极寻求外部研发的机会。外部研发需要借助外部组织的力量，通常有三种形式：

（1）购买技术。企业可以通过向外部组织购买技术的方式加强自身的新产品开发。例如，科技成果转化平台依托企业、高校、科研院所、研发机构等，能够汇集大量的科技成果。购买技术也存在局限性，企业想通过此途径购买尖端技术可能存在困难，因为技术的持有者会考虑出售技术所带来的机会成本与潜在的竞争威胁。

（2）模仿。模仿能够降低研发成本，花费时间较短，风险较小。例如，达利园通过模仿好丽友蛋黄派、乐事薯片、王老吉凉茶、红牛饮料等知名品牌产品，推出了价格更为亲民的达利园蛋黄派、可比克薯片、和其正凉茶、乐虎饮料。这些产品都以高性价比和类似口感赢得了市场的广泛好评。华莱士通过模仿肯德基起家，以其低廉的价格和相似的快餐体验，迅速在二三线城市扎根，成为快餐领域的佼佼者。当然，企业必须注意，如果模仿不慎，可能陷入法律方面的纠纷。

（3）战略联盟。战略联盟是两家以上的企业共同出资开发某项新技术、新产品，共担风险，共享收益。国际企业之间强强联合、共同开发的例子屡见不鲜。例如，海尔与亚马逊、微软、德国TUV等合作成立全球联合场景实验室，打造全球用户智慧场景生态；与日本福乐赐合作推进居家护理床及配套产品研发，布局智慧养老行业；与香港城市大学合作开发洗衣机非线性减振技术，大幅减少洗衣机振动噪声等。通过战略联盟，企业可以引进优质资源，分担费用和风险，为其他方面的合作奠定基础；其缺点是企业对研发过程的控制力不如内部研发，双方共享成果，保密性稍弱。

2）国际新产品设计的影响因素

新产品设计是决定国际市场营销成功与否的关键性因素。国际营销者在做新产品设计决策时应考虑四个因素：偏好、成本、法律与法规，以及兼容性。

（1）偏好。不同国家（地区）的消费者具有不同的消费偏好，忽视这些偏好将使企业陷入窘境，而发掘并迎合不同的偏好、开发差异化的产品将促进企业的市场开拓。当然，对于具有需求共性的产品，可以进行标准化设计，以获得前面所提到的国际产品标准化能够带来的好处。

【观念应用9-3】

深耕中国市场，重视本土化创新

2021年初，好丽友把博大精深的汉字印在了派上，一时间引发众多网友的参与和打卡。同样是品牌本土化，和很多其他品牌的做法相比，用户更能感受到好丽友用心地贴近中国消费者和中国文化。

作为扎根中国20多年、深度融入中国市场的一家国际化综合性食品企业，好丽友不仅致力于为消费者提供质优味美的产品，和消费者共享美好生活，更不断优化在中国市场的运营，逐步建立起从原料到成品、从研发到市场的完整的本土化运作体系。

走进好丽友，随处可以看到这样一句话，"World Class，Chinese Company"。身边的工作人员会告诉你，这是好丽友公司的愿景。的确，本土化已经成为众多跨国公司的必选项，但把本土化写进公司愿景的情况并不多见。正是这种深入骨髓的对本土化的理解和重视才成就了今日的好丽友。

2003年，好丽友中国研发中心成立，成为好丽友本土化创新的重要源泉。2005年，好丽友创新性采用马铃薯粉为主要原料、通过烘焙方式制成的好多鱼为中国消费者带来惊喜。2006年，"呀！土豆"亮相中国市场，凭借独特的口感和味道赢得消费者的青睐。2008年，借奥运之年推出的颇具中国特色的熊猫派派蛋糕更是受到小朋友们的喜爱。全球统一标准下的本土化创新战略成为好丽友满足消费者多元需求的重要保障。

提起好丽友，很多人会想到"好丽友，好朋友"。"什么是好朋友？好朋友就是你愿意拿最好的东西和他一起分享"，好丽友品牌负责人表示。话虽朴实，但发人深省。"我们深信，安全的产品是生产出来的，而本地化生产是品质安全的基本保证"。26年来，好丽友在中国累计投入数亿美元优化产能布局，打造了5座现代化食品工厂，本土员工已近万人。为确保原料品质与安全，好丽友还进一步将产业链向上游延伸，在内蒙古多伦县太仆寺旗等地投资建设自己的农场。多年的坚守使品质安全成为好丽友的一项核心竞争力。2020年5月，中国好丽友四家工厂同获食品安全体系（FSSC 22000）认证，成为其全面提升质量管理体系、接轨世界标准的又一重要里程碑。

如果说产品的本土化研发打动了消费者的味蕾，而扎根当地、实现区域文化融合则成功地与消费者建立起了情感链接。成立之初，好丽友从诗句"信松茂而柏悦"中找到灵感，以"好友"为理念确立了中国好丽友的文化基调，"好丽友，好朋友"便由此而来。在营销推广方面，好丽友非常注重汲取中国传统文化精华，发掘产品中的中国元素。以郑和下西洋故事背景拍摄的好多鱼广告，以及好丽友派"有仁有朋友"系列广告给消费者留下了深刻印象。

对于国际品牌来讲，本土化战略不再局限于研发与生产，在日益受到关注的社会责任上也逐渐得以体现。从感受中国、了解中国到真正融入中国，国际化品牌在这一过程中需要不断调整自己在中国的责任角色与定位。准确把握这一趋势，授人以鱼不如授人以渔，好丽友的社会责任事业也从最初单纯的慈善捐助向策划、组织自己的标志性公益项目演进，好丽友连续推进多年的全国儿童食品安全守护行动以及爱心厨房、阳光童趣园等项目已结下累累硕果。

可以说，好丽友基于本土化愿景的研发、生产、营销、服务，不仅抓住了中国消费者的胃，更抓住了中国消费者的心。好丽友派、好多鱼、蘑古力、呀！土豆、薯愿、浪里个浪等产品已成为中国休闲食品市场的畅销单品，而"好丽友，好朋友"也成了年轻消费者的口头禅。

资料来源　佚名. 国际品牌的本土化之路|案例精选［EB/OL］.［2025-01-05］. https://news.21food.cn/57/2901380.html.

（2）成本。企业在新产品设计中要充分考虑到成本因素。一般而言，产品的制造成本只是总成本的基础，其他不论是由制造者引起的成本还是由使用者引起的成本，只要与设计相关，都要考虑进去。例如，发动机在飞机上的安装位置有多种，不同国家有不同的习惯。英国人喜欢把发动机安装在翼根，风阻更小、耗油量更低，缺点是发动机的安装、维护难度较大，会花费更多的维护和修理时间。美国人喜欢将发动机悬挂在机翼下，这样易于安装和维护，但是飞机效率低、油耗大。这两种设计主要从维修成本的角度来考虑，英式设计主要考虑当地的维修成本较低，而美式设计则考虑当地劳动力成本较高因而维修成本高。

（3）法律与法规。不同国家的法律法规对新产品设计决策有着直接的影响，可能导致产品设计发生改变，从而增加成本。例如，美国佛罗里达州的西红柿商曾成功劝说美国农业部出台有关在美国市场销售的西红柿的最小尺寸的规定，其结果是排挤掉了强大的墨西哥西红柿生产者，它们要想进入美国市场，必须改变或改良品种。

（4）兼容性。国际营销者要注意产品与其使用环境的兼容性。例如，没有把用户手册翻译成多种语言，会影响家电产品在海外市场的销售。再如，各国的电源插座也有所不同，把电器销往海外时必须关注与当地情况的匹配。

3）国际新产品开发的过程

国际新产品开发的难度和费用呈现越来越高的趋势，风险也越来越大，为了增加开发成功的概率，遵照科学的开发程序进行，有助于减少风险。一般而言，国际新产品开发的步骤如下：

（1）新产品构思。开发的首要步骤是寻找新产品构思，即为满足国际市场新需求而提出的设想。新产品的创意可以来源于许多方面，需要企业去细致地挖掘，对开发的形势进行分析（见表9-1）。

表9-1 　　　　　　　　　　　　**新产品开发的形势分析**

主题	分析内容
顾客分析	分析顾客的需求、使用量、态度、产品属性的重要程度。可以采用对重点顾客群进行分析的方法，或者设立专门向顾客调查产品使用情况的场所，如索尼公司在芝加哥的密歇根大道、惠而浦公司在其总部均设有此类场所
竞争者分析	分析竞争者开发新产品的情况。事实上，很多公司的新产品都是对竞争者产品的模仿
新工艺分析	积极搜寻，尤其要搜寻其他领域的新产品和新工艺，注意把它们结合到公司自己的产品中来
产品大类分析	通常要仔细研究不断变化的社会趋势和科技发展趋势（往往通过各种媒体和行业协会搜集资料），以保证产品在市场上有吸引力

资料来源　吴晓云. 国际市场营销学教程［M］. 天津：天津大学出版社，2004：183.

同时，企业可以运用各种方法寻找创意，如产品属性的排列法、强行关系法、多角度分析法、头脑风暴法等。这些内容在基础营销学中有详细的说明，此处不再赘述。

（2）构思筛选。筛选的主要目的是选出那些符合本企业发展目标和长远利益，并与企业资源相协调的产品构思，摒弃那些可行性小或获利较少的产品构思。筛选应遵循如下程序：

首先，确定筛选的标准。在不同的国际目标市场，筛选新产品的标准也有所不同。一般主要考虑两个方面：一个是特定产品构思的市场前景；另一个是企业自身的实力能否胜任以及竞争者的动向。具体表现为：市场成功的条件，包括产品的潜在市场成长率，竞争程度及前景，企业在国际市场上能否获得较高的收益；企业内部条件，主要衡量企业的人、财、物资源，企业的技术条件及管理水平是否适合生产这种产品；销售条件，即企业现有的销售结构是否适合销售这种产品；利润收益条件，包括产品是否符合企业的营销目标，其获利水平及对企业原有产品销售的影响等方面。

其次，确定筛选的方法。在筛选阶段，应力求避免两种偏差：一种是漏选了良好产品构思，对其潜在价值估计不足，失去发展机会；另一种是采纳了错误的产品构思，仓促投产，最终导致失败。

对构思进行筛选的主要方法是建立一系列的评分模型。评分模型一般包括以下几方面：评价因素、评价等级、权数和评分人员。其中，确定合理的评价因素和适当的权数是评分模型是否科学的关键。主要的评价因素包括企业拓展海外市场的目标、技术优势、生产的可能性、产品的国际市场吸引力、产品的盈利能力等方面。

市场营销系数评价法是一种多因素的新产品构思筛选评价方法（见表9-2），即将影响新产品成功的各主要因素（要因）分别简化为具体要素，给各个要因、要素、等级赋予相应的权重，判断不同要素的等级，以等级权重乘以要素权值，得到各要素的系数，再将各要素的系数加总即得到要因系数。将各要因系数乘以要因权值，再将结果加总，即得到市场营销系数。企业可以根据市场营销系数的大小来推测新产品开发成功的可能性。

表9-2　　　　　　　　　　国际市场新产品市场营销系数评价表

要因 要素	A（很好）	B（好）	C（一般）	D（差）	E（很差）
可销售性： (1) 企业的国际产品销售能力 (2) 对现有国际产品销售的影响 (3) 与现有产品系列的关系 (4) 与现有销售渠道的关系					
生产能力： (1) 生产技术专长 (2) 必需的生产知识和人员 (3) 原料来源					
国际市场吸引力： (1) 市场容量 (2) 市场占有率 (3) 今后5年的市场增长率 (4) 竞争者的威胁 (5) 进入国际市场的难易程度 (6) 预计可获得的最终用户					
获利能力： (1) 投资回收的可能性 (2) 今后5年的盈利可能性					

资料来源　甘碧群. 国际市场营销学［M］. 2版. 北京：高等教育出版社，2006：308-309.

（3）产品概念的形成与测试。构思只是一个概括性的考虑，有了构思之后还须进一步发展更具体、明确的产品概念。产品概念是指已经成型的产品构思，即用文字、图像、模型等予以清晰阐述，使之在顾客心目中形成一种潜在的产品形象。一个产品构思能够转化为若干个产品概念。

一般而言，产品概念要明确以下几个问题：谁使用该产品？该产品提供的主要利益是什么？何时使用该产品？企业对每一个产品概念都要进行定位，以了解同类产品的竞争状况，优选最佳的产品概念。选择的依据是未来国际市场的潜在容量、投资收益率、销售成长率、企业生产能力以及对企业设备、资源的利用率等。

新产品概念测试主要是调查消费者对新产品概念的反应，对产品概念的可传播性和可信度、与现有产品的差距大小、消费者对产品的认知及购买意图等方面进行调查分析。

（4）制订营销规划。根据产品概念拟订营销规划是开发新产品过程中的一项重要任务。企业选择了最佳的产品概念之后，必须制订把这种产品引入市场的初步营销计划，并在未来的发展中不断完善。初拟的营销计划包括三个部分：描述目标市场的规模、结构、消费者的购买行为、产品的市场定位，以及短期（如三个月）的销售量、市场占有率、利润率预期等；概述产品预期价格、分销渠道及第一年的营销预算；分别阐述较长期的销售额和投资收益率，以及不同时期的市场营销组合等。

（5）商业分析。这是指从财务的角度对新产品概念进行分析，分析新产品概念是否符合企业经济效益目标。它包括两个具体步骤：预测销售额；估算成本与利润。

预测新产品销售额可参照国际市场上类似产品的销售情况，并考虑各种竞争因素，分析新产品的市场地位、市场占有率等。

成本包括生产成本和营销成本。若产品在国内生产，成本较为容易估算，若在海外生产，则难度加大。由于新产品在各个国家的份额不同、营销策略不同，所以在各国的营销费用也不相同。企业可借助外国经销商和分公司的帮助完成对新产品的商业分析，具体估算可采用现金流量表进行分析预测，也可用损益平衡模式进行估算。

（6）新产品实体开发。这主要是将通过商业分析后的新产品概念交送研究开发部门或技术工艺部门试制成为产品模型或样品，同时进行包装的研制和品牌的设计。这是新产品开发的一个重要步骤，证明这种产品概念在技术、商业上的可行性。

其具体步骤为：从技术和经济角度将产品概念中规定的新产品性能、指标和要求进一步具体化，即具体规定新产品的结构、尺寸、型号、制造材料等，确定制造工艺、构件的种类和数量，制定各种技术文件，对新产品的原理和结构进行研究；准备新产品的设计图纸、工艺文件和装备试制样本；对新产品样本进行测试，看是否符合产品概念的要求，是否能正常发挥功能，是否符合成本要求；企业领导者、技术人员、生产人员、营销人员对新产品进行鉴定。

（7）市场试销。新产品能否真正符合消费者的需求、获得青睐，还要市场来检验。在大规模推出之前，进行产品的试销是大多数企业所采取的做法。通过市场试销，企业能够了解新产品的发展前景，为改进产品和完善营销策略提供信息。同时，试销会增加企业的成本，而且试销时间一般在一年以上，在某些情况下会给竞争者可乘之机。由于市场复杂多变，新产品试销成功并不代表未来一定会成功，因此企业要根据新产品的特点和试销的利弊决定是否试销。若要进行试销，则要考虑在与目标市场尽可能接近的市场上进行，选择适当的试销方法，及时对试销的信息资料进行搜集、整理和分析。

（8）商业性投放。新产品试销成功后，就可以正式批量生产，全面推向市场。这时，企业要支付大量费用，但新产品在投放初期往往利润微小，甚至亏损。因此，企业在此阶段应对产品投放国际市场的时机、区域、目前市场的选择和最初的营销组合等方面做出慎重决策。

9.2 国际市场定价策略

价格是市场营销组合的一个重要因素。产品价格的高低直接决定着企业的收益水平，也影响到产品在国际市场上的竞争力。国内定价原本就很复杂，当产品销往国际市场时，运费、关税、汇率波动、政治形势等因素更增加了定价的难度。所以，企业必须花大力气研究确定国际营销中的定价策略。本节拟阐述影响定价的主要因素、定价方法、定价策略、调价策略、定价趋势等国际定价基本问题。

9.2.1　国际市场定价的影响因素

1）定价目标

国际企业在为产品定价时，首先要考虑企业的定价目标。面对不同的海外市场，企业的定价目标不可能完全一样。有些企业将国内市场作为主导市场，而将海外市场看作国内市场的延伸和补充，往往会采用比较保守的定价策略；有些企业将国际市场和国内市场并重，甚至把国内市场当作国际市场的一部分，往往采取进取型的定价策略。企业针对各个海外市场设定的不同目标，对定价策略也有很大影响。

企业的定价目标主要有以下几种：

（1）维持生存。企业生产能力过剩，在国际市场面临激烈竞争而出口受阻时，为了确保工厂继续开工和使存货出手，企业必须制定较低的价格，以求提高销量。此时，企业把维持生存作为主要目标。

（2）当期利润最大化。企业出于对目标市场政治形势和经济形势复杂多变等原因的考虑，希望以最快的速度收回初期开拓市场的投资并获取最大的利润，往往会在已知产品成本的基础上，为产品确定一个最高价格，以求在最短时间内获取最大利润。企业采用这种定价策略会面临两种风险：第一，追求当前利润最大化有可能损害企业的长远利益；第二，对产品的需求弹性的测定和对产品生产、销售总成本的预计往往会有偏差，由此定出的价格可能不够准确，企业可能会因定价过高而达不到预期销售量，或者因定价过低而蒙受损失。

（3）市场占有率最大化。采用这种策略须具备如下条件：目标市场的需求弹性较大，定价偏低能刺激市场需求；随着生产、销售规模的扩大，产品成本有明显的下降；低价能吓退现有的和潜在的竞争者。

（4）产品质量最优化。质量领先的产品售价往往比处于第二位的产品售价高出很多，以弥补质量领先所伴随的高额生产成本和研发费用。因此，采用这种策略的企业需要在生产和市场营销过程中始终贯彻产品质量最优化的指导思想，并辅以相应的优质服务。此外，有些企业还考虑其本身或产品在国际市场上的形象，并以此作为定价目标。

2）成本分析

成本核算在定价中十分重要。产品销往的地域不同，其成本组成也就不同。出口产品与内销产品即使都在国内生产，其成本也不完全一样。如果出口产品为了适应海外的度量衡制度、电力系统等特殊要求而做出了改动，产品成本就可能增加；反之，如果出口产品被简化或者去掉了某些功能，生产成本就可能降低。

国际营销与国内营销的成本构成差异很大。例如，运费、保险费、包装费等在国际营销成本中占有较大比重，而另外一些成本项目，如关税、报关费、文件处理费等，则是国际营销所特有的。

（1）关税。关税是进出口产品经过一个国家（地区）的关境时，由政府所设置的海关向其进出口商所征收的税收。关税是国际贸易最普遍的特点之一，对进出口产品的价格有直接的影响。征收关税可以增加政府的财政收入，而且可以保护本国或本地区市场。关税额一般用关税率来表示，可以按从量、从价或混合方式征收。事实上，进出口产品缴纳的报关费、商检费等其他管理费用也是一笔不小的数额，这成为实际上的另一种关税。此外，各国还可能征收交易税、增值税和零售税等，这些税收也会影响进出口产品的最终售价。

（2）中间商与运输成本。各个国家的市场分销体系与结构存在很大的差别。在有些国家，企业可以利用比较直接的渠道把产品供应给目标市场，中间商负担的储运、促销等营销职能的成本也比较低。在另外一些国家，由于缺乏有效的分销系统，中间商进行货物分销必须负担较高的成本。进出口产品的价格还包括运输成本。据了解，全部运输成本约占进出口产品价格的15%。

（3）风险成本。在国际营销实践中，由于货款收付等手续花费时间较长，因而增加了融资、通货膨胀以及汇率波动等方面的风险。此外，为了减少买卖双方的风险及交易障碍，经常需要银行信用的介入，这也会增加成本。这些因素在国际营销定价中均应予以考虑。

【观念应用9-4】

优衣库的低成本竞争优势

优衣库的成本优势主要在于减少SKU（库存单位）数量，降低成本压力，注重精细化管理和领先的SPA（Specialty Store Retailer of Private Label Apparel，即自有品牌专业零售商）供应链管理。

由于服装行业具有消费个性化、潮流变化快等特点，过高的SKU容易导致库存压力，过低的SKU容易导致产品供不应求，因此合适的库存率对于服装企业来说至关重要。优衣库核心瞄准Uniqlo U、Sport、Knit、Jogger 4种场景基本服饰，满足消费者对服装和生活品质的需求。其SKU保持在1 000款左右，相比其他全球性快时尚品牌，优衣库SKU数量相对较少，所以库存压力较小，这有利于使库存周转效率处于良性状态，也有利于公司对于服装款式的调整和转变。

1998年，优衣库实施ABC（All Better Change）改革，使得公司转变为SPA模式。ABC改革主要包括生产、店铺运营、库存管理、团队建设等方面，使得公司掌控服装产业链中商品企划、面料开发、生产加工、物流销售各个环节，真正实现将生产与销售打通，提高产品与需求之间的匹配度。

（1）规模化生产与品控。服装行业要从分散密集的加工转为高效规模化的生产就必须推动工厂的整合，提高服装生产的自动化率，优衣库将中国140家服装加工厂缩减成40家，增强了成本控制能力和生产管理能力，并且根据销售规划减少SKU数量，进一步缩减成本。另外，优衣库委派管理人员和熟练工人常驻服装加工厂，保障产品质量。

（2）供应链掌控。采用SPA模式，对于供应链各环节的掌控能力增强，对于产品纤维、坯布、染色、裁剪、缝制、成衣、仓储运输等环节均有控制，相比于传统服装而言，更加保障了产品的质量，也缩短了业务环节，提高了整体的利润率。

（3）库存管理。消费者经常根据季节及时尚流行趋势调整着装，而且不同消费者的年龄、身材、偏好不同，服装作为非标品销售周期很短，库存是行业面临的最大的问题。优衣库确定了每周一次的例会制度，在例会上汇总旗下门店销售数据并及时调整生产和促销策略，提高生产和需求之间的匹配度，实现迅速锁定畅销产品。

资料来源 李思聪. 从优衣库的发展和优势看中国服装［EB/OL］.（2021-06-28）［2025-01-05］. https://ecoapp.qianzhan.com/detials/210628-7eec1f3e.html.

3）市场需求

产品的最低价格取决于它的成本，而最高价格则取决于它的市场需求状况。各国的文化背景、自然环境、经济条件等因素之间的差异性，决定了各国消费者的消费偏好不尽相同。对某一产品感兴趣的消费者的数量和他们的收入水平，对确定产品的最终价格有重要意义。即使是低收入消费群体，对某产品的迫切需要也会导致这种产品能够卖出高价，但仅有需求是不够的，还需要支付能力作为后盾。所以，外国消费者的支付能力对企业出口产品定价有很大影响。企业要详细了解目标市场消费者的需求与支付能力，还需要深入研究他们的习俗及收入分布情况。

4）市场竞争结构

在产品成本和市场需求之外，企业具体的定价还取决于竞争者提供的同种产品的价格水平。与国内市场不同，企业在不同的海外市场面对着不同的竞争形势和竞争对手，竞争者的定价策略也千差万别。因此，企业必须针对不同的竞争状况制定相应的价格策略。竞争限制了企业的定价自由，企业不得不制定适应市场的价格。除非企业的产品独一无二并且受专利保护，否则没有可能实行高价策略。

根据行业内企业数目、企业规模以及产品是否同质三个条件，国际市场竞争结构可以划分为下列三种情况：

（1）完全竞争。价格主要取决于市场供求状况。

（2）不完全竞争。企业可以根据不同产品的成本、质量、促销力量等因素来制定价格；同时，应特别注意替代品的价格竞争。

（3）寡头竞争。因为竞争者少，价格受主要竞争者行为的影响。如果存在价格协议、默契，就会出现垄断价格，致使企业只能采用跟随价格。

5）政府的价格调控政策

东道国政府可以从很多方面影响企业的定价策略，如税收、汇率、利息、竞争政策以及行业发展规划等。一些国家为保护民族工业而制定的关税和其他限制政策使得进口商品成本显著提高。出口企业不可避免地受到各国政府对价格的调控政策的限制，如政府对进口商品实行的最低限价和最高限价都约束了企业的定价自由。

即使东道国政府的干预很小，企业仍面临如何对付国际价格协定的问题。国际价格协定是同行业各企业之间为了避免恶性竞争，尤其是竞相削价而达成的价格协议。这种协议有时是在政府支持下由同一行业中的企业共同达成的；有时是由政府直接出面，通过国际会议达成的多国协议。企业必须注意目标市场的价格协议，同时关注各国的公平交易法（或反不正当竞争法）对价格协定的影响。

本国或本地区政府对出口产品实行价格补贴，可以降低出口产品价格，增强产品的国际竞争力。例如，美国政府对农产品实行价格补贴，可以提高其农产品的国际市场竞争力；我国的出口产品退税制度也是为了增强出口产品的竞争力。

【观念应用9-5】

苹果在印度市场面临的价格挑战

市场研究公司Counterpoint的数据显示，2021年第四季度iPhone在印度销量增至230万部，较上年同期增长34%。中国的小米和韩国的三星电子当季分别售出了930万部和720万部智能手机，在销量方面处于领先地位。

然而，根据Counterpoint的计算，由于iPhone的高价，苹果的收入似乎比任何竞争对手都要高。据估计，苹果第四季度的营收为20.9亿美元，略高于三星，后者约为20亿美元。

"这是苹果在印度的一个转折点，"Counterpoint技术市场研究（Counterpoint Technology Market Research）公司孟买合伙人兼研究主管尼尔·沙阿（Neil Shah）说。"在疫情期间，印度人愿意花钱购买高端手机，因为每个人的生活都围绕着他们的手机，而没有其他东西可以买。"

虽然苹果凭借iPhone的受欢迎程度成为世界上最有价值的公司，但它在当时拥有13亿人口的印度市场却举步维艰。价格昂贵的iPhone远远超出了许多当地消费者的承受能力，而苹果在国外生产的手机要缴纳的高额进口关税更是加剧了这种情况。

2018年，苹果在印度遭遇了多名高管离职、销售下滑，其在线折扣的做法更是激怒了当地零售合作伙伴并引发抗议。当年苹果全年卖出了180万部iPhone，低于最近一个季度的销量。然而，自那以后，这家科技巨头的战略发生了大转变。它在印度开设了自己的网上商店，简化折扣政策，并开始在当地制造iPhone。该公司计划在未来几个季度在印度多个城市开设自营零售店。

　　在 2021 年 10 月至 12 月印度节日购物和送礼季期间，苹果将其基本款 iPhone 12 定价不到 5 万卢比（合 668 美元），并提供现金返现奖励和简易付款计划。

　　根据世界银行的数据，苹果在印度仍然很难销售其 iPhone 产品，该国 2020 年的人均收入不到 2 000 美元。Counterpoint 数据显示，在最近一个季度，iPhone 在印度的平均售价为 908 美元，而三星的售价为 278 美元，小米的售价为 172 美元。

　　虽然苹果的市场份额有所上升，但当季仍保持在 5% 以上的个位数水平。印度人在此期间购买了 4 400 万部智能手机。

　　资料来源　佚名. 苹果在印度取得进展 iPhone 季度销量创纪录增长 34%〔EB/OL〕.（2022-03-03）〔2025-01-05〕. https：//baijiahao.baidu.com/s？id=1723750775242562995&wfr=spider&for=pc.

9.2.2　国际市场的定价方法

　　国际市场的定价方法主要包括三种：成本导向定价法、需求导向定价法和竞争导向定价法。

　　1）成本导向定价法

　　成本导向定价法是主要以成本为依据决定产品销售价格的定价方法。具体可分为成本加成定价法、目标利润定价法和边际成本定价法。

　　（1）成本加成定价法。成本加成定价法是以产品成本为基础，加上预期利润，结合销售等有关情况，确定产品价格的方法。其主要的优点体现在成本相对于需求而言不确定性较小，根据成本进行定价，可以大大简化定价的过程。其缺点主要是忽视了市场供求关系的变化及影响产品销售的其他因素，当市场出现供大于求或供不应求的状况时，如果未能及时调整价格，就会造成损失。

　　成本加成定价的计算公式为：

$$P=C（1+R）$$

　　式中：P 为单位产品售价；C 为单位产品成本；R 为成本加成率。

　　其中，C 除了指产品的制造成本以外，在打入国际市场的过程中还要考虑其特有的成本项目，包括关税、保险费、运费、外销中间商毛利、融资和风险成本等，根据这些成本由生产商、出口商还是进口商承担，决定是否计入产品的总成本。在国际营销实践中，有时根据长期积累的经验，将上述因素简化为一个固定的加成比率，加在原有国内市场的加成率上，来确定产品价格。

　　我国企业在运用成本加成定价法时特别要注意海外市场对倾销的认定。由于我国劳动力成本较低因而产品的价格较低，在海外市场销售时，有时会被他国政府认定为倾销而征收很高的反倾销税。

　　（2）目标利润定价法。目标利润定价法又称为投资收益率定价法，是根据企业的总成本和计划的总销售量，加上按投资收益率确定的目标利润作为销售价格的定价方法。

　　目标利润定价的计算公式为：

$$P=（C+R）/Q$$

　　式中：P 为单位产品售价；C 为总成本；R 为目标利润；Q 为总销售量。

目标利润定价法强化了企业管理的计划性，能较好地实现投资回收计划。其不足在于，价格是影响销售量的重要因素，对销售量的预计是否准确将影响最终市场的状况。

（3）边际成本定价法。边际成本定价法是指产品售价以边际成本为基础，价格或收益大于边际成本或高于可变成本。面对供大于求的国际市场，许多企业在保持本国或本地区市场定价较高、受到本国或本地区政府关税壁垒保护维护市场份额的同时，看准机会采用边际成本定价的方式大举进军国际市场。

采用此方法也有一定的风险，由于根据变动成本确定的价格往往低于产品在国内市场的价格，因而可能会受到目标市场国家的倾销指控。

2）需求导向定价法

需求导向定价法是指根据海外市场需求强度和消费者对产品价值的理解来制定产品销售价格。此方法主要是考虑顾客可以接受的价格以及在这一价格水平上的需求数量，而不是产品成本。当然，在此方法下，也要顾及成本，若售价低于成本，企业当然无利可图。需求导向定价法可分为差别定价法、倒推定价法和感受价值定价法。

（1）差别定价法。差别定价法是指根据地域的差别、消费者群的差别、产品的差别及消费时间的差别等引起的不同需求而制定不同的价格。实行差别定价的国际市场应具有以下特点：商品不会因价格的差异由低价市场流向高价市场，即市场之间是隔离的；高价市场上不会有竞争者的削价竞争；差别定价不会引起消费者的抱怨。

（2）倒推定价法。倒推定价法是指企业先根据海外市场上同类产品的价格估算本企业产品在海外市场上的零售价格，然后扣除中间商的利润、关税、运费等，倒推出产品的出厂价格，再同成本比较，定出最后的价格。此种定价策略把东道国的市场条件包括市场环境、供求关系和竞争状况等作为影响定价的重要因素，是以东道国市场终端价格为中心的定价策略，即买方导向的定价策略。表9-3是以倒推定价法计算出口净售价的示例。

表9-3   **倒推定价法计算表**   单位：美元

外国市场终端价（基本价）	100.00
减去40%零售毛利	−40.00
零售商成本	60.00
减去9%进口商或经销商毛利	−9.00
进口商或经销商成本	51.00
减去关税	−5.10
CIF价	45.90
减去运费、保险费	−5.00
出口净售价	40.90

（3）感受价值定价法。感受价值定价法是指企业根据消费者对商品价值的理解和认识程度来制定价格。"感受价值"是顾客在观念上所认同的价值，并不是产品的实际价值，不是由成本来决定的。跨国企业可以运用各种营销手段影响海外消费者对其产品的感受，使之形成对企业有利的价值观念，从而根据产品在其心目中的位置来确定销售价格。感受价值定价的关键在于准确地分析产品所提供的全部市场感受价值。对感受价值估计过高或过低，都将影响消费者的接受程度，因此，为准确地把握市场感受价值，必须进行国际市场调研。

3）竞争导向定价法

竞争导向定价法是指高度关注竞争对手的价格，以竞争对手的价格作为定价的主要依据。企业可以从竞争的角度制定出高于、低于或近似于竞争对手的价格。竞争导向定价法主要有三种形式：

（1）随行就市定价法。随行就市定价法是指企业产品的价格紧跟同行业主要竞争对手的产品价格，与其保持一致，是一种比较被动的定价方法。此方法一般要求同行业内部不同企业在定价时要相互协调，在供过于求的行业尤为突出。在一些国家，这种价格的协调会受到反垄断法的禁止。

（2）密封投标定价法。企业参加国际市场上的招标订货时，预计竞争者的报价，并提出比预计的竞争者的报价更低的价格，以便能够中标。

（3）正面竞争定价法。采用此方法的企业与竞争对手进行正面的竞争，以低于竞争对手价格的优势进入市场，试图击败竞争对手，取得更大的市场份额。在提供同类产品的企业数目较多、市场份额不够集中的市场环境下，规模较大的企业常用此策略来蚕食相对弱小的企业的份额。

【观念应用9-6】

三星手机改变策略：性价比+线下体验+黑科技

2019年三星手机改变了以往的策略，S系列更大的运存和三星S10e的发布就是一个信号。当三星在国内发布A系列的时候，这种改变和妥协更加明显：更多的线下体验、更好的性价比和更激进的黑科技。当然，这很有可能是看到老对手iPhone在中国市场被迫降价后才做出的调整。

线下体验

2019年4月17日三星不仅在苏宁总部举行了A系列新品发布会，还同时在全国23个城市举办了A系列新品品鉴会。同时，三星和苏宁易购签订了战略合作协议：苏宁易购将协助三星打通线上线下渠道，加速零售业门店的覆盖，通过线下体验和渠道让用户亲身体验三星手机的卖点和实力，以此换取消费者的信赖和支持。毕竟在国内仅靠性价比，三星手机必败。

性价比

2019年三星推出的全新A系列手机具有一定的性价比和亮点，特别是三星A40搭载Exynos7904处理器，5 000毫安大电池，15W快充和后置1 300万主摄+500万超广角+500万TOF的三摄组合。这样的配置和1 499元的价格在三星手机上很少见，在国内市场上也可圈可点。这样的价格也是三星手机向中国市场妥协的主要表现形式。

激进技术

在全新的A系列上，三星首发了很多激进的技术，甚至有吊打旗舰机的意思：三星A80的后置升降旋转三摄解决方案（三星S10系列为挖孔屏），三星A70的25W快充（三星S10系列最高为15W），6.7英寸的屏幕（三星S10系列最大为6.3英寸），屏幕发声技术等。三星的策略是在旗舰机上稳步前行，在中端机上测试和完善新功能与技术，同时给中端机带来更多卖点。

资料来源　亓纪．又一国际大厂向中国市场屈服：性价比+线下体验+黑科技［EB/OL］．（2019-04-19）［2024-12-15］．https://www.bilibili.com/opus/244020735886822845.

【小思考9-3】

国际市场三种定价方法的主要区别是什么？

答：定价的基础和考虑的角度不同。成本导向定价法是以成本为定价基础的，企业主要考虑在回收各种成本的基础上获得目标利润或边际收益；需求导向定价法是以顾客需求为基础的，企业主要从目标顾客需求强度和感知价值角度来定价；竞争导向定价法基于对竞争者价格的关注，企业主要考虑制定比对手更有竞争力的价格。

9.2.3　国际市场定价策略

跨国企业在定价时，有多种策略可以选择，常见的有如下几种：

1）新产品定价策略

跨国企业在给新产品定价时，根据目标不同有两种策略可供选择，即撇脂定价策略和渗透定价策略。

（1）撇脂定价策略。这种定价策略是在新产品刚进入国际市场的阶段把价格定得很高，尽可能在产品的生命周期之初赚取最大利润，正如在鲜奶中撇取油脂一样，因而得名。其优点在于：可以快速回收投资；便于价格调整；便于控制需求。其缺点主要在于：高价格会吸引竞争者进入；在新产品投放国际市场的初期，高价可能不利于市场的开拓。

在国际市场上采取该策略的适用条件包括：市场需求缺乏弹性，有足够的购买者；高价导致需求减少所引起的单位成本增加不至于抵消高价带来的收益；存在较高的行业壁垒；可以通过高价树立高档的形象；企业生产能力有限，通过高价来限制需求。

【观念应用9-7】

特斯拉为什么能用好撇脂定价策略

2022年10月24日，特斯拉官方微博发布，国产Model 3及Model Y再降价。其中，Model 3降幅为1.4万~1.8万元，最新起售价为26.58万元；Model Y降幅为2万~3.7万元，最新起售价28.89万元。几家欢喜几家愁，没买的都乐了，买到手的都哭了，尤其是压了货的二手车商，真金白银就这么打了水漂啊。

拓展阅读
9-2

降价消息一出，已经购车的车主没法平静。新车刚开了2天就贬值了几万元，换做是谁心里都不会太好受，维权、拉条幅之类的行为也就在情理之中。

和二手车商相比，车主的损失顶多算小刮小蹭，受伤最深的还是二手车商。其实特斯拉的价格一直以来是有涨有跌，当然总的趋势是逐步下降。2022年，由于供应链压力增大和原材料价格上涨，特斯拉的售价一路是上涨的态势，这就给人以具备保值性的错觉。有的二手车商为此喜欢上了囤积特斯拉，打算高买高卖赚差价。特斯拉新车的降价令二手车商措手不及，他们高价进的货，只能低价卖了。

这次降价的幅度在1.4万至3.7万元，Model Y价格最高时为35.79万元，一年期二手车可以卖35万元。这次降价后，估计一年期二手车直接跳水到30万元以内。粗略估计，库存有50台的车商，亏损在100万元以上。

价格门槛的降低，无疑会带来销量的上涨。Model Y本就是特斯拉畅销车型，超出预期的大幅降价立即引起了反应，有网友曝出：特斯拉门店座无虚席，想买车的消费者甚至排到了门外。

特斯拉的目的也的确包含缓解销售压力的成分。新能源汽车市场一直很热，竞争已经到了白热化阶段，仅2022年9月份，就有问界M5 EV、理想L8/L7、小鹏G9、零跑C01、飞凡R7等多款新车型发布上市。

比亚迪推出的汉，定价和车型都对标特斯拉。2022年前9个月，Model3在中国市场累计销售9.9万辆，同比下降11.4%，比亚迪汉则销售了18万辆，同比增长125.3%。

就连特斯拉的前董事会成员史蒂夫·威斯利也不得不承认比亚迪对特斯拉的威胁："我认为特斯拉第一次有了一个真正的挑战者，这个挑战者的名字叫比亚迪。"

面对特斯拉的降价，对手们肯定不会置之不理，不久之后，一些新能源车企迫于压力，也可能推出降价活动。

降价已成为特斯拉的常态，这是特斯拉规划好的策略：先给新产品定个高价，以豪车身份入市，激发一部分消费者的求新和求高心理，像撇取牛奶中的脂肪层一样先从他们那儿赚取一些高额利润，之后再逐步降低价格，一层一层撇掉油脂，通过降低门槛获得更大的客户群，从而占据更大的市场份额，市场份额扩大后，也就有了长期的竞争优势。

撇脂定价策略由来已久，当年宝洁公司初入中国，一瓶海飞丝的洗发水卖28元。那是在1988年，普通人的月工资只在100元左右，28元钱够买一个月的菜，这是妥妥的奢侈品。此后每过一段时间，海飞丝的出货量就会增加，生产规模也跟着扩大。随着产量、出货量的增加，固定成本摊薄，海飞丝也进入了寻常百姓家。还有诺基亚手机、索尼电视机、格兰仕微波炉，也都采用过类似的方法。

对于汽车制造商来说，一年生产10辆车的成本跟一年生产10万辆车的成本有着本质上的区别。只有车越卖越多，造车的成本才有可能越来越低。

比如，一个生产线投入1 000万元，如果生产1 000件产品，则每件产品的成本是1万元；如果生产1万件产品，则每件产品的成本是1 000元；如果生产10万件产品，则每件产品的成本只有100元。同理，随着生产规模的扩大，每辆车的成本会阶梯式下降。每辆车的成本降低后，又获得更大的定价优势，通过降价，进一步扩大产销规模，从而增加定价权，就这样不断循环增益。

一层层撇掉油脂，特斯拉可以做到不亏钱，但是产量不如特斯拉的厂商就不一定承受得了。面对特斯拉的进攻，跟或不跟都很为难。

资料来源　陈德军. 价格降了又降，特斯拉为什么能用好撇脂定价法？[EB/OL]. [2024-12-31]. https://auto.ifeng.com/c/8KYrp5rCyqW.

（2）渗透定价策略。渗透定价策略是指企业把新产品以相对较低的价格投入国际市场，从而吸引顾客，迅速打开市场，短期内获得较高的市场占有率，同时以低价吓退其他的市场竞争者。此方法的优点在于：可以迅速占领国际市场；有效阻止竞争者的进入。其缺点在于：不利于快速收回投资；不利于日后价格调整；容易留给顾客低价低质的印象。

在国际市场上采用该策略的适用条件包括：市场需求弹性大，顾客对价格十分敏感；规模经济效应明显；低价不会引起竞争者的报复和关于倾销的指控。

2）折扣与折让策略

跨国企业为鼓励顾客及早付清货款，进行大量购买或在淡季购买，可以通过折扣与折让的方式酌情降低价格。这主要包括以下几种情况：

（1）现金折扣。跨国企业在与顾客交易的过程中，为降低催收对方拖欠款项而增加的成本以及减少坏账的产生，企业常根据购买者的付款方式和付款时间的状况，在原价基础上给予一定的折扣。这是国际上通行的一种价格策略，以激励顾客及时付款、改善企业的现金流。

（2）数量折扣。数量折扣是指对购买量大的顾客给予价格优惠，以此激励顾客购买更多的产品。数量折扣又分非累进折扣和累进折扣两种。非累进折扣是指顾客一次购货数量越多，折扣越大，意在鼓励顾客一次性大量购买。顾客一次购买量大，卖方可以节省销售费用。累进折扣规定在一定时间内，如一个月或一年内，顾客购货达到一定数量时享受一定的折扣，累计的总数量越多，未来购买时能够获得的折扣就越大，意在促进买卖双方之间建立长期的、大量的购销关系。

（3）贸易折扣。贸易折扣又称功能折扣，是指跨国企业给予某些中间商（海外批发商、零售商等）的一种额外折扣，以促使他们愿意执行某种企业在国际市场上不便于执行的市场营销功能，如调研、储存、服务等。跨国企业运用此方法促进中间商发挥潜在的功能，以取得渠道的最佳使用效果。

（4）季节折扣。跨国企业针对季节性强的商品，往往向中间商或其他顾客提供季节折扣，以鼓励他们购货，从而减少自己的资金负担和仓储费用，也有利于资源的充分利用。例如，服装企业在夏季打折销售冬季服装，旅馆、航空公司在旅游淡季提供优惠价格。

3）心理定价策略

心理因素对顾客的购买决策产生重要影响，企业利用心理定价有利于增强市场吸引力。其主要包括：

（1）声望定价策略。声望定价策略是指依据顾客高价高质的心理，制定远高于其他同类商品的价格。有的顾客看重的是商标、品牌及价格能否显示他们的身份和地位。因此，企业可以在国际市场上制定远高于同类产品的声望价格。一般该策略适用于质量不易被觉察的产品、非生活必需品和具有民族特色的手工艺品等。

（2）尾数定价策略。尾数定价策略也称非整数定价策略，是国际市场上颇为流行的心理定价策略。在美国标价49美分的商品，其销售量远大于定价50美分的商品。尾数定价给顾客的心理信息是定价较低廉、精确，增加了顾客心理上的信任感。但是，对一些优质商品和高档商品不宜采用尾数定价法，而应考虑整数定价法。

（3）招徕定价策略。招徕定价策略是指企业暂时将少数几种商品减价出售，即推出特价商品，以此吸引顾客进店购买的定价策略。其主要目的不在于从这些特价商品上赚钱，而是把它们作为"诱饵"带动店内其他商品的销售，从而实现整体盈利。从企业的总销售量和总利润来看，这种定价策略往往是有利的。

4）地区定价策略

企业在国际市场上销售产品，由于不同市场的地理分布不同，其成本费用也存在差异，企业需要对在不同地区销售的产品制定出差异价格。地区定价的形式有如下几种：

（1）FOB原产地定价与CIF到岸价格。FOB原产地定价或称离岸价，就是企业只负责将这种产品运到某种运输工具上（如卡车、火车、船舶、飞机等）交货，交货后，从产地到目的地的一切风险和费用都由买方承担。采用这种定价方法，与企业距离近的买方负担的费用小，距离远的买方负担的费用大，有可能导致离得远的顾客不愿意购买该企业的产品，而选择离他们近、运费低的企业的产品，使该企业失去地理位置较远的市场。CIF到岸价是包括成本、保险费和运费在内的价格，与离岸价不同，出口企业要提供海外运输与保险。

（2）统一交货定价。统一交货定价和FOB原产地定价正好相反，它是指企业对于卖给不同地区顾客的产品，都按照相同的出厂价加相同的运费（按平均运费计算）定价，保证企业在全球市场上的顾客都能以相同价格买到同一产品。这种策略便于企业进行价格管理，有助于企业的产品在各国市场上保持价格的统一。很明显，这种策略有利于企业巩固和提高在距离远的目标市场上的占有率，但容易失去距离较近的部分市场。

（3）分区定价。分区定价是指企业把目标市场划分为若干区域，对于不同区域的顾客分别制定不同的价格。例如，在北美洲、欧洲和亚太地区制定不同的价格。产品在同一地区的价格相同，在不同地区的价格有差异，离得远的区域产品的价格略高一些。企业采用分区定价的问题表现在：在同一价格区内，有些顾客距离企业较近，有些顾客距离企业较远，对于前者而言价格就不合算；处在两个相邻价格区内的顾客，他们相距不远，但是要按高低不同的价格购买同一种产品，这可能导致中间商随意地跨区域销售，不利于企业对区域价格的控制。企业在划分区域时，要注意这些问题。

（4）基点定价。基点定价是企业选定某些地点作为基点，然后按同样的价格向其他地点供货，顾客购买价格的差异只包含离基点远近不同而产生的运费差异。采用这种方法，减少了顾客购买价格的差异，有利于统一产品的市场价格。企业可以选定多个基点，按照顾客离得最近的基点计算运费。例如，企业出口产品到欧洲，可将产品先运输到荷兰的港口，然后通过集装箱将产品运到欧洲各地。

（5）运费免收定价。有些企业为了尽快开拓某个国家的市场，自行负担全部或部分实际运费。企业认为，如果产品销量增加，其平均成本就会降低，能够弥补运费开支。采取运费免收定价策略，有利于企业在海外市场实现快速渗透，在新市场尽快站稳脚跟。

国际产品的价格并不是一成不变的，要根据国际市场供求关系和竞争状况的变化进行不断的调整，可能需要提价，也可能需要降价。使用提价策略时企业要考虑一些重要因素的影响，如通货膨胀、市场供不应求、竞争者提价等。提价策略可能会引发中间商、消费者甚至员工的不满，带来一定的风险，因而要十分慎重。在供过于求、竞争加剧、企业具有成本优势的情况下，企业可以降低价格，但同时要关注消费者和竞争者的反应，同样不能贸然行事。

9.2.4　国际转移定价

国际转移定价是指跨国公司的母公司与子公司之间或者子公司与子公司之间转移产品和劳务时所采用的定价方法。当今的国际贸易中有很大一部分是跨国公司的内部交易，由于跨国公司一般都实行分权管理、独立核算，母公司和子公司是不同的利益中心，为了评估各自的经营状况，必须为这种内部交易制定价格，即国际转移价格。这里简要地介绍转移定价的动机和方法。

转移定价的动机主要是利于跨国公司转移资金、合理避税以及规避风险，具体体现在：

（1）当产品从甲国向乙国转移时，如果乙国关税较高，并且是从价税，那么跨国公司可以将转移价格定得很低，以减少应缴纳的税金。

（2）如果某国征收的所得税很高，将产品转移到该国时，把转移价格定得低些，就可降低跨国公司在该国的利润，从而减少在该国应缴纳的所得税。

（3）如果某国实行外汇管制，对外国公司的利润汇出实行严格限制或征税，则跨国公司在向该国的子公司转移产品时，可将价格定得高些；产品由该国转出时，可将价格定得低些，以减少在该国的利润，避免利润汇出时的麻烦，也可少纳税。

（4）如果某国已经出现或即将出现较高的通货膨胀率，为了避免资金在该国大量积累，在向该国子公司转移产品时，可将价格定得高些；产品由该国转出时，可将价格定得低些。

【观念应用9-8】
"中国方案"推动国际税收合作
近10年来，国际税收领域发生了许多重大的事件，它们大都围绕一个主题，就是国际反避税。我国作为负责任的大国，自始至终推动国际税收合作，打击国际逃避税，成为重要的政策引领者，不断贡献"中国主张"和"中国方案"。

这一轮国际反避税行动还得从2008年全球金融危机说起。2008年，美国的次贷危机引爆了金融危机，并最终导致一场全球性的经济危机。经济衰退直接影响政府的钱袋子，此后，很多国家税收占国内生产总值的比重即宏观税负开始出现下降趋势。例如，2007年经济合作与发展组织（OECD）国家的宏观税负平均为32.88%，2008年降为32.3%，2009年更低至31.55%，一直到2014年才大体恢复到2007年金融危机前的水平（32.89%）。与此同时，各国的财政支出规模却因刚性作用而不断扩大。根据OECD的统计，从2007年至2019年，OECD国家人均财政支出年均增长1.2%，在35个成员国中有32个国家财政支出平均是正增长。在巨大的财政赤字压力下，各国一方面不断扩大债务规模以弥补财政收支缺口，另一方面愈加重视反避税问题，特别是跨国公司进行国际避税而导致的税基侵蚀和利润转移（BEPS）问题。据OECD估算，各国每年因国际避税而遭受的税收收入损失多达1 000亿～2 400亿美元，占各国企业所得税收入的4%～10%。为了堵住税收流失漏洞，2009年4月，二十国集团（G20）伦敦峰会呼吁各国共同采取行动，打击国际逃避税。2013年9月，G20领导人在圣彼得堡峰会上决定推出一整套应对BEPS的行动计划，并委托OECD牵头推进这项工作。OECD于2015年10月发布了由60多个国家共同参与的应对BEPS的15项行动计划研究成果。2016年6月，OECD／G20包容性框架成立，其成员已从最初的135个国家（地区）增加到141个国家（地区）。从2017年开始，包容性框架着手研究经济数字化对传统国际税收规则带来的挑战，并于2020年1月一致同意研究包含两个支柱的改革路径，其中支柱二通过制定全球最低税抑制税收逐底竞争，通过这种"釜底抽薪"的方式让跨国公司的低税利润"无处藏身"，故人们又把"双支柱"方案称为"BEPS2.0"。

我国作为负责任的大国，自始至终推动国际税收合作，与国际社会合力打击国际逃避税，更好维护国家税收权益。2014年11月，习近平主席在澳大利亚布里斯班G20峰会上提出，"加强全球税收合作，打击国际逃避税，帮助发展中国家和低收入国家提高税收征管能力"，描绘了我国税收工作在全球税收领域的坐标和方向。2020年11月，习近平主席在《求是》杂志发表文章指出："积极参与数字货币、数字税等国际规则制定，塑造新的竞争优势。"

现行的国际税收规则已经有将近百年的历史。长期以来，我国都是国际税收规则的接受者，而在应对BEPS国际税收规则的制定中，我国已成为参与和引导规则制定的重要力量。在多边国际税收谈判中，中方代表屡屡发出铿锵有力的"中国声音"；无论是BEPS1.0版还是BEPS2.0版，都体现了"中国主张"和"中国方案"。例如，"利润应在经济活动发生地和价值创造地征税"是应对BEPS行动计划中始终贯穿的一个重要指导原则，这一原则的确立就有中方的积极贡献，目前它已被视为国际反避税的共识性原则。又如，OECD在转让定价可比性分析中，引进了成本节约和市场溢价等区位特殊优势（LSAs）的理念，这一理念也是中方一直强调和坚持的。在"双支柱"方案的国际谈判中，中方主张"双支柱"方案设计应充分考虑各国国情和各方关切，通过多边协商共建公平、可持续的现代国际税收体系，在方案的具体设计上从协调新征税权和现有征税权的关系、减少对实质性经济活动的影响等角度提出了方案和建议。相关意见在达成的共识性成果中得到了体现。

我国不仅积极参加国际税收规则制定，还及时把应对BEPS行动计划中的一些政策建议落实到国内的税收法律法规中。例如，2016年6月，国家税务总局发布《关于完善关联申报和同期资料管理有关事项的公告》，将BEPS第13项行动计划"转让定价同期资料和国别报告"中所要求的国别报告和同期资料引入国内税收管理。2016年10月，国家税务总局发布《关于完善预约定价安排管理有关事项的公告》，将BEPS第14项行动计划"使争议解决机制更有效"的一些政策建议融入其中。2017年3月，国家税务总局发布《特别纳税调查调整及相互协商程序管理办法》，将BEPS第8～10项行动计划中关于转让定价方面的一些政策建议在国内法规中予以体现。为了执行BEPS第15项行动计划"开发多边工具以修改双边税收协定"，我国于2017年6月与其他67个国家一道，首批联合签署了《实施税收协定相关措施以防止税基侵蚀和利润转移的多边公约》。该公约旨在将BEPS项目的研究成果一揽子应用于全球3 000多个双边税收协定，从而大大减轻各国分头修改双边税收协定的成本。该公约于2022年9月1日对我国生效。2018年2月，国家税务总局发布《关于税收协定中"受益所有人"有关问题的公告》，借鉴BEPS第6项行动计划"防止税收协定待遇的不当授予"，对我国税法中受益所有人概念以及判断标准和判断方法进行了完善。

值得指出的是，在应对BEPS行动计划推出之前，我国税务机关就十分重视国际反避税工作。早在2012年4月，国家税务总局就发布了《关于加强国际税收管理体系建设的意见》，提出"加强反避税管理，防范我国税基受到侵蚀和属于我国的税源流失境外"。2013年8月，我国签署了《多边税收征管互助公约》。签署各方将在税收征管方面相互提供协助，例如情报交换、税款追缴纳或文书送达等。2015年12月，国家税务总局签署了《金融账户涉税信息自动交换多边主管当局间协议》，为与世界各国（地区）税务主管当局相互交换金融账户涉税信息提供了操作指引。

拓展阅读
9-3

资料来源　朱青."中国方案"推动国际税收合作［N］.中国税务报，2022-10-19（06）.

9.3 国际市场分销策略

9.3.1 国际分销渠道概述

1）国际分销渠道的概念

国际分销渠道是指在国际营销中商品的流通渠道，是产品由生产者向海外消费者（用户）转移所经过的通道，亦指生产者经过（或不经过）国际中间商转移到海外最终消费者（用户）的全部市场结构。国际分销渠道一般包括三个基本因素：生产者、中间商和最终消费者。生产者和最终消费者分别居于起点和终点。企业在销售产品或服务的过程中，经由不同的中间商，选择不同的分销策略，会形成不同类型的国际分销渠道。

国际营销与境内营销所面临的市场环境不同，其分销渠道也不尽相同。其主要差别在于：

（1）国际市场消费者与生产者存在国籍、民族、语言、风俗、习惯等的差别，双方的沟通较境内市场存在更大的障碍。此外，由于地域不同，商品的转移从时间和空间上都较境内市场远，经营上的难度和风险更大。

（2）在不同国家，中间商层次的多少、规模的大小不尽相同，而且国与国之间的中转环节还会有国际中转商的加入，这就使得国际营销中的分销较境内营销中的分销更为复杂。

（3）各国市场的分销渠道往往有其约定俗成的习惯、传统及惯例，这些也是企业在国际营销中应重视的因素。

总之，国际分销渠道不同于境内分销渠道，其原因在于目标市场上和业务上影响分销决策的诸多因素的变化。因此，当企业进入国际市场时，国际营销经理必须分析已有的分销渠道，并决定是否利用这些渠道或采取其他可行的方案，以便有效地进入目标市场。

2）国际分销渠道的分类

国际分销渠道是比较复杂的，除涉及出口国和进口国外，还因中间商的结构不同而具有不同的形式。分销渠道按照结构和特点可以划分为以下几种类型：

（1）长渠道和短渠道。产品在从生产者流向最终消费者或用户的过程中，每经过一个对产品具有拥有权或负有销售责任的机构，称为一个"层次"。经过的层次越多，分销渠道就越长；反之，经过的层次越少，分销渠道就越短。我们将层次多的分销渠道叫作长渠道，层次少的分销渠道叫作短渠道。

消费品的国际分销渠道与工业品的国际分销渠道在基本结构上相似，但后者比前者少一个零售商的层次。如图9-4所示，在消费品的国际分销渠道中，A 为两个层次，B 为三个层次，C 为四个层次，D 和 E 都为五个层次，F 为六个层次。其中，A 渠道最短，F 渠道最长。工业品的国际分销渠道如图9-5所示，A′ 为两个层次，渠道最短，E′ 为五个层次，渠道最长。

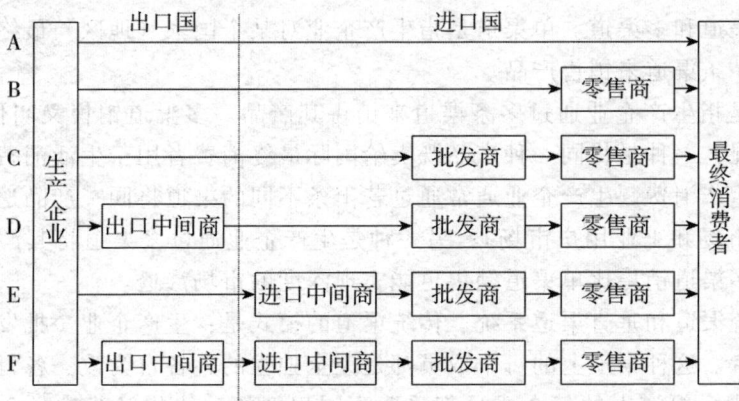

图9-4　消费品的国际分销渠道

（2）宽渠道和窄渠道。渠道的宽度是指一个渠道的每个层次中使用同种类型中间商数量的多少。同一层次中使用同类中间商数量多的为宽渠道，使用同类中间商数量少的为窄渠道。国际市场中的中间商包括出口中间商、进口中间商、批发商和各种类型的零售商。如果某种产品（如纺织品）的生产企业通过许多进口中间商、批发商和

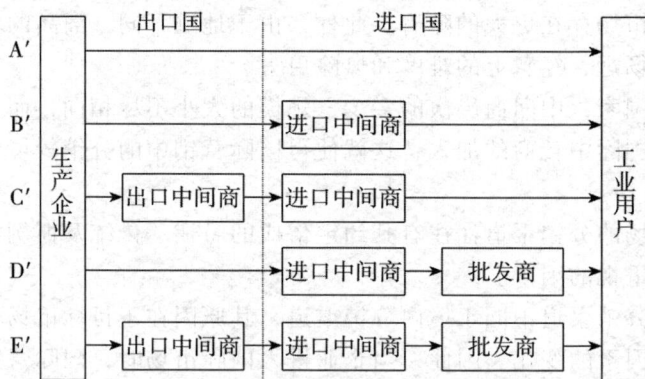

图9-5　工业品的国际销售分销渠道

零售商将其产品销售到世界许多国家（地区）的广大消费者和用户手中，则这种产品的分销渠道就为宽渠道。如果某种产品（如专用机床）的生产企业只通过很少的进口中间商、批发商和零售商推销其产品，或在某一国家（地区）只授权一家中间商经营其产品，则这种产品的分销渠道就为窄渠道。

（3）直接渠道和间接渠道。直接渠道是产品从生产者流向最终消费者或用户的过程中不经过任何中间商的分销渠道，即由生产者将其产品直接销售给最终消费者或用户。直接分销渠道包含两个层次，是最短的分销渠道。

间接渠道是产品从生产者流向最后消费者或用户的过程中经过若干中间商转手的分销渠道，即生产者通过若干中间商将产品转卖给最终消费者或用户。间接渠道是有两个层次以上的渠道。在西方国家，大多数消费品从生产者流向最终消费者的过程中都要经过若干中间商转手，也就是说，间接渠道是消费品分销渠道的主要类型。此外，有些工业品（如单价较低的次要设备、零件、原材料等）也要通过若干中间商转卖给工业用户。

（4）单渠道和多渠道。单渠道是指生产企业对某个国家（地区）最终消费者（用户）只通过一条渠道来销售产品。

多渠道是指生产企业通过多条渠道来销售其产品。多渠道销售又叫作双重分销，它有两种情况：一种是将同一种产品既卖给国际最终消费者用于生活消费，又卖给产业用户用于生产消费，生产企业通常通过若干条不同的渠道将同一产品送到不同的市场（消费者市场和工业用户市场）；另一种是生产企业通过多渠道将其产品送到同类顾客手中。多渠道销售比单渠道销售更能实现深度的市场渗透。

（5）传统渠道和垂直渠道系统。传统渠道的模式是：生产企业→批发商→零售商→最终消费者。这种渠道上的每个成员都是完全独立的，各自为政、各行其是。在垂直渠道系统中，渠道上的每个成员都采取不同程度的一体化经营或联合经营。一方面，大公司为了控制和占领市场，实现集中和垄断，往往采取一体化经营、联合经营的方式；另一方面，广大中小批发商、零售商为了在激烈的竞争中求得生存和发展，也往往走联合经营的道路。

3）国际营销中的中间商类型

从事国际营销活动的中间商很多，各国中间商的组织形式和名称不尽相同。从经营进出口业务的角度来说，中间商可分为出口组织和进口组织。

（1）出口组织。出口组织又可分为几种类型：

一种是厂家自设的出口机构。在国际市场营销中，很多企业为了更有效地争夺、占领市场，避免把一部分利润分享给中间商，同时为了加强对海外市场的控制和管理，往往在境内或者境外自设出口机构。特别是产品多样化、技术复杂、有特殊专利或品牌产品、需要特殊人员进行推销的企业，更倾向使用自己的销售机构组织出口。这些出口机构承担起中间商的任务，从事直接出口业务。例如，某公司在境内专门设立一个出口部或出口公司，直接对外联系业务，负责该公司出口方面的具体业务。再如，某公司在海外的目标市场上设立子公司负责当地的产品销售。

另一种是出口中间商。从事出口业务的中间商又有出口商和出口代理商之别。

①出口商（export merchant）。凡经营出口业务，以自己的名义在本国或本地区购买商品，再销售给海外客户以获取商业利润的贸易批发商，均称为出口商。

②出口代理商（export agent）。凡接受本国或本地区卖主委托，在协定条件下，代委托人向国际市场销售商品，不以自己的名义向卖主购进货物，并且收取佣金作为报酬的机构或商人统称为出口代理商。

出口代理商又有不同的类型和名称：

一是推销代理商（selling agent）。推销代理商接受生产厂商的长期委托，向海外推销其全部产品。该推销代理是用生产厂商的名义对外推销，实际上已成为生产厂商的出口部，除了按营业额收取一定比例的佣金外，还可由委托人付给一定的津贴。

二是厂家出口代理商（manufacture's export agent，MEA）。厂家出口代理商接受生产厂商短期委托，代其向海外市场推销其产品。厂家出口代理商对外是以自己的名义开展经营活动的，以佣金为其收益。

三是国际经纪人（international broker）。国际经纪人是指出口或进口经纪人，他只负责联系买卖双方，促成交易，不购进货物，也不实际持有货物，不代办有关货物运输的业务。他以佣金为收益，但佣金较少。

（2）进口组织。进口组织又分为几种类型：

一是进口商（import merchant）。凡从海外进口商品在境内市场出售以赚取利润，并承担商品自买进到卖出过程中一切风险的贸易机构或个人，均称为进口商。

二是海外代理商（foreign agent）。凡一国的企业或个人接受另一国出口商的委托，经双方签订合同，在当地为委托人推销商品，以收取佣金为收益，即称为委托人的海外代理商。海外代理商一般不得经营与委托人有竞争性的同类商品。

三是经销商（distributor）。经销商是在进口国经营批发业务的贸易机构或个人，与出口国的企业签订经销合同，经销出口企业的商品。出口企业往往给经销商在一定区域、一定时限内的独占销售权，出口企业与经销商的关系是买卖关系，经销商的商业利润为其收益。

四是批发商（wholesaler）。批发商是经营国内贸易的中间商，他们往往也是销售进口商品的重要渠道。一般批发商经营的进口商品都是从本国或本地区进口商或经销商处购进的，较大的批发商也直接从事进口业务。

五是零售商（retailer）。零售商往往除了销售本国或本地区商品外，还同时销售进口商品，一些规模较大的零售商也从事直接进口业务。国际市场上的零售商主要有便利店（convenience store）、百货商店（department store）、超级市场（supermarket）、连锁商店（chain store）、专业商店（specialty store）、折扣商店（discount store）等。

9.3.2　国际分销渠道开发与设计

1）影响国际分销渠道开发与设计的相关因素

企业开发设计国际分销渠道，既要考虑长期盈利，又要考虑短期利润。无论是从长期还是短期来看，影响开发设计国际营销渠道总目标的决策因素有成本（cost）、资金（capital）、控制（control）、市场覆盖面（coverage）、特点（character）和持续性（continuity）。这6个具体的决策因素被市场学家称为"渠道设计决策的6个C"。

（1）成本。这里的成本即开发渠道的投资和维持渠道的费用，其中渠道成本是主要的、经常的。它包括支付给本企业推销人员的一切费用，付给各种中间商的佣金，商品流转过程中的储运装卸、各种单据和书面工作、广告宣传、洽谈买卖等各种业务行为的全部开支。渠道成本常常是企业进入国际市场的主要障碍。对渠道成本的评价应遵循两个标准：一是这一渠道成本对达到预期的销售目标来说是否较低；二是这一渠道成本是否能最大限度地扩展其他5个"C"。整体分销战略就是要在成本最小化目标和其他目标之间寻求平衡。

（2）资金。这里的资金即建立渠道所需要的资金。渠道所涉及的财务因素主要是利用某个中间商所需投入的资金。如果企业要在海外市场建立自己的分销渠道，往往会使投资加大。如果利用独立的中间商，则可以减少现金投资，但往往会涉及应收账款和存货投资，进而影响现金流。

（3）控制。企业对海外市场营销的控制程度主要取决于渠道安排。企业如果建立自己的分销渠道，对渠道的控制能力自然很强；如果使用中间商，则企业对渠道的控制程度则取决于各中间商愿意接受控制的程度。一般来说，渠道越长、越宽，企业对售价、销量、推销方式等的控制能力就越弱。

（4）市场覆盖面。这是指企业在海外销售产品的市场区域。市场覆盖面并不是越大越好，而是要看能否给企业带来较大的经济效益。评估市场覆盖面应该从下列三个方面着眼：一是这一市场区域能否获得最大可能的销售额；二是这一市场区域能否确保合理的市场占有率；三是这一市场区域能否取得满意的市场渗透率。许多企业并不热衷于开拓广阔的市场区域，而是力求打入人口密集、购买力强的中心区域。一个国家的主要购买力常集中于几个城市区域。例如，60%的日本人集中在东京、名古屋、大阪三个城市区域，打入这些区域，就能以较少的营销费用取得较大的销售额。任何中间商，从行业批发商到街头小店，都有其市场覆盖面。企业的产品能否有一个满意的市场覆盖面，关键在于进口国的大批发商、大代理商是否愿意经销企业的产品，这些大中间商往往拥有很大的覆盖面。

（5）特点。企业在进行国际市场分销渠道的开发和设计时，必须考虑产品特点、市场特点、中间商特点、竞争特点、企业特点和环境特点等因素。

一要考虑产品特点。不同的产品有不同的特点，因而对渠道有些特殊的要求。例如，鲜活、易腐、产品生命周期短的产品和时尚产品，宜用较短的渠道；技术要求高、需要提供安装及维修服务的产品，宜直接售予用户；标准产品、低价产品，宜用较长的渠道；原料、初级产品，宜直接售予进口国的制造商。

二要考虑市场特点。市场潜量越大，就越需要利用中间商。如果市场潜量小，企业可考虑直接使用推销员推销。顾客购买商品的频率高而数量少，宜选取较多的中间商；顾客经常集中大批购买，则可少用中间商而直接销售；对特种制品，不宜广泛使用中间商，消费者往往习惯于选择到专卖店或者规模大、供应品种多且服务好的商店购买。

三要考虑中间商特点。一般来说，不同的中间商在促销、谈判、储存、交际和信用诸方面所具有的能力是不同的。例如，专业进口商经验丰富，熟悉本国或本地区市场的渠道，了解各种进口规定，特别适合不熟悉东道国的外国出口商；直接经营进口业务的零售商，有自己的进口部门，能够实时掌握市场行情；批发商则可以大批量进货。因此，企业在建立渠道时必须考虑不同类型的中间商在执行各种任务时的优势和劣势。

四要考虑竞争特点。渠道也受到竞争者所使用的渠道的制约。在国际市场上，有些企业常常采用与竞争产品相同的渠道，有的企业则希望避开竞争者所使用的渠道。

五要考虑企业特点。名气大、产品优良、信用卓著的企业，在选择分销渠道时，比其他企业占有更大的优势。规模大、资金雄厚的企业可以建立自己的销售力量，而实力薄弱的企业往往要依靠中间商。同时，不同的企业控制渠道的愿望也不同。有的企业明知成本较高，也愿意采取短渠道销售，因为这样可以增强推销力量，保持存货的新鲜，以及控制零售价格等。

六要考虑环境特点。有的政府禁止或限制某些分销渠道的安排，如一些发展中国家规定某些进口业务必须由其国有企业经办。有些地区规定抽取代销税，因此该地区代理商愿意采用表面买断，而实际上代理抽取佣金的办法开展业务。在一些经济衰退的国家（地区），企业可能不得不使用较短的渠道，取消一些非必需的服务，以降低产品的最终价格。

（6）持续性。有两方面的因素会影响分销渠道的持续性。首先是中间商本身的寿命。在国际市场上，如果某个地区的代理商因负责人变更而变换经营品种，或者破产倒闭，企业就有可能失去在该地区的渠道。其次是激烈的竞争。商品畅销，利润高，中间商便蜂拥而至；商品滞销，利润低，中间商便转向更加有利可图的其他生产企业。因此，企业要尽量掌握中间商的具体情况，与其建立长期关系。

2）国际分销渠道的开发与设计决策

国际分销渠道的开发与设计决策主要体现在对其长度和宽度的决策上。

（1）国际分销渠道的长度决策。在国际市场上，产品可能要经过进口商、批发商及零售商等诸多层次，才能抵达最终用户；也可能只有生产者和用户两个环节，即产品直接销售给最终用户。在这二者之间，还因中间商层次的多少而存在长短各异的各种渠道。

对中间商分销层次的确定，国际企业应充分考虑前面所提到的影响因素，在其基础上进行长度的设计与开发。国际分销渠道的长度，首先取决于产品特点。一般来说，技术性强、需要提供较多售前及售后服务的产品，如机械设备、汽车、个人电脑、电冰箱、洗衣机等，选择较短的渠道，可以避免由于层级过多导致维修、服务等无人负责。保鲜要求高的产品，需要尽快送达顾客手中，也应使用较短的渠道。单价低、标准化的产品，如牙膏、肥皂、卫生纸等，一般采用较长的渠道。例如，联合利华（Unilever）公司在印度进行日用消费品分销时，使用了代理商、存货商、零售商等多个层次，最后由零售商将产品销售给最终消费者。再如，宝洁公司在意大利使用的分销渠道与联合利华公司在印度使用的渠道几乎一样长。其次，从市场状况来看，顾客数量多，购买量大，而且地理区域比较集中，宜采用短渠道；反之，宜采用长渠道。此外，还要考虑市场所在国的渠道结构。大部分发达国家的渠道一般较短，而发展中国家的渠道一般较长。再次，从企业自身条件来看，如果生产企业有较强的国际市场销售能力（组织机构、营销经验、推销人员等），运输条件好（或外商、用户直接到生产厂家提货），财力能够承担，而且经济效益合理，则可减少中间商层次。如果出口商或进口商能力强、信誉好，生产企业也可以使用较少的中间商层次。

（2）国际分销渠道的宽度决策。渠道宽度决策是指决定同一级渠道中要使用的中间商数量的多少。例如，企业在选择零售商这一环节时，是选择多个不同类型的零售商大面积铺开销售范围，还是在某一个区域范围内采取独家销售的形式。具体而言，企业在进行渠道宽度决策时面临三种选择：密集型分销策略、选择性分销策略和专营性分销策略（见表9-4）。

表9-4　　　　　　密集性分销策略、选择性分销策略和专营性分销策略对比

	密集性分销策略	选择性分销策略	专营性分销策略
含义	在一个目标市场中选用尽可能多的中间商	在一个目标市场中确定少数精心挑选、最合适的中间商	在一个目标市场中对一种商品仅选定一家中间商
适用范围	日用品，大部分食品，工业品中的标准化和通用化商品，需要经常补充和替换或用于维修的商品，替代性强的商品等	消费品中的选购品（如服装、电器等）、特殊品及某些工业产品等	特殊品尤其是重视品牌、商标的特殊品，以及高技术产品等
优点	可以在更广泛的范围内销售产品，便于消费者购买；使产品品牌充分显露，最广泛地占领目标市场	可以集中地使用企业的资源，相对节省费用并能较好地控制渠道行为	十分容易控制渠道行为，有利于获取市场信息
缺点	企业需提供一定的经济支持，使中间商愿意承担部分广告、推销的职能，因而会增加渠道费用；对渠道的控制力较弱	市场的渗透力有所减弱	企业与中间商之间的互相依赖性大大增强

3）国际分销渠道的发展

国际分销渠道的发展通常经过三个阶段：出口、在海外市场建立营销机构、在海外就地生产。

第一阶段：出口。

企业刚开始经营出口业务时，一般都采用间接出口的方式，即利用本国或本地区的进出口贸易公司或出口代理商经营外销商品，由他们负责向国际市场销售商品。

间接出口是企业走向国际市场之初最常用的渠道策略。它的优点是：企业可以利用中间商的外贸业务经验和外销渠道较快地进入国际市场；可以节约出口业务方面的开支，包括外汇开支，并且不必承担外汇风险及信贷风险等；不必培养自己的出口业务人员。因此，企业采用间接出口的方式，承担的各种风险相对较小。间接出口也有其局限性：企业对海外市场分销渠道的控制程度很低；较难在国际市场上树立企业自己的声誉和产品的品牌；市场信息反馈较慢；不利于迅速调整营销策略以增强适应能力和竞争能力；无法直接获得国际市场经营的知识等。

企业的外销条件一旦成熟，便可以由间接出口发展到直接出口。直接出口是指企业不通过国内的中间商而把产品直接卖给海外顾客，或者建立自己的销售机构负责海外市场的营销活动。直接出口往往标志着企业真正开始走向国际市场进行营销活动。与间接出口相比，直接出口的优点表现为：省去了出口中间商这一环节，可以缩短商品流转程序并节约一定的时间和费用；直接面对海外市场，可以更好地掌握海外市场分销渠道的控制权。当然，从事直接出口也需要一定的条件：在没有出口中间商协助的条件下，企业需要建立外销渠道，建立自己的客户网络；企业独立完成出口程序，要承担相应的费用和风险，占用一定的资金；企业必须拥有或培养一批具有外贸业务专长的人才等。

第二阶段：在海外市场建立营销机构。

这表明企业的直接出口业务又迈上了一个新台阶。对于企业来说，这样做可以积累更多的国际市场营销经验。在海外市场建立的营销机构是企业的海外分支机构，只经营本企业的产品，它们的市场控制权大、营销力量集中、信息反馈快，并使企业在各国市场的营销活动相互呼应，能够获得更高的利润。

其具体做法有：

（1）设立驻外办事处。设立驻外办事处，可以使企业直接介入海外市场，掌握需求动态，调整营销策略。

（2）设立营销分公司。营销分公司和办事处有许多相似之处，所不同的是，分公司作为一个独立的当地机构在法律上和纳税上都有其独立性。

第三阶段：在海外就地生产。

随着企业国际化的深入，在海外就地生产成为必然。企业把生产业务转移到目标市场所在国，在那里投资建厂，就地生产、就地销售或就地出口。

企业在刚开始进入海外市场时并不适合采取这种方式，但若积累了比较丰富的国际营销经验，企业实力和海外市场潜力较大时，采取这种方式则有种种好处。例如，可以绕过进口国在关税、配额等方面的贸易限制；可以充分利用海外市场廉价的原料和劳动力；可以为剩余资本寻找海外投资场所。

在海外就地生产的形式有：

（1）组装业务。在国内生产某产品的部分或全部零部件，运到海外就地组装为成品再就地销售或出口。

（2）合同制造。与海外的生产企业签订合同，规定由对方按本企业的要求生产产品，然后由本企业负责产品的销售并获取销售利润，生产利润则归当地厂家所有。

（3）许可证贸易。与海外企业签订许可证协议，授权对方使用本企业的专利（或技术、商标、工艺、设备等）进行生产和销售，并向对方收取许可费。

（4）海外合资经营。与海外企业共同投资经营，共负盈亏，共担风险。

（5）海外独资经营。在海外独立投资并经营，这是企业在海外投资的最高形式。

9.3.3　国际市场分销渠道管理

企业要实现其国际市场营销目标，必须对产品的分销渠道加以控制与管理。国际市场分销渠道管理主要包括渠道成员的选择、激励、考核与评估以及调整等内容。

1）渠道成员的选择

（1）渠道成员选择的标准。总体而言，企业在国际市场上寻找分销商时，对分销商的选择标准主要有以下几点：

一是总体情况，包括分销商的性质、创建历史、内部组织机构、主要负责人及担任的职务、分支机构等。

二是资信情况，包括分销商的资金和信用两个方面。资金是指分销商的注册资本、财产以及资产负债情况等；信用是指分销商的经营作风、履约信誉等。这是对分销商进行资信调查的主要内容，也是选择分销商的主要标准。

三是经营范围，主要指分销商从事的生产经营与服务项目和经营的性质，是代理商、批发商，还是零售商等。

四是经营能力，包括每年的营业额、销售渠道、经营方式，以及在当地和国际市场上的贸易关系等。

此外，还必须了解分销商的合作态度和管理能力等。

【小思考9-4】

如何选择国际市场分销渠道成员？

答：考虑其总体情况、资信情况、经营范围以及经营能力等。

（2）对渠道成员的调研。企业要了解海外分销商的以上情况，可通过以下途径对分销商进行调研：

一是通过银行调查。这是一种常见的方法，按国际惯例，调查客户的情况属于银行的业务范围。在我国，一般委托中国银行办理。

二是通过海外的工商团体如商会、同业公会、贸易协会等进行调查。这些团体一般都接受海外厂商委托调查所在地企业情况，但对其提供的调查资料要进行认真分析,不能轻信。

三是通过驻外机构在实际业务活动中进行考察。通过这一途径所获得的材料一般比较真实、可信,对企业选择分销商有较大的参考价值。

此外,外国出版的企业名录、厂商年鉴以及其他有关资料,对企业了解分销商的经营范围和活动情况也有一定的参考价值。

(3)渠道关系的建立。企业一般可通过以下途径建立渠道关系:

①自我介绍。利用海外出版的企业名录、报纸杂志的广告等收集分销商的信息,以函电或发送资料的方式自我介绍,建立关系。

②请海外银行介绍客户。

③请国内外的贸易促进机构或友好协会介绍客户,如中国国际贸易促进委员会也办理介绍客户的业务。

④请我驻外使馆商务处或外国驻华使馆介绍合作对象。一般来说,我驻外使馆对当地主要厂商的经营范围、能力和资信情况较为熟悉。

⑤通过参加国内外展览会、交易会寻找合作对象并建立关系,这类活动的优点是能和客户直接见面,联系的范围广。

⑥利用国内外的专业咨询公司介绍客户。国内外有许多专业咨询公司从事介绍客户业务,它们往往拥有大量的优质客户资源,请它们介绍客户,一般效果较好。

2)渠道成员的激励

企业选择合适的分销商后,为了实现营销目标,还必须对分销商进行激励。激励的方法多种多样,概括起来主要有以下几种:

其一,了解分销商的经营目标和需要。这一方面有利于帮助分销商实现目标,另一方面也有利于将企业的目标与分销商的利益结合起来,实现双赢。

其二,提供市场需要的优质产品。给予分销商好的产品是对分销商最好的激励,因为只有满足市场需要的好产品才有销路,才能使双方实现营销目标。

其三,给予分销商适当的回报。企业应合理制定产品价格,使分销商有利可图,这是最关键的激励。

其四,为分销商提供全面的服务。企业还应在市场调研、产品促销宣传、人员培训等方面为分销商提供服务,帮助其提高分销能力,增强分销效果。

其五,加强与分销商的联系与沟通。企业应与分销商建立长期、稳定的合作关系,随时与分销商进行沟通,了解其需要,并提供相应的帮助。

【小资料9-1】

戴尔科技集团携手渠道合作伙伴创造智能新未来

2020年戴尔科技集团合作伙伴峰会的主题是"深耕拓渠,整装'戴'发"。此次峰会宣布了戴尔科技集团在大中华区新的业务管理团队架构、渠道业务战略转型重点以及可持续全面赋能的合作伙伴体系,以助力合作伙伴的业务增长并为客户带来更多的价值。

面对百行百业客户的数字化创新需求,戴尔科技集团始终站在科技创新的前沿,凝聚全球领先的创新技术和优质资源,推出强大的Power家族和全新商用客户端产品及解决方案，全方位展示了戴尔科技集团产品组合和端到端解决方案的优势，赋能合作伙伴技术实力，以帮助客户更好地把握数字时代创造的机遇。

为了帮助客户利用"新基建"建设获得持续发展的数据动能，戴尔科技集团推出涵盖从边缘计算到核心数据中心再到云计算领域的创新产品组合——Power 家族，为用户提供数据采集、存储、计算、保护的一站式端到端解决方案。例如，面向现代化数据中心的 Dell EMC PowerEdge 系列服务器、以卓越的现代存储技术和专业能力为起点的"第五代存储"核心产品 Dell EMC PowerStore、集成了业内领先的存储软件和服务器硬件于一体的 Dell EMC PowerScale 非结构化数据存储、性能强劲的企业级高端存储 Dell EMC PowerMax、帮助企业释放软件潜力的 Dell EMC PowerFlex 软件定义存储、拥有卓越数据保护和轻松驾驭数据管理能力的 Dell EMC PowerProtect、网络交换机 Dell EMC PowerSwitch 等。

渠道合作伙伴是戴尔科技集团成功提供卓越客户体验不可或缺的一部分。在聆听合作伙伴反馈的基础上，戴尔科技集团携手合作伙伴共同开拓大中华区市场的广阔商机，进一步优化其渠道合作伙伴计划，打造一套可持续全面赋能的合作伙伴体系，从而更好地为客户提供服务。此外，戴尔科技集团商用渠道还推出了一系列市场推广活动，包括系列主题的培训课程、营销比赛、平台直播、电商提升计划等，进一步扩大了合作伙伴规模与渠道覆盖面，并加强了对合作伙伴的扶持。

戴尔进入中国 20 多年，拥有超过 2 万家的合作伙伴，有 400 多家合作伙伴和戴尔保持了 10 年以上的业务合作。在此次渠道峰会上，戴尔科技集团为 10 家忠诚合作伙伴颁发了"长期贡献奖"。这些合作伙伴长期与戴尔科技集团保持紧密协作，在采用新一代创新技术和产品组合强化自身实力的同时，积极帮助客户开展数字化转型。此奖项旨在感谢各位合作伙伴对戴尔科技集团的长期信任与贡献，也期待能够与更多的合作伙伴建立长期的合作关系。未来，戴尔科技集团将继续为合作伙伴赋予产品和销售的竞争优势，实现互利共赢。

资料来源　佚名. 戴尔携手渠道合作伙伴，创造智能新未来［EB/OL］.（2020-08-21）［2025-01-05］. https://www.51cto.com/article/624369.html.

3）渠道成员的考核与评估

对分销商的考核与评估是保证企业的分销体系畅通、高效的前提。对分销商的考核标准主要有销售目标、市场份额、平均存货水平、市场成长目标、广告宣传效果等。考核的结果主要用于企业调整渠道成员。

4）渠道成员的调整

渠道成员的调整往往是出于两方面原因：一是企业通过对分销商的考核，发现某些分销商不能履行分销合同所规定的义务，希望与其终止合作；二是企业希望通过调整渠道成员提高渠道效率。

无论是出于何种原因，对渠道成员进行调整均有较大的风险，应慎重行事。在一些国家，受到政策法规或商业习惯的限制，跨国企业可能难以撤换其当地分销商。例如，在洪都拉斯，企业如与当地代理商终止一份代理协议，则必须向该代理商支付一笔相当于 5 年毛利的赔偿，并补偿该代理商所进行的所有附加开支。在比利时，企业如与当地代理商或经销商终止一份代理或经销协议，则必须在实际终止前至少 3 个月通知该代理商或经销商，并且必须向该代理商或经销商赔偿名誉损失费、外展业务费、辞退雇员费等费用。

可见，渠道成员的调整是一项十分复杂的工作，有时需要花费很长的时间和很大的代价。为了避免日后调整渠道成员的麻烦，企业在选择渠道成员时应慎重决策。

【出海案例 9-1】

"好孩子"全球价值链三步进阶

创立于 1989 年的好孩子集团有限公司（简称"好孩子"）是一家专业从事儿童用品研发、制造、分销及零售的企业，自 1996 年走出国门以来，产品远销全球 130 多个国家和地区，连续 14 年保持全球婴幼儿车市场销量第一，实现了从全球价值链低端向高端的跃升。

1）培育核心竞争力，嵌入全球价值链

（1）研发创新为立身之本

"好孩子"创业之初走的就是自主创新之路，通过潜心钻研，研制出一款集推、摇、坐、行于一体的多功能婴儿车，并申请了专利，使之成为国内市场的畅销产品。

1996 年初，"好孩子"凭借一款多功能摇篮式婴儿车赢得美国市场的认可。"好孩子"以此为契机，与美国当地品牌商达成战略合作，持续推出创意产品，形成了自身的核心竞争力，仅用 4 年时间，就以 34% 的市占率成为美国婴幼儿车市场的销量冠军。随后，"好孩子"与国际消费品巨头 Dorel 公司合作，研发出切合欧洲潮流时尚的新产品，成功打入欧洲市场。

"好孩子"在全球设立了八大研发中心，累计发明专利数超过全球前 5 名竞争对手之和，每年推出 500 多种新产品，包括入选吉尼斯世界纪录的折叠口袋车、全球第一款最轻的碳纤维车、防止孩子被遗忘在车里的"勿忘我"等。

（2）构建极致质量管控体系

"好孩子"不仅注重研发设计，还构建了极致质量管控体系。第一，将安全放在企业品牌理念的首位，对质量问题坚持"零缺陷、零容忍"的原则。第二，质量管控贯穿从产品研发、生产到销售的全链条，生产现场采用高标准、严要求的管控模式。第三，从原材料安全检测、研发过程的技术标准控制到产成品性能测试，均采用最严苛的标准。

早在 1993 年，"好孩子"就投入 4 000 万元建设了业内最先进、规模最大的国家级实验中心，并获得了美国和欧洲多个国家的实验室认证。该实验室有些内控标准高于国际标准，如对于童车推把的强度检测，最严格的欧盟标准是 10 000 次，而"好孩子"的标准是 15 000 次；对于儿童可接触材料的含铅量检测，国际标准要求小于 100ppm，"好孩子"的内控标准则小于 20ppm。

2）打造品牌运营能力，升级全球价值链位势

（1）自创 OPM 模式，借力提升自主品牌知名度

"好孩子"通过自创 OPM（Original Product Manufacturer 的简称，也称原始产品研发制造商）模式与价值链主导企业合作，将产品研发、知识产权核心价值牢牢掌握在自己手中，联合国际市场强势品牌，打通产品销路。在最初进驻美国市场时，"好孩子"就通过一款创意产品说服了 Costco 公司总裁，以联合品牌的形式打开了美国市场，随后以同样的方式打开欧洲市场。

"好孩子"在海外市场开疆拓土的同时，始终不忘创建自有品牌的初心。与海外品牌联合时，"好孩子"一方面采用联袂品牌的形式（如 Costco By Geoby），另一方面直接使用自己的商标 Geoby、Goodbaby，借力合作方市场优势，逐步提升自主品牌在海外市场的知名度。在树立自身品牌形象的同时，"好孩子"还以合作共赢的方式，与沃尔玛等国际大品牌零售商形成稳定的合作关系，增强产业链影响力。

通过这种方式，"好孩子"成为欧美婴幼儿车市场销售冠军，但依然被称为行业"隐形冠军"，尚未走向台前，主要业务仍以为国际知名品牌设计、代工为主，自有品牌缺乏市场竞争力。

（2）全球化并购，打造国际化品牌运营能力

2010 年在中国香港联交所上市后，具备了国际并购实力的"好孩子"开启了全球化战略布局，着力打造全球自主品牌体系。2014 年，"好孩子"全资收购德国知名高端儿童用品品牌 Cybex、美国知名婴童用品品牌 Evenflo，为品牌全球化经营提供了资源支持。

经历了艰难的文化融合和组织流程重组后，"好孩子"将 Cybex 打造成一个融合品质与时尚的全球性高端品牌，帮助 Evenflo 摆脱连续亏损状态。由此，"好孩子"形成了以中国、美国和德国三大区域市场为支撑的全球化市场布局，并将 Goodbaby、Cybex 和 Evenflo 作为三大战略性品牌，构建了自己的全球品牌战略体系。根据不同品牌的价值定位，结合不同国家和地区文化背景下用户的个性化需求，"好孩子"以 Goodbaby、Cybex 和 Evenflo 三大战略品牌为引领，小龙哈彼、Urbini、Geoby 等多个自有品牌为支撑，实现了对全球细分市场的全覆盖，也实现了在全球产业价值链中的位势升级：从以研发制造为驱动的 OPM 模式转向以研发设计、营销服务双驱动的自主品牌经营模式，从中国制造走向中国品牌、世界品牌的三步进阶。

华经产业研究院披露的数据显示，好孩子在国内市场份额逾 27%，位居第一。在北美和欧洲地区，其市场份额连续多年位居榜首。

资料来源　苏勇，王芬芬."好孩子"全球价值链三步进阶［J］．企业管理，2021（9）：75-78．

9.4　国际市场促销策略

国际市场促销是企业与海外消费者的一种信息沟通行为。它是指通过传播企业的产品或服务的有关信息，帮助消费者认识商品或服务所带来的利益，进而激发消费者的需求和购买欲望，促使他们采取购买或消费行为，以实现销售的一种活动。促销分为直接促销和间接促销两种。直接促销又称为人员推销，即通过推销人员直接向顾客介绍商品或服务，达到销售目的。间接促销也称非人员推销，是指通过广告、营业推

广等方式传播商品或服务的有关信息以促进销售的活动。企业往往根据实际需要把人员推销、广告、公共关系、营业推广等形式有机地结合起来，综合运用，以吸引更多的顾客。这一整套的促销活动即为市场促销组合或市场推广组合。在这一节中，我们分别就每一个要素进行相应说明。

9.4.1　国际广告策略

1）国际广告的概念与作用

广告是企业在促销活动中普遍重视和应用最广的促销形式。国际广告是广告主以在国际市场上促进销售为目的，付出一定的费用，通过特定的媒体传播商品或服务等有关经济信息的大众传播活动。从此概念可以看出：国际广告是以广大消费者为广告对象的大众传播活动，有广而告之之意，这一点与国际人员推销的个人传播形式不同；国际广告以传播商品或服务等有用经济信息为其内容；国际广告是通过特定的媒体来实现的，并且要对所使用的广告媒体支付一定的费用；国际广告的目的是在国际市场上促进销售，以获得较好的经济效益。

国际广告是企业开展国际促销活动必不可少的促销形式，有着不可低估的作用。这主要表现在以下几个方面：

（1）国际广告能够促进产销沟通，便于国际目标市场的消费者了解企业及其产品。国际广告能够将企业及其产品等有关经济信息传播给国际目标市场的消费者，消费者接收到这些信息，并留存在的记忆，成为消费者选购该产品的重要依据。

（2）国际广告有利于在国际市场上树立企业形象。国际广告是企业及其产品进入国际市场的先导。广告宣传能够提高企业及其产品的知名度，也有利于树立企业形象，为打开产品市场奠定基础。

（3）指导消费，促进销售。国际广告可以向目标市场消费者宣传产品的使用与保养方法，指导消费者更好地使用产品。这种指导作用对于新产品尤为重要。

总之，国际广告能使国际目标市场的消费者对企业的产品由不知到已知，再到产生兴趣，进而激发其购买欲望，最终促进产品销售。

【小资料 9-2】
Google 与法国的反竞争行为之争
Google 涉及反竞争行为　法国要求其检讨广告策略

2019 年 2 月 1 日，据路透社报道，法国竞争监管机构认为谷歌涉及反竞争行为，要求谷歌重新审视阻挡特定广告的策略及手段。

在数个星期前，谷歌就因为违反《通用数据保护法案》（GDPR）的相关条款遭法国罚款 5 700 万美元。

法国公司 Amadeus 向监管机构表示，自谷歌在 2018 年阻挡了他们的广告投放以来，公司销售额下滑了很多。Amadeus 在法国提供目录服务（directory service）。谷歌则发表了声明，认为 Amadeus 的部分广告违反了他们为了保护用户而设立的条款，且 Amadeus 提供的收费服务，用户可以在其他地方免费获得。

谷歌表示他们正在针对监管机构的要求，重新检视公司广告条款。作为全球多个国家主要使用的搜索引擎，谷歌的行为备受关注，不论是搜索结果或广告投放都被众人放大检视。

法国监管机构在新闻稿中表示，谷歌在阻挡广告投放之前，应该清楚表明公司的条款，并检视Amadeus的状况，跟他们说清楚自家公司的广告策略。在审查谷歌是否有涉及反竞争行为的同时，监管机构发布了预防性禁止令，并表示将会在接下来的几个月内做出裁定。

谷歌与法国达成反垄断协议　将调整全球广告行为

2021年6月，谷歌表示将对其全球广告业务进行调整，以确保不会滥用其主导地位。谷歌首次屈从于反垄断压力，与法国当局达成了具有里程碑意义的和解。

谷歌与法国监管机构达成的协议可能有助于重新平衡广告业的权力，使之有利于出版商。在前互联网时代，出版商控制着广告业，但随着谷歌和Facebook的迅速崛起，出版商失去了对广告业的控制。

和解协议包括2.2亿欧元（合2.68亿美元）的罚款。这是这家美国科技巨头首次同意对其广告业务做出改变，而广告业务是该公司收入的主要来源。

法国反垄断主管伊莎贝尔·德·席尔瓦（Isabelle de Silva）表示，制裁谷歌的决定具有特殊意义，因为这是世界上第一个关注在线广告业务所依赖的复杂算法拍卖流程的决定。

支持广告的媒体公司和谷歌的广告竞争对手们表示，谷歌与法国监管机构的和解协议本身可能不会对行业市场份额产生重大影响，但他们希望这能激励美国和其他司法管辖区出现类似的反垄断案件。

科技巨头的成功依赖于多年来积累的海量数据，它们的广告行为激怒了全球许多出版商。法国反垄断机构表示，该决定为那些感觉处于不利地位的出版商向谷歌寻求赔偿铺平了道路。

资料来源　［1］ALLIS. Google涉及反竞争行为　法国要求其检讨广告策略［EB/OL］.（2019-02-01）［2025-01-05］. https: //baijiahao. baidu. com/s? id=1624255843521275278&wfr=spider&for=pc.［2］佚名. 谷歌与法国达成反垄断协议　将调整全球广告行为［EB/OL］.（2021-06-08）［2025-01-05］. https: //finance.sina.com.cn/tech/2021-06-08/doc-ikqciyzi8349928.shtml.

（4）促进国际文化交流。广告在传递经济信息的同时，也传播了一定的思想意识，必然会潜移默化地影响社会文化、社会风气。如此说来，国际广告在一定程度上促进了国与国之间的文化交流。

2）国际广告的标准化与差异化策略

（1）国际广告的影响因素。国际广告与国内广告相比，要受到更多的因素限制。因此，企业在国际广告设计中要注意以下几个问题：

一是语言文字的差异。国际广告是企业在海外目标市场开展的一种促销活动。不同国家（地区）在语言文字上有很大差异，这在一定程度上会影响企业及其产品信息的传递效果，进而影响广告促销效果。例如，美国汽车公司（American Motor）曾经生产的"Matador"（斗牛士）牌汽车，因"Matador"的本义是雄壮与刺激，故在美国市场上颇有魅力，但因"Matador"在波多黎各有"杀手"之意，波多黎各的消费者对此望而生畏，不敢问津。

【小资料9-3】

百年可口可乐广告语

表9-5列出了可口可乐自1886年诞生以来的大部分广告语。

表9-5　　　　　　　　　　　　　　百年可口可乐广告语

1886年	请喝可口可乐	1951年	好客与家的选择
1904年	新鲜和美味　满意——就是可口可乐	1952年	您想要的就是可口可乐
1905年	可口可乐——保持和恢复您的体力　无论您到哪里，您都会发现可口可乐	1953年	充满精力——安全驾驶　仲夏梦幻
1906年	高质量的饮品	1955年	就像阳光一样带来振奋
1907年	可口可乐——带来精力，使您充满活力	1956年	可口可乐——使美好的事情更加美好　轻轻一举，带来光明
1908年	可口可乐，带来真诚	1957年	好品味的象征
1909年	无论您在哪里看到箭形标记，都会想到可口可乐	1958年	清凉、轻松和可乐
1911年	尽享一杯流动的欢笑	1959年	可口可乐的欢欣人生　真正的活力
1917年	一天三百万（人次）!	1961年	可口可乐，给您带来最佳状态
1920年	可口可乐——一种好东西从九个地方倒入一个杯子	1963年	有可口可乐相伴，您会事事如意
1922年	口渴没有季节	1964年	可口可乐给您虎虎生气，特别的活力
1923年	口渴时的享受	1965年	充分享受可口可乐
1924年	真正的魅力	1966年	喝了可口可乐，您再也不会感到疲倦
1925年	一天六百万（人次）!	1968年	一波又一波，一杯又一杯
1926年	口渴与清凉之间的最近距离——可口可乐	1970年	这才是真正的，这才是地道货。可口可乐真正令您心旷神怡
1927年	在任何一个角落	1971年	我愿拥有可乐的世界
1928年	可口可乐——自然风韵，纯正饮品	1972年	可口可乐——伴随美好时光
1929年	世界上最好的饮料	1975年	俯瞰美国，看我们得到什么
1932年	太阳下的冰凉	1976年	可口可乐加生活
1933年	一扫疲惫、饥渴	1980年	一杯可口可乐，一个微笑
1935年	可口可乐——带来朋友相聚的瞬间	1982年	这就是可口可乐
1937年	美国的欢乐时光	1985年	一踢；一击；可口可乐
1938年	口渴不需要其他	1989年	挡不住的感觉
1939年	只有可口可乐	1993年	永远是可口可乐
1940年	最易解您渴	1994年	永远是可口可乐
1941年	工作的活力　可口可乐属于——	1995年	这是可口可乐
1942年	只有可口可乐，才是可口可乐　永远只买最好的	1996年	这是可口可乐
1943年	美国生活方式的世界性标志——可口可乐	2000年	心在跳! 我们努力活出真精彩!
		2000年	Coka-Cola Enjoy（可口可乐，快乐享受）
1945年	充满友谊的生活　幸福的象征	2001年	Life tastes good（生活ღ味道）
1946年	世界友谊俱乐部——只需五美分	2003年	激情在此燃烧
1947年	可口可乐的品质，是您永远信赖的朋友	2010年	你想和谁分享新年第一瓶可口可乐
1948年	哪里好客，哪里就有可口可乐	2011年	积极乐观　美好生活
1949年	可口可乐——沿着公路走四方	2013年	Open Happiness（开启快乐）
		2015年	团圆年味，就是要可口可乐
		2016年	Taste the Feeling（这感觉够爽）
1950年	口渴，同样追求品质	2017年	享受清新一刻
		2019年	畅爽好喝，让此刻更带劲

资料来源　佚名. 可口可乐百年广告语［J］. 广告主，2013（7）.

二是社会文化环境的差异。不同国家（地区）有不同的社会文化环境，也就有不同的价值观念和行为准则，因而对广告中常用的图案、颜色和数字等具有不同的理解。企业在国际广告活动中必须对此给予足够的重视。国际广告的形式和内容等，必须尊重目标市场的价值观念与行为准则，避其所忌，投其所好，符合目标市场的风俗习惯，才能收到理想的促销效果；否则，将事倍功半，甚至弄巧成拙。

【小资料9-4】

中外广告的差异对比

广告的本质就是创造无形价值。纵观我国的广告，叙事抒情的风格较为多见，看重国家和家庭、喜欢团圆的场面，大多营造一种温馨、和美、关爱的气氛。而外国广告大多风趣、幽默、夸张，试图通过创意喜剧效果让消费者记住产品和品牌。我国消费者重视产品的功能和质量，外国消费者更加关注广告本身的艺术审美和创意。

随着人们的收入水平和审美水平越来越高，世界顶级的产品陆续进入中国，网络的普及使得年轻消费者开始关注精神上的享受，关注广告的审美内涵，这就对中国广告人提出了更高的要求：如何在体现质量和功能的同时，加强广告的美感，包括意境美、音乐美、画面美、剧情美等。比如，法国著名奢侈品品牌卡地亚的广告，以尊贵、神秘、深沉的大提琴音乐拉开序幕，整个广告大片以灰色为基调，广告中出现的色彩都是灰调色彩，颜色柔和而高雅，运用了龙、猎豹、长城这些典型的中国元素，很快博得了中国消费者的喜欢。

深受儒家文化影响的中国人内敛含蓄、沉稳、追求群体认同，与西方注重个人和崇尚竞争的文化有着很大的差异，大多数中国广告是在爱家爱国、思乡、友情、亲情上做文章。国外广告以使用商品或服务的人为中心，往往具备一定的故事情节，重视情感性。我国的广告多强调人们在使用商品之后会得到什么样的利益和好处，以吸引消费者，从而最终产生购买行为。相比较而言，中国广告更为"接地气"。

国外广告重点表现商品对人的影响，人因为拥有这种商品而发生某种改变，甚至达到某种病态的程度，或者对拥有该商品之前和之后的情况进行极富想象力的对比等。国外广告善用夸张手法诠释人与商品的关系。这不再单单是商品功能的诉求，而是注重品牌的宣传，注重品牌带给消费者的精神享受。

通过对东西方的广告作品进行对比我们不难发现，国内广告目前的诉求主流还是一种较为直接的表层模式，就事论事，以产品、服务为中心。此模式的最大特点是重视合理性，简明直白，直接传递信息。国外广告则把信息、娱乐和艺术进行组合。国内广告在创意方面略显劣势，首先要走出功能宣传的局限，才能找到更多的创意点子。

国外的产业分工明确，广告的创意设计一般交由专业的广告公司负责，广告公司的名气和专业程度与所支付的广告费用有关，一般广告投资越大，广告制作水平就越高。国内的广告设计和制作也是由广告公司负责，但是决策权通常掌握在企业主手中，他们的欣赏水平和艺术素养制约了广告的最终质量，好的作品通常会在决策的时候被企业主否决，而比较受宠的作品往往是那些信息量大、介绍功能比较详细的作品，最终难免落入俗套。提高广告行业的专业性和独立性，也是我国广告业所面临的一大问题。

　　因为有了文化的差异，世界才精彩；因为有了文化的融合，世界才和谐。了解中外文化的差异对广告的影响，有助于企业扬长避短，在世界经济竞争中获得真正的竞争优势。

　　资料来源　肖丽萍. 中外广告的差异对比 [J]. 销售与市场（管理版），2014（9）：42-43.

　　三是目标市场当地政府对广告活动的限制。对海外目标市场进行广告宣传，还必须注意当地政府对广告活动的种种限制，包括广告的商品、内容、时间及媒体等。在广告商品方面，有许多国家禁止为烟草、酒类、药品等做广告宣传；在广告内容方面，许多国家禁止广告中出现不堪入目的服装或舞蹈以及粗俗下流的语言；在广告播放时间上，有些国家对电视广告的时间予以限制，如墨西哥政府规定电视台在平日14时30分至19时30分、周末7时30分至19时30分不得播放有关高热量食物以及软饮料的广告等。总之，企业在海外目标市场开展广告促销活动时，不能违背当地政府对广告活动的限制。

　　（2）国际广告的标准化。这里的标准化是指企业在不同国家的目标市场上使用主题相同的广告宣传。企业是否采用国际广告的标准化策略取决于消费者购买产品的动机，而不是广告的地理条件。当不同市场对相同的广告做出相同程度的反应时，即对同类产品的购买动机相似时，或企业采取全球营销战略时，就可采用标准化的广告策略。标准化策略并不排斥就地区差异做一定程度的修改。例如，麦当劳快餐店的广告宣传基本上采用标准化策略。

　　国际广告标准化策略的主要优点有：可以降低广告促销的成本；充分发挥企业人、财、物的整体效益；易于与企业营销总目标保持一致并将统一的整体形象传递给目标市场国家（地区），从而加深消费者对企业及其产品的印象。但是，国际广告标准化也有其不尽如人意之处，其中最主要的是没考虑到各国市场的特殊性，特别是在特殊性成为矛盾的主要方面时，标准化的策略就显得力不从心，所以很多企业采取差异化的国际广告策略。

　　（3）国际广告的差异化。当消费者对企业产品的购买动机存在很大差异时，应采用差异化广告策略。

　　国际广告的差异化是指企业针对各国市场的特点向其传送不同的广告主题和广告信息。由于不同国家（地区）存在不同的政治、经济、文化和法律环境，以及受到前面所提到的各要素的影响，企业应根据不同的市场特点设计不同的广告主题，传递不同的信息，以迎合不同消费者的需求。例如，李维斯牛仔裤在70多个国家打开销路，就是采用地区差异化广告策略；雀巢公司在世界各地雇用了150家广告代理商，为其在40多个国家的市场上做各种主题的咖啡广告宣传。

　　国际广告差异化策略的主要优点在于：适应不同文化背景的消费者的需求；利于克服当地市场的进入障碍；针对性较强。差异化策略的缺点是企业总部对各国市场的广告宣传的控制力较弱，不同国家的广告宣传甚至相互矛盾，影响企业形象。

　　很多有实力的跨国公司为了控制广告成本，都力求实行广告标准化：由总部研制一套广告方案，然后把其推向子公司，每个子公司以这个广告主题为基础，结合当地市场特点对其做适当改变。这样，既控制了跨国公司在全世界所做广告的主题，也兼顾了地方市场的特点。

总之，无论是选择标准化广告策略还是差异化广告策略，其目的都在于将有关信息传递给消费者，使消费者理解及接受这些信息，促进企业产品的销售。

3）国际广告媒体策略

（1）国际广告媒体的种类。国际广告媒体的种类有很多，不同类型的媒体有不同的特点。目前，比较常用的广告媒体有以下几种：

一是报纸。报纸的优点有：发行量大，影响广泛；传播迅速，可及时传递有关经济信息；广告制作简便灵活，费用较低；便于剪贴、存查；借助报纸的威信，能提高广告的可信度。

报纸的不足有：登载内容庞杂，易分散读者对广告的注意力；印刷不精美，吸引力低；广告时效短，重复性差，只能维持当期的效果。

二是杂志。杂志以登载各种专业知识为主，是各类专业产品良好的广告媒体。它作为广告媒体，优点有：广告宣传对象明确，针对性强，有的放矢；有较长的保存期，读者可以反复查看；发行面广，可以扩大广告的宣传区域；读者一般有较高的文化水平和生活水平，比较容易接受新事物；印刷精美，能较好地反映产品的外观形象，易引起读者注意。

杂志的缺点表现在：发行周期长，灵活性较差，传播不及时；如该杂志的读者较少，传播范围则不够广泛。

三是广播。广播媒体的优越性有：传播迅速、及时；广告制作简单，费用较低；具有较高的灵活性；听众广泛，不论男女老幼，是否识字，均能受其影响。

广播的局限性在于：时间短促，转瞬即逝，不便记忆；有声无形，印象不深；不便存查。

四是电视。电视广告媒体的优点是：视听结合，广告形象、生动、逼真、感染力强；广告宣传范围广，影响面大；宣传手法灵活多样，艺术性强。

电视的缺点是：时效性强，不易存查；广告制作复杂，费用较高；因播放节目繁多，易分散观众对广告的注意力。

五是互联网。互联网是继报纸、杂志、广播、电视之后的"第五媒体"，具有信息量大、传递信息快、交互式沟通、储存时间长、集视觉与听觉于一体等特点。互联网不受时间和地域的限制，使企业可以与国际消费者互动沟通，具有传统媒体无法比拟的优势。随着信息技术的飞速发展和电子商务的普及，出现了将广告与电子商务相结合的创新商业模式——广告电商模式。它利用大数据分析和人工智能技术，可以实现精准的广告投放和流量转化。它的核心理念是将广告与电商相互融合，以实现更高效的营销和更高的收益。

六是自媒体。自媒体广告是指个人或组织在互联网上自主创建、编辑、发布和传播的广告形式。自媒体平台包括但不限于微信公众号、微博、抖音、B站等，这些平台允许用户通过文字、图片、音频和视频等多种形式发布内容，从而实现广告的投放和传播。自媒体广告的优点有：自媒体平台数量众多，用户基数大，能够覆盖广泛的受众群体；自媒体平台允许用户发布大量内容，信息丰富多样；用户可以与广告内容进行互动，如评论、点赞、分享等，增强了广告的效果；通过用户数据分析，可以实现更精准的广告投放，提高广告的转化率；作成本低：相比传统媒体，自媒体广告的制作成本较低，适合中小企业和个人使用；可以根据广告的展示次数、点击次数或转化次数来计费，更加灵活和合理。自媒体广告存在的问题有：一些自媒体平台上的软文广告通过讲故事的方式吸引读者，不易识别广告内容；广告中数据的真实性和产品的质量难以考证；部分商品或服务没有资质证明，质量难以保证。

七是其他广告媒体。其他广告媒体多种多样，如建筑物墙体、橱窗、车船、霓虹灯、商品包装等。户外广告形象生动，保存时间长，成本费用低，但它们也有不足：针对性差，信息表达的形式和内容受到各个国家的限制，促销效果难以评估。此外，企业也在不断开发新的广告载体，如在某国通勤人员的手提箱上做广告，使之成为一道流动的风景线。

（2）国际广告媒体选择的影响因素。影响国际广告媒体选择的重要因素包括媒体可用性、产品本身、目标人群的媒体偏爱、全球媒体等。

一是媒体可用性。企业在不同的国际目标市场上需要制定不同的媒体策略。例如，在巴西，电视在媒体组合中占主导，电视广告的价格远远高于其他媒体。在受欢迎的电视连续剧中，一则 30 秒的广告，费用可能高达 40 万雷亚尔。广告总支出、媒体类别、佣金结构等构成了媒体策略的要项，营销者在制订计划时不可忽视其一。

在国际促销活动中，重要的限制因素是当地的法律法规。20 世纪 80 年代以来，消费者保护已成为法律领域中的重要内容。2022 年 4 月 23 日，欧盟国家就一项规范数字服务市场的法案达成一致。该法案阻止亚马逊、谷歌和 Meta 等科技公司使用敏感信息（如年龄、性别、种族、宗教和政治观点）来投放有针对性的广告，并对违规行为进行处罚。该法案还禁止向未成年人投放定向广告。[①]

二是产品本身。广告活动在具体产品方面面临不少限制，如烟酒类产品的广告在许多地区受到管制。例如，德国禁止在广播、电视、报刊等媒体上做烟草广告，并且规定从 2022 年 1 月 1 日起，不得在外墙、广告柱或候车亭等户外空间为烟草制品做宣传。比利时从 2021 年 1 月起禁止所有烟草制品广告。墨西哥于 2023 年 1 月 16 日颁布新的反烟草法，禁止烟草广告、促销与赞助，电子烟也受到更严格的限制。加拿大政府规定，食品、药品和化妆品广告必须经政府审查通过后才可以在电视台、电台播放，烟酒类产品不准在电视、电台上做广告。法国《埃万法》对酒类广告做了严格的规定：广告必须以醒目字体标明"过量饮酒有害健康"和"请酌量消费"字样；不得在电影、电视和电台等媒体做酒类广告；广告图案和文字只能展现客观内容，不能暗示酒精有强身、让人快乐等效果。

某些产品的促销须遵守当地的特定法规。例如，2019 年 9 月一则红牛在伦敦地铁上的卡通广告被禁。英国广告标准管理局（ASA）裁定，这则广告暗示红牛可以帮助

---

①　环球科技观.欧盟就控制定向广告的新规则达成一致［EB/OL］.［2024-12-23］.https://baijiahao.baidu.com/s? id=1731049809599377756&wfr=spider&for=pc.

消费者提高精神集中度、注意力和精力水平，这是未经欧盟注册的声明。根据欧盟法规，包含营养或健康声明的营销传播必须有书面证据支持，以证明它们符合欧盟登记册中规定的与相关声明有关的使用条件。

三是目标人群。媒体策略的主要目的是以最少的花费将信息传达给目标人群。例如，某跨国石油公司想在中国开展形象促销活动，以期获得一些钻井合同。要在中国找到适当的决策者不难，因为石油开采都是由国有企业经营的。要选择合适的媒体同样不难，因为多数负责石油开发的决策者都会订阅几种出版物，如《国际经济评论》《国际石油经济》《中国石油勘探》等。

企业在做媒体决策时应该了解媒体分布情况、媒体受众情况和广告覆盖面。在较复杂的市场中，企业还必须开展适当的调研，以了解当地的广告观念和消费者反应等。广告人还可能发现当地公布的某些报刊的发行量数据不可靠，甚至有伪造现象。

四是全球媒体。全球媒体指其目标市场至少覆盖三个国家的媒体工具。全球媒体一般有多个版本或频道，可使广告到达大部分国家（地区）。例如，在报刊媒体方面，《中国日报》有中国香港版、美国版、欧洲版、亚洲版、非洲版，《时代》周刊有美国主版、国际版、欧洲版、亚洲版和南太平洋版。在广播电视媒体方面，我国的凤凰卫视通过多个卫星直播平台实现了真正意义上的全球覆盖，涵盖亚太、北美、欧洲、非洲、南美洲的190个国家及地区，同时积极推进全球落地入网，通过有线电视、IPTV、OTT等各种传输渠道形成有效收视。英国天空（Sky）广播有限公司是欧洲最大的收费电视广播公司，总部设在伦敦，在英国、爱尔兰、德国、奥地利、意大利和西班牙等国都有业务，1998年首先开创了140个频道的数字服务，现在已经扩展到300多个频道。

（3）国际广告代理商选择。企业在国际市场上开展广告促销活动时有两种选择：一种是由企业内部广告部门经营广告业务；另一种是委托广告代理商代办广告业务。广告代理商是独立的企业组织，其经营业务是为客户策划、制作广告，当然，它要收取佣金作为收入。由于广告代理商具有专业化的知识、技术、人才与服务，所以许多企业虽设有广告部，但也常常委托广告代理商来负责广告宣传活动。经营国际市场广告业务的广告代理商有三大类：一是国际性广告代理商，这种代理商一般在海外设有许多分支机构，经营国际性广告业务；二是目标市场当地广告代理商，它以经营其所在国广告业务为主；三是本地广告代理商，它是指与海外有联系的本国或本地区广告代理机构。

一般说来，选择国际性广告代理商，可以利用其在各地的分支机构协调在多国市场上的广告促销活动，从而收到最佳的整体促销效果。同时，还可以省掉在多个国家（地区）寻找合适的当地广告代理商的麻烦。选择目标市场当地的广告代理商，因其了解、熟悉当地的社会文化环境，具有当地的消费者能够接受的民族形象，所以可以收到较好的市场覆盖与渗透效果，还可避开某些政府对外国广告公司深入当地开展广告活动的限制。选择国内本地广告代理商，可以借助其在海外目标市场的分支机构开展广告促销活动，也便于企业控制广告促销活动。

【小资料9-5】

全球广告市场概览

根据Statista的数据，2021年全球广告市场规模达到7 632亿美元，2015—2021年复合年均增长率为8.20%，预计未来5年增速将逐渐稳定在5%左右，全球广告市场进入稳健发展阶段。

从不同广告类型来看，众多传统媒介广告触达天花板，互联网广告为全球广告市场的增长主要驱动力。其中，纸媒广告市场规模及市场份额不断降低，2021年杂志和报纸占广告市场总规模的比例为6.97%，电视广播及户外广告保持低速增长，互联网广告增速快于全球广告市场增速，市场占比从2015年的31.8%提升至2021年的57.6%。

2015年以来，互联网广告市场规模稳步提升，2015—2019年复合年均增长率达到18.64%。受新冠肺炎疫情影响，2020年增速下滑至11.5%。随着世界范围内疫情的逐步恢复，2021年互联网广告市场在2020年低基数的基础之上修复，市场规模达到4 393亿美元，同比增速为31.4%。

按照广告形式对互联网广告再进行拆分：搜索广告为互联网广告最大细分市场，市场份额稳定在50%左右，2018—2021年复合年均增长率达到18.80%。社交广告与视频广告为高成长性板块，2018—2021年复合增速均超过25%。近年来，短视频的流行推动视频广告快速发展，市场规模从2015年的103.8亿美元，增长到2021年的534.1亿美元，占比从6.85%提升至12.16%。随着TikTok的商业化加速，以及YouTube、Instagram等在短视频行业的进一步布局，视频类广告占比有望进一步提升，成为后续全球广告增长的主要动力。eMarketer预计，抖音及TikTok在全球互联网广告市占率将于2024年达到6.7%。

2017—2021年，以搜索广告为代表的Google始终保持最大的广告市场份额；社交广告龙头Meta FoA位于第二，市场份额维持在25%左右。2021年，Google广告收入达到2 095亿美元，同比增长42.59%；Meta FoA广告收入达到1 149亿美元，同比增长36.55%；两家市场份额占比高达73.8%。其他细分领域稳中向好，视频广告市场份额不断增长。社交平台广告中，LinkedIn、Twitter、Snapchat的市场份额占比保持稳定，其中Snapchat收入较快增长；以电商广告为主的Amazon的份额从2017年的2.2%提高到2021年的7.1%。

以视频广告为主的YouTube不断推进商业化进程，占比不断提升。根据Statista截至2021年的统计，YouTube在2021年广告商使用的社交媒体平台中排名第四，有55%的广告商选择了YouTube作为广告投放平台。其中，有62%的广告商预计未来会增加与YouTube的合作，21%的广告商保持现状继续合作，17%的广告商会减少或者不再使用YouTube。在市占率方面，2021年全球社交媒体广告支出为1 812亿美元，YouTube的广告收入为288.5亿美元，占全球社交媒体平台广告收入的15.9%，是除了Meta FoA以外，最受广告商欢迎的社交媒体广告投放平台。短视频平台TikTok异军突起，2021年广告收入规模同比增长100%，市场份额逐年提升。

宏观经济方面，随着疫情影响减缓，未来5年全球经济预计步入稳步复苏阶段。2022—2026年全球互联网广告收入占GDP的比重预计达到0.58%，整体经济发展仍有望为广告市场创造良好大环境。

政策监管方面，欧盟及美国反垄断及数据监管政策不断推进，对效果广告所需的用户数据量及转化率产生不利影响。2018年，欧盟施行《通用数据保护条例》（General Data Protection Regulation）。2020年，美国加利福尼亚州实施《加州消费者隐私法案》（California Consumer Privacy Act）。这两个法案旨在进行个人信息隐私保护。2022年4月23日欧盟就《数字服务法》（Digital Service Act，DSA）达成一致意见。2022年5月19日，美国参议院提出《数字广告竞争和透度法案》（CTDA），限制大型科技公司在广告生态系统的垄断。一系列法案的出台意味着监管逐渐趋严，将给科技巨头在广告业务领域的发展带来较大的不确定性。

资料来源　文浩，张爽. 全球广告市场研究：双龙头格局相对稳定，TikTok筑造新流量高地[EB/OL]. [2024-12-23]. https://news.qq.com/rain/a/20220714A020I900.

9.4.2　国际市场人员推销

1）国际市场人员推销的特点

国际市场人员推销是指企业派出或委托推销人员向国际市场顾客和潜在顾客面对面地宣传产品，促进顾客购买，是一种古老却很重要的促销方式。在人员推销活动中，推销人员、推销对象和推销品是三个基本要素。其中，前两者是推销活动的主体，推销品是推销活动的客体。推销人员通过与推销对象接触、洽谈，将推销品推荐给推销对象，与之达成交易，实现既销售商品又满足顾客需求的目的。

在国际市场上，人员推销与非人员推销相比，既有优势又有劣势。其优势表现在以下四个方面：

（1）信息传递的双向性。人员推销作为一种信息传递形式，具有双向性。一方面，推销人员通过向顾客介绍推销品的有关信息，如产品的质量、功能、使用方法、安装、维修、技术服务、价格及同类产品竞争者的有关情况等，来达到招徕顾客、促进产品销售的目的。另一方面，推销人员通过与顾客接触，能及时了解顾客对推销品的评价，通过观察和有意识地调查研究，可以掌握推销品的市场生命周期及市场占有率等情况。这样不断地搜集信息、反馈信息，为企业制定合理的营销策略提供依据。

（2）推销目的的双重性。一方面，推销人员施展各种推销技巧，目的是推销商品；另一方面，推销人员与顾客直接接触，向顾客提供各种服务，帮助顾客解决问题，满足顾客需求。两重目的是相互联系、相辅相成的。推销人员只有做好顾客的参谋，更好地满足顾客需求，才有利于激发顾客的购买欲望，促成购买，使商品推销效果最大化。

（3）推销过程的灵活性。推销人员与顾客直接联系、当面洽谈，可以通过交谈与观察了解顾客，进而根据不同顾客的特点和反应，有针对性地调整自己的工作方法，以适应顾客，激发顾客购买；还可以及时发现、答复和解决顾客提出的问题，消除顾客的疑虑和抱怨。

（4）友谊、协作的长期性。推销人员与顾客直接见面，长期接触，可以建立友谊，密切企业与顾客之间的关系，使顾客偏爱企业的产品。在长期保持友谊关系的基础上开展推销活动，有助于建立长期的买卖协作关系，稳定销售渠道。

人员推销的劣势表现在以下两个方面：一是支出较大，成本较高。由于每个推销人员直接接触的顾客有限，销售面窄，特别是在市场范围较大的情况下，人员推销的开支较多，这就增大了产品销售成本。二是对推销人员的要求较高。人员推销的效果直接取决于推销人员素质的高低。随着科学技术的发展，新产品层出不穷，对推销人员的素质要求越来越高。这不仅要求推销人员熟悉新产品的特点、功能、使用、保养和维修等知识与技术，还要准确了解国际市场的变化趋势等。培养和遴选能够胜任其职的推销人员比较困难，而且耗费大。

2）国际市场人员推销的类型

在国际市场上，人员推销通常包括四种类型：

（1）企业经常性派出的外销人员或跨国公司的销售人员。他们在海外专门从事推销和贸易谈判业务，或定期到国际市场调研、考察、访问和推销。这是国际市场人员推销的一般形式。由于企业派出人员常出现文化交流上的障碍，近年来大多数公司专门雇用当地人从事人员推销，人员的本土化较好地解决了文化方面的问题。

（2）企业临时派出的有特殊任务的推销人员和销售服务人员。这一般有三种情况：一是当国际目标市场出现特殊困难和问题时，必须由企业组织专业推销人员或其他人员前往解决；二是企业突然发现了一个庞大的值得进入的市场，有必要派出一个专业推销小组集中推销；三是企业建立一个后备推销小组和维修服务组织，待命而行。任务一到，他们就出国推销兼做维修工。一些跨国公司还特别组织一个专家小组在国际市场巡回考察、调研、推销，解决与本企业有关的经济、贸易和技术问题。

（3）企业在海外的分支机构（或附属机构）的推销人员。一些大公司特别是贸易公司，都在海外设有分支机构（或附属机构），这些机构一般都有自己的推销人员，专门负责本公司产品在有关地区的推销工作。这些推销人员不仅有本土人，还有大量的当地人员或熟悉当地市场的第三国人员，如请第三国某公司在本地分公司的推销人员代为推销。

（4）利用国际市场的代理商和经销商进行推销。在企业不熟悉国际市场状况、企业未找到合适的推销人员、产品出口总量小以至于不值得派人去进行推销、企业难以承受国际市场人员推销的高费用等状况下，企业可以利用国际市场的代理商和经销商进行推销。在此过程中要注意适当的监督和控制，不能置之不理，完全由代理人去做。必要的时候，企业应直接了解顾客的情况，派出专业人员或常驻贸易代表去协助代理推销人员开展工作。

3）国际市场人员推销的管理

（1）国际推销人员的选聘。选聘国际推销人员时，不仅要对未从事国际推销工作的人员进行选聘，使其中品行端正、工作责任心强、精通外语的人员加入国际推销人员行列，还要对在岗的国际推销人员进行重新选聘，淘汰那些不能胜任工作的推销人员，或解雇，或招回国内。

国际推销人员多数是从东道国的当地人（包括华侨）或本国国籍的驻外人员中选聘。这是因为他们对当地的风俗习惯、消费者的消费行为以及商业惯例比较熟悉。同时，他们还与当地政府或者消费者（包括潜在消费者）有着多种多样的联系，而且，他们具有较强的外语沟通能力。除此以外，企业在开展国际人员推销活动时，也可以从国内选派人员出国承担推销工作。不过，这要求所选聘的人员精通目标市场所在国的语言，熟悉企业及其产品，有使命感。同时，要注意所选聘人员与目标市场消费者的宗教信仰是否一致。

选聘国际推销人员不可忽视的还有选聘方法。一定要通过面试，才能聘用。这是因为，做国际推销工作需面对海外消费者，要求推销人员具有较强的语言表达能力、理解能力、分析能力及应变能力。

（2）国际推销人员的培训。被选中的国际推销人员，还需经过培训才能上岗。同时，对在岗的国际推销人员，每隔一段时间也要进行培训，使其了解企业的新产品、新的经营计划及新的国际市场营销策略。

培训国际推销人员时，要按其应该具备的素质选定培训内容，通常包括企业知识、产品知识、市场知识、心理学知识、法律和商业惯例知识等。

培训的方法常用的有三种：一是讲授培训。这是一种课堂教学培训方法。一般是通过举办短期培训班进修等形式，由专家、教授和有丰富推销经验的优秀推销员讲授基础理论和专业知识，介绍国际推销方法和技巧。二是模拟培训。这是受训人员亲自参与的有一定真实感的培训方法。具体做法是，由受训人员扮演国际推销人员向由专家、教授或有经验的优秀推销员扮演的顾客进行推销，或由受训人员分析国际推销实例等。三是实践培训。实际上，这是一种岗位练兵。当选的国际推销人员直接上岗，与有经验的国际推销人员建立师徒关系，通过传、帮、带，使受训人员逐渐熟悉业务，成为合格的国际推销人员。

（3）国际推销人员的激励和效果评估。推销效果是衡量国际推销人员业绩的标准，也是对国际推销人员奖励的依据。对推销效果进行评估，并对绩效较高者予以奖励，是鼓励先进、鞭策落后的有效举措。通常对国际人员推销的效果从两方面进行考评：一是直接推销效果；二是间接推销效果。前者包括推销产品的数量与金额，推销的成本，新客户销售比率等；后者包括走访顾客的人数及频率，产品与企业知名度的提升程度，为顾客服务和市场调研任务的完成情况等。必须注意，在考评国际人员推销效果时，还应考虑目标市场的特点以及不同社会文化因素等的影响，因为不同目标市场的推销难度不尽相同。对不同推销人员的推销效果做出评估后，企业可以据此对绩效优秀者予以奖励，通常有物质奖励和精神奖励两种方式。

9.4.3　国际公共关系与营业推广

1）国际公共关系

国际公共关系是企业在国际上开展的公共关系活动。公共关系又称公众关系，是企业在市场营销活动中正确处理企业与社会公众的关系，树立企业的良好形象，从而促进产品销售的一种活动。"公共关系"一词译自英文 public relations，简称"公关"

或 PR。

（1）公共关系的特征。公共关系是一种社会关系，但既不同于一般社会关系，也不同于人际关系，因为它有自己的特征。公共关系的基本特征表现在以下几方面：

其一，公共关系是一定的社会组织和与之相关的社会公众之间的相互关系。这里包括三层含义：①公关活动的主体是一定的组织，如企业、机关、团体等。②公关活动的对象，既包括企业内部职工、股东，又包括企业外部的顾客、竞争者、新闻媒体、金融机构、政府各有关部门及其他社会公众。这些公关对象构成了企业公关活动的客体。企业与公关对象关系的好坏直接或间接地影响企业的发展。③公关活动的媒介是各种信息沟通工具和大众传播渠道。作为公关主体的企业，借此与客体进行联系、沟通、交往。

其二，建立公共关系的目标是为企业广结良缘，在社会公众中创造良好的企业形象和社会声誉。一个企业的形象和声誉是无形的财富，良好的形象和声誉是企业富有生命力的表现，也是公共关系的真正目的之所在。企业以公共关系为促销手段，利用一切可能利用的方式和途径，让社会公众熟悉企业的经营宗旨，了解企业的产品种类、规格以及服务方式和内容等有关情况，使企业在社会上享有较高的声誉并树立较好的形象，促进产品销售。

其三，公共关系的活动以真诚合作、平等互利、共同发展为基本原则。公共关系是以一定的利益关系为基础的，这就决定了主客双方必须有诚意、平等互利，并且要协调，兼顾企业利益和公众利益。这样才能满足双方需求，以维护和发展良好的关系；否则，只顾企业利益而忽视公众利益，在交往中损人利己，不考虑企业信誉和形象，就不能构成良好的关系，也毫无公共关系可言。

其四，公共关系是一种信息沟通，是创造"人和"的艺术。公共关系是企业与其相关的社会公众之间的一种双向的信息交流活动。企业从事公关活动，能沟通企业上下、内外的信息，建立相互间的理解、信任与支持，协调和改善企业的社会关系环境。公共关系追求的是企业内部和企业外部人际关系的和谐统一。

其五，公共关系是一种长期活动。公共关系着手于平时努力，着眼于长远打算。公共关系的效果不是急功近利的短期行为所能达到的，需要连续地、有计划地努力。企业要树立良好的社会形象和信誉，不能拘泥于一时一地的得失，而要追求长期的、稳定的战略性关系。

（2）公共关系部门的活动方式。公共关系部门在企业内部和外部经营管理活动中占有重要地位。公共关系部门无论是独立的职能部门，还是隶属于某一职能部门，都具有相同的活动方式。

公共关系的活动方式，是指以一定的公关目标和任务为核心，将若干种公关媒介与方法有机地结合起来，形成一套具有特定公关职能的工作方法系统。按照公共关系的功能不同，公共关系的活动方式可分为以下几种类型：

一是宣传性公关，是运用报纸、杂志、广播、电视等各种传播媒介，采用撰写新闻稿、演讲稿、报告等形式，向社会各界传播企业有关信息，以形成有利的社会舆论，营造良好的氛围。这种方式传播面广，推广企业形象效果较好。

二是征询性公关，是运用开办各种咨询业务、编制调查问卷、进行民意测验、设立热线电话、聘请兼职信息人员、举办信息交流会等各种形式，通过连续不断的努力，逐步形成效果良好的信息网络，再对获取的信息进行分析研究，为经营管理决策提供依据，为社会公众服务。

三是交际性公关，是通过语言、文字的沟通，为企业广结良缘，巩固传播效果。交际性公关可采用宴会、座谈会、招待会、谈判、专访、慰问、电话、信函等形式，具有直接、灵活、亲密、富有人情味等特点，能深化交往层次。

四是服务性公关，是通过实惠性服务，以行动去获取公众的了解、信任和好评。这样不仅有利于促销产品，还有利于树立和维护企业形象与声誉。企业可以采取各种方式为公众提供服务，如消费指导、消费培训、免费修理等。

五是社会性公关，是通过赞助文化、教育、体育、卫生等事业，支持社区福利事业，参与国家、社区重大社会活动等形式，来塑造企业的社会形象，提高企业的社会知名度和美誉度。这种公关方式公益性强，影响力大，但成本较高。

六是危机性公关，是危机管理的核心内容，也是情报活动的重要领域。危机性公关主要是指当组织遇到自然灾害或人为灾害从而导致信任危机时，通过一系列的公关活动来获得社会公众的谅解，进而挽回影响的一项工作。企业危机性公关必须立足于应对突发事件，通过有计划的专业处理系统将危机的损失降到最低。同时，成功的危机公关还能利用危机，使企业在危机过后树立更优秀的形象。

（3）公共关系部门的工作程序。公共关系部门具有相同的工作程序。开展公共关系活动的基本程序包括调查、计划、实施、检测四个步骤。

第一步，公共关系调查。它是公共关系工作的一项重要内容，是开展公共关系工作的基础和起点。通过调查，能了解和掌握社会公众对企业决策与行为的意见。据此，可以基本确定企业的形象和地位，为企业监测环境提供判断条件，为企业制定合理决策提供科学依据等。公关调查内容广泛，主要包括企业基本状况、公众意见及社会环境三方面内容。

第二步，公共关系计划。公共关系是一项长期性工作，合理的计划是公关工作持续高效的重要保证。制订公关计划，要以公共调查为前提，依据一定的原则，来确定公关工作的目标，并制订科学、合理而可行的工作方案，如具体的公关项目、公关策略等。

第三步，公共关系实施。公关计划的实施是整个公关活动的"高潮"。为确保公共关系实施的效果最佳，正确地选择公共关系媒介并确定公共关系的活动方式是十分必要的。公关媒介应依据公共关系工作的目标、要求和传播内容以及经济条件来选择；确定公关的活动方式，宜根据企业的自身特点、不同发展阶段、不同的公众对象和不同的公关任务来选择。

第四步，公共关系检测。公关计划实施效果的检测，主要依据社会公众的评价。通过检测，能衡量和评估公关活动的效果，在肯定成绩的同时，发现新的问题，为制定和不断调整企业的公关目标、公关策略提供重要依据，也为使企业的公共关系成为有计划的持续性工作提供必要的保证。

2）国际营业推广

国际营业推广即企业在国际市场上开展的营业推广活动。营业推广是人员推销、广告和公共关系以外的能刺激需求、扩大销售的多种促销活动，它是四种促销方式之一，也构成促销组合的一个主要方面。

（1）营业推广的特点。国际营业推广有其自身的特点：

首先，营业推广促销效果明显，可选用的推广方式多种多样。一般说来，只要能选择合理的营业推广方式，就会很快收到明显的促销效果，而不像广告和公共关系那样需要一个较长的时期才能见效。因此，营业推广适合在一定时期、有一定任务的短期性的促销活动中使用。

其次，营业推广是一种辅助性促销方式。人员推销、广告和公共关系都是常规性的促销方式，而多数营业推广方式则是非正规性的、非经常性的，只能是它们的补充方式。使用营业推广方式开展的促销活动，虽能在短期内取得明显的效果，但它一般不能单独使用，常常配合其他促销方式使用。营业推广方式的运用能使与其配合的其他促销方式更好地发挥作用。

最后，营业推广不宜长时期使用。采用营业推广方式促销，似乎迫使顾客产生"机会难得，时不再来"之感，进而能克服消费者需求动机的衰变和购买行为的惰性。不过，营业推广的一些做法常使顾客认为卖家有急于抛售的意图，若频繁使用或使用不当，往往会引起顾客对产品质量、价格的怀疑。因此，企业在开展营业推广活动时，要注意选择恰当的方式和时机。

（2）营业推广的方式。营业推广的方式多种多样，每一个企业不可能全部使用。这就需要企业根据各种方式的特点、促销目标、目标市场的类型及市场环境等因素，选择适合本企业的营业推广方式。

我们先来看向消费者推广的方式。向消费者推广，是为了鼓励老顾客继续购买、使用本企业产品，激发新顾客试用本企业产品。其方法主要有以下几种：

一是赠送样品。向消费者赠送样品，可以鼓励消费者认购，也可以获取消费者对产品的反馈。样品赠送，可以有选择地赠送，也可在商店或闹市区或者附在其他商品和广告中无选择地赠送。这是介绍、推销新产品的一种方式，但费用较高，对高价值商品不宜采用。

二是抵价券。它相当于对某种商品免付一部分价款的证明。持有者在购买本企业产品时免付一部分货款。抵价券可以邮寄，也附在商品或广告之中。这种形式有利于刺激消费者使用老产品，也可以鼓励消费者认购新产品。

三是包装兑现。包装兑现即用商品包装物来兑换现金。例如，收集到若干个某种饮料瓶盖，可兑换一定数量的现金或实物，借以鼓励消费者购买该种饮料。

四是廉价包装。廉价包装又叫折价包装，即在商品包装上注明折价数额或比例。廉价包装可以是一件商品单装，也可以是若干件商品或几种用途相关的商品批量包装。这种形式，有刺激经济型消费者需求的作用，对促进短期销售比较有效。

五是赠品印花，亦称交易印花。消费者购买商品时，赠送消费者印花。当购买者的印花积累到一定数量时，可以兑换现金或商品。

再来看向中间商推广的方式。向中间商推广，其目的是促使中间商积极经销本企业产品。其推广方式主要有：

一是购买折扣。为激励中间商大批量地购买本企业产品，对第一次购买和购买数量较多的中间商给予一定的折扣优待，购买数量越大，折扣越多。折扣可以直接支付，也可以从付款金额中扣除，还可以赠送商品作为折扣。

二是资助。资助是指生产者为中间商提供陈列商品，支付部分广告费用和部分运费等补贴或津贴。在这种方式下，中间商陈列本企业产品，企业可免费或低价提供陈列商品；中间商为本企业产品做广告，生产者可资助一定比例的广告费用；为刺激距离较远的中间商经销本企业产品，可给予一定比例的运费补贴。

三是推销奖金。对经销本企业产品有突出成绩的中间商给予奖励，这种方式能激励优胜者加倍努力，更加积极主动地经销本企业产品，也有利于吸引其他中间商经销本企业产品，促进产品销售。

（3）营业推广的控制。营业推广是一种促销效果比较显著的促销方式，但倘若使用不当，不仅达不到促销的目的，反而会影响商品销售，甚至损害企业的形象。因此，企业在运用营业推广方式开展促销时必须予以控制。

首先，要选择适当的方式。营业推广的方式有很多，各种方式都有其各自的适应性，选择好的营业推广方式是取得促销成功的关键因素。一般说来，应结合产品的性质、不同推广方式的特点以及消费者的接受习惯等因素选择合适的营业推广方式。

其次，要确定合理的期限。控制好营业推广的时间长短也是取得预期促销效果的重要一环。推广的期限既不能过长，也不宜过短。这是因为，时间过长会使消费者感到习以为常，销蚀刺激需求的作用，甚至会产生疑问或不信任感；时间过短会使部分顾客来不及接受营业推广的好处，收不到最佳的促销效果。一般应与消费者的平均购买周期相一致。

最后，要选定合适的对象。营业推广的对象是企业的潜在顾客，因此选准营业推广的对象是十分必要的。若选定的推广对象不合适，则会劳而无功甚至损害企业信誉。例如，在采用有奖购买的做法开展营业推广活动时，就不宜把企业职工作为推广对象，以免给顾客造成徇私舞弊、弄虚作假的感觉。

【小思考9-5】

如何为企业设计国际促销组合？应注意哪些因素？

答：从国际广告、人员推销、公共关系和营业推广的角度进行考虑，同时注意各国文化、经济、法律等环境因素的影响。

【观念应用9-9】

日本服装店如何进行促销活动实例解读

可以说，谁拥有忠实顾客，谁就能在服装商战中占据制高点。那么，一些在服务质量方面有优势的日本服装品牌是如何通过促销活动来有针对性地服务、吸引顾客的呢？

Amaka：从细节入手吸引顾客

三阳商会的 Amaka 品牌通过在店铺举办小型活动提高了知名度，同时也为该品牌赢得了不少忠实顾客。Amaka 品牌邀请首饰设计师来到店铺为顾客提供增值服务，凡是购买金额达到 1 万日元以上的顾客，都能获得由首饰设计师现场制作的个性化配饰。公司最初推出 Amaka 品牌时，促销活动都是直接针对商品本身进行的，如举办衬衫、羊绒针织服装的定制活动等。然而，营销人员很快发现传统的促销活动具有很强的局限性，尽管能够在一定程度上吸引老顾客，却很难在开拓新顾客方面取得突破。

经过调查，营销人员发现 Amaka 品牌的目标顾客群即 40 岁左右的女性对于配饰、玻璃画等活动很感兴趣，于是开始举办为顾客提供个性化配饰的活动。经过 3 年的尝试，活动收到了不错的效果，回头客明显增加。

值得一提的是，店铺在开展促销活动的过程中积累了宝贵经验。通过 3 次活动，Amaka 品牌专卖店的店员已经能够独立完成活动策划工作，包括什么时间开始宣传、在多大范围内通知顾客、不同时间段的来店情况等。三阳商会 Amaka 品牌销售经理大挺伸雄表示，今后将进一步提高店铺吸引顾客的能力，活动也不局限在每年两季的促销活动。店铺可以在新商品进入市场时自主策划小型活动吸引顾客。

Hiroko Koshino："星级"订货会

由日本时装设计界著名的"小筱三姐妹"之一——小筱弘子——创建的 Hiroko Koshino 国际公司从 10 多年前就开始在日本各地举办定制服装订货会。

此前，订货会一直将公司所在写字楼内的画廊作为会场。小筱弘子表示，为了在更加高端的场合为更多顾客提供服务，选择在高级宾馆进行。在举办活动的两天里，气氛十分活跃。一家时装杂志社总编甚至惊叹："没想到一个时装品牌的订货会能够吸引这么多顾客！"

订货会采用了"展示样品、按照顾客尺寸进行定制"的形式，受到顾客欢迎。参加订货会的顾客争先恐后地拿着样品在试衣镜前排起了长队。一位远道而来参加订货会的顾客兴奋地表示，在高级宾馆举行订货会能够带来奢华的感觉，体现出服装品牌的品位。从结果上看，前来参加订货会的顾客达到了 250 人，比上一年增加了 1 倍，销售额也增加了 70% 以上。Hiroko Koshino 国际公司计划认真总结经验，今后将持续在高级宾馆举行发布会。

Riza：促销活动丰富多彩

在 World 公司 Riza 品牌的顾客中，忠实顾客比例约为 60%。为了进一步吸引顾客，Riza 举办了丰富多彩的促销活动，如服装订货会、配饰毛皮制品促销会等，有效地提高了销售额。据统计，参加各种活动的顾客中有 80%～90% 有实际购买行为，在高档服装销售额中也有 10% 以上来自活动的参加者。尤其值得关注的是，各种促销活动中展示的商品在店铺销售中同样表现出色，多数商品同时出现在促销活动现场和店铺中。

当然，实现促销活动与店铺销售的联动有一个前提，就是售货员能够有效地对顾客信息进行管理。Riza 品牌的售货员根据日常服务和过去的客户信息，有效地把握顾客需求，以促销活动为契机增强顾客对常规商品的了解。

例如，每年2月春装上市前，Riza品牌都要在银座松坂屋百货店举办首饰促销活动。由于首饰促销活动正好在春季服装策划之前举办，同时展出的新款服装往往能够吸引顾客的注意。这一活动收到了很好的效果，85%以上的商品同时出现在促销会现场和店铺中，形成了良性互动。

Riza品牌促销成功的关键在于：通过各种活动引起顾客对商品的兴趣，然后通过多种形式的促销唤起消费者的需求，而不是单纯地停留在介绍商品的层面上。

吸引下一代是成长关键

Hiroko Koshino、Riza、Amaka这三个品牌在吸引顾客方面的努力有一个共同点，即促销对象并不是针对大众，而是针对每个顾客。也就是说，根据每个顾客的喜好来组织促销活动成为培育忠实顾客的关键。不过，培育忠实顾客有一个前提，即品牌和顾客之间有着紧密的联系。Riza品牌专卖店负责人称，吸引顾客参加品牌举办的促销活动至少需要3年时间。也就是说，只有通过脚踏实地的努力，促销活动才能收到成效。

服装品牌通过促销活动吸引顾客还面临另一个共同的课题，即如何在确保现有顾客的前提下，通过努力获得新一代顾客的青睐，这是服装品牌成长的关键。

资料来源　佚名. 日本服装店如何进行促销活动实例解读［EB/OL］.（2022-05-06）［2024-12-06］. http://pplcom.com/post/31010.html.

本章小结 ✏

国际市场营销组合是国际市场营销理论体系中一个很重要的概念，包括产品策略、分销渠道策略、促销策略、定价策略。国际产品策略是营销组合中的核心，包括概念描述、品牌策略、国际产品生命周期理论以及新产品开发的步骤。国际市场定价策略包括定价的影响因素、定价的具体方法以及定价策略和转移价格的说明。国际分销渠道是指在国际营销中商品的流通渠道，是为完成商品从生产领域转向消费领域的过程中经过的各个环节所形成的有机联合体。企业要重点对国际分销渠道进行开发和管理，制定正确的国际促销策略，通过国际广告、市场人员推销、国际公共关系、国际营业推广等各种形式努力开拓国际市场，争取实现企业既定的国际营销目标。

主要概念和观念 📋

□ **主要概念**

国际市场营销组合　国际产品　品牌　国际市场产品生命周期　定价策略　国际转移定价　国际分销渠道　国际市场促销　国际广告　国际公共关系　国际营业推广

□ **主要观念**

国际产品标准化与差异化决策　国际市场定价的决策　国际分销渠道的开发与管理　国际市场促销组合决策

基本训练

☐ **知识题**

9.1　阅读理解

1) 什么是产品整体概念？它与境内营销中的产品分类有何不同？

2) 企业在为国际产品设定品牌时要遵循哪些原则？

3) 如何理解国际市场产品生命周期？其与国内市场产品生命周期有何差异？

4) 国际新产品开发有哪些步骤？

5) 影响国际市场定价的因素有哪些？如何影响定价？

6) 国际市场定价有哪三种主要方法？各自的优缺点是什么？

7) 常见的国际产品定价策略有哪些？

8) 如何理解国际转移定价？

9) 什么是国际分销渠道？分为哪几种类型？

10) 如何进行国际分销渠道的开发与管理？

11) 国际促销组合包括哪些内容？

9.2　知识应用

1) 选择题

(1) 顾客购买形式产品和期望产品时，附带获得的各种利益的总和属于（　　　　）。

A.核心产品　　　　　　　　　　　B.形式产品

C.期望产品　　　　　　　　　　　D.附加产品

E.潜在产品

(2) 根据全球市场的需要进行设计的产品，有些也是为了本地市场的需要而设计的，但正好迎合了全球市场的需要，这样的产品属于（　　　　）。

A.当地产品　　　　　　　　　　　B.国家产品

C.国际产品　　　　　　　　　　　D.全球产品

(3) 企业为国际产品使用制造商或中间商品牌进行决策时属于（　　　　）。

A.品牌化策略　　　　　　　　　　B.品牌归属策略

C.家族品牌策略　　　　　　　　　D.品牌扩展策略

(4) 国际市场定价的影响因素包括（　　　　）。

A.目标　　　　　　　　　　　　　B.成本

C.市场需求　　　　　　　　　　　D.竞争

E.政府政策

(5) 国际营销企业通过母公司与子公司、子公司与子公司之间转移产品时确定某种内部转移价格，以实现全球利益最大化的策略称为（　　　　）。

A.统一定价策略　　　　　　　　　B.多元定价策略

C.转移定价策略　　　　　　　　　D.控制定价策略

(6) 国际营销企业在国际市场上给予中间商一定时期内独家销售特定商品的权利的策略属于（　　　　）。

A.长渠道策略 　　　　　　　　　B.短渠道策略

C.宽渠道策略 　　　　　　　　　D.窄渠道策略

（7）国际促销组合因素包括（　　　）。

A.国际广告策略 　　　　　　　　B.国际人员推销策略

C.国际公共关系策略 　　　　　　D.国际营业推广策略

2）判断题

（1）国际市场上的产品均为标准化的产品。　　　　　　　　　　　　（　　）

（2）同一产品在不同国家所处的生命周期阶段不同。　　　　　　　　（　　）

（3）国际新产品开发十分简单。　　　　　　　　　　　　　　　　　（　　）

（4）国际市场上的大多数企业以成本为基础为产品制定价格。　　　　（　　）

（5）越短的渠道、越宽的渠道对企业产品销售越有利。　　　　　　　（　　）

（6）国际营销企业的产品进入国际市场初期，营业推广通常是促销的先导。

　　　　　　　　　　　　　　　　　　　　　　　　　　　　　　　（　　）

□ 技能题

9.1　规则复习

1）国际产品品牌决策

国际产品品牌决策包括品牌化决策、品牌归属决策、家族品牌决策、品牌扩展决策、多品牌决策、品牌重新定位决策。

品牌化决策，即决定国际产品是否使用品牌。采取非品牌化的主要目的是通过节省包装、广告费用，降低经营成本和售价，增强竞争力。绝大部分国际产品使用品牌。

品牌归属决策。企业有三种选择：使用制造商品牌、使用中间商品牌或自有品牌，以及使用混合品牌。

家族品牌决策。使用制造商品牌的企业，在决定具体产品的品牌名称上有四种不同的选择，包括个别品牌名称、统一家族品牌名称、分类家族品牌名称、企业名称与个别品牌名称并用。

品牌扩展决策。利用已经成功的品牌来推出改进型产品或者企业新产品。

多品牌决策。一个企业同一种产品使用两个或多个品牌。

品牌重新定位决策。由于国际市场环境的变化多端，企业往往需要对品牌进行重新定位。

2）新产品开发的步骤

新产品开发的步骤包括新产品构思、构思筛选、产品概念形成与测试、制定营销规划、商业分析、实体开发、试销以及商业化投放。

3）国际市场定价策略

国际市场定价策略包括新产品定价策略、折扣与折让策略、心理定价策略、地区定价策略。

4）国际市场分销渠道的开发决策与管理程序

国际市场分销渠道的开发决策包括分销渠道长度和宽度的决策。

国际市场分销渠道的管理程序包括渠道成员的选择、激励渠道成员、渠道成员的考核与评估，以及调整渠道成员。

5）国际促销组合决策

国际促销组合决策包括国际广告策略决策、国际人员推销决策、国际公关决策以及国际营业推广决策。

9.2 操作练习

1）实务题

用两三个例子分析说明：

（1）我国企业在进军国际市场过程中使用了哪些营销组合策略？说明其成功与失败之处。

（2）跨国企业在中国市场上使用的营销组合策略有何可借鉴之处？有何不妥当之处？

2）综合题

如果你是国内某汽车企业的高层领导者，在计划进军国际市场的过程中，要如何进行决策？如何制订进入国际市场的营销组合方案？搜集国内汽车企业相关资料以及国际市场的状况进行说明。

□ 能力题

9.1 案例分析

MoonSwatch 如何成为"流量密码"

2022 年 3 月 17 日，欧米茄官方微信号发布了："On Mar. 26th，it's time to change your SWATCH."同一时间，斯沃琪品牌也发布了："On Mar.26th，it's time to change your OMEGA."短短一行字引起了媒体与消费者的巨大好奇心。

3 月 21 日，OMEGA × SWATCH 预告短片出炉，继续引热话题。3 月 26 日，欧米茄和斯沃琪两大品牌联名表款 MoonSwatch 正式发售。同一天，在世界各地，许多人在有 MoonSwatch 发售的斯沃琪门店外连夜排队，想要第一时间入手一只 MoonSwatch，不少人甚至希望整套收藏。消费者如此巨大的热情，已多年未见。短短 10 天，这一联名系列从预热至发售，为全球市场奉献了一个不俗的营销案例。

人们不禁好奇，MoonSwatch 为何能如此"出圈"？为什么斯沃琪会和同集团的欧米茄出联名表款？而且，产品不限量、仅在线下发售，这背后又有何深意？

MoonSwatch 是欧米茄和斯沃琪两大品牌的首次联名，腕表的设计灵感源于欧米茄超霸月球表，在保留了超霸月球表标志性的设计风格之上，以斯沃琪的创新材料和更年轻的色彩，呈现出独特的创意妙趣。最重要的是，MoonSwatch 被形容为"年轻人的第一块欧米茄超霸"。

它神秘但不限量，只能在线下门店购买，人们在寻找和购买 MoonSwatch 的过程中逐步找回了生活的节奏和社交的乐趣。这就是 MoonSwach 和一般腕表的不同之处，它代表了人与外界的联结，它是一种生活方式。

无论是销售业绩还是市场表现，全球市场都处于后疫情恢复期，人们的消费习惯与心理较以往有所改变，复盘 MoonSwatch 如何成为"流量密码"，也许是制表业所有品牌，甚至所有行业的品牌管理者都想深入了解的。斯沃琪集团 CEO 尼克·海耶克海耶克分享了MoonSwatch背后的故事，它的历史与渊源、研发与设计、市场营销与策略等。

不止联名

MoonSwatch在设计上充分体现了欧米茄和斯沃琪两大品牌的代表性元素。它采用斯沃琪创新性的生物陶瓷Bioceramic打造，由三分之二的陶瓷与三分之一的生物来源塑胶组成，兼具陶瓷的丝滑触感和轻盈质感。从外观看，它的造型主要承袭自欧米茄超霸月球表，与"阿波罗11号"登月时宇航员所佩戴的第四代超霸腕表风格一致，包括不对称表壳、经典的三个小表盘、表圈上著名的测速刻度，以及测度刻度上的Dot Over Ninety（刻度90的原点位于数字上方），均得到了较好的还原。所以，MoonSwatch联名款不是只把两个品牌的标识放在一起，而是从历史传承、技术创新上融合了品牌各自的优势和创意，以前卫新潮的形式互相致敬。

"既是复刻，又是原创，这是它了不起的地方。对欧米茄的粉丝而言，他们看到的是超霸月球表，对喜欢斯沃琪的人来说，它是玩趣创新的。而对尚不了解这两个品牌故事的消费者来说，这是一款值得好好探索的新品。"海耶克说道。

强势出圈

从突然宣布合作到产品发售，市场上对于MoonSwatch的讨论一直没有停息。在各大社交网站，11款颜色各异、以星球命名的MoonSwatch吸引了众多目光，留言中经常出现"青春版月球表""第一块欧米茄"等评论。在"小红书"社区，关于MoonSwatch的笔记有上千篇。

11款腕表对应八大行星以及太阳、月球和冥王星，每款均有独一无二的"星球"配色，从电池盖到表盘细节不尽相同。MoonSwatch的巧思妙想令人印象深刻，丰富的配色设计也助长了市场的消费热情。在MoonSwatch正式发售几个小时之后，二手电商平台eBay上就出现了大量的转售信息，有的甚至超出官方定价10倍以上，全球各地消费者购买的热情难以阻挡。

作为现象级联名合作，MoonSwatch强势出圈，一路从粉丝群体火到了大众圈层。没有戴表习惯的人，因为MoonSwatch开始接触和踏入表圈，这一现象级成功大大超出了海耶克的预期。

双赢

MoonSwatch最有价值的，恐怕还是以有趣、开放的方式拉近了与消费者的距离。从潮流品牌到奢侈品牌，不难看出如今的联名互动在很大程度上受到年轻一代的喜好牵引。根据贝恩公司奢侈品研究报告，年轻消费者正在推动奢侈品市场的持续增长。到2035年，Z世代将占据奢侈品市场40%的份额。

年轻化已经成为每一个品牌不能忽视的命题，相对传统的钟表业也正在悄悄改变。

"以前，新表的发布紧跟着表展，所有的高端品牌、零售商、媒体聚在一起观赏新品，但公众看不到。在斯沃琪和欧米茄联名款的发布上，我们做了相反的事情，我们直接面对消费者，我们给每一位喜欢MoonSwatch的消费者平等的购买机会。"

MoonSwatch联名系列极大地推动了两大品牌的销售表现。对欧米茄而言，超霸月球表在欧米茄自有门店的销售额涨幅超 50%，整体超霸系列腕表取得两位数增长。根据斯沃琪集团 7 月发布的 2022 年上半年财务报告，集团净销售额同比增长 6.5% 至 36.12 亿瑞士法郎，预计全年销售额将实现两位数增长；净利润为 3.2 亿瑞士法郎，比上年同期的 2.7 亿瑞士法郎增长 18.5%。2022 年上半年，欧米茄担任北京冬奥会正式计时，帮助斯沃琪集团迎来开门红，MoonSwatch 的现象级成功，则凸显了这家腕表巨头垂直化生产的实力，并持续加强在所有价格段中的品牌影响力。

无论是打造联名款的思路还是市场反馈，斯沃琪都给制表业注入了一针强心剂。这也令海耶克坚信：今天的奢侈品牌一定要向年轻人和新世代敞开大门。"这也是为什么斯沃琪要用 MoonSwatch 来做这样的发声：奢侈品不能只是越来越贵，还可以是创新、独特的，不是简单地将商标打在产品上销售。我们需要的是那些能推动社会向前的品牌和产品，它们代表着创造力。"

2022 年夏天，MoonSwatch 展开欧洲巡游。11 辆颜色各异的小汽车从斯沃琪位于瑞士比尔的总部出发，奔向 11 个不同的欧洲热门目的地。它们的车身上印有"Swatch × OMEGA"字样，每台车对应一款 MoonSwatch，并在特别定制的手提箱里准备了 60 ~ 80 只腕表。每一个在路上偶遇这些小汽车的游客或居民，都有机会购买到 MoonSwatch。海耶克希望这些小汽车满载新奇创意，将惊喜与欢乐送到人们身边。

类似的有趣设计在 MoonSwatch 身上亦有诠释。每款腕表的包装盒上都有独特的星球任务和星球介绍，比如，"土星任务"在 6 点位小秒盘刻画了一颗带行星环的土星，而"火星任务"的指针样式就是向超霸系列著名的"阿拉斯加计划"腕表（Alaska Project）致敬。后盖同样藏有小心机，边缘刻有文字："DREAM BIG · FLY HIGHER · EXPLORE THE UNIVERSE · REACH FOR THE PLANETS · ENJOY THE MISSION"（大胆梦想·展翅高飞·探索宇宙·向行星进发·享受任务）。

超霸月球表见证了人类登月的历程，自那之后，广袤无垠的太空留下了人类珍贵的足迹。而今，MoonSwatch 承载着人类对太阳系的神往与敬慕，这不仅仅是对 Z 世代的吸引。"这是超越世代与阶层的魅力。"海耶克认为。

资料来源　佚名. MoonSwatch 成流量密码 腕表迎来 Z 世代消费？[N]. 第一财经日报，2022-10-14（A05）.

问题：

1）运用国际市场营销组合的基本理论，分析 MoonSwatch 腕表的成功之处。

2）OMEGA × SWATCH 的做法对我国企业的国际市场营销策略有何启示？

9.2　网上调研

就外国消费者对中国饮料行业中某两个竞争企业的产品品牌偏好进行网上调研。

9.3　单元实践

元气森林"出海"记

乘着"0 糖 0 脂 0 卡"的健康风潮而异军突起的中国初创品牌元气森林（Chi Forest），要在海外市场抢地盘了。

2021 年 12 月，元气森林冲进了美国亚马逊气泡水畅销榜前 10；2022 年 11 月的美国黑五购物节，元气森林再次进入了气泡水榜单前 10。这是元气森林在海外主流渠道的一次成功尝试，也是首个和唯一进入美国亚马逊饮料畅销榜单Top10和Top100的中国品牌。

元气森林成立于2016年，自2019年起进军国际市场，2020年成立了国际事业部，目前旗下拥有元气森林气泡水、燃茶、乳茶、纤茶、外星人电解质水等系列产品矩阵。截至2022年底，元气森林已经进入了40多个国家（地区）。作为近年在饮料赛道跑出的"黑马选手"，这一初创饮料品牌刚在本土市场站稳脚跟，就开始拉长战线，并且想要真正杀入全球市场。不得不说，这是一个相当大胆的做法。

对于任何一个品牌来说，开拓国际新市场都不会是一件容易的事情。没有了主场作战的优势，元气森林也面临一系列全新的挑战，无法照搬"中国经验"。

首先，需要从零开始打响品牌知名度。为了快速提升品牌认知度，元气森林在海外营销上十分活跃：积极和全球年轻消费者群体互动，参与东南亚最受欢迎的电竞游戏MLBB的赛事，还在美国和澳大利亚多所大学参与各种各样的学生活动。同时，元气森林延续了其一贯擅长的社交媒体沟通。在TikTok平台上，从星座博主到创意美食博主，该品牌与众多领域的KOL都达成了颇具本土特色的内容合作。例如，一条使用元气森林气泡水制作"儿时零食"的短视频获得了当地用户的高点击量和高点赞量。

其次，在价格层面，元气森林的产品在海外没有优势。在美国亚马逊上，百事公司旗下的0糖气泡水bubly的18罐装，售价为12.15美元，平均0.04美元/液体盎司；而元气森林24罐装卖37.98美元，平均0.14美元/液体盎司，售价是bubly的3.5倍。曾有媒体报道称，元气森林计划在未来两三年，以投资或自建等方式在海外拥有自有工厂，但目前建厂计划仍在规划中。元气森林的部分铝罐气泡水产自湖北，再从国内运输到东南亚、北美、欧洲市场。海外的主打款气泡水从瓶装改为铝罐，有助于延长保质期，为饮品运输到海外市场留下了足够的物流时间。

再次，在渠道层面，海外市场线下渠道比重大，渠道类型多，元气森林需要因地制宜地从零开始铺设渠道。在澳大利亚，无糖气泡水、元气满满乳茶已全面上架仓储超市巨头Costco以及主流连锁超市Woolworth的1 000家门店。在印度尼西亚市场，元气森林已入驻当地连锁商超Grandlucky，以及最大连锁渠道Indomaret。在部分海外市场，不想"单打独斗"的元气森林还找来了当地的强援助攻。例如，在马来西亚，元气森林与其本土企业Berjaya集团达成合作，已进入当地2 000多家7-11便利店，还进入了350多家MyNews便利店，以及CU mart、Emart等渠道。在北美市场，元气森林更注重电商平台。2021年5月，元气森林在美国上线，历时6个月气泡水从美国最大电商平台亚马逊气泡水畅销榜第380名跃升至前10名，并一度包揽气泡水新品榜Top3。

最后，在海外团队层面，也需要从零开始搭建，以应对陌生而复杂的市场环境。例如，在市场推广方面，元气森林主动积极地适应本地市场的标准，产品得到了新加坡、澳大利亚和新西兰政府的健康认证，以及马来西亚和印度尼西亚政府的清真认证。

总结现阶段的自身经验，元气森林认为食品饮料"出海"，安全合规是第一位的。各国对于食品的法律法规不尽相同，这就要求企业深入细致了解各国相关的法律法规，并做出相应的措施来满足。二是从用户出发做好产品，明确在海外市场的目标消费者是谁，并在产品、团队和资源方面针对不同受众群体制定不同的本地化策略。三是坚持长期主义，保持定力。"作为外来者的品牌，一定要深入思考对于本地消费者有哪些独特的价值是本地消费品不能满足的。一旦想清楚自己的价值定位后，就需要围绕这个定位不断深耕。"元气森林负责人表示。

资料来源　何丹琳. 元气森林"出海"记！我们和团队负责人聊了聊［EB/OL］.［2024-12-25］. https：//baijiahao.baidu.com/s？id=1751649872206195546&wfr=spider&for=pc.

问题：元气森林的营销策略对它在海外目标市场上的成功有何作用？元气森林的营销策略还有哪些不足之处？

实践要求：根据本章关于企业国际市场营销策略组合的理论与实践内容，试为国内某一品牌开拓国际市场设计营销组合策略。

国际市场营销管理

通过本章学习，你应达到以下目标：

知识目标：认识与了解国际市场营销计划的层次，子公司层次的短期营销计划和战略营销计划制订过程，总公司层次的全球战略计划形成过程，组织结构设计的要素，国际营销组织结构的演变，国际营销组织中的协调机制，国际市场营销控制的程序、方法，国际市场营销控制的类型。

技能目标：掌握制订国际市场营销的短期计划和长期计划的程序和方法，学会为不同类型的国际企业设计组织结构和建立协调机制，掌握各种类型的国际市场营销控制方法。

能力目标：具有依据国际企业的战略目标及所面临的内外部环境，为其制订战略计划和营销计划并设计相应组织结构的能力。

价值引领 ◎

通过国际市场营销管理，我国企业能依据既定战略目标及所面临的内外部环境制订科学的战略计划和营销计划并设计相适应的组织结构，进而应对严峻复杂的国际形势和未来接踵而至的巨大风险挑战。

党的二十大报告对我国应对国际局势指明了战略路径：面对国际局势急剧变化，我们保持战略定力，推进高水平对外开放，稳步扩大规则、规制、管理、标准等制度型开放，加快建设贸易强国，推动共建"一带一路"高质量发展，维护多元稳定的国际经济格局和经贸关系。无论是国家还是企业，都需要从机制设计、管理能力上强化自身能力，以应对内外部环境的变化。

引例 @　　　　　　　　**波音组织结构变革与战略**

波音公司是全球最大的航空航天和防务产品制造商，业务涉及航空、航天、军民用电子、通信、航空管理与服务以及金融等诸多领域。波音公司成立100多年来，其组织结构随着战略、环境等因素的变化几经调整，最终形成了以事业部制为主、母子公司制相结合的混合型组织结构。从总体上看，波音公司形成当前的组织结构一共经历了以下四大阶段：

第一阶段（1916—1996年）：直线型到总分公司制

波音公司在成立初期采用直线型组织结构，而后为了适应开展多元化经营的需要，将组织结构从直线型过渡到总分公司制。

当时波音公司总部下设6个分公司：波音商用飞机公司、波音军用飞机公司、波音航天公司、波音伏托尔公司（直升机公司）、波音电子公司、波音计算机服务公司。这6个分公司由波音公司总部集中领导，统一核算，实行行政及财务管理上的集权体制。波音总部设有政府合同、政府与国际事务、计划、技术、财务、经营、顾问、公共关系及广告、工业关系等部门，对所属各公司进行归口领导与管理。

波音公司下属分公司的设置是根据其经营领域的变化不断调整的。到20世纪90年代中期，波音公司已设立波音商用飞机公司、波音航天公司、波音电子公司、波音直升机公司、波音军用飞机公司、波音先进系统公司、波音计算机服务公司7大分公司，业务范围涵盖民用飞机、防务、航天和通信等领域。

第二阶段（1996—2002年）：总分公司制到混合型组织结构

波音公司的事业部制最早应用于分公司的下级单位中。20世纪90年代后期，波音公司设有民用飞机集团、防务系统集团、航天与通信集团3个分公司，在航天与通信集团下设有空间系统部、信息和通信部、研究发展部3个事业部。波音公司于2001年将总部从西雅图迁到芝加哥后，原先的分公司拥有了更大的决策权，并设立了首席执行官（模拟法人），其组织形式从分公司变成了事业部。2002年，波音公司的"总部—事业部（子公司）—子公司（工厂）"三级组织架构已初见雏形。

在波音公司组织结构的第二层级设有波音民用飞机集团、波音综合防务集团两大事业部，波音金融公司、波音连接公司2个子公司，以及空中交通管理、共享服务集团和鬼怪工程部3个业务部门。在波音公司组织结构的第三层级上（以波音民用飞机集团为例），除了原有的制造工厂外，波音公司先后并购了澳大利亚普雷斯顿航空解决方案（Preston Aviation Solutions）公司、大陆数字制图（Continental Data Graphics）公司、航空信息系统（AeroInfo Systems）公司、杰普逊（Jeppesen Sanderson）公司、SBS国际（SBS International）公司。这些公司归波音民用飞机集团管理，成为波音民用飞机集团的全资子公司。

第三阶段（2002—2020年）：不断完善组织结构

2002年后，波音公司在"总部—事业部（子公司）—子公司（工厂）"三级组织架构的基础上，不断完善部门设置和子公司设置，最终形成了当前的组织结构。

波音公司组织结构的第一层级为波音总部，包括董事会、执行委员会和总部职能部门。其中，变化最大的是，波音公司于2003年设立了内部治理办公室，即在波音公司内建立一个全面的风险管理系统。

波音公司组织结构的第二层级包括波音公司的五大责任中心和波音在海外设置的20个区域公司或办事处。波音的五大责任中心即通常认为的波音五大组成部分，包括波音民用飞机集团，防务、空间与安全集团，波音工程、运营和技术部，波音共享服务集团和波音金融公司。这五大责任中心既相互独立，有着不同的职责分工，又相互联系、相互支持，为实现整个集团的目标而运行。波音民用飞机集团和防务、空间与安全集团是波音的利润中心；波音工程、运营和技术部及波音共享服务集团是波音的成本中心；波音金融公司是波音的投资中心；波音工程、运营和技术部，波音共享服务集团，波音金融公司的设立主要是为了支持两大利润中心的高效运行。

为掌握航空领域的核心技术，保持产品和服务领先，以及主导产业发展方向，波音对新技术研发格外重视。为此，波音公司于 2006 年组建了工程、运营和技术部（EO&T），并通过不断完善内部的组织结构推动波音技术研发体系更加合理、高效。波音民用飞机集团也于 2012 年底组建了飞机研发部，旨在使新机型的研发更高效。

第四阶段（2020 年至今）：为应对疫情影响改革组织结构

2020 年 4 月 21 日，波音公司宣布其一系列关键组织和领导变动，针对组织管理结构进行全面改革，以简化和整合职能，提高成本效率，更好地为公司在新冠肺炎疫情大流行后的产业发展做好准备。4 月 22 日，波音公司针对其商用飞机部门的管理结构进行改革，建立新的供应链监督职能，并重新选用波音所有商用飞机项目的负责人。波音公司的组织结构改革包括成立一个"企业运营、财务和战略"小组。该小组由执行副总裁兼首席财务官格雷格·史密斯领导，其任务是精简波音的运营并提高生产率和保障供应链健康，包括负责生产、供应链和运营、财务、企业绩效、战略、企业服务和管理等职能。公司审计人员也加入这个小组，继续直接向波音公司董事会审计委员会汇报，提供独立、客观的保证和咨询服务，以改善公司运营。

波音公司还将其法律和核心合规计划（包括全球贸易控制、道德规范和商业行为）整合到一个由公司全球合规首席法律官兼执行副总裁布雷特·格里领导的单一组织中，旨在以更有重点和更综合的问责方式来增强波音本身的合规和内部治理计划，这还将帮助波音公司积极应对因日益复杂的全球监管环境而产生的新的法律和合规义务。此外，为了加快开展这项重要工作并充分利用其合规与道德计划的现有优势，波音将任命一名首席合规官，负责领导公司的合规、道德与贸易控制活动，此人将向格里汇报，并直接向卡尔霍恩和董事会的审计委员会汇报合规和道德问题。

这些变化将简化波音公司的管理，提高效率，并使波音公司的企业基础设施更具成本效益。波音公司的管理高层在考虑如何平安度过疫情危机的同时，也希望通过组织管理结构的重组适应疫情后的新行业现实。

资料来源　[1] 张岚岚，等. 波音组织结构变革与战略 [J]. 航空制造技术，2014（5）：62-65. [2] 冯欢欢. 波音公司调整组织管理结构 [N]. 中国航空报，2020-05-15（A09）.

10.1 国际市场营销计划

市场营销计划是根据营销决策方案，对企业各项营销活动和所需要的各种资源，以及对各部门、各环节的工作，从时间和空间上进行具体统筹安排的活动。对从事国际市场营销活动的企业而言，制订计划的基本原则与其针对境内市场的计划基本相同，但是由于企业面临的经营环境发生了很大变化，组织结构也进行了重新设计，因而国际市场营销计划比境内市场营销计划更加复杂。

　　国际市场营销计划的复杂程度除受企业的经营规模和产品线影响外，主要取决于企业的国际市场参与程度。在企业以出口方式介入国际市场的情况下，由于企业在当地没有常驻人员，不能对市场信息进行长期的搜集和处理，无法获取为该市场制订计划所必需的信息，因此为出口市场制订营销计划存在很大困难，企业也无法对海外营销进行有效的控制。在特许经营情况下，受许方被赋予较高的经营自由度，因此针对特许经营市场的控制同样存在一定的障碍，因为受许方往往会出于自身利益的考虑来制订经营计划。在以合资企业方式介入国际市场的情况下，由于跨国企业拥有直接参与当地合资企业管理的权力，因而制订市场营销计划变得相对容易。由于当地合作者的目标和战略可能与跨国企业的不一致，合资企业的营销计划必须基于合资企业的整体利益而不是基于跨国企业的战略，因此合资企业的营销计划往往不能很好地整合到跨国企业的总体计划中去。在以独资子公司方式介入国际市场的情况下，由于跨国企业拥有子公司 100% 的股权，所以对子公司的市场营销计划可以进行完全的控制，从而使子公司的营销计划有效地整合到总部计划中去，充分实现企业的战略意图。国际市场营销计划在这种情况下最为现实有效，当然也最为复杂，最具代表性。本节主要讨论以独资子公司方式介入国际市场的国际市场营销计划问题。

10.1.1　国际市场营销计划的层次

　　国际市场营销计划包括子公司和总部两个层次。

　　子公司层次上的营销计划一般是短期计划。从更好地适应当地市场环境的角度来看，子公司的营销计划应该自下而上地形成；从子公司的计划应与总部的规划一致、充分体现总部的战略意图的角度来看，子公司的营销计划应该自上而下地形成。一项关于大型跨国公司的调研发现，完全自上而下的计划方式最为流行，所调研公司中有66% 采取这种方式，而仅有 10% 依靠自下而上的计划流程，其余的公司则采用混合形式（占 11%）或根本没有计划（占 13%）。在自下而上的方式下，总部也不能袖手旁观，而应扮演好三种角色：（1）统一总部与子公司的经营理念，使得公司的整体使命和愿景方向在全公司范围内得到贯彻；（2）建立制订计划的程序，并与子公司沟通，以建立一个全球范围的计划体系；（3）在子公司主管中形成一种制订计划的文化氛围。

【小资料 10-1】

宝武集团子公司的计划活动

　　中国宝武钢铁集团有限公司（简称宝武集团）是中央直接管理的国有重要骨干企业，总部位于上海，2020 年被国务院国资委纳入中央企业创建世界一流示范企业。2022 年，宝武集团资产规模达 1.32 万亿元，钢产量 1.3 亿吨，营业总收入 1.2 万亿元，利润总额 312.8 亿元，员工总数 26.23 万人，在《财富》世界 500 强排行榜位列 44 位，继续位居全球钢铁企业首位。

　　随着宝武集团联合重组开疆拓土力度的加大以及随之而来的专业化整合，地域、产业上的差异，管理文化和理念的差异相伴而生，集团与子公司之间的管控关系也出现了变化。在这样的情势和背景下，2017年，宝武集团在借鉴外部优秀企业实践经验的基础上，逐步构建形成了一套绩效驱动型战略执行体系，商业计划书成为其过程控制手段之一。因此，制订商业计划书是宝武集团各子公司的一门必修课。

近年来，宝武集团各子公司以商业计划书为经营管理的重要工具和抓手，有力支撑了集团战略规划的落地及各项管控目标的实现，季度管理报告、组织绩效评价等均围绕商业计划书展开，极大地提升了治理体系和治理能力现代化水平，以及生产经营、改革发展各项工作质量。

2023年1月10日至12日，宝武召开总经理办公（扩大）会，对2023年度34家单位的商业计划书进行逐家审议。会上，34家单位主要负责人围绕2022年度商业计划书执行情况、公司战略、对标找差以及2023年商业计划书策划等进行了汇报。集团领导逐一对各单位2023年度商业计划书做点评，并对后续工作提出明确要求。

资料来源　［1］张萍. 以高质量稳增长目标引领全年工作——宝武子公司2023年商业计划书审定［N］. 中国宝武报，2023-01-17（01）.［2］张萍. 审议子公司2021年商业计划书［N］. 中国宝武报，2021-01-15（01）.

总公司层次的营销计划重在协调，总公司要审批子公司所提交的计划，并整合形成全公司的营销计划。除了操作性的营销计划，总公司还须制订整个公司的战略计划。

10.1.2　子公司层次的营销计划

1）短期营销计划

图10-1描绘了子公司层次短期营销计划的制订过程。

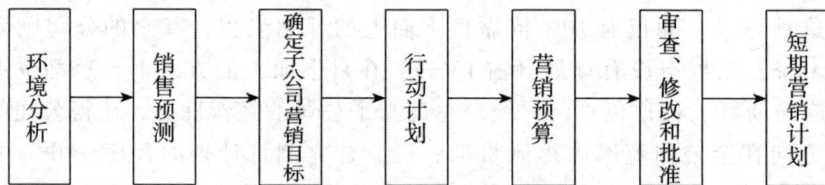

图10-1　短期营销计划的制订过程

（1）环境分析。子公司制订短期营销计划所需要的外部信息，部分来自母公司，部分由子公司在当地收集。跨国企业为了分析其在每个市场上面临的不同环境，通常使用一套基本的方法去评价和衡量市场环境，以此来帮助子公司制订适合该市场的营销计划。这套基本的方法要求衡量的主要变量是需求、竞争、法律以及政府政策。一般采用一种标准化的表格作为衡量的工具。这种标准化的表格一般源自企业曾在本国或本地区市场广泛应用的表格，因为这样便于比较企业在境内市场和境外市场上对环境和机会的把握情况，同时有利于企业采用标准化的方法在国际市场上开拓业务。子公司在制订计划时还需要进行内部环境分析，主要包括过去的销售数据、内部资源状况和企业其他部门的职权范围等。

（2）销售预测。在总结过去的销售情况和外部环境分析的基础上，就可以对未来的销售进行预测。通常总部会提供进行销售预测的标准技术。使用标准技术得到预测数据后，还需要根据外部环境信息对数据进行恰当的修正。最终的销售预测数据能够为子公司确定营销目标、制订行动计划和确定营销预算提供基础。

（3）确定子公司的营销目标。子公司的目标应建立在内外部环境分析和销售预测基础上，同时还需要考虑母公司的整体使命和目标。其内容主要包括：每种产品的预期销售额和现金流、每种产品的预期市场份额、准备新建的分销渠道、目标品牌认知度、进行新产品引进及推广的计划和对新产品市场测试的筹划等。

【小资料10-2】

子公司年度营销目标举例

年度总销售收入达到280万美元，比上年提高8%；销量达到28 320件；市场份额从上年的3%提升到4%；品牌知名度从上年的15%上升到20%；分销网点数增加10%。

（4）行动计划。行动计划的内容包括产品开发活动起始日期和进度安排、新产品推广活动的具体时间和活动形式、广告活动（包括媒体类型和时间段）的安排等具体措施。同时，这个计划还要明确企业的市场营销人员和包括分销商、广告代理商、市场研究团队在内的其他相关人员的责任。

（5）营销预算。营销预算包括销售收入和利润、销售费用和管理费用详表，以及各项行动的费用分配，还应包括过去1～2年的数据，以便进行纵向比较。另外，预算还应以当地货币和本国或本地区货币两种形式表示。

【小资料10-3】

子公司行动计划和预算举例

1月，参加在拉斯维加斯举行的国际消费类电子产品展览会，由经销商的营销经理负责，预计费用为21 000美元（约合148 000元人民币）。

4—6月，开展销售竞赛活动，对第二季度产品销售收入增长率最高的经销商，给予去夏威夷度假的奖励，预计费用为18 000美元（约合127 000元人民币）。

7月，开展消费抽奖活动：凡在7月购买本公司产品的顾客，均可参加抽奖活动。活动由本公司营销经理负责，预计费用为7 000美元（约合49 000元人民币）。

（6）审查、修改和批准。子公司管理者应审查营销预算，以便其融入和适应整个公司的远景目标。例如，子公司监管人员应做现金流分析。同样，财务部门应该指出当地货币价格波动可能造成的影响，并据此对资本支出和流动资本计划进行补充。子公司完成审查、修改后，短期营销计划就基本成形。接下来，需要把该计划和其他相关信息提交给总公司审查。总公司可能会要求子公司对营销计划或相应的预算进行调整。子公司或者接受调整或者维持原有方案不变。总公司批准计划后，该计划就成为子公司短期内的经营基础。

2）战略营销计划

由于许多跨国公司认为制定战略规划是公司总部的事，不鼓励子公司参与，所以子公司很少制订战略营销计划。尽管这种做法看似合理，但存在一个关键问题：在集权模式下制定的战略规划将世界各地看作是相似的，因此倾向于为所有市场制定标准化的战略措施。于是，在那些与本国或本地区市场有显著不同的地方，同一战略必然会遭受失败。因此，子公司有必要结合当地市场环境制订长期性的战略营销计划。

（1）战略营销计划的制订过程。制订战略营销计划时要考虑的两个基本要素是市场和竞争。围绕这两个要素还需要考虑每个市场独特的社会文化、技术、政治和法律制度等。战略营销计划应从消费者分析开始，在满足购买者需求同时考虑环境影响的基础上，最终制定出不同的市场营销策略。

对购买者需求详加分析后，研发部门应设计出以顾客需求为导向的产品，并确定引入新产品和渗透新市场的战略。以顾客需求为导向可能仅要求简单地改变包装设计和规格，也可能需要完全改变产品。营销组合中的其他部分也应根据顾客需求重新设计。

战略营销计划获得母公司的批准后，就可以执行了。执行一项战略可能需要多年，在这一过程中需要根据市场的变化及时进行调整。

（2）战略营销计划制订过程中的问题。子公司在制订战略营销计划的过程中常常会遇到以下问题：

①缺少足够的信息。在这一点上，子公司和母公司都有责任。子公司通常缺乏完善的系统来监测环境，以及从外部环境中获取足够的信息、知识和资源，也可能无法充分搜集内部信息。更糟糕的是，子公司往往获得的只是一些过时的信息，尤其是像巴西、中国、印度等正在加速转型的国家（地区）的信息。就总部而言，甚至可能没有一个全球营销信息系统，因此无法恰当地搜集和传播来自各个子公司和不同组织的信息。

②信息的协调性较差。尽管有一大堆数据，但符合要求的信息可能很少。总部可能会要求子公司上报一些原本应由总部自己搜集的信息。

③缺乏一个成熟的计划编制体系。由于总部偏重处理日常事务，所以有时不鼓励在子公司层面也建立这样一个计划编制体系。有些公司的计划体系太复杂，有许多不必要的烦琐环节，导致子公司营销经理的大部分时间可能都花在了应付母公司的需求上。

④缺乏足够的受过专业训练的管理人员。子公司经常缺乏受过专业训练的管理人员来执行计划，但这一问题可以通过由母公司安排相关培训得到解决。

（3）提高子公司营销计划效率的措施。母公司应通过建立目标体系、培训专业人员、建立计划和沟通系统，以及鼓励所有参与人员热忱合作等措施，推动子公司有效地参与制订计划。这些做法的核心是子公司与母公司之间的合作。

①建立目标体系。子公司的目标不能是来自总部的命令，也不能脱离总部的指导由子公司独自设定，而应该由双方共同确立。这样，在制定子公司目标时，既能从公司的整体高度出发，又考虑了子公司独特的环境。

②建立专业队伍。公司应建立一支制订国际战略计划的专业队伍。这些专职人员应了解并深入研究计划涉及的国家（地区）。换言之，总部的营销计划不能推给那些只知依据固定公式和截止时点严格审验的财务人员。在批准财务部门根据财务绩效所做出的市场评估报告之前，总部的计划者应对各个子公司所处环境的变化保持高度敏感。

③建立计划和沟通系统。传统的跨国公司追求标准化的全球战略。例如，公司若决定提高某种产品的市场份额，就必须在全球范围实施这一决定。标准化忽视了子公司所在市场的现实情况，总部可以通过两种方式解决这一问题：一是整个计划系统要考虑到每个子公司的营销环境；二是通过子公司与总部间的有效沟通建立合适的数据库。

④形成合作的文化氛围。子公司和母公司应彼此合作，由母公司扮演参谋的角色，子公司直接负责制订营销计划。单靠一方的力量，谁都不可能制订出恰当的营销计划。通过这种方式，总部的计划和沟通系统更具灵活性，而子公司则可以充分发挥其了解市场的优势。

10.1.3 总公司层次的营销计划

总公司管理层在制订营销计划时主要应发挥两种相关职能：一是通过向子公司大量地提供信息以及其他相关措施，配合子公司制订营销计划，并审查批准其计划；二是制订整个公司的全球战略计划。前一职能前文已讨论，以下集中讨论总公司管理层的第二个职能，图10-2描绘了全球战略计划的形成过程。

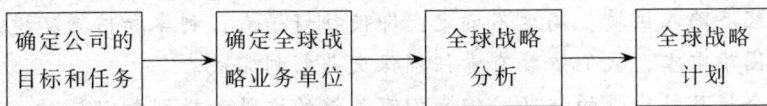

图10-2 全球战略计划的形成过程

【观念应用10-1】
危机时期的战略规划

技术尚未带给我们一个灵验的水晶球，所以没有人能真正预见未来，但财务领导者必须持续做出最有根据的猜测，并且通常不能猜错。这一点在出现重大危机的情况下尤为关键。2020年暴发的新冠肺炎疫情告诉我们，组织的战略规划能力和随外部环境变化进行调整的能力，可能决定着组织的兴衰存亡。无论所处哪一行业，也无论是否需要盈利，有效的战略规划对每个组织都是必要的。

战略财务部门人员的一项重要工作，是分析当前状况并评估其对未来的影响。鉴于财务领导者在工作中需要时刻运用前瞻性战略，且在危机期间这一需求更为迫切，我们需要思考：在存在不确定性或威胁的状况下如何最好地制定规划？

在这种情况下，组织应着重于提出一系列初步的、基本的问题：我们到底面临什么样的危机？情况会继续恶化，还是我们已经处于回升阶段？什么时候会复苏，是什么样的复苏？

掌握了这些基本情况后，我们需要关注当前环境下的具体财务工作。我们对经济与利率走向做何预测？政府是否会采取救济或激励措施来缓解冲击？对于其他公司（无论是否为同行）闯过难关的情况，我们有何预期？

无论是否处于危机期间，专注于可持续增长的组织都擅长做战略规划。原因很简单：如果没有定期回顾战略规划并在需要时进行重新评估，组织就不会持续扩张。任何战略规划都要囊括一些基本要素，其中的重点为评估优势、劣势、机会和威胁（SWOT）。我们可以相应调整SWOT分析法来应对当下的具体问题。这看似简单，但即使是最精明的组织领导者，也可能难以识别（或者承认）阻碍一项战略规划的潜在的主要劣势和威胁。

这突出了一个事实，即若想一项规划真正有效，就不能掩饰或者不承认令人不快的事实。我们必须全盘接受现实，如果有必要，也不要顾及个人的自尊心。这在发生危机的时候更加重要，因为此时战略规划可能需要立即发挥作用。如果顾忌某些人的感受，规划不仅可能失败，还可能给实施规划的组织带来灾难性后果。如果没有实质性的前期规划，组织就无法成功实施诸如并购等大规模的计划。这些工作相当复杂，需要进行大量的评估和分析，并制订一个全面的计划，因时制宜。

我担任CFO的卡尼银行（Kearny Bank）被《财富》杂志评为全球增长最快的公司之一。这得益于我们极其重视前期规划，从而能让我们在艰难时期制定规划。

2020年初，我们正在进行一桩并购交易。谈判结束后，我们发布了公告。我们有充分的理由相信，此次交易与我们过去完成的许多其他并购交易没什么不同。然后，疫情暴发了。我们几乎马上就面临前所未遇的挑战，包括：两个完全远程办公的工作团队：经济陷入困境、高度不确定：即使往好了看，利率和信贷环境也是不可预测的。尽管困难重重，我们依然有责任确保交易顺利完成。

这是一个极具挑战性的状况，但我们有足够的远见和规划加以应对。最后，一切都很顺利。这在很大程度上是因为我们愿意坦诚相待，不仅坦陈我们所面临的困难，还包括至少在当时我们并不完全了解的事情。

如果说有什么比一个有缺陷或不准确的战略规划更危险的话，那就是根本没有规划。即使是最常规的行动也需要谨慎地提前规划；否则，几乎不会成功。打个简单的比方，领导一个组织而没有战略规划，就像是驾车穿越全国而不用导航。你可能最终会到达目的地，但会走很多弯路，不止一次迷路，而且总是很晚才到。

资料来源　SUCHODOLSKI K.危机时期的战略规划［J］.新理财，2021（9）：71-73.

1）确定公司的目标和任务

随着国际化程度的加深，企业将不断面临新的环境。环境的变化在给企业造成威胁的同时，也带来大量的机会。依赖过去成功经验的企业将会因不能适应新的环境而遭遇失败。新的环境需要企业有新的目标。许多企业在境内经营时可能目标比较明确，但随着进入新的国际市场，它们的使命就会变得模糊起来。这时企业需要对一些有助于明确目标的根本性问题进行重新思考：我们是干什么的？顾客是谁？顾客的期望是什么？我们给予顾客的价值是什么？我们的业务应该是什么？许多从事国际市场营销的企业在经营上涉及多个领域，但它们未必能真正理解其业务范围，所以要明确企业的主要目标和任务。管理者经常会有意无意地用产品来界定企业的业务范围，如"汽车业""化妆品业"等，但市场导向的计划要求企业用市场来界定业务范围，如"满足顾客对交通与舒适的需求""满足顾客对美容化妆的需求"等。可见，企业的业务范围应该被视为一个满足顾客需求的过程，而不是一个简单的提供产品的过程。顾客需求是动态变化的，而且随着科学技术的进步和社会生产力水平的提高，人类的各种需求会越来越复杂、多变，因此产品也需要随着顾客需求的变化而改变。总之，以顾客需求为依据，以市场为导向，是明确企业目标和任务的根本原则。

【小资料10-4】

阿里巴巴集团的目标陈述

阿里巴巴的下一个目标，是服务中国10亿消费者，在阿里平台上实现人民币10万亿元的消费规模，并基于此全面走向全球化，我们希望在未来5年内尽早完成这一目标。……在更长时间内，我们希望到2036年，能够服务全球20亿消费者，创造1亿就业机会，帮助超过1 000万中小企业盈利。面向未来实现这些战略目标，我们将继续坚持"全球化、内需、云计算大数据"三大战略——全球化是我们的长期之战，内需是我们的基石之战，云计算大数据是我们的未来之战。

资料来源　鲍尔，李东贤，胡英，等. 国际商务［M］. 8版. 北京：清华大学出版社，2012：569.

2）确定全球战略业务单位

明确企业目标和业务范围后，下一步涉及如何将国际化业务的不同部分重新组合为战略核心或战略业务单位。战略核心是独立的业务单位，应满足以下三个标准：①它们有一组清晰的外部竞争者；②它们的管理者负责制定和执行独立的战略；③它们的盈利性可以用实际收入而不是账面上部门间的转移支付来衡量。

确定战略业务单位，目的在于把企业发展中相对有限的资源分配到那些市场潜力最佳、发展前景最好的战略业务单位及相关的市场领域。公司总部对不同战略业务单位资金及相关营销要素的配比与投入，是实现战略计划的实质性问题，最终会决定企业在较长时期内究竟向什么领域扩张和发展。

因此，一个战略业务单位可以围绕不同国家、不同部门的产品/市场建立。例如，一家公司可以在某个国家生产彩电，在另一个国家生产立体声音响，而它们都是家庭娱乐设备的一部分。出于制定战略的目的，该公司可以将电视机和立体声音响的生产部门看作一个战略业务单位。

3）全球战略分析

为确保公司总部对各战略业务单位的资金及营销要素配置决策的正确性，公司需要对每一个战略业务单位的战略性盈利潜力加以评估。这种评估需要依靠科学的战略分析法，其中最为著名的是"波士顿咨询公司（BCG）市场增长率-市场份额矩阵"分析法和"通用电气公司（GE）多因素业务经营组合矩阵"分析法。

（1）波士顿咨询公司模式。波士顿咨询公司模式的假设前提是，与竞争对手相比有最高市场份额的公司，应该能够以最低成本生产产品；反之，与竞争对手相比市场份额较低的公司，其产品生产成本较高。通过比较相对市场占有率（低或高）和市场增长率（高或低）两个维度，公司可以在一个2×2矩阵模型中确定自己不同业务的位置。这些业务可以分为四大类：明星类、现金牛类、问题类和瘦狗类。每类业务显示不同的财务特征，提供不同的战略选择。

①明星类：高增长率的市场领导者。它们产生大量现金，但也需要大量投资。随着市场份额的增加，公司必须加大投资以提高产量、增加存货和应收款。因此，对公司来说，明星类产品可能代表最好的盈利机会，必须保持它们的竞争地位。

②现金牛类：低增长率、高市场份额。它们是现金的提供者，具有高收益和市场增长缓慢的特点，这表明它们会创造较高的现金流，而只需要很少的再投资。因此，这类产品可产生大量的现金盈余，能够帮助公司支付股利和利息、提高偿债能力、为研发提供资金、支付管理费用以及为投资其他产品提供现金。

③问题类：处于成长期，但市场份额较低。由于市场还处在增长阶段，所以这些业务需要的现金比其创造的现金多。同时，这些业务的市场份额较低，如果不采取行动提高市场份额，它们就会在短期内花费大量资金，随着市场增长速度放慢，最终变成瘦狗类业务。因此，必须采取措施寻求改变，才能使问题类产品由现金消耗者变为现金获得者。一种选择是提升其市场份额。由于该业务还在增长阶段，所以可以增加投资以使其成为明星类业务，一旦市场增长速度放慢，则可成为现金牛业务。另一种选择是放弃这一业务，如果能全部卖掉，当然更理想。

④瘦狗类：市场份额低且增长速度慢。它们的竞争地位差，利润率很低。由于市场增长很慢甚至下滑，这些业务几乎没有潜力可以获得足够的现金流以补偿生存下去所需要的成本。因此，公司应严格避免对此类业务追加投资。如果有机会，最好将瘦狗类业务变现。

图10-3描述了如何利用BCG模型对国际业务进行机会分析。图10-3上半部分的两个图显示了竞争者A和竞争者B的产品/市场类型。竞争者A是市场领导者，其在美国和加拿大的业务已进入成熟阶段，在欧洲市场也有一个稳固的地位。它在美国和加拿大的现金牛业务应能创造大量的现金流，从而可以为投资欧洲的明星类业务提供支持。竞争者A在巴西的地位并不重要，也没有进入日本市场。竞争者B是一个较小的竞争者，但其在日本和巴西两个快速增长和潜力巨大的市场上占据统治地位。可以想象，在未来，B可能比A获得更大的销售总额，因而能通过更大的规模效益寻求较低的成本。成本领先的地位可能使B更具竞争力，即使是在目前被A所控制的成熟市场（美国和加拿大）上也一样。简而言之，如果竞争者A未能针对其地位采取足够的战略措施，那么5年后很可能会沦为图10-3下半部分的两个图所描绘的情景。

根据BCG方法，一家公司可以通过以下几点做机会分析：①分析自己目前国际产品/市场的获利性；②分析竞争者目前国际产品/市场的获利性；③预测自己和竞争者未来国际产品/市场的获利性。然后，利用这些分析确定每个产品/市场的目标。例如，图10-3中的竞争者A可能会制定进入日本市场的目标，可以制定扩大巴西市场的目标。

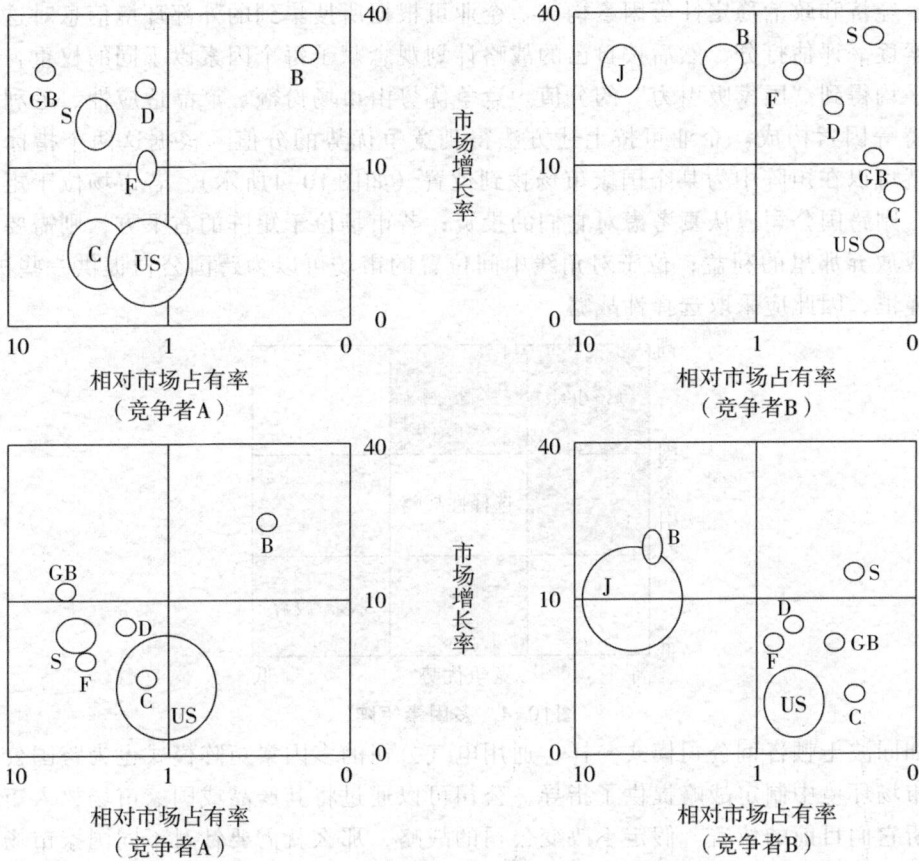

（B=巴西，C=加拿大，D=德国，F=法国，GB=英国，J=日本，S=西班牙，US=美国）

图10-3 利用波士顿咨询公司模式进行全球战略分析

资料来源 贾殷. 国际市场营销［M］. 吕一林，等译. 6版. 北京：中国人民大学出版社，2004：506.

一旦将目标具体化，随之也就生成了各种可供选择的战略。合适的战略通常要突出强调营销组合的某个方面，如产品、定价、促销或分销。例如，某战略可能是通过降低价格来保持市场份额，那么战略重点就是价格策略。因此，价格策略在这里就是核心战略，是应重点关注的领域。同时，为支持核心战略，在产品、促销和分销领域也应做一些相应的改变。这些领域的战略被称为支持战略。

不同的战略业务单位在BCG矩阵中处于不同的位置，据此我们得以确定每个战略业务单位的角色，并相应地分配资源。一方面，一个处于现金牛位置的战略业务单位预计会产生剩余现金，而且这类战略业务单位不需要新的投资计划；另一方面，一个问题类战略业务单位如能转化为明星类，追加新的投资才有价值。这些分析完成后，便可以审核不同战略业务单位的计划，进一步形成公司整体的战略计划，然后据此进行资源配置。

（2）通用电气模式。通用电气模式应用于国际战略业务单位分析，可采用"国家吸引力"和"竞争优势"这两个指标。"国家吸引力"由市场规模、市场增长、政府管制、经济和政治稳定性等因素构成。企业可根据所搜集到的外部环境信息对这些构成因素逐一评估打分，然后按自己的战略计划观念赋予每个因素以不同的权重，最后加权平均得到"国家吸引力"的分值。竞争优势由市场份额、产品适应性、毛利和市场支持等因素构成。企业可按上述方法得到竞争优势的分值。根据这两个指标的分值，就可以在矩阵中为某个国家市场找到位置（如图10-4所示）。若市场位于矩阵左上方，则跨国公司应认真考虑对它们的投资；若市场位于矩阵的右下方，则需要考虑收获或放弃那里的利益；位于对角线中间位置的市场可以为跨国公司提供一些机会，但要谨慎，因此应采取选择性战略。

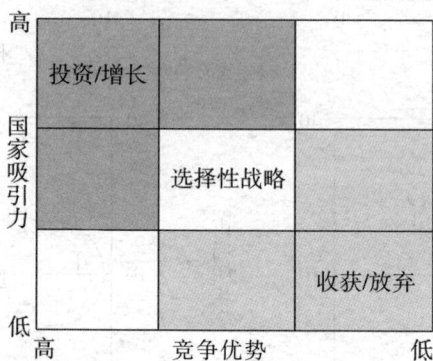

图10-4　多因素矩阵

如同波士顿咨询公司模式一样，通用电气公司的多因素矩阵模式也为跨国公司在国际市场环境中制定战略提供了指导。公司可以通过将其产品或国家市场放入矩阵中以分析它们目前的位置。假定不改变公司的战略，那么就需要针对不同国家市场的情况确定未来的发展方向。将对这些市场未来发展方向的预测与公司的使命对照，可以识别出理想状态与现状之间的差距。要缩小这一差距，就需要为不同国家市场制订不同的战略方案，进而形成整个公司最后的战略决策。例如，一个位于对角线上的国家市场，其前景看起来似乎不错，如果公司的资源有限，则与位于矩阵左上角的国家市场（竞争优势、国家吸引力双高）相比，该市场的业务可能就不值得投资。

【小思考10-1】

公司总部在子公司制订营销计划时应扮演好哪些角色？

答：公司总部在子公司制订营销计划时应扮演好三种角色：①使子公司理解公司的整体使命和愿景方向；②建立一个全球范围的计划体系；③形成一种制订计划的文化氛围。

10.2 国际市场营销组织

国际市场营销的一个重要目标是发现一种使组织能够适应国际市场营销环境变化及相应的营销战略的组织结构。组织结构包括组织的正式结构和协调机制。高效的组织结构要具备三个条件：第一，组织结构的不同要素必须具有内部一致性。例如，企业所采用的协调机制必须与其组织结构相吻合。第二，组织结构必须与企业的战略相匹配。例如，某企业实行的是全球化战略，但它的组织结构与战略不匹配，它就不能有效地贯彻执行该战略并有可能导致业绩不良。第三，企业的战略和组织结构不仅应一致，而且必须与企业所处的市场竞争环境相符，即战略、组织结构和竞争环境必须都一致。例如，随着大数据和人工智能技术的兴起，企业进行数字化转型，就需要调整组织结构，设立数字化部门或者对现有部门进行数字化改造。

拓展阅读
10-1

10.2.1　组织结构设计的要素

国际企业的组织结构设计涉及以下四个要素：

1）企业的总体战略

根据国际企业所处的市场环境和自身条件的不同，通常可采用四种基本战略参与国际竞争：国际战略、多国战略、全球战略和跨国战略。组织结构设计中的其他要素均与该要素密切相关。

2）组织的正式结构

组织的正式结构决定了企业内部各职能部门间的关系，通常由基本的部门组合构成。组合的方法有四种：①职能组合，即按照相似的职能或工作过程组织人员，以提供相似的知识和技能；②事业部组合，即将同一种产品从生产到市场所涉及的所有人员都组合在同一个主管之下；③区域组合，即将资源组合起来以便为某一特定地区的顾客提供服务；④多元组合，即将资源按照两种结构组合起来，也称为矩阵或混合模式，如根据职能和产品进行组合。

3）集权与分权

组织结构设计的第三个要素是集权与分权，也就是决定把决策权落实在组织中的哪一个层次上：生产和营销的决策权是集中在高级管理层，还是下放给中层和基层的管理者？研究与开发是决策权由谁掌握？是授权给各经营单位自行负责战略制定和财务控制，还是把相关权力集中在高层管理者的手中？

4）协调机制

无论企业采用何种组织结构，都会面临各部门间关系的协调问题。协调的一种方法就是集权。如果协调的任务很复杂，特别是有的部门人员庞杂，产品种类繁多，地理位置分散，那么集权就可能失效。负责协调活动的高层管理者可能很快就会陷入巨大的协调压力中。因此，企业在进行组织结构设计时，还需要建立一种协调机制，以协调企业各部门之间的关系。

10.2.2　集权和分权的优点以及与企业战略的关系

1）集权的优点

赞成集权的理由主要有四条。第一，集权有助于协调。比如，有一家公司在越南生产零部件，在墨西哥进行装配，这就需要协调这两地的生产经营活动，以保证一批批产品能顺利地从零部件生产厂流入装配厂。这种协调可以通过由公司总部集中安排生产计划来实现。第二，集权能保证决策与组织目标相一致。若把决策权分给下层管理者，他们所做的决策就可能与高层管理者的目标相悖。对重大决策进行集权能将上述事件发生的可能性降到最低。第三，把权力集中于某人或某个高层管理班子，能使高层管理者及时采取措施做出必要的重大变革。第四，集权能避免子公司开展重复的活动。例如，许多国际企业都把它们的研究与开发职能集中在一两个地方，以保证研发工作不重复。

2) 分权的优点

赞成分权的理由主要有五条。第一，分权通过把一些日常事务的决策权下放给下层管理者，使得高层管理者能把时间集中在关键问题上，避免重要决策失误。第二，研究表明分权能激励人的工作积极性。行为科学家们一致认为，当人们有更多的自主权来控制他们的工作时，他们就愿意为工作付出更多。第三，分权具有更大的灵活性，能对环境变化做出更快的反应，因为决策不必层层上报。第四，分权能使人做出更好的决策。在分权组织结构中，决策者更接近问题所在的地方，他们比高层管理者更了解情况。第五，分权能加强控制。分权能在一个组织内部建立相对自治、自我控制的子单位。子单位的管理者对所在单位的业绩负责，他们的权力越大，责任就越重。

3) 战略和集权的关系

选择集权还是分权并不是绝对的。通常有些决策适合集权，而另一些则适合分权，这取决于决策的类型和企业的战略。有关企业整体战略、重要财务支出、财务目标等的决策权通常集中于总部。而经营决策权，如生产、营销、研究与开发和人力资源管理等，既可以集中，也可以下放，取决于企业的基本战略。

【小资料10-5】

华为如何授权和监督

华为对一线的授权体现在很多方面，如项目组可以自主决定采用何种激励政策激发员工的工作激情，一线的主管可以针对现场情况采取对策，无须报上线批准，这就是在让"听得见炮火的人"做决策。

授权可以提高决策的准确性和办事效率，但它也是一把双刃剑：运用得当，则公司将会受益；运用不当，则容易造成权力滥用。任正非表示，华为要合理授权，但是要懂得对授权进行监督。

华为在各子公司分别建立了子公司董事会，以对一线权力进行约束。子公司董事会属于综合监管体系，可以将监管前移，授权给"听得见炮火声的人"。

华为把海外各个国家子公司的董事会建立起来，目的是在一线建立一个监督机构，因为公司要对一线充分授权，授权的同时，要加强监督。华为一直很重视监管体系的建设，逐步建立了审计、稽查、CEC/OEC（道德遵从委员会/道德遵从办公室）等监管组织。这些组织从不同的角度、不同的方面发挥作用：稽查是业务的自查自纠，侧重事中及时纠正；审计更多的是事后纠正，是系统威慑和冷威慑；CEC/OEC是自下而上选举出来的，发挥群众监督的作用。子公司董事会的监督是一种抵近监督：公司选派有经验、有资历的干部担任子公司的董事，去监督年轻干部，发现问题及时提醒和纠偏，防止小问题演变为大问题，起到预防的作用。当然，发现重要问题要及时向公司报告。子公司董事会能够对一线的关键干部、合规及腐败等风险进行有效监督，公司就可以对一线更大胆地授权。

资料来源　田涛. 华为访谈录2［M］. 北京：中信出版社，2022.

对执行全球战略的公司而言，它们必须抉择如何在全球分布各种创造价值的活动，以实现区位经济和经验曲线效应。总部必须决定把研究与开发、生产、营销等部门设在何处。此外，总部还必须协调那些价值创造活动的全球分布，使它们有助于全球战略的实施，所有这些都需要集中某些经营决策权。

执行多国战略的公司强调地区的调适，把经营决策权下放到海外子公司就显得极为重要。于是，在典型的多国公司中，海外子公司对大多数生产和营销活动都有自主决策权。

执行国际战略的公司倾向于集中控制其核心竞争力，而把其他决策权分给海外的子公司。通常，在母国集中控制研究与开发和营销战略规划，或二者取其一，而把经营决策权下放到海外子公司。微软公司属于国际公司，它把其产品开发活动（其核心竞争力）集中在华盛顿州的雷德蒙德总部，把营销活动分散到海外各个子公司中。于是，当产品在本国或本地区开发出来后，海外子公司的管理者有权针对当地特定的市场来制定产品的营销策略。

执行跨国战略的公司，情况更为复杂。为了实现区位经济和经验曲线效应，它们要在一定程度上集中控制全球生产中心，但是对地区调适的需要，又使它们必须把经营决策权下放给海外子公司。于是，在跨国公司中，某些经营决策权相对集中，而另一些则相对分散。

10.2.3　国际营销组织结构的演变

随着企业进入国际市场的程度加深，企业的组织结构也将呈现阶段性的演进。最初是设立出口部，接着会成立国际事业部，然后随着产品种类的增加和海外市场重要性的增强，企业需要建立全球组织结构来协调子公司的运营以及合理组织全球生产。

1）出口部

在企业国际化的最初阶段，国际业务所占的比例很小，主要业务仍然集中在境内市场，国际交易通常由常驻海外的销售代表或境内外销售机构代理完成。这时出口业务往往隶属于原有部门，其组织结构与国内企业无异。随着国际业务规模的扩大以及开拓海外市场的步伐加快，企业可能雇用一些经验丰富的国际市场营销人员组成出口部，全面负责国际市场营销活动。在组织结构上，出口部可能是市场营销部的附属机构（参见图10-5中的方案B），也可能和其他职能部门地位平等（参见图10-5中的方案A），选择哪种方案取决于国际业务对企业的重要性。设立出口部是企业组织结构国际化的第一步实质性措施，因此出口部应当是功能比较完善的营销机构，而不只是销售机构。比如，它应该拥有开展市场调研和市场开发活动（如参加贸易展示会等）所需要的资源。

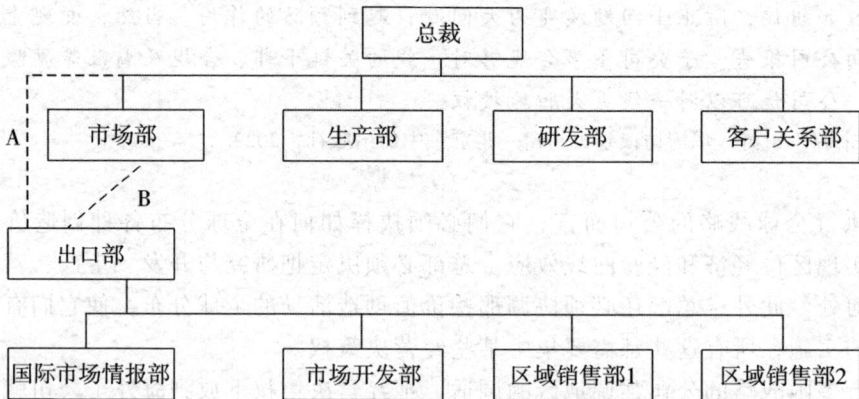

图10-5 出口部门的组织结构图

资料来源 津科特，朗凯恩. 国际市场营销学 ［M］. 陈祝平，译. 6版. 北京：电子工业出版社，2004：405.

2）海外子公司

随着企业出口业务量的增加，出口部的规模和承担的职能也应扩大。同时，企业为克服贸易壁垒，可能会在单纯的产品出口基础上开展许可证贸易，与海外企业合资或直接进行海外投资。在这种情况下，出口部的组织结构已不能胜任。为了及时正确地做出决策，更好地开展国际市场营销活动，并积累海外经营的经验，企业将在海外直接投资建立销售机构或子公司（如图10-6所示）。

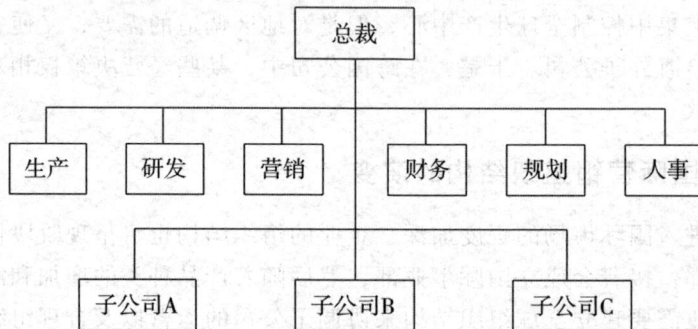

图10-6 海外子公司的组织结构图

资料来源 吴晓云. 国际市场营销学教程 ［M］. 天津：天津大学出版社，2004：304.

在海外子公司的组织结构中，海外子公司的生产和经营活动是独立的，公司总部的职能部门，如生产、营销、财务、人事等，不参与海外子公司的经营决策。海外子公司直接向总裁或专门分管海外业务的经理汇报工作。但是，企业很快便会发现，成立一个更加正式的国际性机构是必要的，因为随之而来的大量协调和控制工作是海外子公司组织结构所不能胜任的。

3）国际事业部

如图10-7所示，国际事业部把针对国际业务的计划、财务和人事管理权以及海外子公司的管理权都集中在了一起。然而，为了充分利用规模经济，生产和其他相关的职能仍然归国内事业部管辖。当公司的产品种类不多，产品不必根据环境变化做重大改变，并且国际业务的销售额和利润相对于国内事业部来说还微不足道时，最适合建立国际事业部。

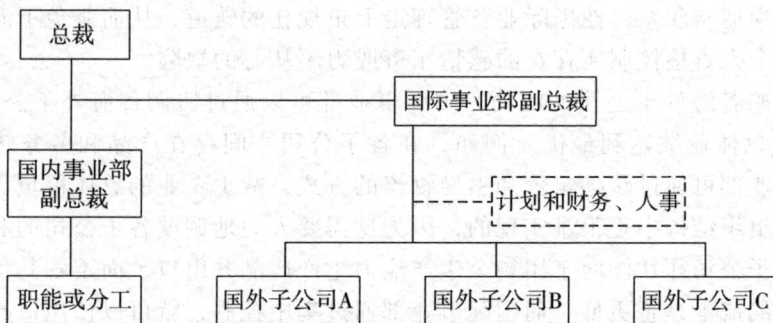

图10-7　国际事业部的组织结构图

资料来源　津科特，朗凯恩. 国际市场营销学［M］. 陈祝平，译. 6版. 北京：电子工业出版社，2004：405.

【小资料10-6】

华为的整体组织结构

华为目前的整体组织结构就是一种平台化组织。在某些创新业务（如智能汽车解决方案业务单元）上，又具有液态化组织的特征。集团职能平台是华为的中央平台，是作为统治抓手的后台组织；各个业务单元和产品/解决方案部门是中台组织，是支撑差异化业务发展的作战支持平台；区域组织是前台作战组织（如图10-8所示）。当然，前台、中台和后台只是公司组织里面一组相对的概念。在区域组织中，也可以进一步细化出中台的组织。以"班长的战争"为例，代表处、系统部的"铁三角"是一线作战组织，而地区部的重装旅就是中台组织，为"铁三角"提供炮火支持。

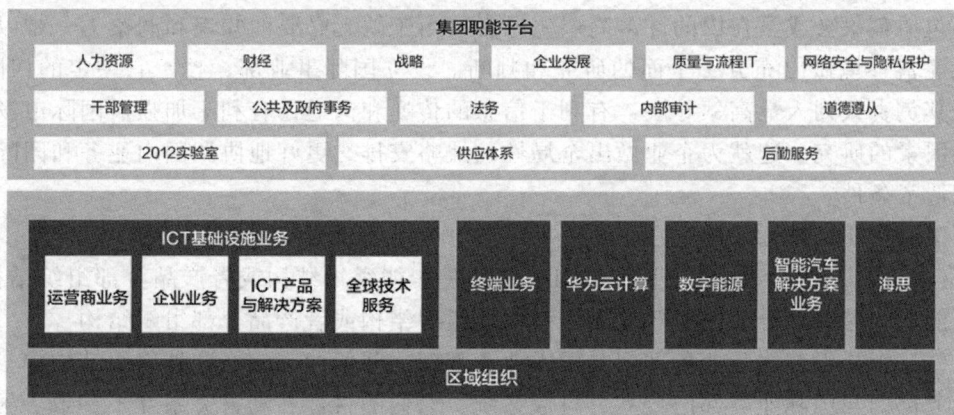

图10-8　华为的平台化组织结构

资料来源　佚名. 一文详解华为组织架构的进化：职能型、事业部型、矩阵型、平台化［EB/OL］. ［2023-05-29］. https://zhuanlan.zhihu.com/p/576683866.

成立国际事业部的优点是：

（1）国际事业部由一名副总裁或相应级别的高层领导牵头，向上对总裁负责，向下直接管理或协调本企业在海外各国市场的业务活动，并通过本部所设的职能机构进行深层次的沟通与联系，使国际业务管理走上正规化的轨道，从而避免了海外子公司组织结构中个人直接控制所存在的感情用事或力不从心的缺陷。

（2）协调各海外子公司的活动。国际事业部可以通过协调各海外子公司的活动，使总公司的总体业绩达到最优。例如，在各子公司之间存在产品和劳务转移的情况下，国际事业部可通过转移定价和引导物流的方式，减少企业的总体税负。而这在海外子公司的组织结构中是很难实现的，因为这需要人为地调整各子公司的利润。在许多情况下，子公司往往倾向于用剩余生产能力生产产品并出口，而不管其他子公司生产同样产品的成本是否更低。而国际事业部通过集中控制，就可以使出口产品的生产任务落到低成本的子公司头上，从而避免子公司之间的竞争，使企业总体利润水平提高。

（3）进行资源的综合调配。国际事业部成立之后，企业可以根据需要，在国内业务和国际业务之间进行资源的合理安排。同时，国际事业部又可以在各海外子公司之间进行资源的合理调度和使用。例如，由国际事业部统一筹措资金，比起由各海外子公司仅依靠东道国市场自行筹措资金要容易，并且可以使企业选择最低的利息支出水平。

（4）有利于形成统一的国际市场经营理念。企业在国际市场营销活动中的成败，并非取决于单个产品或服务项目，而是取决于企业各类产品的合理搭配和系统控制，能否将力量集中在最能获利的产品项目上，形成一个整体。国际事业部能够比较敏捷地捕捉世界经济发展中的机遇，有利于使企业形成对国际市场的全面看法，并制定相应的策略。

（5）有利于协调国内业务和国际业务之间的关系。在不设立国际事业部的情况下，面对许多国内业务，企业往往忽视国际业务，从而不利于国际业务的发展。另外，包括董事会成员在内的许多高层领导者，由于缺乏必要的知识和洞察力，难以对国际经营环境做出充分、全面的研究和判断。设立国际事业部，授予它一定的权限，并将其负责人列入最高领导层，有利于信息的传递和沟通，有利于加强对国际市场上各种因素的研究，这就为企业做出全局性的战略安排、更好地协调国内业务和国际业务创造了条件。

国际事业部结构的缺陷在于：

（1）机构重叠。如果企业在母国采用的是职能组织结构或者产品分部组织结构，这可能意味着海外分公司也要复制一套职能组织结构或者产品分部组织结构。

（2）容易引起国际业务部门与国内业务部门之间的冲突。在这种组织结构中，国内业务部门与国际业务部门分立，自成系统，它们的目标和利害关系互不一致。国内业务部门将眼光放在国内业务上，而国际业务部门则着眼于国际市场的发展，这就容易造成高层管理队伍的分裂，以及利益、观念的冲突等问题。如果两类高层管理人员的经历和教育背景不同，将会进一步加剧这种冲突。

（3）不利于实施全球化战略。在国际事业部结构中，部门相互分割，将阻碍在全球范围内引入新产品，阻碍企业核心竞争能力在国内和海外市场之间的转移，以及将全球生产业务合并于关键的区位以实现区位经济和经验曲线效应。

4）全球性组织结构

随着经济全球化的发展，许多行业的竞争越来越以全球为基础。这促使国际企业把整个世界市场看作一个统一的整体，从全球的角度来协调整个企业的生产和销售，统一安排资金调拨和利润分配。在这种情况下，传统组织结构的局限性也就充分暴露出来了。企业需要设计全球性的组织结构来贯彻其全球战略意图。

（1）全球产品型结构。产品型结构是跨国公司最常用的一种组织结构形式，如图10-9所示。这种结构使战略业务单位独自负责各自的产品线在全球范围内的营销活动。大多数消费品公司采用这种结构形式，主要是因为其产品的多样性。这种结构的主要优点是能通过生产设施的集中管理来提高效率，减少成本。这在市场竞争地位由国际市场份额决定的行业中非常关键，而国际市场份额又常常取决于生产的合理组织程度。

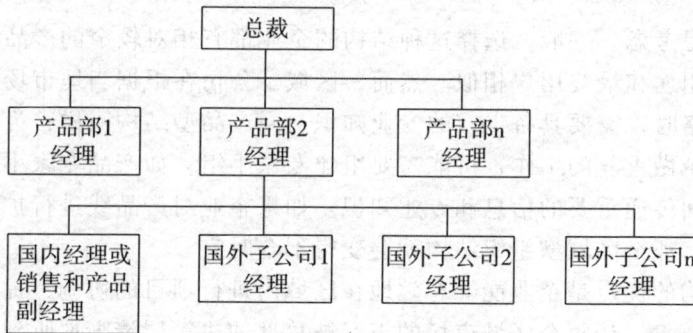

图10-9　全球产品型结构图

资料来源　津科特，朗凯恩. 国际市场营销学［M］. 陈祝平，译. 6版. 北京：电子工业出版社，2004：407.

产品型结构的另一个好处是能够协调围绕一种产品所需要的全部职能工作，并能对市场上出现的特定产品的问题做出迅速反应，甚至对影响力不大的产品品牌也能给予个别关注。关注特定产品很重要，因为企业要根据产品对不同的海外市场的适用情况对战略做出调整。总而言之，全球产品型结构能很好地使企业确定全球战略重点以应对全球竞争。

同时，这种组织结构把企业内的国际专业知识化整为零，它假定经理们都有丰富的地区市场营销经验，能够权衡利弊后做出合理的决策。对不同产品线在同一市场上的业务活动进行协调，能够避免某些基本职能活动的重复。例如，建立一支负责市场调研的专业人员队伍，一旦产品事业部需要进行市场调研，这个队伍就投入工作。

（2）全球区域型结构。接下来更常用的就要数区域型结构了（如图10-10所示），即企业根据地理区域来安排组织结构。例如，按照区域把全球业务分成几大板块：北美、远东、拉丁美洲和欧洲等。划分区域所依据的标准可以是文化上的相似性，如亚洲各国的情况，也可以是国家间的历史联系，如欧洲与中东、非洲业务的合并。

区域型结构和市场营销观念的结合最为紧密，因为每个区域的市场都得到了关注。如果不同的区域市场在产品接受程度和经营条件等方面存在较大差异，建立区域

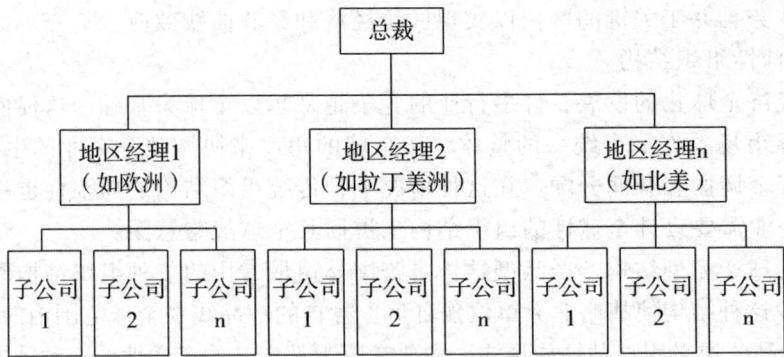

图10-10　全球区域型结构图

资料来源　津科特，朗凯恩. 国际市场营销学 ［M］. 陈祝平，译. 6版. 北京：电子工业出版社，2004：408.

组织结构就值得考虑。一般，选择这种结构的企业都有相对较窄的产品线，而且不同产品线的最终用途和最终用户相似。然而，区域子公司在根据当地市场情况量身打造产品和营销策略时，需要具备丰富的专业知识。同产品型结构一样，为了避免在产品管理和职能领域做重复的工作，可能需要组建专家小组，如产品专家小组，负责在不同区域市场之间传递重要的信息和专业知识。如果企业对产品线进行扩张，或者终端市场开始分化，那么区域型组织结构就会变得不合时宜。

区域型结构的优点是企业能够有效地在区域内进行项目的协调，提高对区域内各国市场的管理效率，让每个区域市场的声音被总部的决策层清晰地听到。

（3）全球职能型结构。全球职能型结构是指企业根据管理的基本职能分工，把相同或相近职能组合在一起设置一个管理部门，来组织全球范围内的生产经营活动，如图10-11所示。

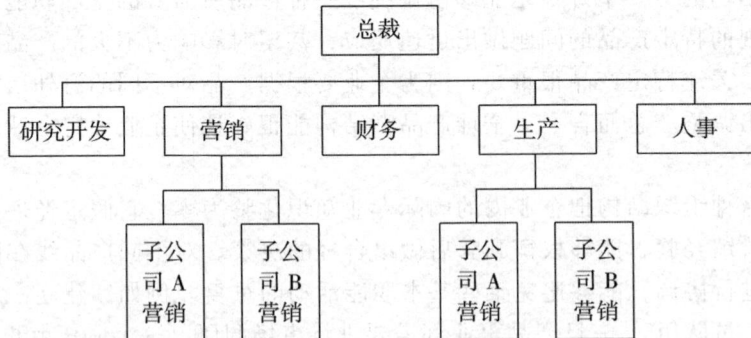

图10-11　全球职能型结构图

资料来源　津科特，朗凯恩. 国际市场营销学 ［M］. 陈祝平，译. 6版. 北京：电子工业出版社，2004：408.

全球职能型结构的特点是集权程度高，可以通过企业的最高管理层对各个职能部门进行协调。其优点是：每个职能部门都能发挥专业性强的优势，获得某一方面的规模效应；能够减少管理层次；能够加强统一的成本核算和利润考核。

（4）全球矩阵结构。全球区域型结构和全球产品型结构各有利弊。全球区域型结构有助于地区调适，但不利于实现区位经济和经验曲线效应，也有碍于地区间核心竞争力的转移。全球产品型结构为实现区位经济、经验曲线效应以及核心竞争力的转移提供了更好的构架，但其地区敏感性很低。在其他条件相同的情况下，全球区域型结构更适合采取多国战略的公司，而全球产品型结构更适合采取全球或国际战略的公司。当企业采取跨国战略时，企业必须同时实现区位经济、经验曲线效应和地区调适，以及实现内部核心竞争力的转移。许多企业试图采用矩阵结构来解决跨国战略带来的这种矛盾冲突。

在经典矩阵结构（如图10-12所示）中，两个维度分别是产品分部和地理区域。其基本原理是，有关某一特定产品的经营决策权由产品分部与企业的各个区域部门分享。因此，如果分部A生产的产品要在区域1销售，那么在区域1所推行的产品营销策略和经营战略应由区域1和分部A通过协调共同决定。企业认为，这种双重决策能同时实现企业的特定目标。大多数经典矩阵结构给予产品分部和区域部门同等的组织地位，从而强化了职责的双重性。这种结构中的经理从属于两个组织和两个上司。

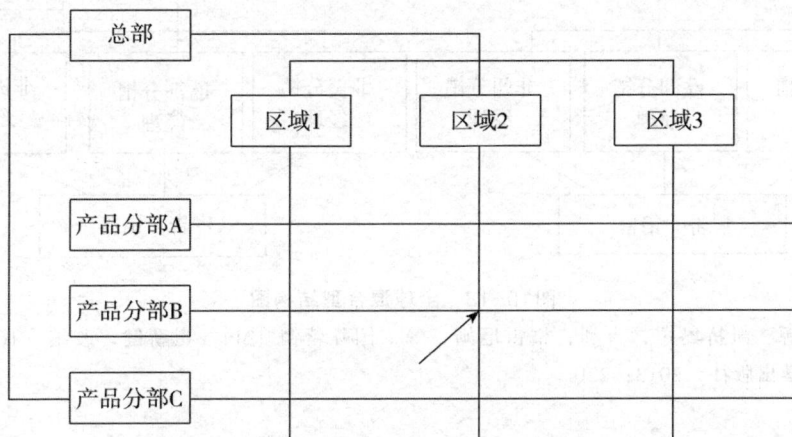

图10-12　经典矩阵结构图

资料来源　希尔. 国际商务［M］. 周健临，等译. 5版. 北京：中国人民大学出版社，2005：461.

全球矩阵结构的缺点是：双重报告渠道容易导致冲突，因为必须用二维决策框架处理复杂问题，甚至很小的问题也不得不经过委员会讨论后解决。在理想情况下，经理们应该通过正式或非正式的沟通独自解决问题。然而，地理上和心理上的距离常常使这一切根本不可能实现。尤其是当竞争形势要求企业做出迅速反应时，矩阵结构由于其内在的复杂性，可能会降低企业的反应速度。结果，尽管矩阵结构在形式上可能还存在，但许多组织中的权力已经从区域部门转移到了产品分部。另外，这种组织结构也会引起不同部门间的权力争夺，很难明确责任，相互间的冲突将大大增加总部的协调工作。

（5）全球混合型结构。国际市场的激烈竞争要求企业具有灵活的组织结构，全球混合型结构正是适应这一要求而产生的。它使得企业按产品线来设计组织结构的同时可以综合考虑地理区域、职能等因素，即在产品品类下设置地理区域分支，并有相关职能部门支持。例如，一家汽车公司的全球混合型结构中，公司总裁下面有主管营销的副总裁，再下面是乘用车和卡车两条产品线的营销主管，他们分别下辖区域分销经理，如北美地区、欧洲地区、非洲地区；同时，研发、广告、销售等职能部门在组织中支持产品线主管和区域分销经理（如图10-13所示）。这样的全球混合型结构有机地将产品、区域、职能等跨国组织设计要素融合在一起，具有很好的组织柔性和适应性，增强了企业在海外目标市场上的竞争力。

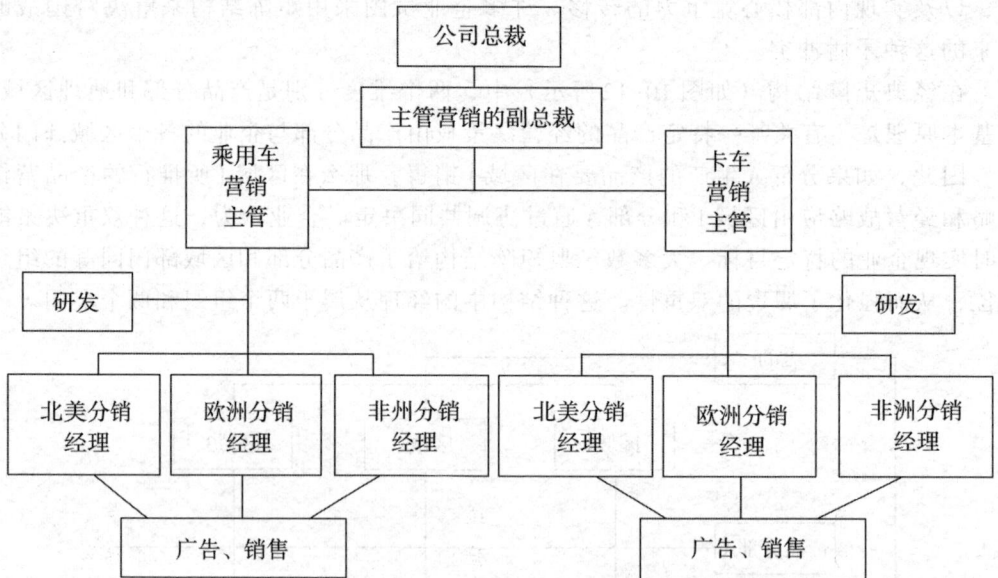

图10-13　全球混合型结构图

　　资料来源　凯特奥拉，吉利，格雷厄姆，等. 国际营销［M］. 崔新健，改编. 16版. 北京：中国人民大学出版社，2013：220.

【出海案例10-1】

海尔的"人单合一"模式

　　随着物联网时代的到来，第四次工业革命加速推进，传统管理的科层制面临终结。究竟什么才是物联网时代的管理范式？

　　有海外媒体报道称，"人单合一"已成为全球企业共襄盛举的物联网时代的管理革命。要打造生态品牌，就要依托"人单合一"模式来实现。

　　海尔"人单合一"模式，是海尔一切经营管理活动的指导和工具，而"人单合一"模式之所以可以在全世界复制，皆因"人性"使然。"人单合一"的核心，就是人的价值最大化，给人以尊严，这是新发展时代下人的价值实现的需要。

　　"人单合一"历经16年"全球参与"的探索、实践和验证，得到了西方学界和管理界的高度认可，还被物联网之父凯文·阿什顿称为"最接近物联网本质"的商业模式。

　　海尔从创业至今，尽管每七年进行一次战略升级，但从始至终都是在围绕人的价值最大化进行变革和转型，如何释放人的活力、发挥人的积极性、让人的价值最大化，一直是贯穿海尔一切行动的核心和根本。而"人单合一"模式就是将这一理念落地为方法论的管理工具。

海尔从 2005 年提出"人单合一"模式，通过砸组织、去中层，打造一个可以万物互联的平台型组织。有了平台还不够，海尔今天在做的事就是打造一个"生态品牌"，它不是一个产品品牌，而是一个具有"三自"和"三新"特点的庞大系统。

"三自"是指自主人、自组织、自循环，"三新"是指新模式、新生态、新范式。这个生态系统永远不是静止的，而是无穷循环的。就犹如一个可以滋养万物竞相生长的"森林"，不同的动物、植物、微生物，都可以在"生态圈"中相互依存，共同成长，生生不息。

"人单合一"最重要的就是要将"自然人"变成"自主人"。在海尔，每个人都是创业的主体，每个人都可以充分发挥想象力、发展潜在价值。

2016 年，哈佛商学院教授和张瑞敏在交流时，问道："去掉科层制后怎么管，不就乱了吗？"海尔其实是破坏之后又有创造性重组——链群合约。在没有各级领导、没有职能部门的前提下，员工依靠链群合约自主做出决策。要做到这一点，前提就是要归还"三权"，也就是将决策权、用人权、分配权等企业 CEO 才拥有的权力归还给员工。

链群合约生态完全颠覆了科层制。传统组织是"产销人发财"各司其职，现在则变成一个个小微，小微围着用户转，聚合成链群：一类是体验链群，另一类是创单链群。体验链群与用户交互能够发现用户的体验迭代需求，而创单链群则快速整合推出用户体验升级的产品和场景方案，实现用户体验的迭代优化，这中间没有层级汇报。链群合约体现了"所有参与人的最优策略组成"。在链群里，产品成为爆款后，员工也会分享增值部分的收益。链群合约是让每个人创造的价值与分享的价值成正比。

生态品牌形成了两个生态价值自循环：用户体验迭代的价值自循环和生态方增值分享的自循环。海尔创造用户体验增值后，通过增值分享激发积极性，吸引更多的优秀人才、生态方加入，创造更优的用户体验迭代，这两者不断地循环上升，形成一股场景体验的"龙卷风"。

海尔首创的"人单合一"模式，可谓中国第一个走向全球的原创管理模式。此前，人们熟知的福特模式、丰田模式，作为工业革命以来两大最具代表性的管理模式，曾经让世界很多企业纷纷仿效。目前，世界上已诞生了 30 多种管理模式。而这一次，聚光灯打在了中国企业海尔身上，"人单合一"模式通过 16 年的演进，已经迅速被世界更多的企业实践、证明、认可，特别是在近几年，不断地开花结果、枝繁叶茂。

如今，在"人单合一"模式指导下，海尔已转型为开放的物联网生态。通过打造高端品牌（包含卡萨帝等品牌）、场景品牌三翼鸟、生态品牌卡奥斯的三级品牌体系，海尔围绕全球用户需求构建了"衣食住娱康养医教"的物联网生态系统。

资料来源　庄文静. 深度起底海尔"人单合一"：一场"因人而起"的战略革命［EB/OL］.［2024-12-30］. https://baijiahao.baidu.com/s? id=1711598026256010858&wfr=spider&for=pc.

10.2.4　国际市场营销组织中的协调机制

前述几种正式的组织结构图只是向我们描述了国际企业组织的纵向层次内容，即包括层次级数和管理跨度等内容在内的正式报告关系，以及包括个体组织、部门组织和整个组织等不同层次的组合方式。组织结构设计还应包括横向内容，即应该有一套保证跨部门有效沟通、合作和整合的协调系统。一个理想的组织结构应该鼓励成员在必要时提供横向信息，进行横向协调。在实践中，由于各子单位有着不同的行动方向，部门间的沟通往往存在障碍。导致各子单位行动方向不同的原因可能是各子单位目标上的差异，也可能是它们的任务不一样。例如，一家跨国公司的全球产品分部致力于成本目标，要求生产标准化的全球产品，而海外分公司则致力于提高该地区的市场份额，要求生产非标准化的产品。在这种情况下，目标上的分歧可能导致冲突。又如，生产经理通常只关心生产问题，如生产能力的利用、成本控制和质量控制；而营销经理只关心营销工作，如价格、促销、渠道和市场份额。这些差异会阻碍不同部门经理之间的沟通。这些经理甚至连观点都不一样。各子单位之间也可能互不尊重（例如，营销经理"看不起"生产经理，反过来生产经理又"看轻"营销经理）。这将进一步阻碍沟通，从而无法进行合作与协调。

许多公司都存在这种协调上的障碍，对于在国内和国外都有大量子公司的跨国企业来说，问题尤为严重。

因此，企业必须建立一定的协调机制以应对部门间的冲突并提高组织效率。

1）正式的协调机制

把子单位整合起来的正式机制依其复杂程度而有所不同，可以从简单的直接联系到设置联络员再到组建一个团队，甚至一个矩阵结构。总之，协调的需求越大，正式协调机制的复杂程度就越高。

（1）直接联系。子单位经理间的直接联系是最简单的协调机制。通过直接联系，各子单位的经理能对共同关心的问题进行沟通。如果经理们有着不同的行动方向从而阻碍协作的话，直接联系就可能失效。

（2）设联络员。当子单位间联系的次数增多时，每一子单位设一名联络员专门负责与其他子单位间的协调工作，这有助于子单位间的合作。通过这些联络员，相关人员间就建立起了永久联系，这有助于减少前面所提到的协作中的障碍。

（3）建立团队。当协作的要求更高时，企业可以组建一个临时或永久性的班子。其成员由子单位中的人员组成。这个团队通常负责协调新产品的开发与上市。当经营或决策方面需要两个或更多的子单位合作时，该团队十分管用。新产品开发和上市小组的人员通常来自研究开发部、生产部和营销部，他们之间的协作有利于开发出既满足消费者需要、成本又合理的产品。

（4）设计矩阵结构。当协调的需求很大时，企业可能需要建立某类矩阵结构，此结构中的所有职能都被视为协调职能。该结构的设计目的在于实现子单位间的整体协调。如前所述，跨国公司中最常见的矩阵以地理区域和全球性的产品部门为基础。这种结构能够在产品部门和地区部门间取得高度的整合与协作。从理论上讲，这样公司既能密切关注地区调适，又能取得区位经济和经验曲线效应。

但是，矩阵结构容易官僚化、不灵活，在旧问题的解决过程中又会产生许多新问题，而且冲突多于合作。因此，矩阵结构需要灵活机动些，这就需要非正式的协调机制来支持。

2）非正式的协调机制

为了减轻和避免由正式的协调机制特别是矩阵结构所导致的问题，整合协作要求高的企业可以采用一种非正式的协调机制，即管理网络。管理网络由提倡团队协作和跨部门合作的组织文化所支持，它是一种企业中各经理之间进行非正式联络的机制。网络的强大力量在于它能在跨国企业中被当作知识流动的非官方渠道。要建立一个网络，组织中在不同地区的经理至少应间接地彼此联系。

有两种用来建立管理网络的方法，分别是信息系统和管理人员发展规划。电脑和电信网为企业的非正式信息系统提供了物质基础。电子邮件、可视会议和调整数据系统使分散在全球的经理们更方便地相互认识。

企业的管理人员发展规划也被用于建立非正式的网络，其策略包括让经理们经常在各子单位的岗位上轮换，使他们能建立自己的非正式关系网，或通过管理培训项目把各子公司的经理召集在一起，使他们彼此相识。

如果子公司的经理坚持追求的目标与企业的整体目标不一致，那么光靠管理网络还不足以进行协调。为了使管理网络良好地运行，使正式的矩阵结构发挥作用，经理们必须对相同的目标有着共同的坚定不移的信念。也就是说，企业必须有一个强大的组织文化来提升团队精神并促进合作。这样，经理们就愿意也能够暂时放下本单位的利益，从事使整个企业获利的工作。

【观念应用10-2】
子公司之间的国际经验交流

欧莱雅企业文化的核心是以人为本，员工被欧莱雅视为最重要的资本，欧莱雅十分重视员工的意见和看法，其内部沟通渠道是在以人为本的企业文化的基础上形成的。欧莱雅建立了完备的沟通机制和各种会议制度，形成了良好的沟通文化，这里的每一个人都可以自由地表达自己的看法。与此同时，欧莱雅的高层领导非常重视与员工之间的互动和沟通，他们会亲自走访员工或者给员工发电子邮件，及时告知员工目前公司的发展状况和管理措施。管理者对内部沟通的重视和亲力亲为，为欧莱雅组织和开展内部沟通提供了强大的组织支持。

欧莱雅十分注重内部沟通渠道的多样性。为更好地加强企业的内部沟通，欧莱雅结合自身企业文化的特色建立了"欧莱雅会议"，创办了专门的刊物Contact。此外，欧莱雅在维护外部客户关系沟通的同时，也十分注重内部沟通管理。欧莱雅在公共关系部门特别设立了"内部公共关系"岗，负责进行企业内部沟通的相关事宜。同时，欧莱雅也成立了企业沟通团队，负责制定全球的沟通策略。欧莱雅每年都会组织不同地区的高管和员工进行面对面交流，为公司的发展建言献策。

互联网时代的到来，让信息的交流越来越便捷，欧莱雅积极探索线上的交流平台，开设了公司的网页、论坛等线上交流工具，全球的员工可以实时关注公司的最新动态。多样化的沟通渠道为实现内部的有效沟通提供了强有力的支持。

在欧莱雅，上下级之间的等级观念非常淡化，提倡员工和上级平等对话。在欧莱雅，员工普遍信奉一个观念：传统是用来推翻的，规则是用来打破的。员工可以随时提出自己新奇的点子，只要点子够创新、够精彩，就有机会落地实施。同时，员工可以挑战每一个发言的人，包括员工的上级。新老员工之间的交流也十分融洽，老员工会热心地为新员工解决工作中遇到的问题，不定期地组织"茶话会"。新老员工在不断地交流沟通的过程中，减少了双方之间的距离感，增进了彼此的了解和信任，更有利于开展团队合作。

欧莱雅如此开放和谐的沟通环境，激发了无数的想象和创意，让欧莱雅始终走在美妆行业的前列。

资料来源　覃丽娜. 跨国公司内部沟通渠道构建策略的启示——以欧莱雅为例［J］. 现代营销（经营版），2021（7）：148-149.

【小思考10-2】
　　环境、战略和组织结构的关系是什么？
　　答：战略必须建立在对企业内外部环境分析的基础上，组织结构必须与战略相匹配，即战略、结构和环境都必须一致。

10.3 国际市场营销控制

国际市场营销控制就是对国际市场营销战略和策略的实施过程进行监督和评价，并据此采取适当的行动，对那些偏离了既定计划的行动进行核实或纠正，以确保企业目标的实现。

10.3.1　国际市场营销控制的程序

国际市场营销控制的程序一般包括以下步骤：

1）明确营销目标和衡量标准

这是控制的第一步。虽然在企业的长期战略计划和短期营销计划中也有营销目标，但一般多为抽象或综合的目标。要进行有效控制，还必须明确营销计划中的每项行动的具体目标。在明确总目标和具体目标的基础上，再制定衡量实际绩效和预期绩效的标准，如单位销售费用标准、投资报酬率标准等。明确营销目标和衡量标准是使控制系统发挥作用的前提。

2）选择控制方法和控制人员

针对不同的营销目标和衡量标准，有相应的控制方法。有关控制方法的内容在后面阐述。至于控制人员问题，除了对人员自身素质的要求外，还要做到责权统一。控制人员有权对不同部门的业务和不同工作人员的活动进行协调控制，这是使控制机制得到有效发挥的保证。

3）建立信息反馈系统

企业在国际市场营销活动建立的营销信息系统，在控制活动中也发挥着重要的作用。与境内营销相比，国际营销的信息系统更加完善，发挥了更重要的作用。尤其是在信息时代，互联网的产生和普及为跨国企业的信息反馈系统创造了新的机遇和挑战。除了通信技术可以作为信息交流的重要渠道外，总公司还可以派出人员直接到境外机构检查，以增强对国际业务的了解。

4）评估营销绩效

绩效评估就是根据已明确的控制标准对国际营销部门及其人员的工作进行检查、评估和分析，以找出实际工作绩效与控制标准的差距，并分析差距产生的原因，以便为下一步纠正偏差提供可靠的依据。公司总部为了分析和比较的方便，一般会给子公司的报告设计标准格式。在反馈系统中要注意的是子公司报告的性质和次数，并且这些报告必须涵盖所有母公司想控制的因素。报告必须是定期的，以便使管理者随时发现问题。从母公司的角度来讲，内部报告系统中最常见的问题是无用的信息太多，而有用的信息却被淹没在众多无用的信息之中。从子公司的角度来说，母公司要求汇报的东西太多了，容易导致过度干涉和授权不足，从而引发子公司与母公司之间的埋怨和冲突。因此，虽然企业要注意将报告的范围限制在与整体行动有关的重要内容上。

5）分析偏差产生的原因并纠正偏差

绩效偏差是一种表面现象，对企业来说更重要的是找出偏差产生的原因。偏差产生的原因可能包括：管理人员素质低下，跟不上时代的发展要求；经营环境的制约；企业的目标制定得不合理；企业采用的营销策略不合理等。

纠正偏差就是对出现的偏差采取相应的纠正措施。纠正偏差可能分两种情况：如果偏差产生的原因在于国际营销本身，纠正偏差的工作就是改进国际营销工作，以提高绩效并消除差距；如果偏差产生的原因是营销目标或控制标准本身不合理，纠正偏差的工作就是重新确定营销目标或控制标准，以达到消除偏差的目的。

10.3.2　国际市场营销控制的方法

控制的目标一般可分为产出控制和行为控制两类。相应地，控制的方法也可以分为两类。产出控制包括资产平衡表、销售数据、生产数据、产品线扩大或员工的绩效考核等。产出的评价是分阶段、有规律进行的，并从海外机构反馈到总部，然后由总部参照计划或预算对其进行评价。产出控制一般采用程序化的控制方法。行为控制是在行为发生后进行的，而理想的状态是在行为发生前就对行为施加影响。企业可通过向子公司的职工提供销售手册或对新职工进行培训等方式使其融入企业文化，从而对其行为施加影响。对行为控制一般采用非正式控制手段。

1）正式的程序化控制

正式的程序化控制是一种按一定的控制程序和规范要求的控制目标进行控制的方法。典型的程序化控制方法是营销预算法。首先，企业要制订计划，包括确定期望达到的销售量、销售额和利润目标，以及为落实营销方案所必需的支出。然后，根据计划编制营销预算，将这些要实现的目标和支出细致规范地表达出来。一般来说，编制营销预算时要参考两个重要指标：上一年度企业已经实现的业绩和企业所在产业多年形成的一般规范。跨国企业的总部通常是以子公司对各国产业发展的研究为基础，预测在每个国家市场期望达到的以及可能达到的增长水平。

在控制过程中，需要比较预算和实际情况的差异，分析差异的原因，并提出解决的办法。如果实际销售额和支出与预算基本一致甚至更为乐观，那么企业一般不需要采取行动。如果实际运营情况和预算相差较大，则跨国企业的营销控制人员就会调查并找出其中的原因，以积极寻找改善业绩的方法。

一般来说，预算在企业的一个运营期内是相对稳定的，这虽然难以适应所面临的一系列无法控制的变化因素，但毕竟比中途改变预算所导致的混乱结果要好。因此，企业要更加重视精准计划以及实现计划目标的过程，以保证营销预算所针对的计划期内活动的可行性。

2）非正式的控制

程序化控制常被认为过于生硬和注重量化，这对于可以量化的控制目标来说可能是合适的。但实践中，企业还存在许多难以量化的控制目标，如员工的日常行为方式、相互间的沟通协调等。对这些难以量化的控制目标，企业只能采用非正式的控制方法。许多跨国企业开始重视文化控制。

文化控制强调企业的价值观和文化，评估也以个人或实体与这种价值观和文化的相符程度为根据。文化控制要求一个广泛的社会化过程，非正式的、个人间的交流是其核心。企业要投入大量的资源来培训职员，使之融入企业文化。

为了树立共同的价值观，松下公司的经理们把第一个月的大部分时间用来参加"文化和精神培训"。他们要学习公司的信条即"松下人的七精神"和创办人盛田昭夫的经营哲学。然后，他们要学会怎样把这些内部经验转变为日常行为和经营决策。尽管这种控制方式在日本机构更流行，但许多西方国家的实体也有类似的做法，比如，飞利浦的"组织凝聚力培训"和联合利华的"思想灌输"计划。这些公司的文化交流对优秀经验在组织内部的推广十分重要。

文化控制的主要手段是对员工进行精心挑选和培训，以及营造自我控制的氛围。一家企业选择文化控制而不选择程序化控制，可以从其人员的低流动性上看出来，如有些公司利用终身雇佣制来进行文化控制。

跨国公司不仅在本国或本地区而且在其他国家（地区）也进行文化控制。跨国公司认为，子公司的管理者已经接受了公司的规范和价值观，他们会以一种全球化的视角经营公司。在某种情况下，使用总部的人员可以保证决策的统一，如沃尔沃公司下属子公司的财务部门的主要负责人总是由美国人担任，而一般人员则是在当地聘用，这不仅是为了控制，也是为了适应当地环境的变化，培养当地人才。公司总部通过薪酬、晋升和撤换政策来对管理人员进行控制。

总部也可以利用其他手段进行控制，比如借助子公司经理的管理培训项目和对总部的访问，向子公司的人灌输总部的文化。这样，总部的小组去子公司访问时，也会增加后者的归属感。这种访问可以是正式的，也可以是非正式的。有些富有创新精神的跨国公司会临时组织一个精英团队来指导海外市场当地员工提高技能。例如，IBM

从意大利、日本、美国的纽约和北卡罗来纳州的工厂中抽调 50 名工程师，对它在中国深圳工厂的运营人员进行了为期 3 个星期至 6 个月的培训。这些培训工程师离开中国后，通过电子邮件与中国工厂的经理保持联系。中国工厂的经理遇到问题时，就会知道向谁寻求帮助。这种后续的支持与培训同样重要。

10.3.3　国际市场营销控制的类型

国际市场营销控制的类型主要包括年度营销计划控制、盈利能力控制、效率控制和战略控制。

1）年度营销计划控制

年度营销计划控制的目的在于保证公司实现它在年度计划中所制定的销售、利润以及其他目标。年度营销计划控制的中心是目标管理，包括四个步骤：第一，管理层必须在年度计划中确立月度或者季度目标作为水准基点；第二，管理层必须监视市场上的执行实绩；第三，管理层必须对任何严重的偏离行为出现的原因做出判断；第四，管理层必须采取纠正行动，以便弥补其目标和执行实绩之间的缺口。这可能要求改变行动方案，甚至改变目标本身。

这一控制模式适用于组织的每一个层次。最高管理层设立一年的销售目标和利润目标。这些目标被分解成每个较低层次的管理层的具体目标。于是，每个产品经理都要达到某个销售水平和成本水平。每个地区经理和每个销售代表也要完成若干目标。最高管理层定期检查和分析结果，并且查明需要采取哪些改进措施。

年度营销计划控制的方法包括销售分析、市场份额分析、营销费用-销售额分析、财务分析和以市场为基础的评分卡分析。

（1）销售分析。销售分析是根据销售目标衡量和评价实际销售情况。销售分析有两个特定工具：①销售差异分析，用以衡量在销售目标执行中形成缺口的不同要素所起的相应作用；②微观销售分析，分别从产品、销售地区以及其他有关方面考察未能完成预定销售目标的原因。

（2）市场份额分析。公司的销售额并不能表明公司相对于竞争者的绩效如何。因此，管理层需要追踪它的市场份额。衡量市场份额的标准包括总的市场份额、服务市场份额、相对市场份额等。如果公司的市场份额增加了，就意味着公司比竞争者跑得快；如果市场份额下降了，则意味着公司落后于竞争者。

进一步，如想了解市场份额的变动原因，可通过如下公式分析：

总的市场份额＝顾客渗透率×顾客忠诚度×顾客选择性×价格选择性

式中：顾客渗透率是指所有从该公司购买的顾客占所有顾客的百分比；顾客忠诚度是指顾客从该公司所购买的商品数量占这些顾客从其他同类商品的供应商那儿所购数量的百分比；顾客选择性是指该公司的顾客平均购买量与某个一般公司的顾客平均购买量之比；价格选择性是指该公司的平均价格与所有公司的平均价格之比。

如果公司以金额表示的市场份额在某一时期下降了，有 4 种可能的解释：公司失去了某些顾客；现有顾客仅从该公司购买少量必需品；该公司所留下的顾客规模较小；公司的价格与竞争者相比已向下滑动。

（3）营销费用-销售额分析。年度营销计划控制要求保证公司在实现其销售目标时没有过多的支出。这里要看的关键百分比是营销费用与销售额之比。例如，在某公司中，该比例为30%，它具体包括5项费用与销售额之比：销售队伍费用与销售额之比（15%）、广告费用与销售额之比（5%）、促销费用与销售额之比（6%）、营销调研费用与销售额之比（1%）、销售管理费用与销售额之比（3%）。

管理层应该监控这些营销费用与销售额的比率，如果它们出现超过正常范围的波动，则会带来麻烦。

（4）财务分析。各项费用与销售额之比应放在一个总体财务构架中进行分析，以便决定公司如何赚钱，在什么地方赚钱。营销者越来越倾向于利用财务分析来寻找提高利润的战略，而不是仅限于扩大销售的战略。

管理层利用财务分析来判别影响公司净资产报酬率的各种要素。净资产报酬率是两种比率即资产报酬率和财务杠杆率的乘积。要提高净资产报酬率，公司就必须提高净利润与总资产之比，或者提高净资产与总资产之比。公司应该分析其资产构成（即现金、应收账款、存货以及厂房设备等），并且注意它的资产管理能否改善。

由于资产报酬率是两种比率即净利率和资产周转率的乘积，所以营销主管可以通过下列两种方法来改进工作：①通过增加销售额或削减费用提高利润率；②通过增加销售额或减少承担完成一定销售额水平的资产（如存货、应收账款等）来提高资产周转率。

（5）以市场为基础的评分卡分析。公司应准备两张以市场为基础的评分卡，以反映公司业绩和提供可能的预警信号。

第一张是顾客绩效评分卡，它记录公司历年来以顾客为基础的工作，内容包括：①新顾客；②不满意顾客；③失去的顾客；④目标市场知晓率；⑤目标市场偏好；⑥相关的产品质量；⑦相关的服务质量。对每一项内容都要建立标准，如果当前的衡量结果偏离标准的话，管理层就应采取行动。

第二张是利益相关者绩效评分卡。公司要追踪各种对公司业绩有重要利益关系和影响的人员的满意度：员工、供应商、银行、分销商、零售商、股东。通过两张以市场为基础的评分卡，公司为各个群体建立标准，当某一个或更多的群体的不满程度上升时，管理层应采取行动。

2）盈利能力控制

盈利能力控制是对各种产品、区域市场、顾客群、渠道、订货量等盈利状况的分析和控制，这对于跨国企业来说是非常重要的。这方面的信息将帮助跨国企业总部对区域市场的产品或者营销活动做出扩大、收缩还是撤销的策略。盈利能力控制主要包含四个步骤：第一，确定职能性费用，也就是衡量每项活动，如广告、人员推销、包装运输等，需要多少费用；第二，将各项职能性费用分配给各个营销实体，比如衡量伴随每一种渠道的销售所发生的职能支出；第三，为每个营销实体编制一张利润表；第四，要确定最佳改正策略。盈利能力分析表明了不同渠道、产品、地区和其他营销实体的有关利润情况。

盈利能力控制为管理者在决定哪些业务应该扩大、哪些业务应该收缩时提供了一种思路。然而，如果管理者不对具体问题做具体分析，就可能误入歧途。这是因为，在使用这种方法的时候，很多费用的分配都依靠主观判断的，有时难免会太过武断。

3）效率控制

假设利润分析表明企业在某些产品或某些销售区域的盈利状况不好，那么管理层需要考虑，是否存在更有效的方法来提高人员推销、广告、销售促进和分销等营销活动的绩效。这就要求企业对这些营销活动的效率进行控制。

（1）人员推销效率控制。衡量人员推销效率的指标包括：

①每个销售人员平均每天进行销售访问的次数；

②每次销售人员访问平均所需要的时间；

③每次销售人员访问的平均收入；

④每次销售人员访问的平均成本；

⑤每次销售人员访问的招待费；

⑥每百次销售访问的订货单百分比；

⑦每一期新的顾客数目；

⑧每一期失去的顾客数目；

⑨人员推销成本占总成本的百分比。

摸清上述指标后，企业常常会发现一系列可改进的地方。例如，通用电气公司曾经发现销售代表访问顾客的次数过于频繁，于是缩小某个事业部的销售队伍规模，但销售量并没有减少。再如，一家大型航空公司发现，它的销售人员既搞销售又搞服务，导致推销效率较低，于是公司就将服务工作转交给其他职员去干了。

（2）广告效率控制。衡量广告效率的主要指标包括：

①每一种媒体类型、每一个媒介工具的受众占整体受众的百分比；

②消费者对于广告内容和有效性的意见；

③对于产品态度的事前事后衡量；

④由广告所激发的询问次数；

⑤每次调查的成本。

管理层可以采取一系列步骤来提高广告效率：做好产品定位、明确广告目标、预试广告信息、利用计算机指导选择广告媒体、购买较好的媒体以及进行广告事后测验等工作。

（3）促销效率控制。销售促进包括几十种能激发顾客购买兴趣或试用产品的方法。为了提高促销活动的效率，管理层应该坚持记录每次促销活动的成本及其对销售的影响。管理层应注意以下指标：

①优惠销售所占的百分比；

②每单位销售额的展示费用；

③赠券的回收率；

④每次演示所引起的询问次数。

促销经理应密切观察不同促销活动的效果，然后向产品经理提出最有效的促销措施。

（4）分销效率控制。管理层应该调查研究分销活动的经济性，包括库存控制、仓库位置的选择和运输方式等。衡量分销效率的指标包括：

①物流成本销售额的比例；

②订单错发率；

③准时送货的百分比；

④开错发票的次数。

管理层应当努力减少存货，同时加速存货的周转。

4）战略控制

战略控制可利用的方法有两种：营销效益等级评估和营销审计。

营销效益等级评估指从顾客导向、营销组合、战略计划和工作效率等方面评估企业的总体营销效益。企业可以设计一份评估表格交由营销经理或其他经理填写。对由该表得到的分数进行统计即可反映企业的总体营销效益，同时也能了解到影响企业营销效益的薄弱环节。

营销审计是指对企业的营销环境、目标、战略组织、制度和营销组合等所做的全面、系统、独立和定期的检查。其目的在于审查上述影响企业整体营销效益的各项因素是否协调一致，是否存在薄弱环节，并据此提出改进计划。

营销审计的内容包括六个部分，分别是：

（1）营销环境审计，具体包括由人口统计、经济、生态、技术、政治文化等要素构成的宏观环境和由市场、顾客、竞争者、分销商、供应商、辅助机构、公众等要素构成的任务环境的审计。

（2）营销战略审计，具体包括企业使命、营销目标、战略等要素的审计。

（3）营销组织审计，具体包括正式组织结构、职能效率、部门间联系效率等方面的审计。

（4）营销制度审计，具体包括营销信息系统、营销计划系统、营销控制系统、新产品开发系统等方面的审计。

（5）营销生产率审计，主要包括盈利率分析和成本效益分析两方面的审计。

（6）营销组合审计，具体包括产品、价格、分销、广告、销售促进、公司宣传和销售队伍等方面的审计。

营销审计的具体步骤是：第一步，安排企业主管与审计员会晤，以使双方在审计的目标、范围、深度、数据搜集、报告格式、审计时间等方面达成共识。第二步，通过详尽的访谈计划、二手资料的调查、内部文件的审查等方式搜集所需的数据，其中的一个基本规则是不能仅依赖被审计人员对数据的看法。比如，在审计一个销售组织时，不仅需要和销售经理交谈，还要和推销员交谈。同时，有创造性的审计技术应该受到鼓励。比如，审计员通过与信件收发室的人员交谈，查明总裁是否亲自来过工厂，以了解组织的管理风格，这就是一种有效实用的审计方式。第三步，准备和提交审计报告。报告应该重申审计的范围与目标，陈述主要的发现、建议、结论，以及需要进一步研究和调查的主要项目。

【小思考10-3】

文化控制的手段有哪些？

答：文化控制的主要手段是对员工进行培训，以分享企业文化，从而形成共同的价值观。也可以通过其他手段进行控制，如海外经理对总部的访问和总部小组对子公司的访问，从而增加相互间的交流。

本章小结

计划、组织、控制是国际市场营销管理的三个最主要的方面。制订营销计划的目的是贯彻企业的战略意图，并为总部和子公司在计划期内的日常经营活动提供依据。子公司的计划包括短期营销计划和战略营销计划。总部在子公司计划形成的过程中应扮演好三种角色。总公司在计划方面的职能主要有两个：将子公司的计划整合形成总公司的计划和制订整个公司的全球战略计划。

国际营销组织结构经历了从出口部、海外子公司、国际事业部到全球性组织结构的演变。典型的全球性组织结构有四种：全球职能型结构、全球地区型结构、全球产品型结构和全球矩阵型结构。每一种结构都有其相对的优点和缺点，因此国际企业应依据总体战略要求和企业产品分散程度、企业规模、子公司位置和特征等要素设计合适的组织结构。任何组织结构都不能避免总部和子公司间、子公司和子公司间的各种形式的冲突，因此在国际营销组织中还需要建立正式和非正式的协调机制。

国际市场营销控制是对国际营销战略和策略的实施过程进行监督和评价。控制的方法可以是正式的程序化控制，也可以是非正式的文化控制。正式的程序化控制的类型主要有年度营销计划控制、盈利能力控制、效率控制和战略控制。

主要概念和观念

□ 主要概念

市场营销计划　BCG分析法　GE分析法　组织构架　协调机制　正式的程序化控制　文化控制　营销审计

□ 主要观念

短期营销计划的制订　战略营销计划的制订　组织结构设计要素　国际组织结构的演变　协调机制的建立　国际市场营销控制

基本训练

□ 知识题

10.1　阅读理解

1）国际市场营销计划包括哪两个层次？

2）短期营销计划的制订过程是怎样的？

3）战略营销计划的制订过程是怎样的？

4）企业总体战略的形成过程是怎样的？

5）组织结构设计包括哪四个要素？

6）国际企业的战略和集权度的关系是怎样的？

7）国际营销组织结构的演变过程是怎样的？

8）典型的全球性组织结构有哪几种？

9）正式的协调机制包括哪些？

10）国际市场营销控制的程序是怎样的？

10.2　知识应用

1）选择题

（1）制订子公司层次的短期营销计划首先要进行（　　　）。

A.销售预测　　　　　　　　　　　　B.营销预算

C.环境分析　　　　　　　　　　　　D.确定子公司的营销目标

（2）提高子公司营销计划效率的措施包括（　　　）。

A.建立目标体系　　　　　　　　　　B.建立计划专业队伍

C.建立计划和沟通系统　　　　　　　D.形成合作项目文化氛围

（3）关于集权，正确的说法是（　　　）。

A.集权不利于协调　　　　　　　　　B.集权能保证决策与组织目标一致

C.集权能激励员工的工作积极性　　　D.集权有利于重大的组织变革

（4）经营消费品的跨国公司一般采用（　　　）。

A.全球产品型结构　　　　　　　　　B.全球职能型结构

C.全球区域型结构　　　　　　　　　D.全球矩阵型结构

（5）拥有较窄产品线的跨国公司一般采用（　　　）。

A.全球产品型结构　　　　　　　　　B.全球职能型结构

C.全球区域型结构　　　　　　　　　D.全球矩阵型结构

（6）国际市场营销控制的类型包括（　　　）。

A.年度营销计划控制　　　　　　　　B.效率控制

C.战略控制　　　　　　　　　　　　D.盈利能力控制

2）判断题

（1）短期营销计划应由子公司独立制订。　　　　　　　　　　　　　（　　　）

（2）全球矩阵型结构是最理想的组织结构形式。　　　　　　　　　　（　　　）

（3）正式的协调机制包括形成管理网络。　　　　　　　　　　　　　（　　　）

（4）如控制目标是行为控制，则宜采用正式的程序化控制。　　　　　（　　　）

（5）理想的组织结构不存在协调问题。　　　　　　　　　　　　　　（　　　）

即测即评

□ 技能题

10.1　规则复习

1）制订短期营销计划和总体战略计划

制订短期营销计划的程序和方法：①环境分析：外部环境信息部分来自母公司，部分由子公司在当地搜集；内部环境信息包括过去的销售数据、企业内部资源状况。②进行销售预测。③确定子公司的营销目标，内容包括预期销售总额、预期市场份额、准备新建的分销渠道等。④行动计划，内容包括各种营销活动的起始日期、进度安排和活动形式等。⑤进行营销预算。⑥审查、修改和批准。

制订总体战略计划的程序和方法：①确定企业的使命或愿景；②以市场为导向是确定企业使命和业务范围的根本原则；③确定战略业务单位；④进行战略分析。波士顿咨询公司模式和通用电气模式是两种常用的战略分析方法。

2）国际企业组织结构的设计

组织结构设计应考虑的四个要素是：企业总体战略、组织的正式结构、集权与分权、协调机制。国际组织结构经历了从出口部、海外子公司、国际事业部到全球性组织结构的演变。全球性组织结构有四种典型模式：全球产品型结构、全球区域型结构、全球职能型结构和全球矩阵型结构。每种模式各有其优点和缺点，企业应根据自身状况加以选择。协调机制包括正式协调机制和非正式协调机制。

10.2　操作练习

1）实务题

（1）为某跨国公司在华子公司制订一个短期营销计划。

（2）为海尔公司制订一个全球战略计划。

2）综合题

为国内某家企业确定国际化战略，并设计相应的组织结构图和协调机制。

□ 能力题

案例分析

宝洁重画组织图

美国营销战略学者大卫·斯科特在《新规则：用社会化媒体做营销和公关》一书中曾表述："随着社会化媒体的发展，传统的市场营销方式将被颠覆，未来营销、市场、公关等部门将高度融合，建立用社会化媒体营销的新规则。"

全球最大的日用品集团宝洁公司的营销架构做出了调整。2014年7月1日，二度接掌宝洁帅印的CEO雷富礼，正式宣布宝洁的营销总监转型为品牌总监，营销部门也被更名为品牌管理部门。新成立的品牌管理部门今后将具体负责四个业务部门：品牌管理部（前身为市场部）、消费者与市场信息部（前身为市场调研部）、交流中心（前身为公关部）和设计部。作为全球最大的广告主，宝洁将"营销"职位从公司组织中撤除的动作，瞬间引发无数联想和猜测……

职位的撤除，不代表职能的消失

对于已经习惯使用"营销总监"这一头衔的整个市场来说，宝洁取消营销总监头衔的举动备受瞩目，但这并不是宝洁第一次在营销头衔上"动手脚"。

1993年，宝洁公司第一次设立了营销总监职位，用以取代当时的"广告经理"一职。当年对该头衔称谓做出改变的，恰好是宝洁现任全球品牌总监Marc Pritchard，他也是宝洁公司的首位营销总监。Marc Pritchard曾表示，1993年的职位更名表明宝洁希望摆脱广告宣传的单一性、运用广告以外的手段来打造品牌的意图。

2014年，宝洁再度将"营销总监"更名为"品牌总监"，乍听上去不无"退化"之嫌——品牌与广告都是传统营销概念的组成要素。对此，宝洁的发言人表示，转型是为了更加明确品牌在战略、计划、结果上的功能，打造针对品牌策略、品牌计划、品牌成果的单点责任制。

从概念层面看，22年前从广告到营销是扩大内涵，今天从营销到品牌是内涵收窄，那么此次调整，从逻辑上预示着营销将对品牌发生倾斜，由此可能会使资源更多分配在品牌发展上。实力传播华南区董事总经理黄慧敏就此分析说："从宝洁宣布的新业务范围来看，调整后的营销将按照品牌战略去专注于不同产品，使营销与产品之间的关系更加紧密，使品牌对消费者的影响更平衡。"

激烈的市场竞争导致日化行业各品牌间营销战狼烟四起，宝洁在此时撤销已设立22年的营销总监职位，让不少分析人士质疑营销已过时，甚至喊出营销已死的口号。不过，营销过时的观点也同样受到质疑。

"取消了营销总监职位并不等于撤销了营销总监的职能。宝洁并没有否定营销总监的作用，只是重新组织架构相关的职能部门和品牌部门，从而转移营销重心，突出品牌的效能。"BrandZ品牌研究项目负责人谭北平先生在谈及宝洁此次转型时，语气非常坚定，"宝洁此举是将原有的营销部门与横向职能部门重新进行调整，统一集中在品牌管理部门之下，原有营销部门的职能将由新的品牌管理部门承担，直接向品牌总监负责。"

取消营销部门并不意味着营销将成为过去，而是为了体现今天的营销总监在组织层面上所拥有的更广泛的职责和视野，这是宝洁一再强调的观点。

转型旨在加强全球垂直化管理

作为宝洁2014年2月份所提组织重构计划的一部分，此次营销架构改革可谓一石激起千层浪。但中欧国际工商学院营销学教授向屹认为这次调整不会在宝洁内部引起太大震动："相比于1999年CEO荷兰人杜克·贾格尔大刀阔斧、激进改革的暴风骤雨，雷富礼这次宣布营销总监转型品牌总监的架构调整可以称得上和风细雨了。"

1999年，在宝洁当时的CEO贾格尔的主导下，宝洁改变了原有的全球四大地域性机构矩阵式管理的模式，将旗下所有产品按照品牌划分为五大品类，依此设立了5个全球战略事业部，进行垂直混合管理，同时设立了8个地区市场发展部以及1个全球业务服务部。至此，宝洁完成了其全球组织架构史上最大的品牌垂直管理变动，付出了高达19亿美元的重组变革费用。

相比于贾格尔1999年的全球架构根本性重组，此次营销转型只能算是宝洁全球架构的微调，对于业务的直接影响程度甚至小于2013年对全球业务部门的整合。但是，想要洞察雷富礼此次营销变阵背后的逻辑，需要对变阵前的宝洁全球架构管理模式和营销架构有所了解。

在贾格尔的重组变革后，宝洁公司建立起由全球战略事业部和地区市场发展部构成的垂直+矩阵组织结构。前者为宝洁所有品牌制定战略，后者负责制定针对所在市场的营销策略，而整合营销计划则需要由二者合作制订。宝洁变阵前的营销组织正是在此结构基础上建立起来的，并形成了完全以营销策划功能为导向的架构（见图10-14）。

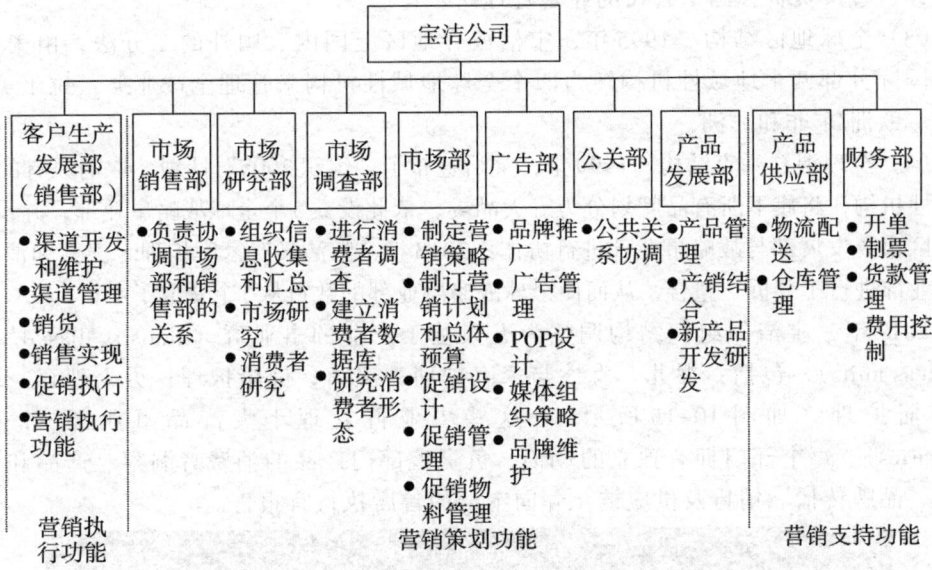

图10-14　宝洁以营销策划功能为导向的组织图

对照雷富礼公布的业务范围，在营销策划中扮演主要角色的市场部、市场调查部和市场研究部（合称市场调研部）在转型后被划归品牌管理部门，实质上是从原来的本地区发展部的矩阵管理模式转入全球战略事业部的垂直管理模式。对此，向屹的观点是："营销转型品牌的组织架构变动，进一步削弱地区市场的矩阵结构管理职能，使宝洁在品牌全球垂直化管理方面更进了一步。将营销总监转型为品牌总监并扩展其所辖业务的决策，将品牌管理部门整体集中到宝洁的全球业务部中，实质上是进一步强化宝洁品牌全球性垂直管理的力度。"

将品牌策略和策划集中至全球品牌管理业务部门负责，意味着宝洁的品牌管理策略将从全球层面设计和执行。虽然宝洁CFO Jon Moeller表示，将品牌管理部门放到全球层面只是为了消除全球和地区公司之间重合的业务，组织调整后的媒体安排和购买及大部分管理品牌的组织仍将保留在区域分公司内，但不难看出，宝洁在全球原有的垂直+矩阵组织结构天平中，选择向垂直端进一步倾斜。

在拼快拼狠的移动互联网时代，177周岁的宝洁遇到了前所未有的挑战，面对业绩利润和资本市场的双重压力，选择在自己最具优势的营销领域做出变革，这不仅让人想起电影《梅兰芳》中名伶十三燕提着中气给少年梅兰芳留下的那句叮嘱："输不丢人，怕才丢人。"无关褒贬，这份勇气已足够大。

宝洁公司组织架构的历史演变

（1）海外子公司结构。1915年宝洁首次在美国以外建立生产设施：加拿大生产厂拥有75名员工，生产象牙香皂及Crisco烘焙油。加拿大工厂直接由美国母公司管理，向母公司汇报经营情况。

（2）国际分部结构。1948年宝洁在墨西哥建立了在拉丁美洲的第一家公司，成立了国际分部，管理公司日益壮大的国际业务。国际分部负责人直接领导经营海外一切业务，直接负责各子公司的经营管理。

（3）全球地区结构。1995年，宝洁放弃地区上国内、国外的二分法，由美国分部和国际分部两个地域性机构转为四个全球地域性机构来管理全球业务：拉丁美洲、亚洲、欧洲/东非和非洲。

（4）全球混合垂直结构。1999年，宝洁宣布了"组织2005"计划，取消原有的4个地域性机构，将旗下所有品牌划分为五大品类，依此设立5个全球战略事业部，并设立8个地区市场发展部与战略事业部进行协作。2013年，宝洁又对家庭护理、美容和清洁战略事业部进行了分拆、整合，从而使全球战略事业部的数目从5个变成了4个。

2019年，宝洁的组织结构调整为五大基于产业的事业群（industry-based sector business units），包括：婴儿、女性与家庭护理；美尚；健康护理；男士理容；织物与家居护理（如图10-15所示）。这些事业群管理十大产品事业部（product categories）。每个部门拥有独立的CEO，负责该部门产品的消费者洞察、产品和包装创新、品牌传播、销售及供应链，并向宝洁的首席执行官报告。

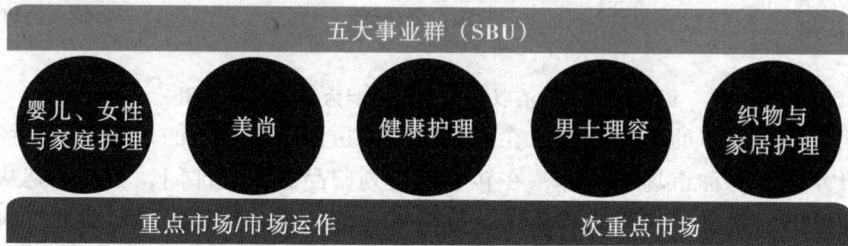

图10-15 宝洁最新组织结构图

五大事业群负责宝洁规模最大和利润最高的市场（重点市场）的销售、利润、现金流和价值创造。这些重点市场占宝洁约80%的销售额和90%的税后利润。

在每个重点市场，市场运作部门在五大事业群之间开展规模化的市场服务和能力建设，包括客户团队、运输、仓储、物流和对外代表宝洁。

全球其他地区属于次重点市场——一个独立的业务部负责销售、利润和价值创造。五大事业群为次重点市场提供创新计划、供应计划和运营框架，以达成共同制定的业务目标。次重点市场发展迅猛，对宝洁的未来至关重要。

这种架构下的组织更有权力、更为灵活、更负责任，进而能够加速增长和创造价值。

资料来源　[1]张焱.宝洁重画组织图[J].商学院，2014（9）：38-40.[2]宝洁公司·组织结构[EB/OL].[2025-01-05].https://www.pg.com.cn/structure-and-governance/corporate-structure/.

问题：

1）试分析宝洁的基于产业类别的组织结构的优点与不足。

2）宝洁组织结构的变化对其加强全球垂直化管理有何作用？

3）结合案例分析宝洁的做法对于跨国公司实现战略与结构相结合有何启示。

综合案例1

机遇与挑战中的华为国际化战略

1992年，任正非第一次踏上了美国的土地，这里的城市、人文环境，学术、科研氛围，企业的先进管理理念、方法等都给他留下了极为深刻的印象。任正非看到了中美之间巨大的差距，这巨大差距并没有让他胆怯，反而升起一种非同一般的气魄和胆略来："雄关漫道真如铁，而今迈步从头越！"

2019年，华为品牌已经发展成为美国政府认为的"无论是技术还是未来在市场上的竞争优势都是难以容忍的对手"，于是就有了美国政府发起并带领一众国外政府、企业对华为展开的"围剿"行动。

2020年，在新冠肺炎疫情肆虐全球以及美国政府的连续打压下，华为依然登上了Interbrand"2020全球最佳品牌"排行榜第80位，成为连续7年进入全球品牌100强的唯一中国品牌。

华为自1996年正式实施国际化品牌战略，20多年来一路摸着石头过河，留下了很多可以借鉴的宝贵经验。

华为品牌国际化的历程

品牌的国际化分为三个层次：第一个层次是做到产品和市场国际化，即成功地把产品销往海外市场；第二个层次是做到资源配置国际化，即利用全球的资源做全球的生意；第三个层次是做到文化输出国际化，即在文化传播上保持民族特性的同时，形成普遍的文化包容性和文化认同，从"走出去"转变为"走进去"。

华为的品牌国际化历程，正是将这三个层次分为四个阶段：

第一阶段：艰难求生，奠定品牌发展基础。

1987年，华为成立伊始，当时的中国电信设备市场因为自主产品和品牌的空缺，几乎被跨国公司瓜分殆尽，华为只能在这些跨国公司的夹缝中艰难求生。此时的华为只是香港一家企业的模拟交换机的代理商，没有自己的产品、技术，更谈不上品牌，但已经开始将微薄的利润投入到产品研发当中，为以后的品牌国际化战略模式打下了坚实的基础。

第二阶段：市场扩张，成功销往海外市场。

1995年，华为开始了拓展海外市场的艰苦旅程，起点就是非洲和亚洲的一些国家（地区）。经历了6年的拼搏，华为在海外市场才真正有了起色。2001年，华为的产品已经进入非洲和亚洲的十几个国家（地区），年销售额超过3亿美元，华为的品牌也在这些国家（地区）逐渐叫响。

第三阶段：步步为营，整合布局全球资源。

进入欧美市场，华为也采取了相同的战略："农村包围城市"。1998年，华为进入莫斯科，开始开拓俄罗斯市场。1998年到2000年，华为几乎一无所获，只在2000年获得一笔区区38美元的合同。直到2001年，华为才与俄罗斯国家电信部门签署了上千万美元的GSM设备供应合同。2002年底华为又取得了俄罗斯3 797千米的超长距离国家光传输干线的订单。到2003年，华为在独联体国家的销售额超过3亿美元，位居独联体市场国际大型设备供应商的前列。

在东欧和南欧相继打开市场后，华为开始向西欧、北美挺进，并逐渐在全球市场站稳了脚跟。

第四阶段：因地制宜，开始输出品牌文化。

2015年1月4日，华为推出一则名为"芭蕾脚"的平面广告：画面中一只脚穿着优雅的芭蕾舞鞋，显得光鲜亮丽；另一只脚却赤裸地立着，满是伤痕。优雅与丑陋形成了强烈的对比，给人强烈的视觉冲击。在这则平面广告中，没有展示华为的任何产品，只在左上角加上了华为的标志，并显示了广告语：我们的人生，痛，并快乐着。这体现的是华为的价值观，华为品牌背后的精神支撑，也是华为与受众关于人生价值观的一次对话，引发了在这个世界中辛劳奔波的人们的共鸣。

2020年，华为推出的系列宣传短片《如果世界没有路》《如果世界没有联接》《如果世界没有算力》也引起了不俗的反响。从短片中，我们能很直观地感受到华为开山劈岭也要踏出道路的决心，已经不再止于企业本身的气魄和态度，而是上升到了一个更加高远的行业领导者、标准制定者的层面。短片由道路、连接、算力三个方面层层递进，不但清晰地把华为如何迎难而上的品牌发展历程呈现在世人眼前，也让IT从业者、科技从业者、通信从业者的艰辛付出得以直观展现，唤起了无数身怀梦想与奋斗热情的大众，在情感共鸣的触动上可谓强烈。

华为品牌国际化战略的主要举措

第一，建立切实有效的沟通机制，获得海外受众的认知和信任。

中国品牌要获得海外合作商和消费者的认知是非常困难的。大部分外国人带着"中国只能生产廉价商品"的刻板印象，对中国能生产高科技产品的品牌闻所未闻。当年，华为参加戛纳电信展时，法国电视台的报道题目竟然是"中国居然也有3G技术？"，显然充满了怀疑和不屑。

为此，华为早期采取了"请进来、走出去"的方式。"请进来"就是尽可能地邀请海外合作商访问中国，组织海外合作商先参观北京、上海、深圳，后参观深圳坂田基地，向客户展示中国改革开放后的巨大变化，展示华为的规模和实力。正所谓"耳听为虚，眼见为实"，通过切实的人际交往方式让合作伙伴逐步对于中国和中国品牌建立积极的了解和认知，对中国和华为产生了从陌生到熟悉、从拒绝到接受的心理转变。"走出去"就是要把品牌主动带出去，让大家看到。华为采取与海外合作商联合举办行业高层峰会的形式，将品牌对受众进行精准传播。在峰会上，与海外合作商交流各自的战略发展规划，借此加深对彼此品牌及产品的认知，通过密切的沟通与交往确认双方未来几年的合作走向，同时借助海外合作商的行业影响力提升自身品牌的知名度。

华为每年都要参加20余个大型国际展览，在国际舞台上充分展示自己的品牌。在这些大型国际展览会上，华为的展台和很多国际品牌巨头的展台连在一起，而且比它们的规模更大，设计、布置更精致。同时，展会上展出的都是华为最先进的技术和产品，供海外合作商参观了解。2003年，华为参加世界电信展（ITU）时，租下了一个500余平方米的展台，是那届展会面积最大的厂商展厅，就是为了从视觉观感上快速吸引海外参展商的好奇心，同时展示自己的品牌、产品实力。通过这些展览，华为让更多参展的运营商开始关注华为的产品和技术。这就是后来为人所称道的"新丝绸之路"品牌行动的核心理念。

第二，携手品牌咨询机构，从开展国际化经营到打造国际化品牌。

华为在品牌国际化的艰难进程中，深刻感受到了品牌建设的重要性。2004年，华为启动了"东方快车"品牌计划，在做好国际化经营的同时，打造国际化品牌。华为与品牌咨询公司进行深度合作，对自身的资源进行了一次全面的梳理，对品牌进行了全面的评估与定位，制定了"打造一个国际主流的电信制造商品牌"的战略目标。在这个理念的指导下，华为经过长时间的探索与成长，改变了国外认为中国企业只能生产低端、廉价产品的刻板印象，提升了中国品牌在全球的知名度。

在"东方快车"品牌计划实施的第十年，即2014年，华为作为第一家进入"Interbrand全球最佳品牌100强"（Best Global Brands Rankings）的中国企业，位居94位（品牌价值43.13亿美元）；2015年，华为二度进入榜单，位居88位（品牌价值49.52亿美元），2016年升到72位（品牌价值58.35亿美元），2017年升到70位（品牌价值65.36亿美元），2018年升到68位（品牌价值76亿美元）；即使在被美国政府和企业联合围剿加上新冠肺炎肆虐的2019年和2020年，华为在榜单上仍分别位居74位、80位。全球知名的市场调研机构IPSOS的报告显示，华为品牌认知度增幅位列全球第一。

第三，积极开展合作主动融入全球产业链，结成利益共同体。

华为通过加深与业务伙伴的合作，构建了自己的"合作伙伴联盟"，主动融入全球产业链。例如，2009年与沃达丰签署"加深双方战略合作伙伴"协议；参与西班牙、希腊、匈牙利及罗马尼亚无线网络的建设；与沃达丰携手开发LTE（第四代网络技术）。到2015年，华为与欧洲各国企业签署了超过15项合作协议。

华为还与当地运营商合资成立公司，结成利益共同体。华为将国内合作成立莫贝克公司的模式复制到了国际市场的开拓中。2004年，3Com公司和华为合资成立的华为3Com公司正式运营。在这家合资公司内部的跨文化团队，主要依靠华为提供技术和人力支持，3Com公司提供资金。此类合作有助于华为更快速、更大规模地进入国际市场，并降低市场的开拓成本。

华为品牌的国际化传播策略

在品牌国际化传播过程中，多数品牌都会面临和当时华为一样的问题：如何把品牌价值观传递给海外受众？如何从产品、服务、企业文化等方面把品牌理念植入到当地受众的心目中？华为探索出一条通过把握公众普遍心理，从而与全球公众展开对话的路径。

在传播实践中，通常赋予品牌以人的特征，为品牌注入个性，通过品牌拟人化方式吸引受众。华为在国际化传播中，将品牌理念进行了拟人化的表达，将其与能够把握公众共性的价值观结合起来，在获得海外受众共鸣的同时，传递华为的品牌理念。

在国际化传播中，品牌文化可选择以母体文化为依托，在传播过程中借助母体文化特性，从而彰显品牌独一无二的文化。正因如此，华为在为其产品取名时借助母体文化的独特视角，发挥母体文化的文化渗透力，以增强影响力实现自身传播诉求。

华为几乎注册了整本《山海经》中的神兽名称，将其用于研发产品的命名上。例如，将操作系统取名"鸿蒙"、手机芯片取名"麒麟"、服务器芯片取名"鲲鹏"……作为一种高语境文化，华为产品中的每个名字都有其寓意。如"鸿蒙"这个词意为盘古开天辟地，天地混沌初开，而"鸿蒙"之于华为就有这样的意义，这样的开始代表着华为走上一条新道路的决心，切合此刻华为的境遇。这也体现出华为作为中国品牌的文化自信，也是华为讲好品牌故事的具体表现。

为从文化融合走向文化选择，以多元化的视角选择讯息，华为致力于构建"开放、协作、共赢"的生态系统，以维持在全球范围内输出品牌价值观的重要渠道。在与全球合作伙伴的合作过程当中，华为也坚持携手合作伙伴以客户为中心，持续为客户创造长期价值，进而成就客户。

为维持品牌国际影响力，华为积极开展全球影响力项目的合作，旨在建立与核心受众的联系，让对方了解自己的新举措，不只是新产品，也包括研发成果、拓展服务乃至公司的整体运营情况。华为向全世界传输的不再局限于某一产品，而是能够服务于所有部门、产品、地区和市场的品牌。

化危机为机遇的硬实力

2019年，美国发动与中国的贸易战，还特别针对华为，联合欧洲组成了抵制小组，试图依靠政治力量来遏制中国品牌的发展。面对来势汹汹的政治打压，华为采取了正确乃至英明的处理策略，才从这场浩劫中转危为安。正如任正非所言，因为禁令事件，全球的媒体和消费者都在关注着华为，知道了华为的5G芯片、5G专利、通信设备，也知道了华为的5G手机。

当然，华为能在"反抵制"中取得胜利，或者说没有被打垮，也得益于企业的前瞻性。华为有浓郁的狼性文化，在制定策略时，通常会考虑"生存的极限"，比如美国先进的芯片和技术不可获得的状况。基于此，华为敢于投入大量的资本进行研发。数据显示，2019年华为研发费用达到1 317亿元人民币，占全年销售收入的15.3%，在近10年投入的研发费用已经超过了4 800亿元人民币，可见华为在科学技术上的重视程度。于是，当特朗普签署禁令，要求美国企业停止向华为销售芯片时，华为立即摆出了"备胎计划"，惊艳了所有人。

资料来源　王永.　"星星之火，可以燎原"：华为品牌国际化战略浅析［J］.中国工商，2021（3）：99-103.

仔细阅读、分析以上资料，思考并回答以下问题：

1）影响华为开展国际市场营销活动的重要环境因素有哪些？华为是否很好地应对了环境中的机遇与挑战？为什么？

2）华为如何通过营销战略与策略的规划、执行，获得国际市场的竞争优势？这对我们有何启示？

3）试借鉴华为的成功之处，为某一中国自主品牌企业设计国际市场营销方案。

综合案例2

从产品到品牌　英利征战国际沙场

2014年巴西世界杯已经落幕，在这场全世界球迷、伪球迷们都为之沸腾和关注的体育赛事中，虽然中国足球队无缘大力神杯，但是让人欣慰的是，在世界杯的赛场上看到了中国企业的名字，那就是"中国英利"和"Yingli Solar"。

作为巴西世界杯足球赛中唯一的中国赞助商——英利——的广告在6月13日的揭幕战中亮相。汉字"中国英利""光伏入户"在赛场上交替出现。这是英利第二次以官方赞助商的身份出现在世界杯的广告牌上，每场出现至少8分钟。

多年来，作为本土光伏企业代表，英利在坚守国内市场份额的同时，通过营销创新手法，不断地发掘、占领国际市场，打响了一场场从产品向品牌转变的战役。

两度闯关世界杯，放长线钓大鱼

早在2010年南非世界杯的时候，英利就作为中国首家获得世界杯全球赞助权的企业，同时也是全球范围内首家可再生能源公司的赞助商而成功进军世界杯赛场。

据估算，英利赞助南非世界杯，花了大约5亿元人民币。投入这些钱，回报有多少？总部位于保定的英利公司2010年的年报显示，公司光伏电池组件销售1 061.6兆瓦。凭借赞助南非世界杯的品牌效应，产品销售实现3%~5%的溢价。据此推算，英利通过南非世界杯赚了至少5 000万美元（约合3.1亿元人民币）。

报道数据显示，英利赞助南非世界杯，媒体关注度提升了800%。"中国英利"和"Yingli Solar"成为网络上搜索最多的关键词。而在资本层面，在南非世界杯期间，英利股价从2010年6月7日到7月23日升幅高达48.63%，报收4.09美元/股，总市值增加了6亿美元。

英利董事长苗连生曾表示，英利的世界杯营销战略收益大于投入。他说，从2006年世界杯期间在凯泽斯劳滕球场安装1兆瓦太阳能电池组件，到2010年南非世界杯赛场上醒目的广告牌，再到2014年在巴西世界杯期间签订的4年的赞助合同，英利的品牌形象已在全球闻名，各项销量数据也有了令人满意的回报。

根据2014年德国一家民调机构发布的中国品牌在德知名度调查，英利以17%的品牌知名度排在联想（30%）和华为（21%）之后。

品牌知名度的提升为英利带来了全球销量的增长。2011年英利光伏组件产品全球销量达到1 604兆瓦，2012年突破2 300兆瓦，居全球销量冠军，2013年超过3 200兆瓦，连续两年成为全球出货量第一的光伏企业。目前，全球每10块光伏组件中就有1块产自英利。

英利作为上市公司，通过赞助世界杯等大手笔的体育营销，不但提升了品牌形象，还在全球范围内提高了其品牌知名度，继而推动股价上涨。

所以，相信英利的确是尝到了赞助世界杯的甜头，才会有决心、有实力斥巨资继续赞助。这是英利上市之后，在挺进全球化竞争的过程中采取的营销策略之一。英利通过过硬的技术和产品，告别中国制造，向中国质造和全球品牌转型，并成功实现了涅槃重生。

瞄准新兴市场，大投入换好口碑

"南非世界杯只是让人听了个响，让人知道英利；而巴西世界杯，则要让人留下深刻印象。"二度闯关世界杯的英利老总苗连生这样评价两届世界杯的价值和意义。

据悉，英利广告牌出现在巴西世界杯全部64场比赛中，且每场至少出现8分钟。除了掏出"真金白银"，英利还为全部比赛城市的照明信息塔提供27套光伏系统；在包括巴西第一大城市圣保罗在内的6个体育场内的媒体中心和国际媒体大本营设置8～15个太阳能充电站；为世界杯决赛球场马拉卡纳和伯南布哥体育场提供太阳能组件；在各个新闻中心，很多记者在给"装备"充电时也享受到英利提供的服务。

"中国目前从贸易总量到经济总量已在全球经济活动中占有重要分量，技术创新及高新技术产品发展迅速。但是，市场价值并不理想，加上贸易保护等因素还存在很多偏见，总觉得中国企业就是到处抓资源出售低档产品。因此，建设全球化的品牌非常重要。"苗连生表示，在多元化的市场布局下，开拓新兴市场显得更加迫切，巴西乃至整个拉丁美洲光伏市场有着巨大潜力，赞助世界杯能让新兴市场的消费者迅速认识英利，这是占领市场的前提。

而赞助巴西世界杯的英利，同时在巴西启动了世界杯企业社会责任项目——为巴西最大的光伏停车场项目提供500千瓦太阳能组件。这个停车场建在巴西最主要的光伏研究机构所在地——弗洛里亚诺波利斯的圣卡塔琳娜联邦大学，这也为渴望步入光伏这一新兴市场的巴西人提供了学习机会。据介绍，该项目产生的电力服务于周边的公共设施，而多余的电量将并入圣卡塔琳娜联邦大学电网，供园区用电。国际足联企业社会责任主管费德里科先生对此由衷赞赏，称英利为巴西留下了一份持久而积极的财富，即使在世界杯结束之后，也能为当地社会发展和环境改善提供帮助。

据了解，从2010年开始英利就致力于和国际足联合作，共同为巴西世界杯举办城市提供太阳能项目支持。以里约热内卢的马拉卡纳球场为例，其顶部所有的太阳能组件都由英利制造，这一项目每年可为240个家庭提供日常用电，并减少2560吨二氧化碳的排放量。英利全球营销副总裁曾潇仪女士表示，作为全球最大的太阳能组件供应商和世界杯的可再生能源合作伙伴，英利希望通过其专业服务积极参与当地的社会公益和环境保护事业，为巴西当地留下中国企业的良好口碑和绿色的发展财富。

勇闯行业困境，变危机为机遇

虽然英利在世界市场份额的开拓上一直积极进取，但是在国内本土市场上同时面临着巨大的挑战。

2010年，光伏行业危机袭来。从2013年起，英利开始调整自身战略，由光伏组件制造商向太阳能能源提供商转变。1500万～1700万千瓦，是其2017年的光伏组件出货量目标，而2013年该指标在320万千瓦的水平，英利寄望于通过发展下游大型地面电站业务以及分布式发电来实现这个目标。

按照1兆瓦（即1000千瓦）需要1万平方米的面积计算，未来5年英利需要的

"圈地"面积将超过15万亩（100平方千米）。而1兆瓦的投资额大概在800万元。据此测算，若未来想达到1500万千瓦的规模，英利在此期间的投资额将超过千亿元。

从2014年4月开始，苗连生数次带队考察各省市适合建造光伏电站的地面资源及分布式发电资源，向当地政府部门了解土地资源情况，并实地询问企业和居民的屋顶资源及用电情况。

与此同时，为了能够在各省市有效开展地面电站及分布式发电业务，英利内部架构进行了一次大调整，新组建五大子集团，分别为光伏制造、电力开发、农业、房地产、物流及服务，并下设17家省级公司，以形成"集团公司—省级总公司—项目公司"三级管理架构。

对于太阳能光伏产业来说，面临的最大的现实问题是，现在的技术仍未达到全面渗透至主流电力产业的程度。但是，赞助全球性体育盛事的举动可以加快这一进程。

在英利的案例中，赞助一项主流的、全球性的体育盛事可以提高太阳能产业的曝光率——打破阻挡潜在客户的阻碍并在公众心目中将该技术"正常化"。

英利公司的目标市场正逐步扩展到全球，从专注欧洲市场转变成面向世界市场。2013年，英利有逾85%的产品出货量遍布中国以及美国和世界其他国家市场。足球赛事的全球性吸引力正是将英利的这一信息带至各个市场上的最佳途径。随着产业持续增长并成熟，愈来愈多的人将熟知产业内的产品，这也是品牌力量能够真正帮助企业获得成功的时候。

作为全球光伏行业的领军企业，在品牌建设方面，英利为我国企业树立了另一种新的模式：通过赞助足球世界杯打响自主品牌。英利是我国第一家也是全球新能源行业第一家赞助世界杯的企业。从这个角度来说，英利为我国企业打造国际化的品牌提供了一个新范本。

技术创新驱动发展，打造品牌文化，提升社会影响力、丰富品牌内涵

英利集团高度重视光伏技术和产品的创新与研发，创建国家级创新品牌，先后获批建成"光伏材料与技术国家重点实验室""国家能源光伏技术重点实验室""国家级企业技术中心""光伏技术国际联合研究中心""国家技术标准创新基地（光伏）"五大国家级创新平台，成为光伏行业中国家级平台资源最多的企业。先后承担国家重点研发计划31项，主持和参编国际、国家及行业标准等110项，累计申请中国专利2644项，获得授权2231项，自2012年至今，连续多年专利申请量和授权量位居国内同行业领先。

英利集团积极打造品牌文化活动，大力倡导"零碳"的生产生活方式，提升社会影响力。自2013年起宴请环卫工人，一起猜灯谜、品美食，共度元宵佳节，传递"家文化"；每年八一建军节慰问部队，加强军民共建，并设立"科技强军奖励基金"，全力支持部队开展信息化建设；积极践行零碳理念，推动绿色发展，连续12年举办"地球一小时"活动，通过承办低碳科技生活展、绿色公益骑行、熄灯一小时等多种方式支持和响应WWF"关爱地球"的倡议；连续6年组织大千湖开网节零碳科普活动，倡导人与自然和谐共处；举行零碳荧光夜跑活动，旨在呼吁全社会共同参与环保事业、共建美丽生态新家园；坚持每年组织开展家属参观日活动，邀请家属到企业参观，了解公司工作环境和企业发展情况，实现两个"家庭"的共同进步、和谐发展。

英利集团积极履行环境和社会责任，建立之初就积极参与国家"光明工程"，推动可再生能源立法；参加"中国能源立法研讨会"，为光伏发电行业立法建言献策；组织"可再生能源法"宣传普法活动，协助全国人大举办第一届"可再生能源法地方立法培训班"。同时积极投身公益事业，截至目前，英利集团累计向灾区、贫困地区、国防、文化教育和体育事业等捐赠款物超 1.6 亿元。

紧跟国家战略，培育多个子品牌，形成多元化的产业序列体系

英利集团品牌发展始终与国家战略保持一致，从 2017 "品牌创建年"起步，大力实施品牌提升，以"升级品牌建设，培育多品牌"为指导思想，逐步向产品专业化、定位精准化、业务深入化不断迈进，借助英利集团主品牌的优势与辐射效应，上下游产业链衍生出多个子品牌。

作为国内最早专注于户用分布式光伏整体系统品牌，英利因能成立了国内首个"航天技术民用化（光伏）研究中心"，推出我国户用光伏领域第一套形成规模、涵盖全面的全流程服务体系——"金管家服务体系"，积极响应国家"千乡万村沐光"行动，大力开展"光伏入村"活动，努力用绿色清洁能源建设新农村；英利嘉盛始终致力于光伏绿色建筑应用领域的探索，目前已发展成为一家集研发、生产、销售于一体的综合性高新技术企业，累计研发出十一代光伏建筑一体化示范项目，在光伏+绿色建筑、光伏+现代农业、光伏+市政建设、光伏+军民融合等领域成绩卓越，并拥有了自主出口权，产品远销非洲、拉丁美洲、南亚、东南亚、大洋洲等的国家和地区；英利云鹰拥有十余年的电站运维经验，发起成立行业首个大数据智慧运维研究中心，将大数据、物联网、云计算、5G 传输等先进数字化技术融入运维服务中，推出"线上+线下"的一体化运维新服务，打造业内领先的光伏智慧运维品牌。

2017 年，英利集团联合多家单位共同发起成立我国首个零碳研究机构——零碳研究院，旨在践行生态优先、绿色发展理念，推动构建零碳、循环、可持续的生产、生活方式，被工信部认定为绿色制造体系第三方评定机构，是工信部中国绿色供应链联盟光伏专委会秘书处单位，也是河北省民政厅认定的第一批品牌社会组织。目前，零碳研究院已连续举办四届"光伏技术与应用国际培训班"，为"一带一路"沿线 16 个国家培训 400 名专业人才。

无论任何时候，国家实力的增强始终是企业品牌建设的强大支撑。作为民营企业，英利集团将始终与国家同呼吸共命运，在绿色发展、乡村振兴双主业的发展道路上坚持做实做强，坚定不移走品牌经济发展之路，立足核心技术和品牌优势，坚持品质优先、坚持绿色发展，不断提升中国品牌形象和影响力，发挥品牌经济对产业优化升级的引领作用，真正在国际上掌握话语权。

资料来源　[1] 文捷. 从产品到品牌　英利征战国际沙场 [J]. 中国品牌，2014（8）：34-36. [2] 刘宁. 英利集团：用绿色赋能品牌发展 [EB/OL]. [2024-12-30]. http://www.jrgtxw.com/news/jrzx/2021-05-10/11691.html.

问题：

1）结合案例分析英利品牌国际化的前景如何，为什么？

2）企业要在国际营销中将产品升级为品牌，需考虑哪些重要因素？

3）中国企业在国际市场上打造品牌的基本路径是怎样的？你如何为英利拓展品牌国际化之路？

主要参考文献

［1］GNIZY I，BAKER W E，GRINSTEIN A. Proactive learning culture：a dynamic capability and key success factor for SMEs entering foreign markets［J］. International Marketing Review，2014，31（5）：477-505.

［2］KIM R B. Wal-Mart Korea：challenges of entering a foreign market［J］. Journal of Asia-Pacific Business，2008，9（4）：344-357.

［3］KEEGAN W J. Global marketing management［M］. 7 版（英文影印版）. 北京：清华大学出版社，2007.

［4］FRANCISCO R. The decision to enter and exit foreign markets：evidence from U. K. SMEs［J］. Small Business Economics，2005，25（3）：237-253.

［5］WAHYUNI S. Strategic alliance development：a study on alliances between competing companies［EB/OL］.［2024-12-02］. https://pure.rug.nl/ws/portalfiles/portal/13173747/c4.pdf.

［6］MOL M J，TULDER R J M，BEIJE P R. Global sourcing：fad or fact?［R］. ERIM Report Series Research in Management，2002.

［7］KEEGAN W J. Global marketing management［M］. 6 版（英文影印版）. 北京：清华大学出版社，2001.

［8］CHANG S J，ROSENZWEIG P M. The choice of entry mode in sequential foreign direct investment［J］. Strategic Management Journal，2001，22（8）：747-776.

［9］PAN Y，TSE D K. The hierarchical model of market entry modes［J］. Journal of International Business Studies，2000，31（4）：535-554.

［10］TAYLOR C R，ZOU S，OSLAND G E. Foreign market entry strategies of Japanese MNCs［J］. International Marketing Review，2000，17（2）：146-163.

［11］DUSSAUGE P，GARRETTE B. Anticipating the evolution and outcomes of strategic alliances between rival firms［J］. International Studies in Management and Organizations，1998，27（4）：104-126.

［12］BUCKLEY P J，CASSON M C. Analyzing foreign market entry strategies：extending the internalization approach［J］. Journal of International Business Studies，1998，29（3）：539-562.

［13］CHANG S J，ROSENZWEIG P M. Industry and regional patterns in sequential foreign market entry［J］. Journal of Management Studies，1998，35（6）：797-823.

［14］KOTABE M，SWANN K S. Offshore sourcing：reaction，maturation and consolidation of US multinationals［J］. Journal of International Business Studies，1994，25（1）：115-140.

［15］ ERRAMILLI M，RAO C P. Service firms international entry mode choice： a modified transaction-cost analysis approach ［J］．Journal of Marketing，1993，57（3）： 19-38.

［16］ MURRAY E A，MAHON J F.Strategic alliance： gateway to the New Europe ［J］．Long Range Planning，1993，26（24）：102-111.

［17］ FREAR C R，METCALF L E，ALGUIRE M S. Offshore sourcing： its nature and scope ［J］．International Journal of Purchasing and Materials Management，1992，28 （3）：2-11.

［18］ AGARWAL S，RAMASWAMI S N. Choice of foreign market entry mode： impact of ownership， location and internalization factors ［J］．Journal of International Business Studies，1992，23（1）：1-27.

［19］ KIM W C，HWANG P. Global strategy and multinationals'entry mode choice ［J］．Journal of International Business Studies，1992，23（1）：29-54.

［20］ HITT M A，TYLER B B. Strategic decision models： integrating different perspectives ［J］．Strategic Management Journal，1991，12（5）：327-351.

［21］ JAWORSKI B J，ROBLES，EL-ANSARY A. Entry strategies for international markets ［J］．Journal of Marketing，1988，52（4）：128.

［22］ ANDERSON，GATIGNON. Modes of foreign entry： a transaction cost analysis and propositions ［J］．Journal of International Business Studies，1986，17（3）：1-26.

［23］ CAVES R， MEHRA S. Entry of foreign multinational corporations in U. S. manufacturing industries ［M］// PORTER M．Competition in global industries. Cambridge， MA：Harvard Business School Press，1986：449-481.

［24］ LEVITT T. The globalization of markets ［J］．Harvard Business Review，1983， 61（5/6）：92-102.

［25］ MOXON R W. Offshore sourcing， subcontracting and manufacturing ［M］// WALTERS I，MURRAY T. Handbook of international business. New York：John Wiley， 1982.

［26］ CAVUSGIL T. On the internationalization process of firms ［J］．European Research，1980，8（11）：273-281.

［27］ JOHANSON J，VAHLNE J. The internationalization process of the firm - a model of knowledge development and increasing foreign market commitments ［J］．Journal of International Business Studies，1977，8（1）：23-32.

［28］ BUCKLEY P J，HORN S A. Japanese multinational enterprises in China： successful adaptation of marketing strategies ［J］．Long Range Planning，2009（4）： 495-517.

［29］ NAIDOO V. Firm survival through a crisis： the influence of market orientation， marketing innovation and business strategy ［J］．Industrial Marketing Management，2010 （8）：1311-1320.

[30] 霍伦森. 国际市场营销学 [M]. 8版（英文影印版）. 北京：清华大学出版社，2021.

[31] 凯特奥拉，莫尼，玛丽，等. 国际营销 [M]. 崔新健，改编. 18版. 北京：中国人民大学出版社，2020.

[32] 基根. 全球营销管理 [M]. 张政，译. 北京：清华大学出版社，2020.

[33] 李威，等. 国际市场营销学 [M]. 北京：机械工业出版社，2020.

[34] 布朗，苏特，丘吉尔，等. 营销调研基础 [M]. 景奉杰，杨艳，译. 8版. 北京：中国人民大学出版社，2019.

[35] 希特，爱尔兰，霍斯基森. 战略管理：竞争与全球化（概念）[M]. 焦豪，等译. 12版. 北京：机械工业出版社，2018.

[36] 安静. 国际营销学 [M]. 北京：中国人民大学出版社，2018.

[37] 戴万稳. 国际市场营销学 [M]. 北京：北京大学出版社，2015.

[38] 刘建飞，刘思阳. 跨国公司转移价格对中国经济的影响及对策 [J]. 企业经济，2014（3）：34-37.

[39] 肖丽萍. 中外广告的差异对比 [J]. 销售与市场（管理版），2014（9）：42-43.

[40] 陆月娟. 论全球化背景下中国企业“走出去”战略的优势与不足 [J]. 经济研究导刊，2014（20）：117-118.

[41] 陈敏. 30亿的创新生意 一年研发700款新品的乐扣乐扣正在跳出冰箱 [J]. 环球企业家，2013（17）：118-120.

[42] 凯特奥拉，吉利，格雷厄姆，等. 国际营销 [M]. 崔新健，改编. 16版. 北京：中国人民大学出版社，2013.

[43] 翁克维斯特，萧. 国际营销学 [M]. 邵建红，王凯，译. 5版. 北京：清华大学出版社，2013.

[44] 于新东. 中国企业“走出去”须练好“四门功课”[J]. 对外经贸，2013（6）：7-9.

[45] 赵志泉. 战略联盟的存在机理及其生命周期管理 [J]. 技术经济与管理研究，2012（7）：80-83.

[46] 鲍尔，李东贤，胡英，等. 国际商务 [M]. 8版. 北京：清华大学出版社，2012.

[47] 希特，爱尔兰，霍斯基森. 战略管理：竞争与全球化 [M]. 吕巍，等译. 9版. 北京：机械工业出版社，2012.

[48] 吕春成. 产业国际化的本质在于提高资源配置效率 [N]. 经济参考报，2012-10-26（A08）.

[49] 刘苍劲，蔡继荣. 国际市场营销——理论、实务、案例、实训 [M]. 北京：高等教育出版社，2011.

[50] 巴尼. 战略管理：获得与保持竞争优势 [M]. 朱立，等译. 3版. 上海：格致出版社，2011.

［51］卡纳，等．赢在新兴市场［M］．张万伟，译．北京：中信出版社，2011．

［52］阿姆斯特朗，科特勒．市场营销学［M］．吕一林，等译．9版．北京：中国人民大学出版社，2010．

［53］拉斯库．国际市场营销学［M］．马连福，等译．3版．北京：机械工业出版社，2010．

［54］科特勒，凯勒．营销管理［M］．王永贵，等译．13版．上海：格致出版社，2009．

［55］马尔霍拉特．市场营销研究［M］．涂平，译．5版．北京：电子工业出版社，2009．

［56］斯坦顿，沃克，埃策尔．新时代的市场营销［M］．张平淡，等译．13版．北京：企业管理出版社，2008．

［57］闫国庆．国际市场营销学［M］．2版．北京：清华大学出版社，2007．

［58］甘碧群．国际市场营销学［M］．2版．北京：高等教育出版社，2006．

［59］鲁特．国际市场进入战略［M］．古玲香，译．北京：中国人民大学出版社，2005．

［60］库马尔．国际营销调研［M］．陈宝明，译．北京：中国人民大学出版社，2005．

［61］金尼尔．市场调研［M］．罗汉，等译．5版．上海：上海人民出版社，2005．

［62］希尔．国际商务［M］．周健临，等译．5版．北京：中国人民大学出版社，2005．

［63］吴晓云．国际市场营销学教程［M］．天津：天津大学出版社，2004．

［64］贾殷．国际市场营销［M］．吕一林，雷丽华，主译．6版．北京：中国人民大学出版社，2004．

［65］KEEGAN W J．全球营销管理［M］．段志蓉，钱珺，译．7版．北京：清华大学出版社，2004．

［66］蔡新春，何永祺．国际市场营销学［M］．2版．广州：暨南大学出版社，2004．

［67］津科特，朗凯恩．国际市场营销学［M］．陈祝平，译．6版．北京：电子工业出版社，2004．